建筑房地产企业
财税法风险管控

肖太寿 / 著

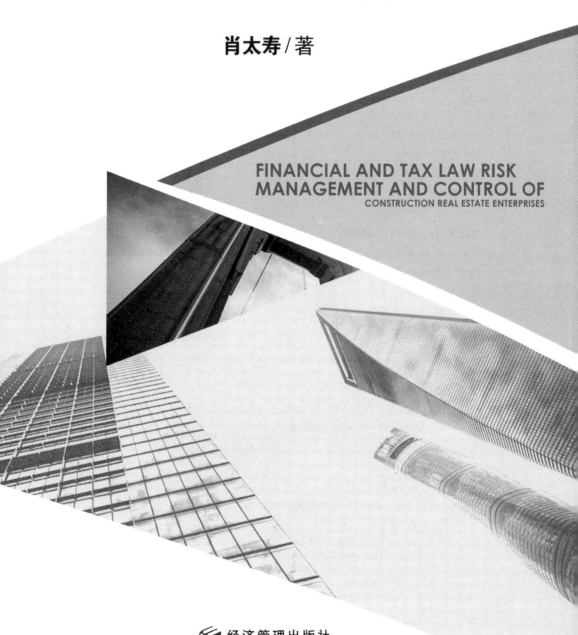

FINANCIAL AND TAX LAW RISK
MANAGEMENT AND CONTROL OF
CONSTRUCTION REAL ESTATE ENTERPRISES

经济管理出版社
ECONOMY & MANAGEMENT PUBLISHING HOUSE

图书在版编目（CIP）数据

建筑房地产企业财税法风险管控 / 肖太寿著. —北京：经济管理出版社，2019.11
ISBN 978-7-5096-3192-8

Ⅰ.①建… Ⅱ.①肖… Ⅲ.①房地产企业—财政法—研究—中国 ②房地产企业—税法—研究—中国 Ⅳ.①D922.204

中国版本图书馆 CIP 数据核字（2019）第 263999 号

组稿编辑：王光艳
责任编辑：魏晨红
责任印制：黄章平
责任校对：张晓燕

出版发行：经济管理出版社
　　　　　（北京市海淀区北蜂窝 8 号中雅大厦 A 座 11 层　100038）
网　　址：www. E-mp. com. cn
电　　话：（010）51915602
印　　刷：三河市延风印装有限公司
经　　销：新华书店
开　　本：720mm×1000mm /16
印　　张：23
字　　数：413 千字
版　　次：2020 年 1 月第 1 版　2020 年 1 月第 1 次印刷
书　　号：ISBN 978-7-5096-3192-8
定　　价：118.00 元

前言

　　所谓的"财税法"风险管控是指企业从法务、财务和税务三维度对经济业务中的财务风险、税务风险和法律风险进行管控的一种企业风险管理思维。其内涵体现在两方面：一方面是法律凭证、会计凭证、税务凭证三证统一；另一方面是法务、财务和税务三维度融合控税。在实践管理中，财税法风险管控必须遵循两大核心理念：一是合同与企业的财务、税务处理相匹配；二是合同与发票开具相匹配。

一、财税法风险管理三步法

　　企业要在经营中规避各种"财税法"三大风险，维持企业健康、持续的经营，作为企业的老板和企业的财务负责人一定要重视财务风险、税务风险和法律风险控制，提升企业的税收安全，增强竞争力。财税法风险管控的逻辑思路必须遵循风险管控三步法：第一步，法律风险管控思路。企业的法律部门要从法律的角度思考企业经济业务是否合法，如果不合法则必须创造条件使该业务合法，在签订合同的环节，巧签合同中的"涉税条款"规避潜在的法律风险。第二步，财务风险管控思路。在第一步规避法律风险，实施合法业务的情况下，财务部门要根据《企业会计准则》（以下简称《会计准则》）的相关规定对企业发生的经济业务进行准确的会计核算，避免企业做假账和做错账的风险，确保企业的每一笔经济业务的核算必须与经济业务合同相匹配。第三步，税务风险管控思路。企业负责税务管理的部门，在前面第一步，第二步法律和财务风险管控的基础上，根据企业的经济业务与税法政策的融合，准确做到企业合法缴纳税，避免延期缴纳税和漏税的风险，依法节税，创造税利润。以上三步法的风险管控思路必须是同时进行，不可颠倒三者之间的顺序！

为了提高广大企业的老板和财务负责人对企业自身中财税法风险的掌控能力，笔者结合自己多年在税务实践中的职业操守经验和对国家最近颁布的新税收政策的研究，特意编写一部精神食粮：《建筑房地产企业财税法风险管控》。

二、本书结构及内容

本书从篇章结构来看，主要分为五章：财税法风险管控的基本理论；建筑企业重要业务的财税法风险管控；建筑企业项目经理承包（负责）制的财税法风险管控；房地产企业重要业务中的财税法管控；建筑房地产企业不同用工关系中的财税法管控。

第一章 财税法风险管控的基本理论

所谓的"财税法风险管控"是指企业从法务、财务和税务三维度对经济业务中的财务风险、税务风险和法律风险进行管控的一种企业风险管理思维。其内涵体现在两方面：一方面是法律凭证、会计凭证和税务凭证三证统一；另一面是法务、财务和税务三维度融合控税。在实践管理中，财税法风险管控必须遵循两大核心理念：合同与企业的财务、税务处理相匹配；合同与发票开具相匹配。

本章主要介绍法务、财务和税务融合控税的三大实操要点：第一，税务处理需要参照有关法律的规定。即在应用税法条文的规定进行税务处理时，对税法条文中没有明确的规定，需要用相关法律的规定进行佐证。第二，税法上没有规定的，必须依据民商法的相关规定进行税务处理。即当一笔经济业务的税务处理，在税法没有规定的情况下，必须以相关法律、司法解释中的规定为主。第三，企业的财务处理有时需要依据《会计准则》规定还不够，还要结合税法和相关民商法进行处理。即有的经济业务，在进行账务处理时，必须依据税法、《会计准则》和相关民商法律的规定进行。在这种实操原则的前提下，本章重点介绍建筑房地产企业的法务、财务和税务融合控税的实操要点。

第二章　建筑企业重要业务的"财税法"风险管控

"财税法"风险管控是建筑企业精细化管理的重要核心内容之一。在实践中，提升建筑企业的税收安全，必须注重以下业务：工程质量保证金、工程结算、工程价款优先受偿、建筑劳务公司承接业务、建筑劳务公司与班组长（包工头）之间的业务合作、农民工工资专用账户+实名制、建筑差额扣除分包款、建筑企业包工包料业务、联合投标、EPC 总承包业务、建筑企业聘用农民工、定金、违约金和赔偿金等经济业务中的财务风险、税务风险和法律风险的管控。在管控过程中，必须遵循"财税法"管控的三步法：法律风险管控、财务风险管控和税务风险管控，必须从法务、财务和税务三维度融合管控。

第三章　建筑企业项目经理承包（负责）制的"财税法"风险管控

许多建筑企业为了激励项目经理工资的积极性，往往实施项目经理内部承包制或项目经理负责制的两种经营管理模式。现有建筑企业实施的项目经理承包（负责）制存在"法律风险、财务风险和税务风险"（以下文中简称"三大风险"），如果不从制度设计上、管理上进行规划或企业的顶层设计上进行谋划，产生的后果将不堪设想。本章通过笔者对全国建筑企业的实地调研和咨询，总结为以下四大方面的研究报告：第一，现有建筑企业内部承包经营的两种模式及其存在"三大风险"的管理制度特征；第二，建筑企业项目经理内部承包（负责）制的财税安全策略；第三，建筑企业项目经理内部承包（负责）制中项目经理提取利润的两种合法渠道及其个税的处理；第四，建筑企业项目经理内部承包（负责）制中项目经理及其聘用农民工、项目管理人员和技术人员的社保、个税的协同管理之策。

第四章　房地产企业重要业务中的"财税法"风险管控

基于房地产企业业务流程的负责性和各项业务涉及的相关法律规定的考虑，对房地产企业各项业务加强财务风险、税务风险和法律风险的管控是房地产企业创造税务利润、提升企业税务安全，增强企业竞争力的内在要求。本章主要介绍以下重要业务中的财税法管控：房地产企业参与国有土地一级开发，房地产企业项目内配建公共配套设施无（有）偿移交给政府、售后返租、以房抵工程款、"甲供工程"业务、土地增值税清算和缴纳、两种"红外线支出"的财税法风险管控策略。其中重点分析房地产企业在土地增值税清算和缴纳中出现的成本项目扣除中的漏税风险、土地增值税收入确定中的延期缴纳和漏税的税收风险。

第五章　建筑房地产企业不同用工关系中的"财税法"风险管控

企业的用工关系分为劳动关系和劳务关系。劳动关系是用人单位与劳动者是雇佣与被雇佣的法律关系，劳动者必须接受用人单位的劳动规章制度的约束，用人单位必须给劳动者购买基本社保保险。劳务关系是用人单位与劳动者不具备雇佣与被雇佣的法律关系，而是合作关系，劳动者不接受用人单位的劳动规章制度，用人单位不承担购买劳动者的基本社保费用。在建筑房地产企业的用工关系中，基于规避劳资纠纷，合法用工，减少用人成本，必须加强"财税法"风险管控。本章主要分析以下业务的财税法风险管控：企业不缴纳社保的关键是与劳动者建立劳务关系；劳务报酬的增值税、个人所得税处理；企业用工关系与社保的协同管理；提前退休和内部退养获取一次性补贴的财税法管控；解除劳动合同获得一次性补贴收入的财税法管控。

三、本书研究思路和技术路线

本书的研究思路和技术路线如图0-1所示。

四、本书特点

本书具有以下特点：

1. 新颖性和创新性

本书是基于国家颁布的最新税收政策而编写的税务实践之书。笔者从法律、财务和税务三维度分析如何控制企业的财务风险、税

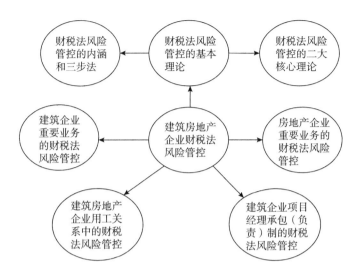

图 0-1　本书研究思路和技术路线

务风险和法律风险。巧妙地把最新税收政策应用到企业风险管理中，具有很强的新颖性和时代的创新性。

2. 实用性和可操作性强

本书收集了较多的实例，特别是建筑和房地产行业中的众多实例是本人在长期税务咨询实践中收集的真实案例，让读者阅读后，就能学会在税务实务中如何处理各类业务存在的可能涉税风险点，富有实际可操作性和可行性。

希望本书能够作为各地税务干部、财务总监、财务部经理、企业家或老板的培训教材，也可以作为广大教师、科研人员、税务官员、注册税务师、注册会计师和税务律师的参考用书。

由于时间仓促，书中错误之处在所难免，敬请读者谅解！

2019 年 11 月于肖太寿财税工作室

获得更多精彩内容，请扫描并关注肖太寿财税工作室公众微信号：xtstax。

目录

2 第二章
建筑企业重要业务的"财税法"风险管控

3

第三章

建筑企业项目经理承包（负责）制的"财税法"风险管控

4 第四章

房地产企业重要业务中的"财税法"风险管控

5 第五章
建筑房地产企业用工关系中的"财税法"风险管控

1

财税法风险管控的基本理论

所谓的"财税法风险管控"是指企业从法务、财务和税务三维度对经济业务中的财务风险、税务风险和法律风险进行管控的一种企业风险管理思维。其内涵体现在两方面：一方面是法律凭证、会计凭证和税务凭证三证统一；另一方面是法务、财务和税务三维度融合控税。在实践管理中，财税法风险管控必须遵循两大核心理念：合同与企业的财务税务处理相匹配；合同与发票开具相匹配。

本章主要介绍法务、财务和税务融合控税的三大实操要点：第一，税务处理需要参照有关法律的规定。即在应用税法条文的规定进行税务处理时，对税法条文中没有明确规定的地方，需要相关法律的规定进行佐证。第二，税法上没有规定的，必须依据民商法的相关规定进行税务处理。即当一笔经济业务的税务处理，税法上没有规定的情况下，必须以相关法律、司法解释中的规定为主。第三，企业的财务处理有时需要依据《会计准则》规定还不够，还要结合税法和相关民商法进行处理。即有的经济业务，在进行账务处理时，必须依据税法、《会计准则》和相关民商法律的规定进行。在这些实操要点的前提下，本章重点介绍建筑房地产企业的法务、财务和税务融合控税的实操要点。

第一节

财税法风险管控的内涵及其三步法

本书中的"财税法风险"是指企业面临的法律风险、财务风险和税务风险三者的总称。财税法风险管控是企业风险管理中的核心所在，是企业打造税收安全的重要举措，也是企业业务过程中的风险管理方法。财税法风险管控过程必须遵循三步法：第一步是法律风险管控；第二步是财务风险管控；第三步是税务风险管控。

一、财税法风险管控的两大内涵

所谓的"财税法风险"是指法律风险、财务风险和税务风险的总称。财税法风险管控是企业成本控制管理中的核心，也是企业风险管控的重要内容之一。笔者认为要提高企业的精细化管理水平，必须要有财税法风险管控思维，必须深度了解和熟悉财税法风险管控的以下内涵：一是法律凭证、会计凭证和税务凭证的三证统一；二是法务、财务和税务三维度融合控税。具体分析如下：

（一）法律凭证、会计凭证和税务凭证的三证统一

所谓的"三证统一"是指法律凭证、会计凭证和税务凭证的相互印证，相互联系和相互支持。在这"三证"当中，法律凭证是第一位的，首要的，在"三证"中，如果缺乏法律凭证支持和保障的会计凭证和税务凭证无论多么准确和完美，也是有法律和税收风险的。

1. 法律凭证——在企业税收风险管理中发挥根本的作用

法律凭证是用来明确和规范有关当事人权利和义务法律关系的重要书面凭证或证据。主要体现为合同、协议、法院判决或裁定书等法律文书和其他各种证书。如土地使用权证书、股权转让协议书、资产转让（收购）协议、股权转让（收购）协议、采购合同、建筑合同等都是法律凭证。法律凭证特别是经济合同的正确签订，在合法降低企业税收成本、提高企业税收安全中起根本的作用，有时需要给当地税务主管部门提供各种合同材料，有时必须通过合同的正确而巧妙的签订。

某公司购买商铺合同瑕疵多承担税费的处理

一、案情介绍

甲企业为销售建材而购买了一间临街旺铺，价值150万元，开发商承诺买商铺送契税和手续费。在签订合同时也约定，铺面的契税、印花税及买卖手续费均由开发商承担。按合同规定，企业付清了所有房款。但不久后，企业去办理房产证时，税务机关要求企业补缴契税6万元、印花税0.45万元、滞纳金5000多元。企业以合同中约定由开发商包税为由拒绝缴纳税款。但最后企业被银行强行划缴了税款和滞纳金，并被税务机关罚款。请分析甲企

业必须承担税费的原因。

二、涉税分析

税法与合同法是各自独立的法律，税务机关在征收税款时是按照税法来执行的。在我国境内转让土地、房屋权属，承受的单位和个人为契税的纳税人。在本案例中，甲企业就是契税和印花税的纳税人，是缴纳这些税款的法律主体，而甲企业与开发商所签订的包税合同并不能转移甲企业的法律责任。因为开发商承诺的契税等税费，意思只是由开发商代企业缴纳，在法律上是允许的。但当开发商没有帮企业缴纳税款的时候，税务机关要找的是买房的甲企业而不是开发商。所以在签订经济合同时，不要以为对方包了税款就同时也包了法律责任，对方不缴税，延期缴纳税款和漏税的责任要由买方甲企业进行承担。

三、规避多承担税费的合同签订技巧

要规避甲企业承担开发商没有支付在经济合同中承诺的铺面的契税、印花税及买卖手续费，必须在签订经济合同时，拿着该份经济买卖合同到铺面所在地的主管税务局去进行备案，同时要及时督促开发商把其在经济合同中承诺的铺面的契税、印花税及买卖手续费缴纳完毕后，再付清铺面的购买价款。或者在经济合同中修改条款"铺面的契税、印花税及买卖手续费均由开发商承担，但是由甲企业代收代缴。"这样签订的合同，甲企业可以在支付开发商的购买价款时就可以把由开发商承担的铺面的契税、印花税及买卖手续费进行扣除，然后，甲企业去当地税务局缴纳铺面的契税、印花税及买卖手续费，凭有关的完税凭证到当地房管局去办理过户产权登记手续。

2. 会计凭证

会计凭证是记录经济业务、明确经济责任、按一定格式编制的据以登记会计账簿的书面证明。会计凭证用来记载经济业务的发生，明确经济责任，作为记账根据的书面证明。会计凭证包括原始凭证和记账凭证，前者是在经济业务最初发生之时即行填制的原始书面证明，如销货发票、款项收据等；后者是以原始凭证为依据，作为记入账簿内各个分类账户的书面证明，如收款凭证、付款凭证、转账凭证等。

3. 税务凭证

税务凭证是一种在税法或税收政策性规章上明确相关经济责任的书面证

据。税务凭证是法律凭证中的一种特殊性凭证，税务凭证一定是法律凭证，法律凭证不一定是税务凭证。如税务登记证书，税收行政处罚通知书等税务凭证，就是法律凭证，而各种发票，如增值税专用发票，各种服务类发票等税务凭证就不是法律凭证。

4. "三证统一"

法律凭证、会计凭证和税务凭证虽然在各自的内涵上存在一定的差异，但是相互间存在一定的联系。如税务凭证与会计凭证是有区别和联系的，两者的联系是，都明确相关经济责任的企业据以进行记账的书面证明。区别是两者的根据不同，会计凭证是依据中华人民共和国财政部颁发的各项会计政策、财经制度而进行财务核算的记账凭证；税务凭证是根据相关税法和中华人民共和国税务总局制定的各项税收政策而明确纳税义务的税收凭证。由于对同一项经济业务的核算和反映，会计准则或会计制度与税法上的规定是有一定的差异的，正因如此，在税法上，需要对这种差异进行纳税调整，否则将会受到税务主管部门的惩罚而遭受一定的罚款损失。

在防范企业财税法风险实践当中，一定要保证法律凭证、会计凭证和税务凭证的三证统一，特别是法律凭证在降低企业成本中起关键性的首要的源头作用。同时，会计凭证和税务凭证上的数据必须与法律凭证中的数据始终保持一致，否则会面临成本增加的可能。

5. "三证统一"是财税法风险管控的根本方法

"三证统一"在企业降低成本中起着非常重要的作用，在众多降低企业税收成本的方法当中，"三证统一"是根基，是根源。下面从两个方面来理解"三证统一"是企业降低成本，控制财务风险、税务风险和法律风险，提高企业税收安全的根本方法。

一方面，法律凭证是决定企业成本的根源。企业的成本涉及企业的设计、研发、生产、管理、销售、售后服务等各价值链环节，每一环节都与企业的成本相关。要控制好每一环节的成本，必须把着力点放在有关合同、协议的签订和管理环节上，因为价格是合同和协议中的重要条款，合同和协议中的价格是构成企业相关成本的重要部分。如果合同中的价格已经确定，要通过降低价格来降低成本是不可能的，也是不现实的，否则，要负一定的民事法律赔偿责任。因此，在商品或材料采购、物流运输、提供服务等环节过程中，成本降低的关键点是价格谈判，价格一旦谈定就得在有关合同或协议中进行明确规定，只要合同和协议中对价格进行了确定，再来谈降低采购成本和运输物流成本是毫无意义的。例如，某公司是专门从事家具生产的企业，假设采购生产家具的木料成本占生产成本的比例为40%，该企业在采购木料的过程中，往往通过集中采购制度来进行采购，所有采购价格包括运输成本都在采购合同中体现。如果要降低采购成本，根本的削减成本阶段是在采购环节与供应商的价格谈判阶段，只有与相关的多个供应商进行价格谈判，选择既能保证材料质量又能保证价格低廉的材料供应商供货，并在采购合同中明确谈定好的低价格，生产成本才能够真正得到降低。

另一方面，"三证统一"是促降税收成本，提升企业税收安全的根本之策。在明确法律凭证是降低企业成本的根源后，还要保证法律凭证、会计凭证和税务凭证的相互统一，成本降低才能落到实处。

案例分析2

某公司"三证不统一"的涉税风险

一、案情介绍

江苏省南京市某家私营企业为了解决办公问题，决定购买写字楼作为办公场所，但由于企业资金紧张，老板就以个人名义，在当地的建设银行以按揭的方式购买1000万元的写字楼。写字楼免费给公司办公使用，财务部门将写字楼记入公司的固定资产，每月计提折旧4.17万元，还款全部由企业资金支付。

二、不符合"三证统一"的税收风险分析

首先，从法律凭证来讲，存在两方面的法律凭证：一方面是该公司购买写字楼作为办公楼的法律凭证是购买写字楼的合同；另一方面是该公司开户行归还银行按揭贷款的每月付款凭证。这两方面法律凭证提供以下信息：合同中的购买主体是公司的老板，即该公司的老板是该写字楼的所有权物主，购买写字楼的资金是该公司提供的。也就是说，该公司出资金购买写字楼的产权归该公司的老板所有，真正出资金购买写字楼的公司不是写字楼的产权主体。

其次，从会计凭证来看，该公司的财务部将写字楼记入公司的固定资产，每月计提折旧4.17万元。其体现的会计凭证：自制原始会计凭证（每

月固定资产折旧计算表）和记账凭证中记录的会计分录（借：固定资产——房屋；贷：应付账款——应付银行按揭款）。

最后，从税务凭证的角度来讲，主要体现为开发商开给以该公司老板为开头的一张金额为 1000 万元的销售不动产发票。

从以上对该公司购买写字楼行为中的法律凭证、会计凭证和税务凭证的分析来看，该公司不符合"三证统一"原理：购买合同中的购买人、银行付款凭证上的付款人、销售不动产发票上的付款人、记账凭证上载明的房屋所有权人都是同一个主体（该公司）。因为法律凭证上的产权人是老板的名字，会计凭证上的产权名字是公司的名字，付款凭证上的名字是公司的名字，税务凭证（发票）上的名字是老板的名字。所以该公司购买写字楼的涉税行为将隐藏不少税收风险，如果今后被税务稽查部门查出，将面临以下税收风险：

第一，该公司财务部对该写字楼计提的折旧不可以在企业所得税前扣除，并将受到罚款和依法缴纳滞纳金。该房产是老板个人资产，不属于企业固定资产，因此不能计提折旧，已计提的折旧不能在税前扣除，要在每年企业所得税汇算清缴时进行调增，补缴 25% 企业所得税。

第二，企业归还银行的按揭款将认定为公司给企业老板个人的分红所得，要依法扣缴个人所得税。企业所还的银行按揭款，由于不是企业所贷的款项，属于企业替老板个人还款，实质上是老板向企业借款购买写字楼登记产权于老板个人名下。根据《财政部、国家税务总局关于规范个人投资者个人所得税征收管理的通知》（财税〔2003〕158 号）和《财政部 国家税务总局关于企业为个人购买房屋或其他财产征收个人所得税问题的批复》（财税〔2008〕83 号）的规定，个人投资者向企业借款，只要个人投资者在该纳税年度终了后既不归还，又未用于企业生产经营的，对其所借非生产经营款项应比照投资者取得股息、红利所得征收个人所得税。即按照 1000 万元×20% ＝ 200 万元补缴个人所得税。

三、分析结论

通过本案例可以发现，企业在进行税务管控时，如果期盼实现零税务风险，必须依据法律凭证、会计凭证、税务凭证的相互统一。

（二）法务、财务和税务三维度融合控税

财税法风险管控是指企业从法务、财务和税务三维度对经济业务中的财

务风险、税务风险和法律风险进行管控的一种企业风险管理思维，实现法务、财务和税务三者融合控税，规避财务风险、税务风险和法律风险的目的。具体而言，是指企业经济业务的税务处理，首先要符合《中华人民共和国民法》《中华人民共和国合同法》《中华人民共和国劳动合同法》《中华人民共和国公司法》《中华人民共和国广告法》《中华人民共和国土地法》《中华人民共和国建筑法》等民事法规、行政法规相关的法律规定，然后在符合税法和《企业会计准则》的规定下，进行财务和税务处理。也就是说，企业在对某些特殊的经济业务进行税务处理时，由于税法没有明确的规定，在进行税务处理时更应该依照相关的民事和行政法律法规进行处理。即企业的涉税事项处理，必须在相关法律规定的框架下进行。例如，根据《中华人民共和国建筑法》的规定，挂靠一家建筑公司资质从事承接业务的行为（简称挂靠行为）是违法行为，而根据《财政部、国家税务总局关于全面推开营业税改增值税试点的通知》（财税〔2016〕36 号）的规定，建筑工程总分包行为，总包可以扣除分包的销售额，实行差额征收增值税优惠政策。当分包方是被挂靠的建筑企业，与建筑总承包资质企业签订总分包合同时，总承包方要享受差额征收增值税政策，必须在法律上，总承包方与被挂靠方签订分包合同。在财务上，必须实行报账制度，即挂靠方在施工过程中发生的各类成本费用，应开成以被挂靠方为抬头的发票，统一交给被挂靠方进行账务核算，所有的资金都以被挂靠方的账户进行收支结算。在工程结算上，挂靠方必须以被挂靠方的名义与总包进行结算。通过以上方法处理，将违背《中华人民共和国建筑法》规定的挂靠行为，变成了形式上的合法行为，就可以依据税法规定进行差额征收增值税。因此，企业税收安全的提升必须遵循税务与法务处理相统一的原则。

二、财税法风险管控的三步法

所谓的财税法风险管控三步法是指企业在对每一项经济业务进行风险管控时，必须遵循以下三步风险管控逻辑思路。

（一）第一步，法律风险管控思路

企业的法律部门要从法律的角度思考企业经济业务是否合法，如果不合法则必须创造条件使该业务合法，在签订合同的环节，巧签合同中的"涉税条款"规避潜在的法律风险。具体而言是指企业在开展每一笔经济业务时，必须精通该业务涉及的相关法律规定，在国家法律的框架下实施业务，确保业务合法合规。企业实现节税目标的税务筹划实施方案，必须符合现有相关民商法的规定，在此基础上，才符合相关税法的规定。如果只符合税法的规定，而不符合相关民商法规定的税务筹划实施方案，则不是合法的节税方案，而是不合法的漏税或避税方案，一定面临税务稽查而导致罚款、补税的民事处罚风险，甚至将面临刑事处罚的风险。

（二）第二步，财务风险管控思路

在第一步规避法律风险，实施合法业务的情况下，财务部门要根据《会计准则》的相关规定对企业发生的经济业务进行准确的会计核算，避免企业做假账和做错账的风险，确保企业的每一笔经济业务的核算必须与经济业务合同相匹配。

（三）第三步，税务风险管控思路

企业负责税务管理的部门，在前面第一步，第二步法律和财务风险管控的基础上，根据企业的经济业务与税法政策的融合，准确做到企业合法缴纳税款，避免延期缴纳税款和漏税的风险，依法节税，实现税利润，必须做到财、税、业务的融合，规避未来被税务稽查的风险。在实践当中，税务风险管控的具体策略之一：企业缴纳多少税，企业什么时间缴纳税（纳税义务时间的确定）必须与经济业务合同相匹配。

以上三步法的风险管控思路必须是同时进行，不可颠倒三者之间的顺序。实践中有许多案例可以佐证。

案例分析 **3**

房地产企业"以租代售"的法律和税务风险管控

一、案情介绍

当前，一些地方政府对售房出台严格的限购政策：比如外地人员在本地必须要缴纳社保满五年，才可以有资格购买商品房。在限购条件下，房地产企业以"以租代售"的营销模式变相实现买房的目标。所谓的"以租代售方式"就是将空置的商品房进行出租，并与租房者签订一个合同，在合同期内买所租的房，开发商即以租房时的价格卖给租房者，而租房者在租房期内所交的房租，可以抵冲部分购房款，待租房者付清所有房款后，便获得该房的全部房产权；如果租房者在合同期限内不购房，则作退租处理，先期交纳的租金可以作为房产开发商收取的房租。许多外地人员就会选择"以租代售方式"。请分析"以租代售"模式存在的法律和税务风险。

二、法律风险分析

"以租代售"是在买卖双方达成交易之后，没有立即去办理过户手续。虽然我国没有明确法律规定"以租代售"是不行的，但是由于限购政策明令禁止商办项目卖给个人，而《民法通则》第六条明确规定："民事活动必须遵守法律，法律没有规定的，应当遵守国家政策。"所以开发商"以租代售"的行为违反了限购政策也就违法了，存在的法律风险如下：

1. 价格方面的法律风险

第一，由于现在房屋的价格具有极大的可变因素涨幅不定，在签订租赁合同时所签的价格与所要求的"五年限制"之后的该房屋价格很可能是不一样的，如果房屋价格上涨了，那么卖家完全可以宁愿赔偿违约金也不愿意按以前约定的价格卖掉房子。这对于买家来说，则要承担由此带来的诸多的不利后果，甚至会丢失掉购买新房屋的机会。出租年限越长，风险就越高。

第二，如果房屋价格下降了，那么买家也有可能在承租期内解除双方的租赁合同，使出租人出售房产的目的无法达成。也就是说，收益本身的不确定性将给交易双方违约带来巨大的变动空间。

第三，站在买房者的角度看，其实和卖房者签订的是附期限合同，这种附期限合同只有期限到期时才生效，如果租房期间双方因为房价等因素有分歧，买房者的利益是不受法律保护的。

2. 租赁合同期限的法律风险

《中华人民共和国合同法》第二百一十四条规定：**租赁期限不得超过二十年。超过二十年的，超过部分无效。租赁期间届满，当事人可以续订租赁合同，但约定的租赁期限自续订之日起不得超过二十年。**"以租代售"模式的房地产公司往往与购房者签订租赁合同的租赁期限高于二十年，在合同中约定：在租赁期限届满后，租房者获得该租赁房的产权。这种合同约定的租赁期限显然与《中华人民共和国合同法》第二百一十四条规定的二十年以内的合法租赁期限是相悖的，是无效的租赁合同。因此，根据超过二十年的租赁期限的租赁合同不受法律保护，而且"以租代售"的房屋产权在开发商手里，一旦遇到拆迁，租户不是产权人，拆迁补偿款一般不会支付给租户。

三、"以租代售"的税务处理

1. 签订租赁期限超过 20 年

签订租赁期限超过 20 年的税务处理视同转让建筑物永久使用权缴税。根据《中华人民共和国合同法》第二百一十四条的规定，超过二十年的租赁合同无效，同时根据《财政部、国家税务总局关于全面推开营业税改增值税试点的通知》（财税〔2016〕36 号）有关应税服务注释规定，转让建筑物永久使用权，按照销售不动产缴纳增值税。即按照实质重于形式的原则，如果购买方取得了不动产的占有、使用、收益、分配等权力，仍应按照出售不动产处理。基于以上法律、税收政策规定，房地产企业"以租代售"方法，虽然没有与购买者办理过户手续，但是签订的租赁合同超过 20 年的情况下，房地产公司收取的租金视同销售房屋分期付的购房款。具体的税务处理如下：

（1）增值税的处理。按照"以租代售"合同约定的分期付租赁款的日期确认增值税纳税义务时间。根据《财政部、国家税务总局关于全面推开营业税改增值税试点的通知》（财税〔2016〕36 号）附件 1《营业税改征增值税试点实施办法》第四十五条第（一）项的规定，房地产企业转让不动产或开发产品并收讫销售款项或者取得索取销售款项凭据的当天为增值税的纳税义务时间。取得索取销售款项凭据的当天，是指书面合同确定的付款日期；未签订书面合同或者书面合同未确定付款日期的，为不动产权属变更的当天。根据此税收政策规定，房地产企业"以租代售"的销售房屋的营销模式，在租赁合同中约定了分期付款的租金（该租金是分期支付的购房款）的时间是缴纳增值税的纳税义务时间，依照 10% 申报缴纳增值税的销项税额。

（2）土地增值税的处理。按照"以租代售"合同约定的按照租房时的价格卖给租房者的价格与面积计算的收入作为土地增值税收入。《国家税务总局关于土地增值税清算有关问题的通知》（国税函〔2010〕220 号）第一条规定："土地增值税清算时，已全额开具商品房销售发票的，按照发票所载金额确认收入；未开具发票或未全额开具发票的，以交易双方签订的销售合同所载的售房金额及其他收益确认收入。"基于此规定，房地产企业与租房者签订"以租代售"合同约定的"按照租房时的价格卖给租房者的价格"与房屋面积计算的收入为土地增值税收入。土地增值税的纳税义务时间为房屋交付给租房者使用的时间。

（3）企业所得税的处理。按照"以租代售"合同约定的分期付租赁款的日期确认增值税纳税义务时间。根据《房地产开发经营业务企业所得税处理办法》（国税发〔2009〕31号）第六条第（二）项的规定，房地产企业通过正式签订《房地产销售合同》时应确认收入的实现。如果采取分期收款方式销售开发产品的，应按销售合同或协议约定的价款和付款日确认收入的实现。付款方提前付款的，在实际付款日确认收入的实现。基于此规定，房地产企业与购房者签订的"以租代售"合同约定的分期付款的租金（租金相当于分期支付的购房款）的时间作为企业所得税的纳税义务时间。

2. 签订租赁期限不超过20年的

签订租赁期限不超过20年的税务处理按照出租不动产进行税务处理。《中华人民共和国物权法》第九条规定，不动产物权的设立、变更、转让和消灭，经依法登记，发生效力；未经登记，不发生效力，但法律另有规定的除外。第十四条规定，不动产物权的设立、变更、转让和消灭，依照法律规定应当登记的，自记载于不动产登记簿时发生效力。《中华人民共和国合同法》第二百一十四条规定，超过20年的租赁合同无效。基于以上法律规定，房地产企业与购房者签订租赁期限不超过20年的"以租代售"合同，按照实质重于形式的原则，房地产企业没有发生售房行为，只是发生出租房屋的行为。因此，签订租赁期限不超过20年的"以租代售"合同，按照出租不动产进行税务处理。

（1）增值税的处理。按照"以租代售"合同约定的付款时间确定增值税的纳税义务时间。根据《财政部、国家税务总局关于全面推开营业税改增值税试点的通知》（财税〔2016〕36号）附件1《营业税改征增值税试点实施办法》第四十五条第（一）项的规定，纳税人发生应税行为并收讫销售款项或者取得索取销售款项凭据的当天；先开具发票的，为开具发票的当天。收讫销售款项，是指纳税人销售服务、无形资产、不动产过程中或者完成后收到款项。取得索取销售款项凭据的当天，是指书面合同确定的付款日期；未签订书面合同或者书面合同未确定付款日期的，为服务、无形资产转让完成的当天或者不动产权属变更的当天。根据此税收政策规定，房地产企业与租房者签订的"以租代售"合同约定的租金付款时间确定为增值税的纳税义务时间。

（2）土地增值税的处理：不缴纳土地增值税。《中华人民共和国土地增值税暂行条例实施细则》第二条规定："条例第二条所称的转让国有土地使用权、地上的建筑物及其他附着物并取得收入，是指以出售或者其他方式有偿转让房地产的行为。不包括以继承，赠与方式无偿转让房地产的行为。"基于此税法规定，缴纳土地增值税的纳税义务人是发生转让国有土地及地上建筑物的行为，而签订租赁期限不超过20年的"以租代售"合同，房地产公司没有发生转让国有土地及地上建筑物的行为，就不缴纳土地增值税。

（3）企业所得税的处理。《中华人民共和国企业所得税法》第十九条规定，企业所得税法第六条第（六）项所称租金收入，是指企业提供固定资产、包装物或者其他有形资产的使用权取得的收入。租金收入，按照合同约定的承租人应付租金的日期确认收入的实现。基于此规定，房地产企业与租房者签订的"以租代售"合同约定的租金付款时间确定为企业所得税的纳税义务时间。

第二节

财税法风险管控的两个核心理念

财税法风险管控必须在一定的创新理念指导下进行，必须遵循两个核心理念：一是合同与企业的账务、税务处理相匹配；二是合同与企业的发票开具相匹配。

一、核心理念一：合同与企业的账务、税务处理相匹配

（一）合同与企业的账务处理相匹配

合同与企业的账务处理相匹配，否则，要么做假账；要么做错账。企业账务与合同不匹配是导致企业税收风险的主要原因之一。作为企业的财务部门在进行账务处理时，一定要查看合同，根据合同付款、根据合同开具发票，根据合同进行账务处理，否则企业的账务中往往存在涉税风险。实践会计和税务处理过程中，企业的账务和税务处理往往是由合同中的某些约定条

款决定的，也就是说，企业的财务会计人员在对每一笔经济业务进行会计核算和账务处理时，必须与合同中的涉税条款相匹配。

（二）合同与税务处理相匹配

企业的税务处理在实践中主要涉及到企业缴多少税和什么时候缴税两方面，如果企业的税务处理与合同的约定不匹配，则企业要么多缴税，要么少缴税。因此，要控制企业的财税法风险，必须遵循合同与税务处理相匹配的原则。

总承包合同中的开工保证金和履约保证金条款的税务处理和账务处理

一、案情介绍

甲房地产企业与乙建筑总承包企业签订的建筑合同中约定开工保证金条款：甲在合同签订之后的 2 个工作日之内向建筑企业乙支付 100 万元开工保证金，该开工保证金将于以后冲减甲给乙的工程款。甲房地产企业与丙建筑总承包企业签订的建筑合同中约定履约保证金条款：丙在合同签订之后的 7 个工作日之内必须向甲支付 100 万元的履约保证金。假设该项目，甲和乙都选择一般计税方法计征增值税，请问以上保证金条款应如何进行账务和税务处理？

二、涉税分析

根据合同保证金条款的约定来看，开工保证金是业主支付给建筑总承包方的预付款项，而履约保证金是建筑总承包企业支付给业主的保证金或押金。《财政部、国家税务总局关于进一步明确全面推开营改增试点有关劳务派遣服务、收费公路通行费抵扣等政策的通知》（财税〔2017〕58 号）第二条，《财政部、国家税务总局关于全面推开营业税改增值税试点的通知》（财税〔2016〕36 号印发）第四十五条第（二）项修改为："**纳税人提供租赁服务采取预收款方式的，其纳税义务发生时间为收到预收款的当天。**"基于此规定，自 2017 年 7 月 1 日起，建筑企业收到业主或发包方的预收账款的增值税纳税义务发生时间不是收到预收账款的当天。即建筑企业收到业主或发包方预收账款时，没有发生增值税纳税义务，不向业主或发包方开具增值税发票。因此，本案例中保证金的账务和税务处理如下：

1. 甲与乙的账务和税务处理

甲在合同签订之后的 2 个工作日之内向建筑企业乙支付 100 万元开工保证金的账务和税务处理如下：

（1）当发包方强行要求施工企业开具发票的情况下的账务处理。

甲的账务处理：

借：预付账款［预付施工企业开工保证金/（1+9%）］

　　　应交税费——应交增值税（进项税额）（预付施工企业开工保证金/（1+9%）×9%

　　贷：银行存款

乙的账务处理：

借：银行存款

　　贷：预收账款［收到业主开工保证金/（1+9%）］

　　　应交税费——应交增值税（销项税额）［收到业主开工保证金/（1+9%）×9%］

（2）当发包方不要求施工企业开具发票的情况下的账务处理。

甲的账务处理：

借：预付账款

　　贷：银行存款

乙的账务处理：

借：银行存款

　　贷：预收账款

根据《财政部、国家税务总局关于全面推开营业税改增值税试点的通知》（财税〔2016〕36 号）附件《营业税改征增值税试点实施办法》第四十一条第（一）项的规定，纳税人提供应税服务并收讫销售款项或者索取销售款项凭据的当天为纳税义务发生时间。因此，建筑总承包方乙收到甲支付的开工保证金时，发生了增值税纳税义务时间，必须向业主甲开具增值税专用发票，如果乙不开具发票，则要做无票收入进行增值税销项税额的申报。

2. 甲与丙的账务与税务处理

甲房地产企业与丙建筑总承包企业签订的建筑合同中约定履约保证金条款：丙在合同签订之后的 7 个工作日之内必须向甲支付 100 万元的履约保证金的账务和税务处理。

甲的账务处理：

借：银行存款

　　贷：其他应付款——收到丙履约保证金

丙的账务处理：

借：其他应收款——支付甲履约保证金

　　贷：银行存款

建筑企业向甲支付履约保证金没有发生纳税义务时间，甲应向丙开收款收据。

二、核心理念二：合同与企业的发票开具相匹配

合同与企业发票开具相匹配，否则，要么开假票，要么虚开发票或开具不规范的发票。通过实践调研发现，企业在开具或索取发票凭证时，必须遵循"发票开具与合同相匹配的原则"，如果发票开具不与合同相匹配，要么是做假账，要么是做错账。要保证发票入账进成本，抵扣税金，没有税收风险，必须根据交易合同开具发票。"合同与发票开具相匹配"有两层含义：一是发票记载标的物的金额、数量、单价、品种必须与合同中约定的金额、数量、单价、品种相一致；二是发票上的开票人和收票人必须与合同上的收款人和付款人或销售方和采购方或者劳务提供方和劳务接受方相一致。如果不符合以上两层含义的发票，一定是虚开发票或有问题的发票，必将产生不能抵税的风险，甚至触犯刑法落入虚开普通发票或虚开增值税发票的罪名。

（一）合同与发票开具不相匹配的法律风险：导致合同的经济纠纷

近年来，特别是在买卖合同纠纷中，作为主张货款的一方当事人，出卖人往往会以开具给对方当事人的增值税发票为主要证据，要求增值税发票上记载的购货单位承担付款义务，而进货单位则多以与销售方不存在买卖合同关系、销售方实际未交付标的物、发票上记载的标的物数量、价值与合同约定不符等进行抗辩而拒绝付款。例如甲公司受中间人委托直接开具金额100多万元的增值税发票给乙公司，乙公司亦受该中间人委托分三次共支付了50万元货款给甲公司。此后，因乙公司未支付余款，甲公司以增值税发票、乙公司付款凭证向法院提起民事诉讼，要求乙公司支付所欠货款50多万元。庭审中被告乙公司辩称其与原告甲公司既无书面合同亦无口头供货合同，不

存在拖欠原告甲公司货款之事实；原告甲公司在中间人的要求下代开增值税发票，并受中间人委托而付款，目的是减少差价。最终，法院认定原告甲公司仅凭增值税发票无法确认买卖合同关系成立，驳回了原告甲公司的诉讼请求。

司法实践中，当事人双方没有签订书面合同，事后也无送货单、收货单或进仓单等书面凭证，仅凭增值税发票能否认定双方的合同关系成立？简而言之，在证据效力方面，发票能否作为买卖合同关系成立的重要法律依据？其实，普通发票和增值税专用发票并非书面合同，其本身并不能证明某种合同关系的存在与否。虽然在某些合同纠纷中，增值税发票结合其他证据可能会认定当事人之间存在合同关系，但并不能说明其可以单独作为认定买卖合同关系的依据，换句话说，一般的发票特别是增值税发票不能单独作为认定买卖合同关系的依据。因此，在买卖等合同关系中，发生纠纷时如果没有合同又没有送货单等书面证据，仅仅凭借已经入账的（增值税）发票，一般情况下是不能单独作为证明双方买卖关系成立的依据。为了规避法律风险，必须注意以下三点：

第一，在经济交往中，交易双方在达成交易意向时最好要签订书面合同，写清合同金额、产品规格等主要条款。

第二，在合同的具体履行过程中，注意收集送货单、接收单或进仓单入库单等书面证据，特别是发票开具必须与合同相匹配，以免在可能的诉讼中处于被动而造成不必要的经济损失。

第三，买卖双方如果需要变更原先合同中约定的货物价格，应重新签订买卖合同或者签订补充协议，否则，仅凭增值税发票所载单价来体现交易价格的变化，打官司时易处于被动局面。

合同与发票开具不匹配的合同纠纷判决的法律分析

一、案情介绍

2018 年 10 月 31 日，甲公司与乙公司签订钢筋买卖合同，合同约定：甲公司为乙公司提供钢筋，钢筋开票单价为 2.78 元/米，数量以实际发生为准。2019 年 5 月 25 日，甲公司与乙公司进行货款结算，结算书中载明：钢筋单价 2.9914271447 元，数量合计 66136 米，价税合计 197841 元（即钢筋开票单价为 3 元/米）。随后甲公司向乙公司开具两张增值税发票，发票上记载钢筋单价 2.9914271447 元，税率 9%，数量合计 66136 米，价税合计 197841 元（即钢筋开票单价为 3 元/米），乙公司已付款 10.1367 万元，还欠甲公司货款 96474 元。乙公司随即对此两张增值税发票申请认证并抵扣。但乙公司以发票上的金额与合同上的金额不一致为由拒绝给甲公司支付欠款 96474 元，甲公司将乙公司上诉到法院，请求法律进行判决，最后的结果是法院判决乙公司必须向甲公司支付欠款 96474 元。请分析法院的判决结果。

二、合同与发票开具不匹配的法律分析

本案例是一起合同与增值税发票开具不匹配而引起的合同买卖纠纷案件。一般来看，如果甲公司与乙公司签订的买卖合同中的约定与开给乙公司的增值税发票上载明的标的物的品种、单价、进项税额和数量一致的情况下，乙公司欠甲公司的货款 96474 元，肯定是要履行还款责任。问题是，本案中的甲公司开给乙公司增值税专用发票上的单价和金额与合同上的约定不匹配，能否认定为甲公司多开票给乙公司抵扣进项税额而构成虚开增值税发票？乙公司以合同约定与发票上记载的事项不一致而拒绝给甲公司付欠款，在法律上能否站得住脚呢？分析如下：

1. 甲公司是否构成虚开增值税发票

根据最高人民法院关于适用《全国人民代表大会常务委员会关于惩治虚开、伪造和非法出售增值税专用发票犯罪的决定》的若干问题的解释第一条第二款规定，有货物购销或者提供或接受了应税劳务但为他人、为自己、让他人为自己、介绍他人开具数量或者金额不实的增值税专用发票，为虚开增值税发票。如果合同上的金额或数量与发票上的金额或数量一致，则不构成虚开增值税发票。本案中的甲公司与乙公司签订钢筋买卖合同，合同约定：甲公司为乙公司提供钢筋，钢筋开票单价为 2.78 元/米，数量以实际发生为准。最后双方的结算价中，发票上记载钢筋单价 2.9914271447 元，税率 9%，数量合计 66136 米，价税合计 197841 元（即钢筋开票单价为 3 元/米）。结算价中的单价为 3 元/米，比合同约定的单价为 2.78 元/米多 0.22 元/米。买受人乙公司接受出卖人甲公司开具的增值税发票并申请认证、抵扣等行为，可视为买受人乙公司已经认可增值税发票上记载的标的物品种、数量、价格等内容。符合合同价、结算价和发票价"三价统一"的原理。根据实质重于形式的原则，结算书视同为合同的补充协议与合同具有同等的法

律效率。因此，甲公司没有构成虚开增值税发票的行为。

2. 乙公司拒绝付甲公司余款法律是否支持

本案的核心问题是当增值税发票记载价款与合同约定价款不同时，应如何处理。增值税发票不仅是纳税人经济活动中的重要商业凭证，而且兼具销货方纳税义务和购货方进项税额的合法证明，对增值税的计算和管理起到决定性的作用。本案中，甲公司即以增值税发票为主要证据，要求乙公司支付增值税发票记载项下的价款。而乙公司认为增值税发票记载的货物价款与买卖合同约定价款不符，应以买卖合同约定的价款作为计价依据。

关于增值税发票记载价款与合同约定价款异同应如何处理，存在较大争议。主要有两种观点：第一种观点认为，增值税发票作为一般纳税人经营活动中从事商事活动的重要凭证，主要是税务机关计收税金和扣减税额的重要凭据，该凭据本身尚不具有单独直接证明合同价款的证据效力，在合同有效的情形下，应以合同约定的价款作为计价依据。第二种观点认为，增值税发票记载价款与合同约定价款不一致，原则上，若买受人接受出卖人开具的增值税发票并申请认证、抵扣等行为，可视为买受人已经认可增值税发票上记载的标的物品种、数量、价格等内容。到底哪一种观点是正确的，笔者认为，应从以下两个方面来分析：

一是如果交易双方没有签订合同，也没用结算书、送货单、接收单或进仓单入库单等书面证据，则增值税发票本身不具有单独直接证明合同价款的证据效力，凭借增值税发票向收票方索取款项，法律不支持。

二是如果交易双方签订了合同，或虽没有签定合同，但有结算书、送货单、接收单或进仓单入库单等书面证据进行佐证，出现增值税发票上的价格与合同约定的价格不一致的情况下，只要买受人接受出卖人开具的增值税发票并申请认证、抵扣等行为，就可视为买受人已经认可增值税发票上记载的标的物品种、数量、价格等内容，则按照实质重于形式的原则，凭借增值税发票向收票方索取款项，法律应支持。

本案中甲公司向乙公司开具的两张增值税发票上，分别记载数量66136米，价税合计197841元，扣除乙公司已支付甲公司的货款10.1367万元，乙尚欠甲公司货款96474元。乙公司接受甲公司开具的两张增值税专业发票，并申请认证、抵扣，且双方进行了货款结算，结算书视同合同的补充协议，应视为乙公司已认可增值税发票上记载的标的物数量和价格。法院支持甲公司要求支付货款96474元的诉讼请求，既合乎证据规则，亦符合现行法律的规定。因此，法院的判决是正确的。

（二）增值税发票不能单独作为认定合同关系存在的依据

增值税专用发票既是一般纳税人从事生产经营活动的商业凭证，又是记载该专用发票开具方应纳税额和受票方抵扣进项税额的合法证明，具有双重功能作用。根据我国对增值税专用发票管理的有关法律、法规的规定，增值税专用发票的出票和抵扣应以真实的交易行为为基础，但根据现阶段市场运行的实际状况，不能直接将商业发票认定为一方当事人履行了合同约定的给付义务的凭证，卖方出票和买方抵扣事实仅应对买卖双方是否履行交付义务起到间接证明的证据作用。因此，从证据本身的性质分析，增值税专用发票不应单独作为买卖合同的交付凭证直接予以认定。

另外，增值税专用发票能否作为买卖合同的交付凭证应根据交易习惯或实际交易情况予以分析认定。现实经济生活中，"先票后款"或"先货后票"已经成为很多企业在经济往来中的交易习惯，并且在依据诚实信用原则和遵循交易习惯的基础上持续交易和结算。在合同法明确将交易习惯纳入法条给予其正当的法律地位的情况下，人民法院在案件审理过程中对已经查明的当事人之间形成的交易习惯可以作为判案依据予以采信。此外，多数企业作为纳税人在交易中严格依据有关税收法律、法规的规定以真实的交易行为为基础出具增值税专用发票和进行抵扣，增值税专用发票作为税务机构监制的商业活动和抵扣税款的凭证，比其他间接证据有较强的证明力。

（三）合同与发票开具不匹配的涉税风险：不得抵扣增值税进项税额和企业所得税

发票的主要功能是受票方和企业所得税的合法证明，如果受票方是增值税一般纳税人，其获得的增值税专用发票还可以抵扣增值税进项税额。基于此，开具的发票与合同不匹配，则将涉嫌虚开发票，不可以抵扣增值税进项税额和企业所得税税前扣除成本，必将增加企业的税负。实践中，不少企业在开发票时，出现了与合同不匹配的现象，导致企业承担了多缴税甚至遭到税务机关稽查的风险。

（四）企业抵扣增值税进项税额和企业所得税前扣除的成本发票的核心：发票开具必须与经济业务合同相匹配

读者应注意本书稿所谈及的合同是广义概念的合同，所谓的广义合同包括两层含义：一是当签订合同的情况下，合同是指双方签订的并盖有合同公章的书面合同；二是没有签订合同的情况下，合同是指与经济业务相关的采购订单、发货单、提货单、结算单、验货单等视同为合同性质的凭证。

企业在抵扣增值税进项税额和企业所得税时，成本发票的开具必须与经济业务合同相匹配。例如，供应商开具"材料一批"、汇总运输发票、办公用品和劳动保护用品的发票，要在抵扣增值税进项税额和企业所得税前扣除，必须要求供应商在其防伪税控系统开具加盖发票专用章的《销售货物或者提供应税劳务清单》。《增值税专用发票使用》（国税发〔2006〕156号）第十二条规定："**一般纳税人销售货物或者提供应税劳务可汇总开具专用发票。汇总开具专用发票的，同时使用防伪税控系统开具《销售货物或者提供应税劳务清单》，并加盖财务专用章或者发票专用章。**"因此，没有供应商开具销售清单的开具"材料一批"、汇总运输发票、办公用品和劳动保护用品的发票，不可以抵扣增值税进项税额。

第 三 节

财税法风险管控的实务操作要点

所谓的法务、财务和税务融合控税是指企业经济业务的税务处理，首先要符合《中华人民共和国民法》《中华人民共和国合同法》《中华人民共和国劳动合同法》《中华人民共和国公司法》《中华人民共和国广告法》《中华人民共和国土地法》《中华人民共和国建筑法》等民事法规、行政法规相关的法律规定，然后在符合税法和《企业会计准则》的规定下，进行财务和税务处理。也就是说，企业在对某些特殊的经济业务进行税务处理时，由于税法没有明确的规定，在进行税务处理时更应该依照相关的民事和行政法律法规进行处理。即企业的涉税事项处理，必须在相关法律规定的框架下进行。例如，根据《中华人民共和国建筑法》的规定，挂靠一家建筑公司资质从事承接业务的行为（简称挂靠行为）是违法行为，而根据《财政部、国家税务总局关于全面推开营业税改增值税试点的通知》（财税〔2016〕36号）的规定，建筑工程总分包行为，总包可以扣除分包的销售额，实行差额征收增值税优惠政策。当分包方是被挂靠的建筑企业，与建筑总承包资质企业签订总分包合同时，总承包方要享受差额征收增值税政策，必须在法律上，总承包方与被挂靠方签订分包合同。在财务上，必须实行报账制度，即挂靠方在施工过程中发生的各类成本费用，应开成以被挂靠方为抬头的发票，统一交给被挂靠方进行账务核算，所有的资金都以被挂靠方的账户进行收支结算。在工程结算上，挂靠方必须以被挂靠方的名义与总包进行结算。通过以上方法处理，将违背《中华人民共和国建筑法》规定的挂靠行为，变成了形式上的合法行为，就可以依据税法规定进行差额征收增值税。因此，企业财税法风险的管控必须遵循财务、税务与法务处理相统一的原则。

实践操作当中，法务、财务和税务融合控税的操作要点要注意以下三点：

一、参照有关法律的规定

税务处理需要参照有关法律的规定。即在应用税法条文的规定进行税务处理时，对税法条文中没有明确规定的地方，需要相关法律的规定进行佐证。

例如，《财政部　国家税务总局关于房产税、城镇土地使用税有关政策的通知》（财税〔2006〕186 号）第二条规定："**以出让或转让方式有偿取得土地使用权的，应由受让方从合同约定交付土地时间的次月起缴纳城镇土地使用税；合同未约定交付土地时间的，由受让方从合同签订的次月起缴纳城镇土地使用税。**"《国家税务总局关于通过招拍挂方式取得土地缴纳城镇土地使用税问题的公告》（国家税务总局公告 2014 年第 74 号）规定：通过招标、拍卖、挂牌方式取得的建设用地，不属于新征用的耕地，纳税人应按照《财政部　国家税务总局关于房产税城镇土地使用税有关政策的通知》（财税〔2006〕186 号）第二条规定，从合同约定交付土地时间的次月起缴纳城镇土地使用税；合同未约定交付土地时间的，从合同签订的次月起缴纳城镇土地使用税。这税法中的"土地"到底是"生地"还是"熟地"呢？该税法没有规定，因此，要找到相关土地规定的法律进行佐证。根据《国土资源部、住房和城乡建设部关于进一步加强房地产用地和建设管理调控的通知》（国土资发〔2010〕151 号）第四条的规定，土地出让必须以宗地为单位提供规划条件、建设条件和土地使用标准，严格执行商品住房用地单宗出让面积规定，不得将两宗以上地块捆绑出让，不得"毛地"出让。基于以上法律和税法的规定，财税〔2006〕186 号第二条和国家税务总局公告 2014 年第

74 号文件中的"土地出让"是"熟地"出让,而不是"生地"出让。

二、依据民商法的相关规定

税法上没有规定的,必须依据民商法和司法解释的相关规定进行税务处理。即当一笔经济业务的税务处理,税法上没有规定的情况下,必须以相关法律、司法解释中的规定为主。

案例分析 6

拥有土地使用权的工业企业与房地产公司
合作建房分配利润的涉税处理

一、案情介绍

甲房地产置业有限公司,成立于 2011 年 11 月,注册资金 1000 万元,股东及投资金额分别为:乙机械有限公司以现金 540 万元出资,丙房地产开发有限公司以现金 360 万元出资,自然人李明以现金 100 万元出资。该公司现正在开发的项目是位于新疆奎屯市的某家园小区,本项目占用的土地为乙机械有限公司名下,其中乙机械有限公司与甲房地产置业有限公司均为同一自然人法人代表。具体情况介绍如下:

1. 土地由来及土地变性情况

乙机械有限公司于 2012 年因收购了原一国营老厂而成立的公司,其占有土地约 147 亩,土地性质为工业用地,使用年限 50 年,乙机械有限公司以加工制造业为主,在 2015 年应城市规划要求,把此地块变性为住宅用地,2015 年 4 月经过招拍挂程序,乙机械有限公司补交了 1400 万元土地出让金,土地部门将补交土地出让金的发票开给乙机械有限公司,该宗土地从工业用地转换为住宅用地,使用期限 70 年,土地使用权证上的名字为乙机械有限公司。

2. 项目的立项报建情况

为尽早开发房地产项目,2018 年乙机械公司重新搬迁至另一处工业园区。乙机械有限公司出 147 亩土地,与甲房地产置业有限公司出资金,不组建项目公司,进行联合立项和联合报建,进项合作建房,合作建房合同约定：出地一方和出资金一方将按照一定比例分配税后利润。其中乙机械公司土地上的建筑物和相关设施被甲房地产置业有限公司请的拆迁公司进行拆除，甲房地产置业有限公司给予乙机械公司进行补偿。由于立项及办理预售许可证的需要，经过土地局同意，在乙机械公司的土地证上加上甲房地产置业有限公司的名字，即该147亩建设用地的土地使用证上的名字是乙机械公司和甲房地产置业有限公司，但147亩土地的土地成本（账面价值1700万元）在乙机械公司账上，即甲房地产置业有限公司账上没有土地成本。

3. 建筑施工过程中的发票开具和合同流程情况

甲房地产置业有限公司与建筑公司签订包工包料合同，建筑公司与乙机械公司签订建筑材料采购合同，同时乙机械公司与建筑材料供应商签订建筑材料采购合同，建筑材料供应商开增值税专用发票给乙机械公司（乙机械公司为一般纳税人，有从事材料贸易经营范围），乙机械公司再销售建筑材料给建筑公司，并开增值税专用发票给建筑公司，建筑公司再开建筑业增值税专用发票给甲房地产置业有限公司。

请问乙机械公司账上的土地成本怎样才能转到甲房地产置业有限公司的账上？乙机械公司与甲房地产置业有限公司之间合作建房应如何进行税务处理？

二、涉税分析及税务处理建议

1. 相关法律依据

《中华人民共和国城市房地产管理法》（中华人民共和国主席令第72号）第二十八条规定：**"依法取得的土地使用权，可以依照本法和有关法律、行政法规的规定，作价入股，合资、合作开发经营房地产。"**

最高人民法院《关于审理涉及国有土地使用权合同纠纷案件适用法律问题的解释》（法释〔2005〕5号）规定，本解释所称的合作开发房地产合同，是指当事人订立的以提供出让土地使用权、资金等作为共同投资，共享利润、共担风险合作开发房地产为基本内容的协议。合作开发房地产合同的当事人一方具备房地产开发经营资质的，应当认定合同有效。按上述司法解释，合作建房需要符合以下几个条件：一是必须以合作双方名义办理合建审批手续；二是办理土地使用权变更登记；三是其中一方应该具有房地产开发经营资质。

《房地产开发经营业务企业所得税处理办法》（国税发〔2009〕31号）第三十一条第（一）项第一款的规定："企业、单位以换取开发产品为目的，将土地使用权投资企业的，换取的开发产品如为该项土地开发、建造的，接受投资的企业在接受土地使用权时暂不确认其成本，待首次分出开发产品时，再按应分出开发产品（包括首次分出的和以后应分出的）的市场公允价值和土地使用权转移过程中应支付的相关税费计算确认该项土地使用权的成本。如涉及补价，土地使用权的取得成本还应加上应支付的补价款或减除应收到的补价款。"

《房地产开发经营业务企业所得税处理办法》（国税发〔2009〕31号）第三十六条第（二）项规定："企业以本企业为主体联合其他企业、单位、个人合作或合资开发房地产项目，且该项目未成立独立法人公司的，凡开发合同或协议中约定分配项目利润的，企业应将该项目形成的营业利润额并入当期应纳税所得额统一申报缴纳企业所得税，不得在税前分配该项目的利润，不能因接受投资方投资额而在成本中摊销或在税前扣除相关的利息支出。同时，投资方取得该项目的营业利润应视同股息、红利进行相关的税务处理。"

最高人民法院《关于审理涉及国有土地使用权合同纠纷案件适用法律问题的解释》（法释〔2005〕5号）第十四条规定："本解释所称的合作开发房地产合同，是指当事人订立的以提供出让土地使用权、资金等作为共同投资，共享利润、共担风险合作开发房地产为基本内容的协议。"第十五条规定："合作开发房地产合同的当事人一方具备房地产开发经营资质的，应当认定合同有效。"

最高人民法院《关于审理房地产管理法施行前房地产开发经营案件若干问题的解答》（法发〔1996〕2号）第五条关于以国有土地使用权投资合作建房问题做出如下规定：享有土地使用权的一方以土地使用权作为投资与他人合作建房，签订的合建合同是土地使用权有偿转让的一种特殊形式，除办理合建审批手续外，还应依法办理土地使用权变更登记手续。当事人签订合建合同，依法办理了合建审批手续和土地使用权变更登记手续，不因合建一方没有房地产开发经营权而认定合同无效。名为合作建房，实为土地使用权转让的合同，可按合同实际性质处理。

最高人民法院《关于审理涉及国有土地使用权合同纠纷案件适用法律问题的解释》（法释〔2005〕5号）第二十四条规定："合作开发房地产合同约定提供土地使用权的当事人不承担经营风险，只收取固定利益的，应当认定为土地使用权转让合同。"

2. 涉税处理分析

（1）乙机械公司账上147亩土地的土地成本（账面价值1700万元）能

否转到甲房地产置业有限公司的账上？

本案例中的非房地产公司乙机械公司与具有房地产开发资质的甲房地产置业公司不组建项目公司，进行联合立项和联合报建，进行合作建房，并在合作建房合同约定：乙机械公司不承担经营风险，出地一方（乙机械公司）和出资金一方（甲房地产置业公司）将按照一定比例分配税后利润。根据最高人民法院《关于审理涉及国有土地使用权合同纠纷案件适用法律问题的解释》（法释〔2005〕5号）第二十四条的规定，合作开发房地产合同约定提供土地使用权的当事人不承担经营风险，只收取固定利益的，应当认定为土地使用权转让合同。基于此规定，从法律的角度分析，本案例中的非房地产公司乙机械公司实质上发生了转让土地使用权给甲房地产置业公司的行为，可是在立项前，经当地土管部门的同意，在乙机械公司名下的土地使用权证上增添了甲房地产置业公司的名字，这相当于该开发项目所占的土地147亩是乙机械公司和甲房地产置业公司共同购买的，不过甲房地产置业公司购买该土地的价款是拖欠的，其土地成本是今后开发完的产品销售完毕分配给乙机械公司的税后利润。因此，乙机械公司账上147亩土地的土地成本（账面价值1700万元）不能转到甲房地产置业有限公司的账上。但是，根据《财政部、国家税务总局关于进一步明确全面推开营改增试点有关劳务派遣服务、收费公路通行费抵扣等政策的通知》（财税〔2016〕47号）第三条第（三）项的规定，纳税人转让2016年4月30日前取得的土地使用权，可以选择适用简易计税方法，以取得的全部价款和价外费用减去取得该土地使用权的原价后的余额为销售额，按照5%的征收率计算缴纳增值税。因此，乙机械公司只能按照5%税率，以乙机械公司从甲房地产置业公司分配的税后利润减去乙机械公司账上147亩土地的土地成本（账面价值1700万元），实行差额征收增值税。乙机械公司按照其从甲房地产置业公司分配的税后利润金额，给甲房地产置业公司开具增值税专用发票，作为甲房地产置业公司的入账成本。

（2）乙机械公司与甲房地产置业有限公司之间合作建房应如何进行税务处理？

本案例的涉税处理如下：

第一，乙机械公司销售一部分土地使用权给甲房地产置业有限公司，按照销售无形资产——土地，缴纳增值税、土地增值税、企业所得税。增值税的计税依据是该项目开发完工销售完毕后，甲房地产置业有限公司分配给乙机械公司的税后利润。

第二，甲房地产置业有限公司作为开发项目的经营管理主体，销售开发产品依法缴纳增值税、土地增值税和企业所得税，其中土地成本为该项目开发完工销售完毕后，甲房地产置业有限公司分配给乙机械公司的税后利润。

案例分析 7

城市综合体和旅游地产开发模式招商引资的财税法风险管控

一、案情介绍

2019 年 7 月，房地产企业甲投入 20000 平方米土地，非房地产企业乙投入货币资金 6000 万元，由房地产公司甲企业立项，非房地产企业乙不承担任何风险，合作建房。假设双方面临三种约定：一是房屋建成，甲企业销售后，乙企业得到 8000 万元的收益。二是房屋建成后，乙企业分得 40 套房屋，假设乙分得的 40 套房屋所分配的土地成本为 2000 万元，乙企业将其全部销售，甲企业将房屋留为自用。三是房屋建成后，乙企业获得其中 40 套房屋 10 年的免费使用权。甲房地产企业采用一般计税方法计算增值税，请分析房地产企业甲应如何进行账务和税务处理？

二、约定一

第一种约定："房屋建成，甲企业销售后，乙企业得到 8000 万元收益"的财税法风险管控。

1. 法务风险管控：按照借款合同处理

根据最高人民法院《关于审理涉及国有土地使用权合同纠纷案件适用法律问题的解释》（法释〔2005〕5 号）第二十六条规定："**合作开发房地产合同约定提供资金的当事人不承担经营风险，只收取固定数额货币的，应当认定为借款合同。**"基于此规定，本合同的第一种合同约定的法务处理是：乙公司借款给甲企业，甲企业销售后，乙企业得到 8000 万元收益是乙企业获得的本金和借款利息。

2. 甲企业的财务风险管控

基于第一种合同约定的法务处理，房地产企业甲的账务处理如下：

获得乙企业的资金时：

借：银行存款　　　　　　　　　　　　　　　　　6000

　　贷：其他应付款　　　　　　　　　　　　　　　6000

房屋建成，甲企业销售后，甲企业支付乙企业 2000 万元收益时。

借：其他应付款　　　　　　　　　　　　　　　　6000

　　开发成本——间接开发费用——利息费用　　　2000

　　　贷：银行存款　　　　　　　　　　　　　　　8000

3. 甲企业的税务风险管控

根据最高人民法院《关于审理涉及国有土地使用权合同纠纷案件适用法律问题的解释》（法释〔2005〕5 号）第二十六条的规定，出地方甲如将房屋留为自用，则不需缴纳增值税、土地增值税和企业所得税，只有将新建房屋对外销售时，才以销售房屋的全部收入为销售额按"销售不动产"税目征收增值税、土地增值税和企业所得税。对出资方乙来说，应认定其拆借资金给出地方甲使用，根据财税〔2016〕36 号文件的规定，一般纳税人发生贷款服务的增值税税率为 6%。

根据《销售服务、无形资产、不动产注释》的规定，贷款，是指将资金贷与他人使用而取得利息收入的业务活动。以货币资金投资收取的固定利润或者保底利润，按照贷款服务缴纳增值税。因此，对出资方应以收取的货币金额按"贷款服务"税目征收增值税，即乙企业应纳贷款服务增值税 = 2000 万元 ÷ (1+6%) × 6% = 113.2 万元。特别要注意的是：这 1886.8 万元［2000 万元 ÷ (1+6%)］利息费用，超过银行同期贷款利率部分的利息不可以在房地产企业甲的企业所得税前扣除。另外，房地产企业在计算土地增值税时，不可以直接扣除财务费用 1886.8 万元［2000 万元 ÷ (1+6%)］，只能将财务费用、管理费用和营销费用一起按照土地取得成本和开放成本总和的 10% 进行扣除。

三、约定二

第二种约定："房屋建成后，乙企业分得 40 套房屋，假设乙分得的 40 套房屋所分配的土地成本为 2000 万元，乙企业将其全部销售，甲企业将房屋留为自用"的财税法风险管控。

1. 法务风险管控

最高人民法院《关于审理涉及国有土地使用权合同纠纷案件适用法律问题的解释》（法释〔2005〕5 号）第二十五条规定，**合作开发房地产合同约**

定提供资金的当事人不承担经营风险，只分配固定数量房屋的，应当认定为房屋买卖合同。基于此规定，第二种合同约定的法务处理是：甲企业将房屋销售给乙企业处理。

2. 税务风险管控

根据《房地产开发企业销售自行开发的房地产项目增值税征收管理暂行办法》（国家税务总局公告 2016 年第 18 号）第四条和国家税务总局 2019 年第 39 号文件第一条的规定，房地产开发企业中的一般纳税人（以下简称一般纳税人）销售自行开发的房地产项目，适用一般计税方法计税，按照取得的全部价款和价外费用，扣除当期销售房地产项目对应的土地价款后的余额计算销售额。销售额的计算公式如下：

销售额＝（全部价款和价外费用－当期允许扣除的土地价款）÷(1+9%)

《关于营改增后契税 房产税 土地增值税 个人所得税计税依据问题的通知》（财税〔2016〕43 号）第三条规定："土地增值税纳税人转让房地产取得的收入为不含增值税收入。《中华人民共和国土地增值税暂行条例》等规定的土地增值税扣除项目涉及的增值税进项税额，允许在销项税额中计算抵扣的，不计入扣除项目，不允许在销项税额中计算抵扣的，可以计入扣除项目。"

因此，本案例中的甲企业销售房屋开发产品给乙企业，必须按照甲企业收取乙企业的全部价款扣除销售给乙企业房屋所含有的土地价款 2000 万元作为销售金额，依据 9% 的增值税税率计算增值税销项税额，同时在计算土地增值税时，销售给乙企业的房屋开发成品的成本中已经抵扣的增值税进项税额不允许扣除。甲企业具体的税务处理如下：

第一步，计算销项税额。销项税额 = 6000 万元 ÷ (1+9%) × 9% = 495.4 万元。

第二步，计算销售额。销售额 = 6000 万元 – 495.4 万元 = 5504.6 万元。

第三步，按照上述销售额和销项税额的数据全额开具增值税专用发票。乙公司取得增值税专用发票后，可以抵扣进项税额 495.4 万元；房地产企业甲应以 4000 万元（含增值税）〔（出资方的出资额 6000 万元－销售给乙企业房屋含的土地成本 2000 万元）〕÷(1+9%)×9%，按"销售不动产"税目缴纳增值税 330.3 万元 ｛〔（6000-2000）÷(1+9%)〕×9%｝，按照 5504.6 万元缴纳土地增值税和企业所得税。而对出资方乙来说，出资额实质是购买房屋的预付款，再获得分配的房屋时，只缴纳契税。房屋分配后，一方或各方分别将分得的房屋对外销售的，应对销售者再按"销售不动产"税目征收增值税。

3. 甲企业的财务风险管控

基于以上法律和税收政策规定，房地产企业甲的账务处理如下：

获得乙企业的资金时：

借：银行存款　　　　　　　　6000

　　贷：其他应付款　　　　　　　　6000

分配开发成本给乙企业时：

借：其他应付款　　　　　　　6000

　　贷：主营业务收入　　　　　　　　　　　　　5669.7（6000−330.3）

　　　　应交税费——应交增值税（销项税额）330.3 ［（6000−2000)÷

　　　　(1+9%)］×9%

甲企业低减土地成本2000万元的财务处理：

根据《增值税会计处理规定》（财会〔2016〕22号文件）的规定，企业**发生相关成本费用允许扣减销售额的账务处理。按现行增值税制度规定企业发生相关成本费用允许扣减销售额的，发生成本费用时，按应付或实际支付的金额，借记"主营业务成本""存货""工程施工"等科目，贷记"应付账款""应付票据""银行存款"等科目。**

待取得合规增值税扣税凭证且纳税义务发生时，按照允许抵扣的税额，借记"应交税费——应交增值税（销项税额抵减）"或"应交税费——简易计税"科目（小规模纳税人应借记"应交税费——应交增值税"科目），贷记"主营业务成本""存货""工程施工"等科目。基于此规定，甲企业计算增值税销项税额时，抵减土地成本2000万元的财务处理如下：

借：应交税费——应交增值税（销项税额抵减）165.14 ［2000÷(1+9%)×9%］

　　贷：主营业务成本　　　　　　　　　　　　　165.14

四、约定三

第三种合同约定："房屋建成后，乙企业获得其中40套房屋10年的免费使用权"的财税法风险管控。

1. 法务风险管控

最高人民法院《关于审理涉及国有土地使用权合同纠纷案件适用法律问题的解释》（法释〔2005〕5号）第二十七条规定："**合作开发房地产合同约定提供资金的当事人不承担经营风险，只以租赁或者其他形式使用房屋的，应当认定为房屋租赁合同。**"基于此法律规定，本案例中的第三种合同约定的法务处理是：甲企业将 40 套房屋开发产品租赁给乙企业使用 10 年。

2. 税务风险管控

《财政部 国家税务总局关于进一步明确全面推开营改增试点有关再保险 不动产租赁和非学历教育等政策的通知》（财税〔2016〕68 号）第二条第二款规定："**房地产开发企业中的一般纳税人，出租其 2016 年 5 月 1 日后自行开发的与机构所在地不在同一县（市）的房地产项目，应按照 3% 预征率在不动产所在地预缴税款后，向机构所在地主管税务机关进行纳税申报。**"

《纳税人提供不动产经营租赁服务增值税征收管理暂行办法》（国家税务总局公告 2016 年第 16 号）第三条和国家税务总局 2019 年公告第 39 号文件第一条的规定，一般纳税人出租其 2016 年 5 月 1 日后取得的不动产，适用一般计税方法计税，按照 9% 的征收率计算应纳税额。

根据《财政部、国家税务总局关于全面推开营业税改增值税试点的通知》（财税〔2016〕36 号）附件 1：《营业税改征增值税试点实施办法》第四十一条第（二）项的规定，纳税人提供租赁服务采取预收款方式的，其增值税纳税义务发生时间为收到预收款的当天。

基于以上税法规定，本案例中的第三种合同约定，相当于房地产公司甲一次性收到出资金方乙公司跨 10 年的租金 6000 万元（含增值税），应该按照"出租不动产"税目征收增值税。至于其余所得税根据《中华人民共和国企业所得税法实施条例》（中华人民共和国国务院令 512 号）第十九条规定，租金收入，按照合同约定的承租人应付租金的日期确认收入的实现。同时根据《国家税务总局关于贯彻落实企业所得税法若干税收问题的通知》（国税函〔2010〕79 号）的规定，如果交易合同或协议中规定租赁期限跨年度，且租金提前一次性支付的，根据《实施条例》第九条规定的收入与费用配比原则，出租人可对上述已确认的收入，在租赁期 10 年内，分期均匀计入相关年度收入。

3. 甲企业的账务风险管控

基于以上法律和税收政策规定，房地产企业甲的账务处理如下：

获得乙企业的资金时：

借：银行存款　　　　　　　　　　　　　　6000

　　贷：其他应付款——乙企业　　　　　　　　6000

将开发产品移交给乙企业 10 年免费使用时，有两种账务处理：

第一种账务处理，如果房地产企业选择将 6000 万元一次性在移交当年缴纳企业所得税时：

  借：其他应付款——乙企业   6000

    贷：其他业务收入   5504.6

      应交税费——应交增值税（销项税额）495.4［6000万元÷

（1+9%）×9%］

  申报租赁业房产税时：

  借：管理费用   660.55（5504.6×12%）

    贷：应交税费——应交房产税 660.55

  同时：

  借：应交税费——应交房产税 660.55

    贷：银行存款   660.55

  第二种账务处理，如果房地产企业选择将6000万元分10年缴纳企业所得税时：

  借：其他应付款——乙企业   6000

    贷：预收账款   6000

  按照预收账款在房屋所在地国税局预缴增值税＝6000÷（1+9%）×3%＝165.14（万元）

  申报租赁业房产税时：

  借：应交税费——应交房产税 660.55［6000÷（1+9%）］×12%

    贷：银行存款   660.55

  按月结转收入时：

  借：预收账款   50 （6000万元÷10÷12）

    贷：其他业务收入   45.87

      应交税费——应交增值税（销项税额）4.13［50÷（1+9%）×9%］

  同时：

  借：管理费用   5.55（660.55万元÷10÷12）

    贷：应交税费——应交房产税 5.5

三、依据税法、会计准则和相关民商法的规定

企业的财务处理有时需要依据《企业会计准则》规定还不够，还要结合税法和相关民商法的进行处理。即有的经济业务，在进行账务处理时，必须依据税法、《企业会计准则》和相关民商法律的规定进行。

某房地产企业收到政府土地返还款的法务、财务和税务处理

一、案情介绍

房地产开发企业乙通过招拍挂购入土地100亩，与国土部门签订的出让合同价格为10000万元，企业已缴纳10000万元。协议约定如下几种情况：

（1）土地出让金入库后以财政支持的方式给予房地产开发企业乙补助3000万元，在该项目土地上建设回迁房，回迁房建成后无偿移交给动迁户。受让建安置房土地支付土地出让金900万元。

（2）在土地出让金入库后以财政支持的方式给予房地产开发企业乙补助3000万元，用于该项目10000平方米土地及地上建筑物的代理拆迁补偿的拆迁费用支出。国土部门委托房地产开发公司进行建筑物拆除、平整土地并代委托方国土部门向原土地使用权人支付拆迁补偿费。约定返还的3000万元中，用于拆迁费用1000万元，用于动迁户补偿2000万元。企业实际向动迁户支付补偿款1500万元。

（3）在土地出让金入库后以财政支持的方式给予房地产开发企业乙补助3000万元，用于该项目的拆迁补偿补助。

（4）在土地出让金入库后以财政支持的方式给予房地产开发企业乙补助3000万元，用于该项目外城市道路、供水、排水、燃气、热力、防洪等基础设施工程建设。

（5）在土地出让金入库后以财政支持的方式给予房地产开发企业乙补助3000万元，用于企业在开发区内建造的会所、物业管理场所、电站、热力站、水厂、文体场馆、幼儿园等配套设施。

（6）在土地出让金入库后以财政支持的方式给予房地产开发企业乙补助3000万元，用于乙企业招商引资奖励和生产经营财政补贴。

请分析这 3000 万元的财务和税务处理。

二、账务处理和税务处理

本案例中的房地产企业与国土部门签订的土地出让合同中，对政府给予的土地返还款的用途进行了不同的约定，根据"不同的合同约定决定不同的账务处理"的原理，房地产企业必须根据合同中的不同约定条款进行不同的账务处理，否则会有税收风险。有鉴于此，本案例中的账务处理如下：

（一）合同约定一

合同约定第一种情况：土地返还款就地建安置房的账务和税务处理（单位：万元）。

土地出让金返还用于建设购买安置回迁房的法律实质是房地产企业开发的回迁房销售给政府，政府通过土地出让金返还的形式支付给房地产企业销售回迁房的销售款，然后政府无偿把回迁房移交给拆迁户。

为此，土地返还款就地建安置房的账务处理如下：

收到返还款时：

借：银行存款　　　　　3000

　　贷：预收账款　　　　3000

另外，土地出让金返还用于建设购买安置回迁房的实质是政府出资购买回迁房，用于安置动迁户，对房地产开发企业来说，属于销售回迁房行为。土地返还款 3000 万元相当于回迁房组成计税价格确认收入，房地产开发企业应按取得售房 3000 万元收入（含增值税）计算缴纳增值税、土地增值税、企业所得税和契税。

《财政部、国家税务总局关于全面推开营业税改增值税试点的通知》（财税〔2016〕36 号）附件 1：《营业税改征增值税试点有关事项的规定》）第一条第（三）项之第 10 款规定，"房地产开发企业中的一般纳税人销售其开发的房地产项目（选择简易计税方法的房地产老项目除外），以取得的全部价款和价外费用，扣除受让土地时向政府部门支付的土地价款后的余额为销售额。"《房地产开发企业销售自行开发的房地产项目增值税征收管理暂行办法》（国家税务总局公告 2016 年第 18 号）第四条规定："**房地产开发企业中的一般纳税人（以下简称一般纳税人）销售自行开发的房地产项目，适用一般计税方法计税，按照取得的全部价款和价外费用，扣除当期销售房地产项目对应的土地价款后的余额计算销售额。销售额的计算公式如下：销售额＝（全部价款和价外费用－当期允许扣除的土地价款)÷(1+11%）"。**同时国家税务总局公告2016年第18号第十条和第十一条规定，一般纳税人采取预收款方式销售自行开发的房地产项目，应在收到预收款时按照3%的预征率预缴增值税。应预缴税款按照以下公式计算：

应预缴税款＝预收款÷(1+适用税率或征收率)×3%。适用一般计税方法计税的，按照9%的适用税率计算；适用简易计税方法计税的，按照5%的征收率计算。

基于以上税收政策规定，房地产企业在安置房所在地国家税务局预缴增值税时的账务处理如下：

借：应交税费——预交增值税　　　　　82.57　[3000÷(1+9%)×3%]

　　贷：贷银行存款　　　　　　　　　82.57

完工结转收入时：

借：预收账款：　　　　　　　　　　3000

　　贷：主营业务收入　　　　　　　　2752.29

　　　　应交税费——应交增值税（销项税额）247.71　[3000÷(1+9%)×9%]

同时，房地产企业因扣除土地成本减少销售额的会计处理如下：

根据《关于增值税会计处理的规定》（财会〔2016〕22）中"企业发生相关成本费用允许扣减销售额的账务处理"规定如下：按现行增值税制度规定企业发生相关成本费用允许扣减销售额的，发生成本费用时，按应付或实际支付的金额，借记"主营业务成本""存货""工程施工"等科目，贷记"应付账款""应付票据""银行存款"等科目。待取得合规增值税扣税凭证且纳税义务发生时，按照允许抵扣的税额，借记"应交税费——应交增值税（销项税额抵减）"或"应交税费——简易计税"科目（小规模纳税人应借记"应交税费——应交增值税"科目），贷记"主营业务成本""存货""工程施工"等科目。而该文件并没有对房地产开发企业销售自行开发房地产项目，按一般计税方法计税的，扣除土地成本的账务处理做特别说明，实践中房地产开发企业的账务处理主要有两种：

第一种会计处理：

借：应交税费——应交增值税（销项税额抵减）74.31[900÷(1+9%)×9%]

　　贷：主营业务成本（开发成本）　　　74.31

第二种会计处理：

借：应交税费——应交增值税（销项税额抵减）74.31

　　贷：营业外收入　　　　　　　　　　74.31

以上两种会计处理，笔者认为第一种会计处理符合税法的规定。《关于营改增后契税 房产税 土地增值税 个人所得税计税依据问题的通知》（财税〔2016〕43 号）第三条规定："**土地增值税纳税人转让房地产取得的收入为不含增值税收入。《中华人民共和国土地增值税暂行条例》等规定的土地增值税扣除项目涉及的增值税进项税额，允许在销项税额中计算抵扣的，不计入扣除项目，不允许在销项税额中计算抵扣的，可以计入扣除项目。**"基于此规定，"房地产开发企业中的一般纳税人（以下简称一般纳税人）销售自行开发的房地产项目，适用一般计税方法计税，按照取得的全部价款和价外费用，扣除当期销售房地产项目对应的土地价款后的余额计算销售额。"的法律实质是"土地成本中的增值税进项税额允许在销项税额中计算抵扣"。如果选用第二种会计处理，则房地产企业少缴纳土地增值税；如果选用第一种会计处理，则房地产企业计算土地增值税时，实质上土地成本抵减的增值税销项税额没有计入土地增值税的扣除项目。

（二）合同约定二

合同约定第二种情况：土地返还款用于房地产企业代理拆迁和代理支付拆迁补偿费的账务处理和税务处理（单位：万元）。

目前，招拍挂制度要求土地以"熟地"出让，但现实工作中一些开发商先期介入拆迁，政府进行招拍挂，由开发商代为拆迁。在开发商交纳土地出让金后，政府部门对开发商进行部分返还，用于拆迁或安置补偿。土地返还款用于房地产企业代理拆迁和代理支付拆迁补偿费的税务处理如下：

1. 增值税的处理——按照代理业务征收增值税

根据《财政部、国家税务总局关于全面推开营业税改增值税试点的通知》（财税〔2016〕36 号）文件附件：《销售服务、无形资产、不动产注释》第一条第（四）项建筑服务的规定，拆除建筑物或者构筑物应依照"建筑服务"缴纳增值税。另外，根据财税〔2016〕36 号附件 2：《营业税改征增值税试点有关事项的规定》第一条第（四）项第 4 款的规定，经纪代理服务，以取得的全部价款和价外费用，扣除向委托方收取并代为支付的政府性基金或者行政事业性收费后的余额为销售额计算缴纳增值税。因此，本案例土地返还款 3000 万元的增值税税务处理如下：

第一，由于拆迁建筑劳务是清包工劳务，根据财税〔2016〕36 号附件 2：《营业税改征增值税试点有关事项的规定》第一条第（七）项的规定，一般纳税人以清包工方式提供的建筑服务，可以选择适用简易计税方法计税。以清包工方式提供建筑服务，是指施工方不采购建筑工程所需的材料或只采购辅助材料，并收取人工费、管理费或者其他费用的建筑服务。基于此规定，房地产公司将拆迁建筑劳务外包给拆迁公司，拆迁公司提供建筑物拆除、平整土地劳务取得的收入 1000 万元，应按建筑服务业，选择简易计税方法缴纳增值税 29.1 万元 [1000÷(1+3%)×3%]。并且拆迁公司向房地产公司开具 3% 的增值税专用发票。

第二，代理支付动迁补偿款不可以在计算增值税销售额时进行扣除，直接支付给被拆迁户的拆迁补偿款，由于被拆迁户收到的拆迁补偿款没有发生增值税义务，不需要向房地产公司开具发票，所以，房地产公司代国土部门向原土地使用权人支付拆迁补偿费不可以抵扣增值税。

基于以上分析，房地产公司缴纳增值税销项税额 169.8 万元 [3000÷(1+6%)×6%]。因此，房地产公司应缴纳增值税 140.7 万元 (169.8-29.1)。

2. 企业所得税的处理——扣除支付被拆迁户补偿费用和拆迁公司拆迁劳务费用后的差额依法缴纳企业所得税

土地返还款 3000 万元的企业所得税处理如下：

第一，支付给拆迁公司提供建筑物拆除、平整土地劳务款 970.9 万元 [1000 万元÷(1+3%)]，应从企业所得税前扣除。

第二，代理支付动迁补偿款差额 1500 万元，应从企业所得税前扣除。

第三，房地产公司应计入企业所得税的应纳税所得额为 359.3 万元 [3000÷(1+6%)-970.9-1500]。

3. 土地增值税——由于没有发生土地转让行为而不缴纳土地增值税

根据《中华人民共和国土地增值税暂行条例》第二条的规定，转让国有土地使用权、地上的建筑物及其附着物并取得收入的单位和个人，为土地增值税的纳税义务人。《中华人民共和国土地增值税暂行条例实施细则》第二条规定："条例第二条所称的转让国有土地使用权、地上的建筑物及其附着物并取得收入，是指以出售或者其他方式有偿转让房地产的行为"。在本案例中，企业取得的土地返还款 3000 万元中，属于提供建筑物拆除、平整土地劳务取得的收入和代理服务取得的收入，不属于转让不动产收入，此收入不计算土地增值税清算收入。因此，企业取得的土地返还款 3000 万元不征收土地增值税。

4. 会计处理（单位：万元）

收到土地返还款时：

借：银行存款　　　　　　　　3000

　　贷：其他业务收入　　　　　2830.2

应交税费——应交增值税（销项税额）　169.8

代理支付动迁补偿款和拆迁工程款业务时：

借：其他业务成本——拆迁补偿款　　　　1500

　　　　　　——支付拆迁公司拆迁支出　970.9

　　应交税费——应交增值税（进项税额）　29.1

　　贷：现金或银行存款　　　　　　　　　　　　2500

（三）合同约定三

合同约定第三种情况：土地返还款用于拆迁补偿补助的账务和税务处理（单位：万元）。

在会计上，根据《企业会计准则第16号——政府补助》（财会〔2017〕15号）第四条规定："政府补助分为与资产相关的政府补助和与收益相关的政府补助。与资产相关的政府补助，是指企业取得的、用于购建或以其他方式形成长期资产的政府补助。与收益相关的政府补助，是指除与资产相关的政府补助之外的政府补助。"同时，财会〔2017〕15号第十一条规定："与企业日常活动相关的政府补助，应当按照经济业务实质，计入其他收益或冲减相关成本费用。与企业日常活动无关的政府补助，应当计入营业外收支。"根据此规定，本案例中的房地产企业收到政府的拆迁补偿补助是与房地产企业日常开发活动相关的政府补助。

在税法上，根据《中华人民共和国土地增值税暂行条例实施细则》（财法字〔1995〕6号）第七条的规定，在计算土地增值税增值额时，具体的扣除项目为：开发土地和新建房及配套设施的成本，是指纳税人房地产开发项目实际发生的成本，包括土地征用及拆迁补偿费、前期工程费、建筑安装工程费、基础设施费、公共配套设施费、开发间接费用。其中土地征用及拆迁补偿费的项目范围具体为：包括土地征用费、耕地占用税、劳动力安置费及有关地上、地下附着物拆迁补偿的净支出，安置动迁用房支出等。这里要特别注意的是作为开发成本中的房地产企业拆迁补偿费用全部支出是"净支出"，也就是全部补偿支出减除拆迁过程中的各种收入后的实际净支出，因此，政府给予企业的拆迁补偿款应从企业实际发生的拆迁补偿支出中扣除，而且政府给予企业的拆迁补偿款不作为土地增值税征税收入，但是要冲减开发成本中的补偿支出，从而减少计算土地增值税时的扣除项目金额。

另外，由于被拆迁户获得的拆迁补偿款没有发生增值税纳税义务，不缴纳增值税，不给房地产公司开具发票，或有的地方国家税务局规定，支付被拆迁户的拆迁补偿款时，必须统一使用省国家税务局印制的收据，但不缴纳增值税。因此，支付给被拆迁户的拆迁补偿款不能够抵扣增值税进项税额。

因此，土地返还款用于拆迁补偿补助时的账务处理如下：

借：银行存款 3000

贷：开发成本——拆迁补偿费 3000

（四）合同约定四

合同约定第四种情况：土地返还款用于该项目外城市道路、供水、排水、燃气、热力、防洪等基础设施工程建设（即红线之外建基础设施）的账务和税务处理（单位：万元）。

在会计上，根据《企业会计准则第16号——政府补助》（财会〔2017〕15号）第三条的规定，政府补助具有两个特征：

特征一：政府补助是来源于政府的经济资源。对于企业收到的来源于其他方的补助，有确凿证据表明政府是补助的实际拨付者，其他方只起到代收代付作用的，该项补助也属于来源于政府的经济资源。

特征二：政府补助是无偿性。即企业取得来源于政府的经济资源，不需要向政府交付商品或服务等对价。基于此规定，本案例中的房地产企业获得政府用于该项目外城市道路、供水、排水、燃气、热力、防洪等基础设施工程建设（即红线之外建基础设施）的土地返还款因不具有无偿性，从而不是政府补助，实质上是政府购买服务。同时，根据《企业会计准则第16号——政府补助》（财会〔2017〕15号）第五条第（一）项的规定，企业从政府取得的经济资源，如果与企业销售商品或提供服务等活动密切相关，且是企业商品或服务的对价或者是对价的组成部分，适用《企业会计准则第14号——收入》等相关会计准则。因此，基于此规定，土地返还款用于该项目外城市道路、供水、排水、燃气、热力、防洪等基础设施工程建设（即红线之外建基础设施），必须按照"销售建筑服务"税目的收入处理。

目前，招拍挂制度要求土地以"熟地"出让，但现实工作中，一些房地产开发企业先期介入，或"生地"招拍挂，政府为减轻开发商的负担，对开发商进行基础设施建设部分进行返还。一般情况下，由于实施了土地的储备制度，政府将生地转化为熟地后再进行"招拍挂"，动拆迁问题已妥善得到解决，土地的开发工作也已经基本完成，周边的市政建设将逐步完善，水、电、煤等市政都有计划地分配到位。即在招标、拍卖、挂牌活动开始前，国土部门已将拟出让的土地处置为净地，即权属明晰、界址清楚、地面平整、无地面附着物的宗地。但是在经营性用地招标、拍卖、挂牌的实际工作中，大量存在着"毛地"出让的情况，尤其是在企业改革、改制处置土地资产时，这种情况更比比皆是。因此，很多政府部门在招、拍、挂出让土地后，都会以土地出让金返还的形式，用于开发项目相关城市道路、供水、排水、燃气、热力、防洪等工程建设的补偿。其中土地返还款用于该项目外城市道路、供水、排水、燃气、热力、防洪等基础设施工程建设（即红线之外建基础设施）的实质是政府购买基础设施工程建设服务（相当于 PPP 模式的业务）。因此，本案例中企业取得的土地返还款 3000 万元用于红线之外建设基础设施，要按照传统的政府购买公共基础设施工程进行会计处理和税务处理，要缴纳增值税和企业所得税。

收到返还款时：

借：银行存款   3000

  贷：主营业务收入   2752.29

    应交税费——应交增值税（销项税额） 247.71

支付建筑企业工程款时：

借：开发成本   2752.29

  应交税费——应交增值税（进项税额） 247.71

  贷：银行存款   3000

（五）合同约定五

合同约定第五种情况：土地返还款用于企业在开发区内建造的会所、物业管理场所、电站、热力站、水厂、文体场馆、幼儿园等配套设施（即红线之内建基础设施）的账务和税务处理（单位：万元）。

公共配套设施是开发项目内发生的、独立的、非营利性的，且产权属于全体业主的，或无偿赠与地方政府、政府公用事业单位的公共配套设施。产权属于全体业主的公共配套设施是企业立项时承诺建设的，其成本费用应由企业自行承担，而且开发商在制定房价时，已经包含了公共配套设施的建设成本。而无偿赠与地方政府、政府公用事业单位的公共配套设施，也是企业立项时承诺建设的，其成本费用应由企业自行承担，但开发商在制定房价时，不能包含公共配套设施的建设成本。

在会计上，根据《企业会计准则第 16 号——政府补助》（财会〔2017〕15 号）第四条的规定，与资产相关的政府补助，是指企业取得的、用于购建或以其他方式形成长期资产的政府补助。第八条规定，与资产相关的政府补助，应当冲减相关资产的账面价值或确认为递延收益。与资产相关的政府补助确认为递延收益的，应当在相关资产使用寿命内按照合理、系统的方法分期计入损益。同时，财政部关于印发《企业会计准则第 16 号——政府补助》的通知（财会〔2017〕15号）第十一条规定："与企业日常活动相关的政府补助，应当按照经济业务实质，计入其他收益或冲减相关成本费用。基于此规定，本案例中的房地产企业收到用于项目内建设会所、物业管理场所、电站、热力站、水厂等产权属于全体业主的，则（即红线之内建基础设施）的土地返还款，应该冲减"开发成本——公共配套设施"。如果项目内的文体场馆、幼儿园等配套设施，无偿移交给政府的，则按照合同约定的第四种情况的项目外的公共配套设施的账务处理进行处理。

在税法上，《财政部、国家税务总局关于全面推开营业税改增值税试点的通知》（财税〔2016〕36号）附件1：《营业税改征增值税试点实施办法》第十四条第（二）项规定："单位或者个人向其他单位或者个人无偿转让不动产视同销售不动产，但用于公益事业或者以社会公众为对象的除外。"关于房地产企业在项目内建设的医院、学校、幼儿园、供水设施、变电站、市政道路等配套设施无偿赠送或移交给政府如何征收增值税问题，还要参照各省国税局的规定而定。例如，海南省和湖北省国税规定，上述配套设施在可售面积之内，作为无偿赠送的服务用于公益事业不视同销售；如果上述配套设施不在可售面积之内，则应视同销售，征收增值税。福建省国税局规定，上述配套设施如果未单独作价进行核算，作为无偿赠送的服务用于公益事业不视同销售；如果上述配套设施单独作价进行核算，则应视同销售，征收增值税。

《房地产开发经营业务企业所得税处理办法》（国税发〔2009〕31号）第十八条规定："企业在开发区内建造的邮电通讯、学校、医疗设施应单独核算成本，其中，由企业与国家有关业务管理部门、单位合资建设，完工后有偿移交的，国家有关业务管理部门、单位给予的经济补偿可直接抵扣该项目的建造成本，抵扣后的差额应调整当期应纳税所得额。"

实践当中，房地产企业在项目内建设的会所、物业管理场所、电站、热力站、水厂、文体场馆和道路等配套设施，都不会单独作价核算，而是进公共配套设施核算，而且都不计算在可售面积之内，归全体业主所有。但是房地产企业在项目内建设的学校、医院、幼儿园和公安派出所等设施都会单独作价核算，在可售面积之外。因此，房地产企业在项目内建设的所、物业管理场所、电站、热力站、水厂、文体场馆和道路等配套设施不视同销售，征收增值税；在项目内建设的学校、医院、幼儿园和公安派出所等设施无偿赠送或移交给当地政府，也不视同销售缴纳增值税。

具体的账务处理分两种情况处理：

第一种，如果协议约定土地返还款用于项目内开发企业自行承担，且产权属于全体业主，或无偿赠与地方政府、政府公用事业单位的城市道路、供水、排水、燃气、热力、防洪、会所、物业管理场所等基础设施工程支出，则收到的财政返还的土地出让金冲减"开发成本——公共配套设施费"，其账务处理如下：

借：银行存款　　　　　　　　　　　　3000
　　贷：开发成本——公共配套设施　　　3000

肖太寿博士重点提醒读者：收到土地返还款冲减开发成本不进行增值税进项税额转出。理由有两点：一是增值税是价外税，成本中不含增值税；二是财税〔2016〕36号文件和《中华人民共和国增值税暂行条例》中规定的增值税进项税额转出是采用列举法，土地返还款冲减开发成本没有在转出增值税进项税额的列举范围之中。

第二种，如果协议约定土地返还款用于项目内幼儿园、学校和公安派出所等配套设施，并要移交给政府和有关单位的，则该土地补偿款由于不具有无偿的特征，因而不是政府补助。与前面合同约定的第五种情况相同，根据《企业会计准则第16号——政府补助》（财会〔2017〕15号）第五条第（一）项的规定，企业从政府取得的经济资源，如果与企业销售商品或提供服务等活动密切相关，且是企业商品或服务的对价或者是对价的组成部分，适用《企业会计准则第14号——收入》等相关会计准则。因此，土地返还款用于项目内幼儿园、学校和公安派出所等配套设施，并要移交给政府和有关单位的，必须按照"销售开发产品"收入处理。账务处理如下：

借：银行存款　　　　　　　　　　　　3000
　　贷：主营业务收入　　　　　　　　2752.29
　　　　应交税费——应交增值税（销项税额）　247.71

（六）合同约定六

合同约定第六种情况：土地返还款用于乙企业招商引资奖励和生产经营财政补贴或政府补助的账务处理（单位：万元）。

《企业会计准则第16号——政府补助》（财会〔2017〕15号）第四条规定："政府补助分为与资产相关的政府补助和与收益相关的政府补助。与收益相关的政府补助，是指除与资产相关的政府补助之外的政府补助"。同时《企业会计准则第16号——政府补助》（财会〔2017〕15号）第十一条规定："**与企业日常活动相关的政府补助，应当按照经济业务实质，计入其他收益或冲减相关成本费用。与企业日常活动无关的政府补助，应当计入营业**

外收支。"基于以上规定，在土地招拍挂制运作过程中，出于招商引资等各种考虑，在开发商交纳土地出让金后，政府部门对开发商进行返还，用于企业经营奖励、财政补贴，应当认定为与收益相关的政府补助，且与企业日常活动不相关，应当计入营业外收入。会计处理为其账务处理如下：

借：银行存款　　　　　3000

贷：营业外收入　　　　　　3000

根据《财政部、国家税务总局关于专项用途财政性资金企业所得税处理问题的通知》（财税〔2011〕70号）规定，企业从县级以上各级人民政府财政部门及其他部门取得的应计入收入总额的财政性资金，凡同时符合以下条件的，可以作为不征税收入，在计算应纳税所得额时从收入总额中减除：①企业能够提供规定资金专项用途的资金拨付文件；②财政部门或其他拨付资金的政府部门对该资金有专门的资金管理办法或具体管理要求；③企业对该资金以及以该资金发生的支出单独进行核算。

根据上述规定，本案例中的房地产企业取得的招商引资奖励款不满足不征税收入的条件，因此需要全额计算缴纳企业所得税750万元（3000×25%）。同时，本案例中的土地返还款3000万元不征增值税和土地增值税。

2

建筑企业重要业务的
"财税法"风险管控

财税法风险管控是建筑企业精细化管理的重要核心内容之一。实践当中，提升建筑企业的税收安全，必须注重以下业务：工程质量保证金、工程结算、工程价款优先受偿、建筑劳务公司承接业务、建筑劳务公司与班组长（包工头）之间的业务合作、农民工工资专用账户+实名制、建筑差额扣除分包款、建筑企业包工包料业务、联合投标、EPC总承包业务、建筑企业聘用农民工、定金、违约金和赔偿金等经济业务中的财务风险、税务风险和法律风险的管控。在管控过程中，必须遵循财税法管控的三步法：法律风险管控、财务风险管控和税务风险管控，必须从法务、财务和税务三维度融合管控。

第一节

工程质量保证金的财税法风险管控

工程质量保证金（保修金）是指发包人与承包人在建设工程承包合同中约定，从应付的工程款中预留，用以保证承包人在缺陷责任期内对建设工程出现的缺陷进行维修的资金。根据《最高人民法院关于审理建设工程施工合同纠纷案件适用法律问题的解释（二）》（法释〔2018〕20号）第八条和相关行政法规、税收法律的规定，工程质量保证金的法务、财务、税务处理正确与否，对施工企业的工程管理和成本控制非常重要。

一、工程质量保证金的法务管控

（一）把握建筑企业请求工程质量保证金返还的时间点

《最高人民法院关于审理建设工程施工合同纠纷案件适用法律问题的解释（二）》（法释〔2018〕20号）第八条有下列情形之一，承包人请求发包人返还工程质量保证金的，人民法院应予支持：

（一）当事人约定的工程质量保证金返还期限届满。

（二）当事人未约定工程质量保证金返还期限的，自建设工程通过竣工验收之日起满二年。

（三）因发包人原因建设工程未按约定期限进行竣工验收的，自承包人提交工程竣工验收报告九十日后起当事人约定的工程质量保证金返还期限届满；当事人未约定工程质量保证金返还期限的，自承包人提交工程竣工验收报告九十日后起满二年。

发包人返还工程质量保证金后，不影响承包人根据合同约定或者法律规定履行工程保修义务。

根据建设工程司法解释（二）第八条规定，建筑企业请求工程质量保证金返还的时间点界定如下：

第一种情况：如果建设合同约定工程质量保证金返还期（缺陷责任期），且工程是正常竣工验收的，则以质保金返还期即缺陷责任期届满即返还；

第二种情况：如果建设合同没有约定工程质量保证金返还期（缺陷责任期），且工程是正常竣工验收的，则以竣工验收后两年期满即返还；

第三种情况：如果建设合同约定工程质量保证金返还期（缺陷责任期），且因发包人原因导致不能正常竣工验收的，则以承包商提交竣工验收报告之日起90天后再加缺陷责任期满返还；

第四种情况：如果建设合同没有约定工程质量保证金返还期（缺陷责任期），且因发包人原因导致不能正常竣工验收的，则以建筑承包商提交竣工验收报告之日起90天后再加2年期满返还。

特别提醒：

一是工程质量保证金返还期限即我们工程实践中所说的"缺陷责任期"，该期限并非质量保证期或质量保修期。二是建筑施工企业与发包方签订建设合同时，一定要在合同中约定缺陷责任期。

（二）建设工程质量保证金的预留比例、缺陷责任期限

根据《住房城乡建设部 财政部关于印发建设工程质量保证金管理办法的通知》（建质〔2017〕138号）第七条规定，发包人应按照合同约定方式预留保证金，保证金总预留比例不得高于工程价款结算总额的3%。合同约定由承包人以银行保函替代预留保证金的，保函金额不得高于工程价款结算总额的3%。

根据《住房城乡建设部 财政部关于印发建设工程质量保证金管理办法的通知》（建质〔2017〕138号）第二条和第八条的规定，缺陷责任期一般

为 1 年，最长不超过 2 年，由发、承包双方在合同中约定。缺陷责任期从工程通过竣工验收之日起计。由于承包人原因导致工程无法按规定期限进行竣工验收的，缺陷责任期从实际通过竣工验收之日起计。由于发包人原因导致工程无法按规定期限进行竣工验收的，在承包人提交竣工验收报告 90 天后，工程自动进入缺陷责任期。

（三）银行保函替代预留保证金及发包人不得预留工程质保金的两种情况

根据《住房城乡建设部 财政部关于印发建设工程质量保证金管理办法的通知》（建质〔2017〕138 号）第五条和第六条的规定，推行银行保函制度，承包人可以银行保函替代预留保证金。同时，发包人不得预留工程质保金的两种情况：

第一种情况：在工程项目竣工前，建筑施工企业已经缴纳履约保证金的，发包人不得同时预留工程质量保证金。

第二种情况：采用工程质量保证担保、工程质量保险等其他保证方式的，发包人不得再预留保证金。

（四）工程质量保证金的使用管理和返还申请

根据《住房城乡建设部 财政部关于印发建设工程质量保证金管理办法的通知》（建质〔2017〕138 号）第十条和十一条的规定，关于工程质量保证金返还的申请，按照以下规定执行：

第一，缺陷责任期内，承包人认真履行合同约定的责任，到期后，承包人向发包人申请返还保证金。

第二，发包人在接到承包人返还保证金申请后，应于 14 天内会同承包人按照合同约定的内容进行核实。如无异议，发包人应当按照约定将保证金返还给承包人。对返还期限没有约定或者约定不明确的，发包人应当在核实后 14 天内将保证金返还承包人，逾期未返还的，依法承担违约责任。发包人在接到承包人返还保证金申请后 14 天内不予答复，经催告后 14 天内仍不予答复，视同认可承包人的返还保证金申请。

二、工程质量保证金的税务管控

（一）工程质量保证金的税务风险

建设方或发包方扣押建筑承包方质量保证金的税收风险主要体现在：建

设方或发包方与建筑承包方进行工程结算时，扣押的质量保证金部分，建筑承包方给建设方或发包方开具增值税发票而提前缴纳增值税，占用了企业的流动资金。

(二) 工程质量保证金的增值税纳税义务时间及其发票开具

根据《财政部、国家税务总局关于全面推开营业税改增值税试点的通知》（财税〔2016〕36 号）附件 1：《营业税改征增值税试点实施办法》第四十五条第（一）项的规定，施工企业增值税纳税义务时间具体规定如下：纳税人提供应税服务并收讫销售款项或者取得索取销售款项凭据的当天；先开具发票的，为开具发票的当天。而《国家税务总局关于在境外提供建筑服务等有关问题的公告》（国家税务总局公告 2016 年第 69 号）第四条规定："**纳税人提供建筑服务，被工程发包方从应支付的工程款中扣押的质押金、保证金，未开具发票的，以纳税人实际收到质押金、保证金的当天为纳税义务发生时间。**"

基于以上税收政策规定，业主扣押质量保证金时，建筑施工企业发票开具可以体现以下两种情况：

其一，建设方与总承包方进行工程结算时而扣押的质量保证金部分，总承包方可以向发包方开具建筑服务业的增值税专用发票（当业主能够抵扣增值税进项税的情况下）或增值税普通发票（当业主不能抵扣增值税进项税的情况下）。

其二，建设方与总承包方进行工程结算时而扣押的质量保证金部分，总承包方可以等到发包方给建筑总承包方支付质押金、保证金时，再给发包方开具建筑服务业的增值税专用发票（当业主能够抵扣增值税进项税的情况下）或增值税普通发票（当业主不能抵扣增值税进项税的情况下）。

(三) 发包方扣押施工企业质量保证金的税务风险管控策略：合同策略

从以上分析可发现，建筑施工企业针对发包方从支付施工企业工程款中扣押的质量保证金问题，为了节约资金流，提高资金使用效益，在签订建设合同时，必须在建筑承包合同中有"质量保证金开具发票条款"。该条款必须明确注明：

1. 扣押的质量保证金

发包方扣押的质量保证金部分，施工企业不开具发票。

2. 施工期过后

当质保期过后，施工企业收到发包方支付的质量保证金时，具体发票开具如下：

（1）选择一般计税方法计征增值税的施工企业开具9%税率的建筑服务业的增值税专用发票（当业主能够抵扣增值税进项税的情况下）或增值税普通发票（当业主不能抵扣增值税进项税额的情况下）。

（2）选择简易计税方法计征增值税的施工企业开具3%税率的建筑服务业的增值税专用发票（当业主能够抵扣增值税进项税的情况下）或增值税普通发票（当业主不能抵扣增值税进项税额的情况下）。

温馨提示

第一，《国家税务总局关于土地增值税清算有关问题的通知》（国税函〔2010〕220号）第二条关于"房地产开发企业未支付的质量保证金，其扣除项目金额的确定问题"的规定：房地产开发企业在工程竣工验收后，根据合同约定，扣留建筑安装施工企业一定比例的工程款，作为开发项目的质量保证金，在计算土地增值税时，建筑安装施工企业就质量保证金对房地产开发企业开具发票的，按发票所载金额予以扣除；未开具发票的，扣留的质保金不得计算扣除。根据国税函〔2010〕220号文件的规定，质量保证金部分没有开具发票的情况下，房地产企业不可以抵扣增值税进项税额。因此，当业主是房地产企业的情况下，房地产企业扣留建筑施工企业的质量保证金部分，肯定要求建筑施工企业开具增值税发票。

第二，《国家税务总局关于在境外提供建筑服务等有关问题的公告》（国家税务总局公告2016年第69号）第四条规定："**纳税人提供建筑服务，被工程发包方从应支付的工程款中扣押的质押金、保证金，未开具发票的，以纳税人实际收到质押金、保证金的当天为纳税义务发生时间。**"该条规定只对发包方是非房地产企业才适用。

三、工程质量保证金的财务管控

（一）会计核算的政策依据

《财政部〈增值税会计处理规定〉的通知》（财会〔2016〕22号）的规定：按照国家统一的会计制度确认收入或利得的时点早于按照增值税制度确

认增值税纳税义务发生时点的，应将相关销项税额计入"应交税费——待转销项税额"科目，待实际发生纳税义务时再转入"应交税费——应交增值税（销项税额）"或"应交税费——简易计税"科目。

按照增值税制度确认增值税纳税义务发生时点早于按照国家统一的会计制度确认收入或利得的时点的，应将应纳增值税额，借记"应收账款"科目，贷记"应交税费——应交增值税（销项税额）"或"应交税费——简易计税"科目，按照国家统一的会计制度确认收入或利得时，应按扣除增值税销项税额后的金额确认收入。

财政部关于《增值税会计处理规定》有关问题的解读第三条"关于企业提供建筑服务确认销项税额的时点"的第二款规定：企业提供建筑服务，在向业主办理工程价款结算时，借记"应收账款"等科目，贷记"工程结算"科目，贷记"应交税费——应交增值税（销项税额）"等科目。企业向业主办理工程价款结算的时点早于增值税纳税义务发生的时点的，应贷记"应交税费——待转销项税额"等科目，待增值税纳税义务发生时再转入"应交税费——应交增值税（销项税额）"等科目；增值税纳税义务发生的时点早于企业向业主办理工程价款结算的，应借记"银行存款"等科目，贷记"预收账款"和"应交税费——应交增值税（销项税额）"等科目。

(二) 账务处理

基于以上两种开具发票情况下建筑施工企业的会计核算体现为以下两种情况：

(1) 与第一种开具发票情况对应的建筑施工方的会计核算（以施工企业选择一般计税方法为例）：

借：其他应收款——应收发包方扣押质量保证金

　　贷：工程结算 ［发包方扣押质量保证金÷(1+9%)］

　　　　应交税费——应交增值税（销项税额）［发包方扣押质量保证金÷(1+9%)×9%］

质保期过后，施工企业收到发包方支付的质押金、保证金时，施工企业的会计核算：

借：银行存款

　　贷：其他应收款——应收发包方扣押质量保证金

(2) 与第二种开具发票情况对应的建筑施工方的会计核算（以施工企业选择一般计税方法为例）：

借：其他应收款——应收业主扣押质量保证金

　　贷：工程结算［业主扣押质量保证金÷（1+9%）］

　　　　应交税费——待转销项税额［发包方扣押质量保证金÷（1+9%）×9%］

质保期过后，施工企业收到发包方支付的质押金、保证金时，施工企业的会计核算：

借：应交税费——待转销项税额［发包方扣押质量保证金÷（1+9%）×9%］

　　贷：应交税费——应交增值税（销项税额）［业主扣押质量保证金÷（1+9%）×9%］

例如：某业主与建筑总承包方进行工程进度结算，结算价为1000万元（含增值税），业主支付900万元（含增值税）给施工企业，扣押施工企业质量保证金100万元（含增值税）。如果建筑施工企业就业主扣押的质量保证金100万元，向业主开具9%的增值税普通发票的情况下，建筑施工企业的会计核算为：

借：其他应收款——应收业主扣押质量保证金　　　　100

　　贷：工程结算［业主扣押质量保证金÷（1+9%）］　　91.74

　　　　应交税费——应交增值税（销项税额）［发包方扣押质量保证金÷（1+9%）×9%］　　　　8.26

如果建筑施工企业就业主扣押的质量保证金100万元，没有向业主开具9%的增值税普通发票的情况下，建筑施工企业的会计核算为：

借：其他应收款——应收业主扣押质量保证金　　　　100

　　贷：工程结算［业主扣押质量保证金÷（1+9%）］　　91.74

　　　　应交税费——待转销项税额［发包方扣押质量保证金÷（1+9%）×9%］　　　　8.26

质保期过后，施工企业收到业主支付的质押金、保证金时，施工企业的会计核算：

借：应交税费——待转销项税额［业主扣押质量保证金÷（1+9%）×9%］　　　　8.26

　　贷：应交税费——应交增值税（销项税额）［业主扣押质量保证金÷（1+9%）×9%］　　　　8.26

第 **二** 节

建设工程价款优先受偿的财税法管控

《最高人民法院关于审理建设工程施工合同纠纷案件适用法律问题的解释（二）》（法释〔2018〕20 号）对建筑企业行使建设工程价款优先受偿权期限、权利主体、受偿的范围给予了明确的规定。在此法律规定的基础上，施工企业必须对优先受偿的建设工程价款进行正确的财务和税务管控。

一、建设工程价款优先受偿权的法务管控

建设工程价款优先受偿权涉及建设工程价款优先受偿权期限及其起算点，享受优先受偿权的权利主体、优先受偿权受偿的范围。

（一）建设工程价款优先受偿权的期限及其起算点

1. 法律依据

根据《最高人民法院关于审理建设工程施工合同纠纷案件适用法律问题的解释（二）》（法释〔2018〕20 号）第 22 条的规定，承包人行使建设工程价款优先受偿权的期限为六个月，起算点为：自发包人应当给付建设工程价款之日起算。这与《最高人民法院关于建设工程价款优先受偿权问题的批复》（法释〔2002〕16 号）第四条确定的起算时间即"自建设工程竣工之日或者建设工程合同约定的竣工之日起计算"具有较大不同，是一种法制的进步，更有利于建筑施工企业。

2. 如何认定"发包人应当给付建设工程价款之日"

第一，如果承包人给发包人提交催告工程价款书，则发包人应当给付建设工程价款之日为催告工程价款书载明的合理期限结束的第二天。

根据《中华人民共和合同法》第 286 条规定，发包人未按照约定支付价款的，承包人可以催告发包人在合理期限内支付价款。发包人逾期不支付的，除按照建设工程的性质不宜折价、拍卖的以外，承包人可以与发包人协

议将该工程折价，也可以申请人民法院将该工程依法拍卖。建设工程的价款就该工程折价或者拍卖的价款优先受偿。根据此法律规定，如果工程竣工验收，或已竣工但未验收的工程，发包人应当给付建设工程价款之日为承包人给发包人提交的催告工程价款书载明的合理期限结束的第二天。

第二，如果建筑合同中"工程款支付"条款中约定：支付工程进度款的时间节点，剩下的工程款为工程竣工验收合格之后支付，则"发包人应当给付建设工程价款之日"为竣工验收报告书载明的日期的第二天。

第三，如果建筑合同中"工程款支付"条款中没有约定：支付工程进度款的时间节点，剩下的工程款为工程竣工验收合格之后支付，则"发包人应当给付建设工程价款之日"为工程决算书载明的日期的第二天。

工程价款优先受偿权保护期限起算点的认定

一、案情介绍

湖南协和建设有限公司（协和公司）、株洲市汉华房地产开发有限公司（汉华公司）签订建设工程施工合同。工程已于2016年10月18日竣工，双方实际办理竣工结算备案的时间是2018年10月24日。汉华公司在2018年10月24日办理竣工结算备案，向协和公司出具"欠条"，确认实际拖欠工程款3316万元，承诺于2019年1月27日之前完成支付，并在"欠条"中载明协和公司就拖欠的工程款享有优先受偿权。协和公司主张本案优先权受偿权的保护期限应从双方结算协议约定的付款日之次日即2019年1月28日开始起算，而汉华公司则认为应当从建设工程竣工日2016年10月18日开始起算。请分析汉华公司享受工程价款优先受偿权保护期限的起算点？

二、法律分析

依据《最高人民法院关于审理建设工程施工合同纠纷案件适用法律问题的解释（二）》（法释〔2018〕20号）第二十二条规定："**承包人行使建设工程价款优先受偿权的期限为六个月，自发包人应当给付建设工程价款之日起算**"以及第二十六条规定"**本解释自2019年2月1日起施行。本解释施行**

后尚未审结的一审、二审案件，适用本解释。……最高人民法院以前发布的司法解释与本解释不一致的，不再适用。"本案关于优先受偿权问题应适用《最高人民法院关于审理建设工程施工合同纠纷案件适用法律问题的解释（二）》（法释〔2018〕20 号）的相关规定。

《中华人民共和国合同法》第二百八十六条规定："发包人未按照约定支付价款的，承包人可以催告发包人在合理期限内支付价款。发包人逾期不支付的，除按照建设工程的性质不宜折价、拍卖的以外，承包人可以与发包人协议将该工程折价，也可以申请人民法院将该工程依法拍卖。建设工程的价款就该工程折价或者拍卖的价款优先受偿。"根据该条规定可知，建设工程优先受偿的对象是工程折价或者拍卖价款，而工程需折价或者拍卖的前提是发包人逾期不支付工程价款。当发包人支付工程价款已届履行期时，承包人通过诉讼要求支付工程款才可能得到支持，并相应主张优先受偿权才有意义，故建设工程优先受偿权宜从发包人应付工程款期间届满之日起算。

《中华人民共和国合同法》第二百八十六条规定，承包人就未付工程款对所承建工程享有优先受偿权，系为保护承包人对工程价款的实际受偿，在认定该优先受偿权的行使期限时，应当尊重当事人之间关于支付工程价款期限的约定，优先受偿权行使期限的起算点，不应早于当事人之间约定的工程价款支付期限，以保证实现该优先权权能。

《最高人民法院关于审理建设工程施工合同纠纷案件适用法律问题的解释（二）》（法释〔2018〕20 号）第 22 条的规定，承包人行使建设工程价款优先受偿权的期限为六个月，起算点为：自发包人应当给付建设工程价款之日起算。

由于本案例中的汉华公司在 2018 年 10 月 24 日办理竣工结算备案，向协和公司出具"欠条"，确认实际拖欠工程款 3316 万元，承诺于 2019 年 2 月 27 日之前完成支付。因此，本案中的协和公司享受建设工程价款优先受偿权的期限起算点应从 2019 年 2 月 28 日起算，计算 6 个月至 2019 年 8 月 27 日止。

（二）建设工程价款优先受偿权的权利主体

1. 法律依据

第一，《最高人民法院关于审理建设工程施工合同纠纷案件适用法律问题的解释（二）》（法释〔2018〕20 号）第十七条规定：与发包人订立建设工程施工合同的承包人，根据合同法第二百八十六条规定，请求其承建工程的价款就工程折价或者拍卖的价款优先受偿的，人民法院应予支持。

第二，《中华人民共和国合同法》第二百八十六条规定，发包人未按照约定支付价款的，承包人可以催告发包人在合理期限内支付价款。发包人逾期（注意：这里的"逾期"是指上文谈到的"合理期限"）不支付的，除按照建设工程的性质不宜折价、拍卖以外，承包人可以与发包人协议将该工程折价，也可以申请人民法院将该工程依法拍卖。建设工程的价款就该工程折价或者拍卖的价款优先受偿。

第三，《最高人民法院关于建设工程价款优先受偿权问题的批复》（法释〔2002〕16号）第一条：人民法院在审理房地产纠纷案件和办理执行案件中，应当依照《中华人民共和国合同法》第二百八十六条的规定，认定建筑工程的承包人的优先受偿权优于抵押权和其他债权。第二条：消费者交付购买商品房的全部或者大部分款项后，承包人就该商品房享有的工程价款优先受偿权不得对抗买受人。

第四，《中华人民共和国物权法》（中华人民共和国主席令第62号）第一百七十九条第一款规定："为担保债务的履行，债务人或者第三人不转移财产的占有，将该财产抵押给债权人的，债务人不履行到期债务或者发生当事人约定的实现抵押权的情形，债权人有权就该财产优先受偿。"

2. 行使建设工程价款优先受偿权的权利主体的法理分析

第一，工程勘察人、设计人不享有优先受偿权。基于以上法律规定，建设工程优先受偿权仅限于建设工程施工合同的承包人，不包含勘察、设计合同的勘察人及设计人。《建设工程司法解释（二）》对《合同法》第二百八十六条中的"承包人"进行了限缩解释，仅指与发包人订立建设工程施工合同的承包人，突出了合同相对性。据此，工程款的优先受偿权行使主体应作狭义的理解，即仅为建设工程施工合同的承包人，不包括勘察人及设计人。对于实务中存在的总承包模式包括：设计采购施工总承包（EPC模式）或交钥匙总承包、设计采购与施工管理总承包（EPCM模式）、设计+施工总承包（D+B）模式等模式，在这些总承包模式中，合同中约定的设计费甚至勘察费应属于工程款的范围，而且一般与施工款同时结算、同时支付。因而承包人可以就相关费用有主张优先权。

第二，《建设工程司法解释（二）》（法释〔2018〕20号）明确规定实际施工人不享有建设工程价款优先受偿权。"实际施工人"是指转包或者违法分包情况下进行工程实际施工的承包人。根据《全国民事审判工作会议纪要》（2011 年）第二十九条规定，因违法分包、转包等导致建设工程合同无效的，实际施工人请求依据合同法第二百八十六条规定对建设工程行使优先受偿权的，不予支持。《建设工程司法解释（二）》（法释〔2018〕20 号）第17 条在该纪要的基础上明确了实际施工人不享有建设工程价款优先受偿权。实际施工人，不包括承包方的履行辅助人、合法的专业分包工程承包方、劳务作业承包方。实际施工人是指建设工程合同被认定为无效后，具体实施施工的单位与个人，一般指违法转包的承包方、违法分包的承包方、挂靠承包方、不具有建筑资质的承包方等。

第三，分包人是否享有工程价款优先受偿权。最高人民法院民事第一审判庭在《最高人民法院建设工程施工合同司法解释（二）理解与适用》中认为，如果是发包人、总包人、分包人三方签订合同，那么总包人、分包人连带享有优先权。如果发包人与总包人签订合同，总包人再与分包人签订合同，根据合同相对性原理，发包人与分包人之间没有直接的权利义务关系，即发包人对分包人没有支付工程款的义务。实践中，存在发包人指定分包人的情形，发包人与承包人签订的合同如果约定由发包人指定特定的项目由第三人作分包人，而且在履行的过程中，指定分包人完全代替承包人就特定工程项目履行了合同义务，承包人仅承担配合盖章等手续的义务，则在指定分包人与发包人之间形成了事实上的合同关系，在此情形下，指定的分包人享有工程价款优先受偿权。

第四，未完工或未经竣工验收的建设工程，且质量合格的情况下，承包人依然享有建设工程价款优先受偿权。实践中，时常出现发承包双方在工程未完工或未经竣工验收时就解除施工合同或诉讼到法院的情况，此种情况下承包人依然应该享有工程价款优先受偿权，原因如下：

首先，《合同法》第二百八十六条规定，是法律赋予承包人工程价款优先受偿的权利，从合同法规定的条文表述分析，没有要求承包人优先受偿工程价款须以工程完工并经竣工验收为先决条件；

其次，建设工程未完工或未竣工验收并不代表工程款债权不存在，承包人享有对发包人的已完工程款债权，就应当享有对建设工程价款的优先受偿权；

最后，未完工程也好，未经竣工验收也好，承包人已将人力、材料等物化到建设工程之中，此时保护承包人的优先受偿权是符合优先受偿权制度设立初衷的，应予支持。

第五，建设工程转让后承包人仍然享有优先受偿权。首先，按照《合同法》第二百八十六条规定:**"承包人可以与发包人协议将该工程折价,也可以申请人民法院将该工程依法拍卖"**,无论折价还是拍卖,应系发包人名下的工程,承包人不应与发包人将他人名下的工程折价或者申请拍卖。

其次,建设工程价款优先受偿权属于法定优先权,而法定优先权属于担保物权,具有一定的追及效力,其功能是担保工程款优先支付,该权利依附于所担保的工程而存在,即使被担保的工程发生转让,也不应影响承包人优先受偿权的行使。

建设工程价款优先受偿权

一、案情简介

2016 年 4 月 13 日,福华建筑公司与丰兰公司签订了建设工程施工合同,由福华承建丰兰悦华购物中心营业楼,工程于 2019 年 6 月 25 日竣工验收合格。经结算,丰兰公司尚欠福华建筑公司工程款 1700 万元。2016~2017 年,因筹建营业楼资金短缺,丰兰公司分 8 次向第三人殷某借款共计 3000 万元。丰兰公司无力按约定偿还借款,遂于 2019 年 6 月 15 日将丰兰悦华购物中心营业楼的部分商铺过户给殷某,以抵偿丰兰公司向殷某的全部借款及利息,房产局为殷某办理了房屋所有权证,建筑面积 14000 平方米。丰兰公司同意从 2016 年 12 月 15 日开始向福华建筑公司支付利息,利息按中国人民银行同期同类贷款利率的四倍支付,直到还清为止。如丰兰公司不能以现金方式支付给福华建筑公司,则用丰兰悦华购物中心营业楼的房屋清偿所欠工程价款本金及利息,并主张对丰兰悦华购物中心营业楼享有优先受偿权。

二、法律判决

1. 一审法院

(1) 福华建筑公司于 2016 年 4 月开始为丰兰承建丰兰悦华购物中心营业楼,工程竣工后,经双方结算,丰兰公司对尚欠福华建筑公司 1700 万元无异议,一审法院对此予以确认并支持福华建筑公司的该项诉讼请求。双方并约定，2016 年 12 月 15 日开始向福华建筑公司支付利息，依照《最高人民法院关于审理建设施工合同纠纷案件适用法律问题的解释》（一）第十七条："当事人对欠付工程款利息计付标准有约定的，按照约定处理"的规定，对福华建筑公司请求丰兰公司按约定标准给付利息的主张应予保护。对于福华建筑公司请求优先受偿权问题，2019 年 7 月 9 日福华建筑公司与丰兰公司所签订的《工程付款协议》明确约定：如丰兰公司不能以现金方式支付给福华建筑公司，则以丰兰营业楼的房屋清偿所欠工程价款本金及利息。该约定应视为福华以该工程折价的方式向丰兰主张了工程价款优先受偿权。鉴于该工程于 2019 年 6 月 25 日竣工，丰兰公司于 2019 年 7 月 9 日主张 1700 万元工程款及利息的优先受偿权未超过《最高人民法院关于审理建设工程施工合同纠纷案件适用法律问题的解释（二）》（法释〔2018〕20 号）第 22 条所规定的六个月的优先受偿期限，故福华建筑公司在法定的期限内行使了优先权，福华建筑公司的该项诉讼主张应予支持。

（2）2019 年 8 月，案外人殷某以丰兰营业楼建筑面积 14000 平方米的商铺归其所有，一审判决认定事实不清、适用法律错误为由向该中级人民法院申诉，该院经审查对本案进行再审。再审法院经审理对工程欠款的事实认定与原审一致，但认为对于福华建筑公司优先受偿权的范围应当根据相关司法解释的规定和本案的实际情况进行限制。根据《最高人民法院关于建设工程价款优先受偿权问题的批复》（法释〔2002〕16 号）第二条"消费者交付购买商品房的全部或者大部分款项后，承包人就该商品房享有的工程价款优先受偿权不得对抗买受人"的规定，由于丰兰 14000 平方米的商铺已由殷某通过抵债途径取得，并办理了产权证书，故福华建筑公司不能对丰兰上述房产主张优先权。对于除此之外的丰兰悦华购物中心营业楼建筑面积 2000 平方米的商铺，福华可以行使优先权。

（3）福华不服，提出上诉。

2. 二审法院

依据《最高人民法院关于审理建设工程施工合同纠纷案件适用法律问题的解释（二）》（法释〔2018〕20 号）第二十二条规定："**承包人行使建设工程价款优先受偿权的期限为六个月，自发包人应当给付建设工程价款之日起算**"以及第二十六条规定："**本解释自 2019 年 2 月 1 日起施行。本解释施行后尚未审结的一审、二审案件，适用本解释……最高人民法院以前发布的司法解释与本解释不一致的，不再适用。**"本案关于优先受偿权问题应适用《最高人民法院关于审理建设工程施工合同纠纷案件适用法律问题的解释

（二）》的相关规定，殷某取得丰兰的商铺不适用《最高人民法院关于建设工程价款优先受偿权问题的批复》（法释〔2002〕16号）第二条规定的情形，虽然殷某已就相应商铺进行了产权变更登记，取得了产权证书，但亦不能对抗福华建筑公司的建设工程价款优先受偿权，福华建筑公司的该优先权及其承建的丰兰悦华购物中心营业楼的全部。故福华建筑公司有权在工程款及利息范围内，对其承建的丰兰悦华购物中心营业楼工程行使工程价款优先受偿权。

3. 分析结论

（1）享受建设工程价款优先受偿权的权利主体是：与发包方签订建设工程施工合同的建筑企业总承包方、专业承包方、发包方、承包方，专业分包方签订三方协议约定：发包方指定分包方施工的情况下的分包方。

（2）签订违法转包合同的承包方、签订违法分包合同的承包方、挂靠承包方、不具有建筑资质的承包方、签订勘察、设计合同的勘察人及设计人、承包方的履行辅助人、合法的专业分包工程承包方（合法分包方）、劳务作业承包方不可以成为享受建设工程价款优先受偿权的权利主体。

（3）签订的装修、装饰合同，如果装修、装饰工程发包人非建筑物所有权人的，承包人不享有优先权。

《建设工程司法解释（二）》（法释〔2018〕20号）第十八条规定，装饰装修工程的承包人，请求装饰装修工程价款就该装饰装修工程折价或者拍卖的价款优先受偿的，人民法院应予支持，但装饰装修工程的发包人不是该建筑物的所有权人的除外。基于此法律规定，只有装修公司与发包方签订专业承包合同的情况下，发包方才是建筑物的所有权人。因此，装修公司与发包方签订专业承包合同的情况下，发包方才是建筑物的所有权人，承包方才是建设工程价款优先受偿权的权利主体；如果装修公司与建筑总承包方签订装修专业分包合同的情况下，建筑总承包方不是建筑物的所有权人，分包方不是建设工程价款优先受偿权的权利主体。

（4）享受建设工程价款优先受偿权的承包方必须具备以下条件：

其一，建筑工程是发包人名义下的工程。

其二，建筑工程质量合格，只要建设工程质量合格的，承包人即有权主张工程价款优先受偿权。即使工程尚未竣工的，只要承包人能够举证证明已建工程质量合格的，承包人就享有要求发包人支付工程价款的权利，且基于承包人工程价款之性质，有权主张建设工程价款优先受偿权。当然，如果承包人无法证明已建工程质量合格的，应当承担举证不能的法律后果。

其三，行使优先受偿权的前提不是以合同有效为前提，而是以建筑工程质量合格为前提。建设工程价款优先受偿权的行使不受合同效力影响，即施工合同无效并不必然导致承包人丧失工程价款优先受偿权。

4. 建设工程价款优先受偿的范围

（1）法律依据分析。

第一，《最高人民法院关于建设工程价款优先受偿权问题的批复》（法释〔2002〕16号）第三条规定，建筑工程价款包括承包人为建设工程应当支付的工作人员报酬、材料款等实际支出的费用，不包括承包人因发包人违约所造成的损失。本批复将承包人的"利润"被排除在"实际支出的费用"之外，无法在建设工程拍卖、变卖的价款中优先受偿，使承包人丧失了主张建设工程优先权的内在动力，一定程度上影响了承包人主张权利的积极性。

第二，《建设工程司法解释（二）》（法释〔2018〕20号）第二十一条规定，承包人建设工程价款优先受偿的范围依照国务院有关行政主管部门关于建设工程价款范围的规定确定。承包人就逾期支付建设工程价款的利息、违约金、损害赔偿金等主张优先受偿的，人民法院不予支持。司法解释二对建设工程价款优先受偿权的范围采用了引用加排除的方法，引用"国务院有关行政主管部门的规定"作为界定建设工程价款优先受偿权范围的基础，同时将"利息、违约金、损害赔偿金等"排除在建设工程价款的范围之外。

此次对建设工程价款优先受偿范围的调整，放弃了以"实际支出费用"作为优先权受偿范围的界定标准，考虑到建设工程价款确定往往通过司法造价鉴定确定的实际情况，转而直接引用国务院有关行政主管部门关于建设工程价款的规定确定优先权的受偿范围，从形式上使法官摆脱了建设工程价款的界定，直接由造价鉴定机构按照鉴定规范予以认定。同时，将"承包人的利润"列入优先权受偿范围，提升承包人主张建设工程价款优先受偿权的积极性，一定程度上增加对承包人权益的倾斜，但也明确将欠付工程价款的利息排除在优先受偿权的范围之外，尽量平衡农民工、承包人、发包人、抵押权人等各方主体之间的利益。

第三，现行有效的国务院有关行政部门关于建设工程价款的规定文件。

第一个文件：《建筑安装工程费用项目组成》（建标〔2013〕44号文件），建筑安装工程费用按构成要素组成划分为人工费、材料费、施工机具使用费、企业管理费、利润、规费和税金（详见图2-1）。

第二个文件：住房和城乡建设部《建设工程施工发包与承包价格管理暂行规定》第5条规定，建设工程价款由成本（直接成本、间接成本）、利润（酬金）和税金构成。根据该条规定，工程价款可以分为四个部分：

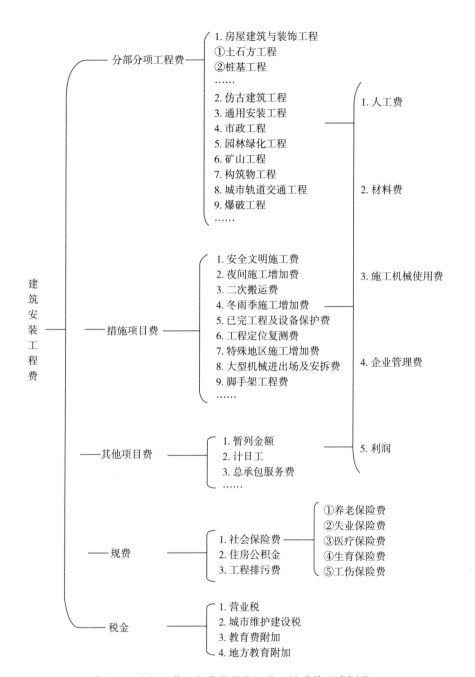

图 2-1 建筑安装工程费用项目组成（按造价形成划分）

其一，直接成本，又称直接费用，包括定额直接费、其他直接费、现场管理费和材料价差。其中定额费又包括人工费、材料费和施工机械使用费三部分。

其二，间接成本或称企业管理费，包括管理人员工资、劳动保护费等十多项。

其三，利润，由发包人按工程造价的差别利率计付给承包人。

其四，税金，包括增值税、城市建设税、教育费附加税三种。

这四部分构成工程价款的整体，缺一不可，详见图2-2。

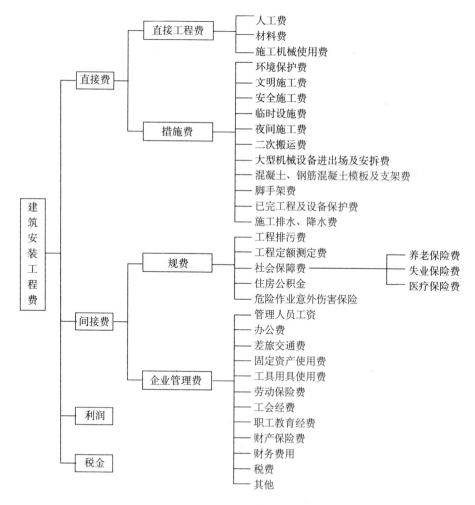

图2-2 建筑安装工程费用项目组成

以上两个文件虽然表述不同，但内涵基本一致。

根据以上两个关于"工程价款"的文件规定和《建设工程司法解释（二）》（法释〔2018〕20号）第二十一条的规定，建设工程价款优先受偿权的范围采用了新的界定方法，但是具体到案件而言，仍是判断人工费、材料费、施工机具使用费、利润、规费、垫资等各种类型的费用是否构成的问题。对于其中大部分而言，司法实践中已经不具有争议，但是以下几个问题必须明确：

首先，承包人的可预期利润。按照《建设工程司法解释（二）》（法释〔2018〕20号）第二十一条的规定，行政主管部门已经将"利润"列入了建设工程价款的组成范围。因此，承包人的预期利益将列入优先受偿权的范围，就建设工程拍卖、变卖所得的价款优先受偿。

其次，承包人垫资及垫资利息。关于承包人垫资是否属于建设工程价款优先权范围之内的问题，在司法解释二中并未予以明确。建设工程价款优先权的立法价值是保护承包人已经物化到建设工程中资金、劳动力，而工程垫资本质上已经物化到建筑物中，承包人有权要求就垫资部分享有优先受偿权。承包人有权向发包人主张全部工程款，已经垫付的资金应当属于全部工程款的一部分，在本质上已经被列入优先受偿的范围。

对于垫资部分利息的问题，既可以理解为承包人的资金成本，也可以理解为承包人的可预期利益（合同中有约定的情况下），列入优先受偿的范围似乎更符合司法解释二认可"承包人利润"可以优先受偿的精神。但根据最高人民法院民一庭对于司法解释二的理解与适用中的观点，编纂者倾向于认为对承包人利润的保护已经构成对承包人权益的倾斜，若进一步对承包人垫资利息予以保护不仅会有不良的社会引导效果，而且会进一步加大承包人利益与抵押权人之间的利益失衡。因此，在平衡各方利益的考虑下，对于承包人的垫资利息部分不列入优先权的范围之内，仅作为普通债权按顺序参与分配。

再次，预扣的质量保证金。按照最高人民法院民一庭在对司法解释二的理解与适用中的观点，质量保证金多为从建设工程款中预扣，本质上该款项仍属于建设工程价款的一部分，只是为了让承包人确保建设工程质量，从某种意义上说，建设工程价款中扣除的工程质量保证金可视为附期限的工程价款，质保期结束后发包人应当支付给承包人，因此对于发包人从建设工程价款中预扣的质量保证金，可就建设工程折价或拍卖的价款优先受偿，但对于并非从建设工程价款中预扣的质量保证金，则不属于建设工程价款的优先权范围，不能优先受偿。

最后，《中华人民共和国合同法》第二百八十六条：发包人未按照约定支付价款的，承包人可以催告发包人在合理期限内支付价款。发包人逾期不支付的，除按照建设工程的性质不宜折价、拍卖的以外，承包人可以与发包人协议将该工程折价，也可以申请人民法院将该工程依法拍卖。建设工程的价款就该工程折价或者拍卖的价款优先受偿。

（2）建设工程价款优先受偿的范围。

根据以上法律依据，建设工程价款优先受偿的范围如下：

第一，建设工程价款优先受偿范围的判断原则：宜折价、拍卖的建设工程。因此，以公益为目的的事业单位、社会团体和组织机构的教育设施、医疗设施等不宜折价或拍卖，但以营利为目的的私立学校、私立医院等建设工程可以折价或拍卖，且承包人就折价款或拍卖款优先受偿。

第二，建设工程价款优先受偿的范围可界定如下：如果是已竣工工程，应是竣工结算价；未竣工工程则应以施工预算价为基础进行评估确定工程价款，包含承包人的正常利润，也包括承包人的垫资款，但不包括承包人因发包人违约造成的损失。

因此，发包人逾期支付给承包人建设工程价款的利息、违约金、损害赔偿金不是优先受偿范围。

5. 承包人能否发函催告行使建设工程价款优先受偿权

（1）法律依据。

《中华人民共和国合同法》第二百八十六条：发包人未按照约定支付价款的，承包人可以催告发包人在合理期限内支付价款。发包人逾期不支付的，除按照建设工程的性质不宜折价、拍卖的以外，承包人可以与发包人协议将该工程折价，也可以申请人民法院将该工程依法拍卖。建设工程的价款就该工程折价或者拍卖的价款优先受偿。

《最高人民法院关于审理建设工程施工合同纠纷案件适用法律问题的解释（二）》（法释〔2018〕20号）第22条的规定，承包人行使建设工程价款优先受偿权的期限为六个月，起算点为：自发包人应当给付建设工程价款之日起算。

（2）法理分析。

根据以上法律规定，承包人履行建设工程价款优先受偿的程序如下：

第一，先向发包方发函催告发包方支付拖欠的工程价款；

第二，在自发包人应当给付建设工程价款之日起算的6个月以内，行使工程价款优先权的方式：一为法院拍卖，二为双方协议折价。

法律允许以非诉的方式实现优先受偿权，即允许承包人以催告的方式主张工程价款优先受偿权，但是承包人在六个月内主张优先受偿权需以诉讼或达成协议为限，仅在法定期间内发函催告，不受法律保护。

根据以上法理分析，发包人需在自发包人应当给付建设工程价款之日起算的 6 个月以内的法定期间内，通过提起诉讼或达成协议的方式行使建设工程优先受偿权。仅发函催告不属于有效的行权方式，发函催告后再行提起诉讼的，如果提起诉讼时间已超过法定期间（自发包人应当给付建设工程价款之日起算的 6 个月以内），则承包人的工程价款优先受偿权不应予以支持。

二、建设工程价款优先受偿的税务管控

建设工程价款优先受偿的税务管控主要涉及，发包方将其抵偿承包方优先受偿建设工程价款的建筑工程的折价如何确定才能不被税务机关纳税调整，如何进行纳税处理。

（一）税务风险

发包人与承包人协议工程折价的税务风险：协议工程折价明显偏低又无正当理由，将被税务机关核定其应纳税额。

《中华人民共和国税收征管法》第三十五条第六款规定，纳税人申报的计税依据明显偏低，又无正当理由的，税务机关有权核定其应纳税额。

根据《中华人民共和国增值税暂行条例》第七条及《中华人民共和国增值税暂行条例实施细则》第十六条规定，纳税人销售货物或者应税劳务的价格明显偏低并无正当理由的，由主管税务机关按下列顺序确定销售额：

（一）按纳税人最近时期同类货物的平均销售价格确定。

（二）按其他纳税人最近时期同类货物的平均销售价格确定。

（三）按组成计税价格确定。组成计税价格的公式为：

组成计税价格＝成本×（1+成本利润率）

属于应征消费税的货物，其组成计税价格中应加计消费税额。

公式中的成本是指：销售自产货物的为实际生产成本，销售外购货物的为实际采购成本。公式中的成本利润率由国家税务总局确定。

《财政部、国家税务总局关于全面推开营业税改增值税试点的通知》财

税〔2016〕36号文之附件1：《营业税改征增值税试点实施办法》第四十四条：纳税人发生应税行为价格明显偏低或者偏高且不具有合理商业目的的，或者发生本办法第十四条所列行为而无销售额的，主管税务机关有权按照下列顺序确定销售额：

（一）按照纳税人最近时期销售同类服务、无形资产或者不动产的平均价格确定。

（二）按照其他纳税人最近时期销售同类服务、无形资产或者不动产的平均价格确定。

（三）按照组成计税价格确定。组成计税价格的公式为：

组成计税价格＝成本×（1+成本利润率）

成本利润率由国家税务总局确定。

不具有合理商业目的，是指以谋取税收利益为主要目的，通过人为安排，减少、免除、推迟缴纳增值税税款，或者增加退还增值税税款。

根据《财政部、国家税务总局关于全面推开营业税改增值税试点的通知》（财税〔2016〕36号）附件一《营业税改征增值税试点实施办法》的规定，销售服务、无形资产或者不动产，是指有偿提供服务、有偿转让无形资产或者不动产。有偿，是指取得货币、货物或者其他经济利益。以房抵债属于取得其他经济利益的销售，需要缴纳增值税。《中华人民共和国企业所得税法实施条例》第二十五条规定，企业发生非货币性资产交换，以及将货物、财产、劳务用于捐赠、偿债、赞助、集资、广告、样品、职工福利或者利润分配等用途的，应当视同销售货物、转让财产或者提供劳务，但国务院财政、税务主管部门另有规定的除外。基于以上税收政策的规定，发包方与承包方就建设工程价款优先受偿问题，通过协议工程折价的方式优先受偿，该协议工程折价的实质是发包方通过协议折价销售其建筑工程抵偿承包方的工程款，发包方要视同销售缴纳增值税、土地增值税和企业所得税。但是协议工程折价的价格偏低又无正当理由的，将面临税务机关核定调整应纳税所得额和核定增值税的计税依据的税务风险。

（二）税务风险管控策略

1. 将协议价格定在正当合理的价格水平上

最高人民法院关于适用《中华人民共和国合同法》若干问题的解释（二）（法释〔2009〕5号）第十九条对于合同法第七十四条规定的"明显不合理的低价"，人民法院应当以交易当地一般经营者的判断，并参考交易当时交易地的物价部门指导价或者市场交易价，结合其他相关因素综合考虑予以确认。转让价格达不到交易时交易地的指导价或者市场交易价百分之七十的，一般可以视为明显不合理的低价。基于此法释〔2009〕5 号的司法解释，发包方与承包方就工程进行协议折价时，务必将价格定在不低于交易地的指导价或者市场交易价百分之七十。

2. 税务处理

第一，发包方将其抵偿承包方优先受偿建设工程价款的建筑工程必须按照视同销售依法缴纳增值税、土地增值税和企业所得税，向承包方开具增值税专用发票（承包方与发包方签订包工包料合同的情况下）或开具增值税普通发票（承包方与发包方签订"甲供材"合同的情况下）；

第二，承包方依法将优先受偿的工程价款向发包方开具增值税专用发票（发包方依法符合抵扣增值税进项税额的情况下）或开具增值税普通发票（发包方依法不符合抵扣增值税进项税额的情况下）。

三、建设工程价款优先受偿的财务管控

建设工程价款优先受偿的财务管控主要涉及到发包方将其抵偿承包方优先受偿建设工程价款的建筑工程的财务处理。

根据新修订的《企业会计准则第 7 号——非货币性资产交换》的规定，发包方与承包方通过协议工程折价，使承包方优先受偿建设工程价款是非货币性资产交换的行为，按照非货币性资产交换的会计准则规定进行账务处理。

1. 承包方的会计处理

借：固定资产——建筑工程
　　应交税费——应交增值税（待认证抵扣增值税）
　　　贷：应收账款——发包方工程款
借：应交税费——应交增值税（待认证抵扣增值税）
　　　贷：应交税费——应交增值税（销项税额）

2. 发包方的会计处理

借：应付账款
　　　贷：其他业务收入——销售建筑工程
　　　　　应交税费——应交增值税（销项税额）
借：开发成本（在建工程）
　　　应交税费——应交增值税（待认证抵扣增值税）

　　贷：应付账款——应付承包方工程款
　借：开发产品（固定资产）
　　贷：开发成本（在建工程）
　借：其他业务支出
　　贷：开发产品（固定资产）

第 三 节

建筑劳务公司承接业务的财税法风险管控

　　根据《国务院办公厅关于促进建筑业持续健康发展的意见》（国办发〔2017〕19号）和《关于培育新时期建筑产业工人队伍的指导意见》（征求意见稿）（建办市函〔2017〕763号）的规定，建筑劳务公司将面临转型为建筑劳务总承包企业、建筑劳务平台公司、建筑劳务专业作业企业。今后的建筑劳务公司承接业务的财税法风险管控分析如下：

一、建筑劳务用工制度的改革方向：取消建筑劳务资质，建立告知备案制的专业作业企业

　　《国务院办公厅关于促进建筑业持续健康发展的意见》（国办发〔2017〕19号）第六条第（十二）项"改革建筑用工制度"规定："**推动建筑业劳务企业转型，大力发展木工、电工、砌筑、钢筋制作等以作业为主的专业企业。**"以专业企业为建筑工人的主要载体，逐步实现建筑工人公司化、专业化管理。鼓励现有专业企业进一步做专做精，增强竞争力，推动形成一批以作业为主的建筑业专业企业。基于此规定，现有建筑企业施工中具有多年实践经验，并专门从事建筑工地上的钢筋工、模板工、砼工、砌筑工、抹灰工、架子工、防水工、水电暖安装工、油漆工、外墙保温工等农民工，完全可以在其户口所在地或经常居住地的工商部门注册为个体工商户，专门从事钢筋工、模板工、砼工、砌筑工、抹灰工、架子工、防水工、水电暖安装工、油漆工、外墙保温工的专业作业。

《关于培育新时期建筑产业工人队伍的指导意见》（征求意见稿）（建办市函〔2017〕763号）第二条第（二）项"大力发展专业作业企业"规定："**鼓励和引导现有劳务班组或有一定技能和经验的班组长成立以作业为主的专业公司或注册个体工商户，作为建筑工人的合法载体，促进建筑业农民工向技术工人转型，提高建筑工人的归属感。取消建筑施工劳务资质审批，设立专业作业企业资质，实行告知备案制。专业作业企业取得工商登记后，应到县级住房城乡建设主管部门备案其基本情况、联系人等信息，并明确所从事的主要工种；县级住房城乡建设部门根据备案信息核发专业作业企业资质证书，专业作业企业在资质证书许可范围内从事专业作业分包。**"（建办市函〔2017〕763号）第二条第（三）项"引导劳务企业转型发展"规定："**放宽市场准入限制，鼓励有一定组织、管理能力的劳务企业通过引进人才、设备等途径向总承包和专业企业转型；鼓励大中型劳务企业充分利用自身优势搭建劳务用工平台，为施工企业提供合格的建筑工人；引导小微型劳务企业向专业作业企业转型发展，做专、做精专业作业，成为建筑业用工主体。**"

目前已有陕西、安徽、浙江、山东、江苏、青海、黑龙江七省正在推进试点取消建筑劳务资质。

《关于培育新时期建筑产业工人队伍的指导意见（征求意见稿）》（建办市函〔2017〕763号）明确提到"取消建筑施工劳务资质审批，设立专业作业企业资质，实行告知备案制"。

基于以上政策规定，从事建筑劳务的劳务公司将在全国全面取消劳务资质是大势所趋，劳务公司将转型为建筑专业作业企业。个体工商户可以从事建筑劳务的业务。因此，现有劳务班组或有一定技能和经验的班组长可以成立以作业为主的专业公司或注册个体工商户。具体的操作流程如下：取得工商登记后，应到县级住房城乡建设主管部门备案其基本情况、联系人等信息，并明确所从事的主要工种。县级住房城乡建设部门根据备案信息核发专业作业企业资质证书。

二、法律风险管控：建筑劳务公司可承接的四种合法业务

（一）相关法律依据分析

《住房和城乡建设部关于印发建筑工程施工发包与承包违法行为认定查处管理办法的通知》（建市规〔2019〕1号）第12条第（一）项规定："**承**

包单位将其承包的工程分包给个人的，是违法分包行为。"第 12 条第（四）项规定："专业分包单位将其承包的专业工程中非劳务作业部分再分包的，是违法分包行为。"建市规〔2019〕1 号第 12 条（五）项规定："专业作业承包人将其承包的劳务再分包的，是违法分包行为。"建市规〔2019〕1 号第12 条第（六）项规定："专业作业承包人除计取劳务作业费用外，还计取主要建筑材料款和大中型施工机械设备、主要周转材料费用的，是违法分包行为。"基于此规定，专业分包单位（分包人包工包料）可以就专业工程中的劳务作业部分再进行分包是合法行为，或者专业分包单位（分包人包工包料）可以就专业工程中的部分辅料和劳务作业部分再进行分包是合法行为。但是，如果劳务公司转型为劳务总承包企业，则劳务总承包企业可以将其承包的劳务分包给专业作业企业、专业作业的个体工商户和专业作业的建筑技术工人是合法行为；如果劳务公司转型为专门从事建筑项目工地上的钢筋工、模板工、砼工、砌筑工、抹灰工、架子工、防水工、水电暖安装工、油漆工、外墙保温工等专业作业的劳务专业作业企业，则劳务专业作业企业将其承包的专业作业劳务再分包给专业作业的个体工商户和专业作业的建筑技术工人是违法行为。

建市规〔2019〕1 号第 19 条规定："**施工总承包单位、专业承包单位均指直接承接建设单位发包的工程的单位；专业分包单位是指承接施工总承包或专业承包企业分包专业工程的单位；承包单位包括施工总承包单位、专业承包单位和专业分包单位。**"

建市规〔2019〕1 号第 8 条第（五）项规定："**专业作业承包人承包的范围是承包单位承包的全部工程，专业作业承包人计取的是除上缴给承包单位'管理费'之外的全部工程价款的，是违法转包行为。**"建市规〔2019〕1 号第 8 条第（八）项规定："**专业作业的发包单位不是该工程承包单位的，是违法转包行为。**"基于此规定，施工总承包单位、专业承包单位和专业分包单位将承包的工程全部交给劳务公司（专业作业承包人）施工，只向劳务公司（专业作业承包人）收取一定的管理费用的行为是违法转包行为。

（二）建筑劳务公司可承接的四种合法业务

根据以上法律依据分析，建筑劳务公司承接以下四种业务是合法的：

一是建筑劳务公司与施工总承包单位、专业承包单位和专业分包单位签订纯劳务作业的分包合同。

二是如果劳务公司转型为专业作业的劳务公司，则专业作业劳务公司与班组长或自然人包工头签订内部承包协议，同时符合以下三个条件的劳务承包行为是合法的：①班组长或自然人包工头以专业作业劳务公司的名义对外经营。②以专业作业的劳务公司对外承担民事法律责任。③班组长或自然人包工头只向专业作业的劳务公司上交一定的管理费用，扣除成本和税费后的经营所得归班组长或自然人包工头所有；或者班组长和自然人包工头负责生产经营全过程活动，获得固定的劳动报酬和绩效考核奖，承包经营成果归专业作业的劳务公司所有。

三是劳务公司（实质上是具有不同专业作业资质的劳务总承包企业）与施工总承包单位、专业承包单位和专业分包单位方签订含有部分辅料和纯劳务部分的劳务分包合同。

四是如果劳务公司转型为具有不同专业作业资质的劳务总承包企业，则劳务公司与不同专业作业的个体工商户或小微企业签订的专业作业分包合同。

三、建筑劳务公司承接合法业务的财税法风险管控

（一）建筑劳务公司为乙方的合作

建筑劳务公司与施工总承包单位、专业承包单位和专业分包单位签订纯劳务作业的分包合同或者劳务公司（实质上是具有不同专业作业资质的劳务总承包企业）与施工总承包单位、专业承包单位和专业分包单位方签订含有部分辅料和纯劳务部分的劳务分包合同的财税法风险管控策略。

1. 财务管控

（1）在建筑劳务公司与施工总承包单位、专业承包单位和专业分包单位签订劳务分包合同的情况下，劳务公司根据财税〔2016〕36号文件的规定，选择简易计税方法，直接向施工总承包单位、专业承包单位和专业分包单位开具3%的增值税专用（普通）发票，施工总承包单位、专业承包单位和专业分包单位直接凭劳务公司开具的增值税发票进成本，在"工程施工——分包成本——人工费用"科目进行成本核算。

（2）施工总承包单位、专业承包单位和专业分包单位将劳务款通过公对公账户转入劳务公司的基本账户，劳务公司根据向发包方开具的发票金额作为收入，在"主营业务收入"或"应收账款——劳务款"科目核算。

2. 税务管控

（1）在劳务分包合同中约定施工总承包方、专业承包方或专业分包方代发农民工工资的情况下，则约定劳务公司企业在向施工总承包方、专业承包方或专业分包方开具增值税专用发票时，在发票备注栏打印"含施工总承包方、专业承包方或专业分包方代付农民工工资××××元"，施工总承包方、专业承包方或专业分包方将银行盖章的农民工资发放流水单交给劳务公司（专业作业承包单位），劳务公司（专业作业承包单位）将该银行盖章的农民工资发放流水单与增值税发票存根联一同装订备查。

（2）劳务分包企业（专业作业承包单位）在向施工总承包方、专业承包方或专业分包方开具增值税专用发票时，在发票备注栏打印"项目所在地的县、市（区）和项目的名称"。

（3）劳务分包企业向施工总承包方和专业承包方或专业分包方开具 3% 税率的增值税专用（普通）发票。

3. 社保费用管控

（1）方法一。依照《中华人民共和国劳动合同法》第六十八条至七十二条有关"非全日制用工合同"的规定，劳务公司与劳动者签订非全日制用工合同。根据《中华人民共和国社会保险法》（中华人民共和国主席令第 35 号）第十条第二款和第二十三条第二款和《劳动保障部关于非全日制用工若干问题的意见》（劳社部发〔2003〕12 号）第二条"关于非全日制用工的工资支付"的第 8 项规定，在非全日制用工中，用人单位或劳务公司为劳动者支付的小时工资里已包括正常工资以及基本养老保险、基本医疗保险费用部分，用人单位无须再向社会保险机构为非全日制用工的劳动者另行缴纳养老保险以及医疗保险。具体操作要点如下：

第一，劳务公司应该对劳务公司承接的业务中的一些岗位进行梳理，只要一个星期内工作时间不超过 24 小时，每天工作时间不超过 4 小时，一个月不超过 96 小时（肖太寿博士特别提醒：每天工作时间可以超过 4 小时，也可以低于 4 小时，但是保证每星期不超过 24 小时即可）的工种，如建筑企业工程项目部的钢筋工、模板工、砼工、砌筑工、抹灰工、架子工、防水工、水电暖安装工、油漆工、外墙保温工等都是按照小时计算劳动报酬，对于这些小时工种，劳务公司与劳动者签订非全日制用工的劳动合同。根据《中华人民共和国劳动合同法》第六十九条的规定，非全日制用工双方当事人可以订立口头协议，即劳务公司与非全日制劳动者可以不签订劳动合同，订立口头协议即可。

第二，劳务公司统一制定"非全日制用工劳动合同的示范文本"。

（2）方法二。劳务公司与不符合签订非全日制用工合同且工作时间在一年以内的熟练技术工的农民工本人或班组长签订劳务专业作业分包合同，班组长或农民工本人到劳务所在地的税务局代开发票，当地税务局按照"经营所得"税目代开增值税发票，在代开发票时，代征收增值税和个人所得税。由于班组长和农民工本人没有注册个体工商户或企业，就没有工商税务登记，就无法进行社保登记，班组长带的农民工就不缴纳社保费用。同时，由于劳务公司与班组长或农民工本人签订的是劳务专业作业分包合同而不是劳动合同，劳务公司与班组长或农民工本人不是雇佣和被雇佣的劳动关系，根据《中华人民共和国劳动合同法》和《中华人民共和国社会保险法》的规定，劳务公司不缴纳社保费用（基本医疗保险和基本社会保险费用）。

（3）方法三。劳务公司将长期稳定与其合作的农民工注册为"无雇工的个体工商户"，然后与"无雇工的个体工商户"签订劳务专业作业分包合同，节约社保费用。具体操作要点如下：

第一，建筑企业或劳务公司指定专门的部门中的特定人员，在建筑企业或劳务公司注册地的工商部门，为长期与其合作的农民工代理注册为"无雇工的个体工商户"。

第二，建筑企业或劳务公司与注册为"无雇工的个体工商户"的农民工签订劳务专业作业分包合同，合同中约定劳务工程范围、劳务款结算和支付等事宜。但必须保证每月结算的劳务分包款在2万元以内。根据国家税务总局公告2018年第28号文件第九条的规定，从事小额零星经营业务的个人，其支出以收款凭证及内部凭证作为税前扣除凭证，收款凭证应载明收款单位名称、个人姓名及身份证号、支出项目、收款金额等相关信息。其中，"小额零星经营业务的判断标准"是个人从事应税项目经营业务的销售额不超过增值税相关政策规定的起征点。根据《中华人民共和国增值税暂行条例实施细则》第八条的规定，《中华人民共和国增值税暂行条例》中的第一条中的"个人"，是指个体经营者及其他个人。

根据《财政部、国家税务总局关于全面推开营业税改征增值税试点的通知》（财税〔2016〕36号）文件附件1《营业税改征增值税试点实施办法》第五十条规定，增值税起征点幅度如下：按期纳税的，为月销售额5000～20000元（含本数）；按次纳税的，为每次（日）销售额300～500元（含本数）。该文件中的"按期"是指办理了税务登记或临时税务登记的纳税人，"按次"是指自然人个人。

因此，办理税务登记的无雇工的个体工商户是属于个体经营者，按月销售额 2 万元以下符合小额零星业务支出。

根据国家税务总局 2018 年 28 号文件的规定，小额零星支出的税前扣除凭证是内部收款凭证：农民工劳务结算单，结算单上写明农民的姓名、身份证件号码、手机号码、劳务款。劳务公司与"无雇工的个体工商户"结算劳务款时，每月控制在 20000 元以内，劳务公司以与"无雇工的个体工商户"每月的劳务款结算单作为支付凭证，在企业所得税前进行扣除，不需要去当地税务主管部门开具劳务费用发票进成本。

第三，建筑企业或劳务公司指定专门的部门中的特定人员每月代理"无雇工的个体工商户"办理个人所得税的申报事宜。其实，在全国很多地方，对"无雇工的个体工商户"是不征收个人所得税的。

（二）内部劳务承包协议

如果劳务公司转型为专业作业的劳务公司，则专业作业劳务公司与班组长或自然人包工头签订"内部劳务承包协议"的财税和社保费用管控。

1. 增值税的处理：发包人为增值税纳税义务人

当班组长或包工头是专业作业劳务公司的雇工或建立劳动关系的员工时，为了激励班组长或包工头的工作积极性，专业作业劳务公司一般会与班组负责人（包工头）签订内部劳务承包协议，协议中一般约定以下重要条款：①在"材料供应"条款中约定：所有的建筑工程所需要的材料、动力全部由施工总承包方和专业承包方或专业分包方自行采购。②在"承包方式"条款中约定：班组负责人（包工头）以施工总承包方和专业承包方或专业分包方的名义对外经营，并以施工总承包方和专业承包方或专业分包方对外承担相关法律责任。③在"经营所得"条款中约定：班组负责人（包工头）向施工总承包方和专业承包方或专业分包方上交一定的管理费用，经营所得归班组负责人（包工头）所有。

根据《财政部、国家税务总局关于全面推开营业税改增值税试点的通知》（财税〔2016〕36 号）文件附件 1《营业税改征增值税试点实施办法》第二条的规定，单位以承包、承租、挂靠方式经营的，承包人、承租人、挂靠人（以下统称承包人）以发包人、出租人、被挂靠人（以下统称发包人）名义对外经营并由发包人承担相关法律责任的，以该发包人为纳税人。基于此规定，如果施工总承包方和专业承包方或专业分包方与班组负责人（包工头）签订内部劳务承包协议，只要承包人以施工总承包方和专业承包方或专业分包方的名义对外经营并由施工总承包方和专业承包方或专业分包方（发包人）承担相关法律责任的，则以施工总承包方和专业承包方或专业分包方为增值税纳税义务人，统一由施工总承包方和专业承包方或专业分包方对外开具增值税发票，班组负责人（包工头）不是增值税纳税义务人。班组负责人（包工头）管辖下的农民工劳动报酬以工资表的形式在施工总承包方和专业承包方或专业分包方（发包人）做成本核算依据。

2. 包工头班组长个人所得税的处理

班组长（包工头）管辖下的农民工从发包方获得的劳动报酬所得是工资薪金综合所得，而班组长（包工头）获得的劳动报酬所得要按照以下两种情况处理：

（1）如果建筑企业或专业作业劳务公司与班组负责人（包工头）签订内部劳务承包协议约定：班组长（包工头）以建筑企业或专业作业劳务公司的名义对外经营，建筑企业或专业作业劳务公司对外承担民事法律责任，班组长（包工头）向施工总承包方和专业承包方或专业分包方上缴一定的管理费用，经营所得归班组长（包工头）所有，则班组长（包工头）获得的劳动报酬所得是"经营所得"，必须按照"经营所得"进行个人所得税处理。具体处理如下：

一是班组长或包工头取得经营所得的"应纳税所得额"的计算。根据国家税务总局 2019 年公告第 7 号文件的规定，班组长或包工头根据劳务所在地税务局的规定，按照承包经营所得的承包人从被承包企业获得的承包经营所得乘以核定应税所得率（劳务所在地税务局规定的核定应税所得率）计算个人承包经营所得的应纳税所得额。

二是班组长或包工头取得承包经营所得可以选择按季度预缴个税，其季度应纳个人所得税计算公式如下：

班组长或包工头取得经营所得的应纳个人所得税＝年应纳税所得额×税率−速算扣除数

公式中的"税率"和"速算扣除数"是《中华人民共和国个人所得税法》中规定的"经营所得"税率表中的 5 级超额累进税率和速算扣除数。

三是班组长或包工头取得经营所得办理纳税申报地点。根据《中华人民共和国个人所得税法》（中华人民共和国主席令第 9 号）第十二条和《国家税务总局关于个人所得税自行纳税申报有关问题的公告》（国家税务总局公告 2018 年第 62 号）第二条的规定，班组长或包工头（纳税人）取得经营所得，按年计算个人所得税，由纳税人在季度终了后十五日内向项目经营所在地主管税务机关办理预缴纳税申报个人所得税，并报送《个人所得税经营所得纳税申报表（A表）》。

（2）如果专业作业劳务公司与班组长（包工头）签订内部劳务承包协议约定：班组负责人（包工头）对企业承包经营成果不拥有所有权，仅是按内部承包协议规定取得一定所得，则班组长（包工头）获得的劳动报酬所得是"工资薪金综合所得"，必须按照"工资薪金综合所得"进行个人所得税处理。具体处理如下：

一是由施工总承包方和专业承包方或专业分包方（发包方）按月依照"累计预扣法"预扣预缴班组长（包工头）的个人所得税。

二是根据《个人所得税专项附加扣除操作办法（试行）》（国家税务总局公告2018年第60号）第四条第一款的规定，班组长（包工头）享受子女教育、继续教育、住房贷款利息或者住房租金、赡养老人专项附加扣除的纳税人，可以选择扣缴义务人在预扣预缴税款时办理扣除，也可以选择在次年3月1日至6月30日内向汇缴地主管税务机关办理汇算清缴申报时扣除。

3. 农民工个人所得税的处理

（1）劳务公司（专业作业企业）与农民工签订非全日制用工合同的农民工工资的税务处理。根据《国家税务总局关于企业所得税应纳税所得额若干税务处理问题的公告》（国家税务总局公告2012年第15号）第一条的规定，企业因雇用季节工、临时工、实习生、返聘离退休人员所实际发生的费用，应区分为工资薪金支出和职工福利费支出，并按《企业所得税法》规定在企业所得税前扣除。其中属于工资薪金支出的，准予计入企业工资薪金总额的基数，作为计算其他各项相关费用扣除的依据。因此，若劳务公司（专业作业企业）与农民工签订非全日制用工合同的用工形式，则非全日制用工的"农民工"为劳务公司（专业作业企业）员工，劳务公司（专业作业企业）支付给非全日制农民工的工资薪金列支成本费用，在劳务公司（专业作业企业）的企业所得税前扣除。同时，劳务公司（专业作业企业）按照新修订的《中华人民共和国个人所得税法》（中华人民共和国主席令第9号）的"综合所得"规定代扣代缴个人所得税，即每月减去5000元扣除费用预代扣代缴个人所得。

（2）劳务公司（专业作业企业）与短期（三个月、六个月、不超过一年）用工且不满足非全日制用工的农民工签订灵活就业协议的税务处理。《中华人民共和国企业所得税法》和《中华人民共和国个人所得税法》（中华人民共和国主席令第9号）规定，劳务公司（专业作业企业）与短期（三个月、六个月、不超过一年）用工且不满足非全日制用工的农民工签订灵活就业协议的情况下，劳务公司（专业作业企业）支付给农民工的劳务报酬，（按天、小时、工作量计算后的劳务报酬）必须保证每月在5000元以下。劳务公司（专业作业企业）的财务部每月发放农民工劳务款时，必须制作内部付款凭证或劳务款支付凭证，支付凭证上必须载明农民工的姓名、手机号码、身份证号码、劳务款金额、劳务人员本人签字的笔迹。由于每月5000元的工资薪金所得，因此不需要农民工填写个人专项附加扣除信息，只是每月进行个人所得税的零申报而已。

（3）劳务公司（专业作业企业）与长期合作的农民工签订劳动合同的税务处理。劳务公司（专业作业企业）与长期合作的农民工签订劳动合同的情况下，劳务公司（专业作业企业）与农民工之间构成雇佣与被雇佣的劳动关系，劳务公司（专业作业企业）支付给农民工的工资在劳务公司（专业作业企业）的企业所得税前进行扣除，劳务公司（专业作业企业）按照新修订的《中华人民共和国个人所得税法》的"综合所得"规定代扣代缴个人所得税，即每月减去5000元扣除费用预代扣代缴个人所得。同时，劳务公司（专业作业企业）和农民工要依法缴纳社保费用，缴纳社保基数是农民工的工资总额。关于农民工的社保问题，建议让农民工回其户口所在地的社保所办理新型农村社会养老保险和新型农村合作医疗，然后劳务公司与农民工签订的劳动合同，劳务公司和农民工都不缴纳社保费用。

（4）根据《国家税务总局关于建筑安装业跨省异地工程作业人员个人所得税征收管理问题的公告》（国家税务总局公告2015年第52号）的规定，如果劳务公司在工程所在地税务部门按照核定定率征收方式一次性代征项目作业人员的个人所得税，则劳务公司（专业作业企业）对农民工工资成本直接按照实际支付给农民工本人的月工资金额造工资支付清单表，作为成本核算凭证，不再向农务公司（专业作业企业）注册地的税务主管部门对农民工再进行全额全员申报个人所得税。

4. 社保费用的处理：发包方、包工头（班组长）和农民工依法缴纳社保费用

企业内部承包经营是企业转换经营机制的一种较普遍的经营方式。对于内部承包的认定，企业内部承包合同纠纷是否属于人民法院受理民事诉讼的范围，决定于企业内部承包合同是否属于民事合同。只有由平等主体之间签订的承包合同才属于民事诉讼管辖的范围，而那些未摆脱管理、人身隶属关系的内部承包则不属于民事诉讼的范围，此类内部承包进入诉讼程序，基本面临的是裁驳的局面。因此，班组长（包工头）与施工总承包方和专业承包方或专业分包方（发包方）签订的内部承包协议不是民事合同，也不是民事诉讼调整的范围。

另外，根据《关于企业内部个人承包中保险待遇问题的复函》（劳险字〔1992〕27号）的规定，企业与职工个人签订承包合同，是企业内部经营管理的一种方式。企业经营机制的转变，并未改变企业和职工的劳动关系，也未改变承包者的职工身份，因此企业应按照国家现行政策保障职工的社会保障权益。《中华人民共和国劳动合同法》第九十四条规定，个人承包经营违反本法规定招用劳动者，给劳动者造成损害的，发包的组织与个人承包经营者承担连带赔偿责任。基于此规定，在班组长（包工头）与专业作业劳务公司签订内部承包协议的情况下，专业作业劳务公司（发包方）与班组长（包工头）之间仍然是劳动关系，则专业作业劳务公司（发包方）、班组长（包工头）及其自行招聘的农民工的社保费用仍然由专业作业劳务公司（发包方）、班组长（包工头）和农民工缴纳，班组长（包工头）和农民工的社保保险由专业作业劳务公司（发包方）代扣代缴。

5. 财务处理

下面按三种不同的合同签订分别阐述会计核算。

（1）如果劳务公司与农民工签订非全日制用工的劳动合同，则根据《中华人民共和国劳动合同法》的规定，非全日制的农民工与建筑企业是劳动关系而不是劳务关系。因此，非全日制的农民工的工资在劳务公司的"应付职工薪酬"会计科目中进行成本核算。核算依据是项目的农民工考勤记录表、农民工工资表清单。农民工工资以现金的形式进行发放。在会计核算凭证的后面附上有关主管负责人签字的"农民工考勤记录""农民工工资表清单"和领取工资的农民工本人签字的身份证复印件。

（2）如果劳务公司与短期（三个月、六个月、不超过一年）用工且不满足非全日制用工的农民工签订灵活就业协议，则建筑企业与农民工约定的劳务报酬（按天、小时、工作量计算后的劳务报酬）必须保证每月在5000元以下。建筑企业财务部每月给农民工发工资报酬时，在会计核算时，应在"工程施工——人工费用"科目上核算，而不在"应付职工薪酬——职工工资"科目上核算。在会计核算凭证的后面附上有关主管负责人签字的"工资表""考勤表"和领取劳务款劳务人员的身份证复印件。

（3）如果劳务公司与长期合作的农民工签订劳动合同，则劳务公司与农民工构成雇佣与被雇佣的劳动关系，农民工的工资在建筑企业的"应付职工薪酬——农民工工资"会计科目中进行成本核算。核算依据是项目部的农民工考勤记录表、农民工工资表清单。

（三）建筑劳务公司为甲方的合作

如果劳务公司转型为具有不同专业作业资质的劳务总承包企业，则劳务公司与不同专业作业的个体工商户或小微企业签订专业作业分包合同的财税、社保处理。

1. 财税风险管控

（1）专业作业的个体工商户或小微企业根据财税〔2016〕36号文件的规定，选择简易计税方法，直接向劳务总承包企业开具3%的增值税专用（普通）发票，劳务总承包企业直接凭专业作业的个体工商户或小微企业开具的增值税发票进成本，在"主营业务成本——分包成本——人工费用"科目进行成本核算。

（2）劳务总承包企业扣除支付给专业作业的个体工商户或小微企业的劳务款作为销售额，按照差额计算征收增值税。

（3）专业作业的个体工商户或小微企业雇佣的农民工的个人所得税，在实践中都是按照当地税务部门的规定，核定征收方式征收个人所得税。有的地方税务局规定个体工商户月收入在3万元以下不征收个人所得税。深圳市规定个体工商户每月10万元不征个人所得税；四川省规定个体工商户每月9万元不征个人所得税；江西省规定个体工商户每月5万元不征个人所得税。

2. 社保费用管控

（1）根据《中华人民共和国社会保险法》和《中华人民共和国劳动合同法》的规定，农民工的社保费用是由专业作业的个体工商户或小微企业承担，基于考虑农民工的流动性，建议专业作业的个体工商户或小微企业与农民工签订灵活就业协议，然后让农民工回到其户口所在地的社保所办理缴纳灵活就业的社保费用。这样专业作业的个体工商户或小微企业和农民工就不需要在工程项目所在地缴纳社保费用。

（2）由于建筑企业总承包方在办理工程许可证前按照工程造价的一定比例一次性缴纳了工伤保险，因此劳务公司可以不购买工伤保险，但为了规避工伤损失，建议劳务公司还可以购买雇主责任险。

第 四 节

建筑领域 EPC 工程总承包项目的财税法管控

EPC 总承包合同，即设计、采购、施工合同，是一种包括设计、设备采购、施工、安装和调试，直至竣工移交的总承包模式。这种操作模式主要适用于那些专业性强、技术含量高、工艺及结构较为复杂、一次性投资较大的建设项目。在建筑领域，对 EPC 工程总承包项目进行财税法风险管控，是提升从事 EPC 工程总承包业务的建筑企业税收安全的重要举措。

一、EPC 总承包合同法律风险管控

根据《中华人民共和国建筑法》第二十四条的规定，建筑工程的发包单位可以将建筑工程的勘察、设计、施工、设备采购一并发包给一个工程总承包单位，也可以将建筑工程勘察、设计、施工、设备采购的一项或者多项发包给一个工程总承包单位。基于此规定，EPC 总承包合同依据总承包商的资质情况可以选择以下两种合同签约模式：

第一种合同签约模式：如果 EPC 总承包方具备建筑工程的勘察、设计、施工、设备采购资质和范围，则该 EPC 总承包方直接与业主签订 EPC 总承包合同，然后 EPC 总承包方可以将勘察、设计、施工、设备采购与专业分包商签订专业分包合同。

第二种合同签约模式：如果 EPC 总承包方只具备建筑工程的勘察、设计、施工、设备采购资质和范围中的任何一种资质或资质不全，则该 EPC 总承包方应与资质不全的多家企业组成联合体模式与业主签订 EPC 总承包合同。

二、EPC 总承包合同的税务风险管控

（一）税务风险：按照混合销售还是兼营行为征税

《财政部、国家税务总局关于全面推开营业税改增值税》（财税〔2016〕

36 号）附件 1《营业税改征增值税试点实施办法》第四十条规定：**"一项销售行为如果既涉及服务又涉及货物，为混合销售。从事货物的生产、批发或者零售的单位和个体工商户的混合销售行为，按照销售货物缴纳增值税；其他单位和个体工商户的混合销售行为，按照销售服务缴纳增值税。"**本条所称从事货物的生产、批发或者零售的单位和个体工商户，包括以从事货物的生产、批发或者零售为主，并兼营销售服务的单位和个体工商户在内，EPC 工程总承包业务适用混合销售行为的有关规定缴纳增值税。

由于国家税务总局对 EPC 总承包业务如何进行税务处理没有明确的规定，因此，各地方的税务局有的认定为混合销售处理，有的认定为兼营行为处理，存在一定的纳税风险。根据前面的税法规定，笔者认为 EPC 总承包合同的税务风险难点如下：

其一，如果具备建筑工程的勘察、设计、施工、设备采购资质和范围的 EPC 总承包方直接与业主签订 EPC 总承包合同（只签订一份合同，是税法上的一项销售行为），则存在认定为混合销售还是认定为兼营行为的税务风险。

其二，只具备建筑工程的勘察、设计、施工、设备采购资质和范围中的任何一种资质或资质不全的 EPC 总承包方与资质不全的多家企业组成联合体模式与业主签订 EPC 总承包合同，合同中分包约定各个联合体的工作界面（相当于各联合体分别与业主签订合同），分别给业主开具发票、分包结算，由牵头人代支付各联合体的款项，则一定是按照兼营行为进行税务处理，不存在税务风险。

（二）EPC 总承包合同的税务管控策略

为了解决 EPC 总承包合同税务风险问题，按照以下方法进行管控：

1. 通过准确的工程概算解决税务风险

（1）建筑企业招投标合同报价的法律依据。根据《住房城乡建设部办公厅关于做好建筑业营改增建设工程计价依据调整准备工作的通知》（建办标〔2016〕4 号）第二条和国家税务总局 2019 年第 39 号文件第一条的规定：**"工程造价＝税前工程造价×（1+9%）。其中，9% 为建筑业拟征增值税税率，税前工程造价为人工费、材料费、施工机具使用费、企业管理费、利润和规费之和，各费用项目均以不包含增值税可抵扣进项税额的价格计算。"**

（2）建筑企业招投标合同中投标价的确定。

一般计税方法的税前建筑工程报价＝不含增值税的材料设备费用＋不含

增值税的施工机具使用费+不含增值税的人工费用+不含增值税的管理费用和规费+合理利润

一般计税方法的非 EPC 建筑工程报价＝一般计税方法的税前建筑工程报价+一般计税方法的税前建筑工程报价×9%

（3）EPC 建筑工程报价如下：

一是如果业主要求承包方开具 13% 的设备采购发票，则一般计税方法的 EPC 建筑工程报价＝不含增值税的设计费用+不含增值税的设备采购费用+不含增值税的安装费用+合理利润+不含增值税的设计费用×6%+不含增值税的设备费用×13% +不含增值税的安装费用×9%。

二是如果业主要求承包方开具 9% 的设备采购发票，则一般计税方法的 EPC 建筑工程报价＝不含增值税的设计费用+不含增值税的设备采购费用+不含增值税的安装费用+合理利润+不含增值税的设计费用×6%+不含增值税的设备费用×9% +不含增值税的安装费用×9%。

（4）不同工程概算下的税务管控策略。

一是采用以上工程概算，则采用前面所述的第二种合同签约模式，都按照兼营行为分别开具发票，没有税务风险。

二是采用以上工程概算，则采用前面所述的第一种合同签约模式，如果 EPC 总承包合同中分别约定设计费、设备采购费、安装施工费，则按照兼营行为分别开具发票，没有税务风险；如果 EPC 总承包合同中没有分别约定设计费、设备采购费、安装施工费，则按照混合销售开具发票，增加总承包商的增值税税负。

2. 巧签 EPC 总承包合同控制税务风险

第一种合同签订策略：如果具备建筑工程的勘察、设计、施工、设备采购资质和范围的 EPC 总承包方直接与业主签订 EPC 总承包合同（只签订一份合同，是税法上的一项销售行为），则必须在 EPC 合同中分别注明设计费用、检测费用、建筑安装费用（含设备材料费用），且按照不含增值税的设计费用+不含增值税的设备采购费用+不含增值税的安装费用+合理利润+不含增值税的设计费用×6%+不含增值税的设备费用×13%（或9%）+不含增值税的安装费用×9%，作为一般计税方法的 EPC 建筑工程报价，则按照兼营行为纳税。

第二种合同签订策略：如果 EPC 总承包方只具备建筑工程的勘察、设计、施工、设备采购资质和范围中的任何一种资质或资质不全，则一定要与资质不全的多家企业组成联合体模式与业主签订 EPC 总承包合同，合同中分别约定各个联合体的工作界面（相当于各联合体分别与业主签订合同），分别给业主开具发票、分包结算，由牵头人代支付各联合体成员的款项。

某 EPC 合同节税签订技巧的涉税

一、案情情况

A 公司为中国境内法人企业，B 公司为中国境内一家具备设计资质且有能力承建电厂的专业施工企业，A 公司、B 公司均为山东省企业，且均为一般纳税人。2019 年 7 月，A 公司与 B 公司签订了《ZJ 市生活垃圾填埋气发电项目 EPC 总承包协议》。工程总承包范围为 ZJ 市生活垃圾填埋气发电项目工程的全部勘测、设计、设备和材料采购、建筑安装和电网接入系统工程施工直至竣工验收的相关工作。A 公司为工程发包人，B 公司为工程承包方。根据《ZJ 市生活垃圾填埋气发电项目 EPC 总承包协议》的约定，B 公司负责按 ZJ 市生活垃圾填埋气发电项目 EPC 总承包协议的约定，进行勘测设计、材料采购、设备采购、设备检验检测、建筑安装施工、材料检验检测、测试、并网安全评价、竣工投产、性能试验等所有工作，直至完成工程至正常并网发电。总合同价款（不含增值税）为 1 亿元，有两种合同签订方法：

一是 B 公司与 A 公司签订总承包合同，合同约定总价款为 1 亿元（不含增值税）；

二是 B 公司与 A 公司签订总承包合同，合同中分别约定了勘测设计 1000 万元，材料采购和设备采购 6000 万元，设备检验检测 500 万元，建筑安装施工 2000 万元，材料检验检测、测试、并网安全评价等共 500 万元。

假设不考虑发生的增值税进项税的抵扣和城市维护建设税及附加的情况，请问选择哪一种合同签订技巧更省税？

二、法律依据

《财政部　国家税务总局关于全面推开营业税改征增值税试点的通知》（财税〔2016〕36 号）附件 2《营业税改征增值税试点有关事项的规定》第一条第（一）项规定，试点纳税人销售货物、加工修理修配劳务、服务、无形资产或者不动产适用不同税率或者征收率的，应当分别核算适用不同税率或者征收率的销售额，未分别核算销售额的，按照以下方法适用税率或者征收率：

第一，兼有不同税率的销售货物、加工修理修配劳务、服务、无形资产或者不动产，从高适用税率。

第二，兼有不同征收率的销售货物、加工修理修配劳务、服务、无形资产或者不动产，从高适用征收率。

第三，兼有不同税率和征收率的销售货物、加工修理修配劳务、服务、无形资产或者不动产，从高适用税率。

三、建筑业营改增后，节税的 EPC 总承包合同签订技巧

建筑业营改增后，必须在 EPC 合同中分别注明设计费用、检测费用、建筑安装费用（含设备材料费用），否则会从高适用税率，使企业缴纳更多的税收。

四、本案例中的合同签订技巧及涉税分析

1. 第一种合同签订技巧的涉税分析

根据《财政部　国家税务总局关于全面推开营业税改征增值税试点的通知》（财税〔2016〕36 号）附件 2《营业税改征增值税试点有关事项的规定》第一条第（一）项的规定，纳税人兼有不同税率或者征收率的销售货物、提供加工修理修配劳务或者应税服务的，应当分别核算适用不同税率或征收率的销售额，未分别核算销售额的，从高适用税率。基于此规定，B 公司要从高适用税率，缴纳增值税销项税为：

$10000 \times 9\% = 900$（万元）

2. 第二种合同签订技巧的涉税分析

由于合同中分别注明了各种费用额，在票据开具和会计核算时，都可以分别进行。因此，B 公司要从高适用税率，缴纳增值税销项税为：

$1000 \times 6\% + (6000 + 2000) \times 9\% + (500 + 500) \times 6\% = 60 + 720 + 60 = 840$（万元）

因此，在假设不考虑发生增值税进项税额的抵扣和城市维护建设税及附加的情况下，第二种合同签订技巧比第一种合同签订技巧可以节约 60 万元的增值税。

三、EPC 总承包合同的财务风险管控

根据合同必须与企业的账务处理相匹配的原则，EPC 总承包合同的财务

风险管控策略如下：

第一，如果按照第一种合同签订模式，且合同中分别注明设计费用、设备采购费用、安装调试费用，则就设计费、设备采购费、安装调试费分别确认收入进行账务处理。

第二，如果按照第二种合同签订模式，指各联合体分别向业主开具发票，分别确认各自的收入进行账务处理。

第 五 节

建筑企业分包业务差额征税的财税法管控

建筑企业分包业务分为专业分包业务和劳务分包业务两种情况，在发包方选择简易计税方法计征增值税的情况下，在发包方与分包方之间实行差额预缴增值税和差额申报增值税的税收政策。要控制发包业务差额征税中的财税法风险，必须实施法务管控、财务管控和税务管控。

一、建筑企业分包业务差额征税的法务管控

（一）专业分包的法务管控策略

1. 建筑合同必须与招投标文件的实质性条款保持一致

《最高人民法院关于审理建设工程施工合同纠纷案件适用法律问题的解释（二）》（法释〔2018〕20号）第十条规定："**当事人签订的建设工程施工合同与招标文件、投标文件、中标通知书载明的工程范围、建设工期、工程质量、工程价款不一致，一方当事人请求将招标文件、投标文件、中标通知书作为结算工程价款的依据的，人民法院应予支持**"。基于此法律规定，签订的建设工程施工合同与招标文件、投标文件、中标通知书载明的工程范围、建设工期、工程质量、工程价款不一致的，以招标文件、投标文件、中标通知书作为结算工程价款的依据。

《中华人民共和国招标投标法》第四十六条规定："**招标人和中标人应**

当自中标通知书发出之日起三十日内，按照招标文件和中标人的投标文件订立书面合同。招标人和中标人不得再行订立背离合同实质性内容的其他协议。"第五十九条规定："招标人与中标人不按照招标文件和中标人的投标文件订立合同的，或者招标人、中标人订立背离合同实质性内容的协议的，责令改正；可以处中标项目金额千分之五以上千分之十以下的罚款。"

《中华人民共和国招标投标法实施条例》第五十七条规定："招标人和中标人应当依照招标投标法和本条例的规定签订书面合同，合同的标的、价款、质量、履行期限等主要条款应当与招标文件和中标人的投标文件的内容一致。招标人和中标人不得再行订立背离合同实质性内容的其他协议。"如果招标文件明确规定建筑总承包方承包下的工程不允许再进行分包，则总承包方就不可以与专业资质的建筑企业签订专业分包合同，否则签订的专业分包合同无效。今后发包方将给总承包方处以罚款、收取违约金等法律风险。

2. 禁止违法分包

禁止违法分包，专业分包方必须具有一定的资质，专业分包合同中的分包额低于建筑总承包合同额的 50%。《中华人民共和国建筑法》（中华人民共和国主席令第二十九号）第二十九条规定，建筑工程总承包单位可以将承包工程中的部分工程发包给具有相应资质条件的分包单位；但是，除总承包合同中约定的分包外，必须经建设单位认可。施工总承包的，建筑工程主体结构的施工必须由总承包单位自行完成。建筑工程总承包单位按照总承包合同的约定对建设单位负责；分包单位按照分包合同的约定对总承包单位负责。总承包单位和分包单位就分包工程对建设单位承担连带责任。禁止总承包单位将工程分包给不具备相应资质条件的单位。禁止分包单位将其承包的工程再分包。基于此规定，禁止违法分包，专业分包方必须具有一定的资质，专业分包合同中的分包额低于建筑总承包合同额的 50%。

（二）劳务分包的法务管控策略

1. 清包工分包合同的两种情况

财税〔2016〕36 号文件附件 2《营业税改征增值税试点有关事项的规定》第一条第（七）项"建筑服务"第一款规定：以清包工方式提供建筑服务，是指施工方不采购建筑工程所需的材料或只采购辅助材料，并收取人工费、管理费或者其他费用的建筑服务。基于此条规定，清包工方式包括两种方式：一是分包人不采购建筑工程所需的材料（含主材和辅料），只采购全部人工费用；二是分包人只采购建筑工程所需的辅料和全部人工费用。

2. 建筑承包单位与劳务公司签订劳务分包合同而不能签订违法分包合同

《住房和城乡建设部关于印发建筑工程施工发包与承包违法行为认定查处管理办法的通知》（建市规〔2019〕1号）第12条第（一）项规定："**承包单位将其承包的工程分包给个人的，是违法分包行为。**"第12条第（四）项规定："**专业分包单位将其承包的专业工程中非劳务作业部分再分包的，是违法分包行为。**"建市规〔2019〕1号第12条（五）项规定："**专业作业承包人将其承包的劳务再分包的，是违法分包行为。**"建市规〔2019〕1号第12条第（六）项规定："**专业作业承包人除计取劳务作业费用外，还计取主要建筑材料款和大中型施工机械设备、主要周转材料费用的，是违法分包行为。**"

基于此规定，专业分包单位（即分包人包工包料）可以就专业工程中的劳务作业部分再进行分包是合法行为，或者专业分包单位（分包人包工包料）可以就专业工程中的部分辅料和劳务作业部分再进行分包是合法行为。但是，专业作业承包人（实践中某一专业作业的劳务公司）再进行劳务分包是违法行为。

3. 承包单位与劳务公司不可以签订违法转包

建市规〔2019〕1号第19条规定："**施工总承包单位、专业承包单位均指直接承接建设单位发包的工程的单位；专业分包单位是指承接施工总承包或专业承包企业分包专业工程的单位；承包单位包括施工总承包单位、专业承包单位和专业分包单位。**"

建市规〔2019〕1号第8条第（五）项规定："**专业作业承包人承包的范围是承包单位承包的全部工程，专业作业承包人计取的是除上缴给承包单位'管理费'之外的全部工程价款的，是违法转包行为。**"建市规〔2019〕1号第8条第（八）项规定："**专业作业的发包单位不是该工程承包单位的，是违法转包行为。**"基于此规定，施工总承包单位、专业承包单位和专业分包单位将承包的工程全部交给劳务公司（专业作业承包人）施工，只向劳务公司（专业作业承包人）收取一定的管理费用的行为是违法转包行为。

4. 劳务分包（专业作业承包）业务的三种合法性界定

根据以上法律依据分析，以下劳务分包（专业作业承包）业务是合法的：一是施工总承包单位、专业承包单位和专业分包单位可以就其纯劳务部分进行分包给劳务公司或自然人包工头；二是专业作业劳务承包人不能够再进行劳务分包，否则是违法分包行为；三是施工总承包单位、专业承包单位和专业分包单位可以就其部分辅料和纯劳务部分进行分包给劳务公司或自然人包工头。

二、建筑企业分包款差额扣除征税的税务管控

(一) 发包方与分包方之间差额征收增值税与抵扣增值税的区别

发包方与分包方抵扣增值税制度是专门应用于发包方选择一般计税方法计征增值税的发包方与分包方之间的增值税申报制度,而发包方与分包方之间差额征收增值税制度是专门应用于发包方选择简易计税方法计征增值税的发包方与分包方之间的增值税申报制度。发包方与分包方之间差额征收增值税是指选择简易计税方法的发包方,在发生分包的情况下,为了规避发包方重复纳税而选择的一种增值税征收方法。

(二) 适合扣除分包款差额征收增值税的主体:发包方 (包括建筑总承包方、专用承包方、专业分包方和劳务公司)

《纳税人跨县(市、区)提供建筑服务增值税征收管理暂行办法》(国家税务总局公告 2016 年第 17 号)第三条纳税人跨县(市、区)提供建筑服务,应按照财税〔2016〕36 号文件规定的纳税义务发生时间和计税方法,向建筑服务发生地主管国税机关预缴税款,向机构所在地主管国税机关申报纳税。

第四条纳税人跨县(市、区)提供建筑服务,按照以下规定预缴税款:

一般纳税人跨县(市、区)提供建筑服务,适用一般计税方法计税的,以取得的全部价款和价外费用扣除支付的分包款后的余额,按照 2% 的预征率计算应预缴税款。

一般纳税人跨县(市、区)提供建筑服务,选择适用简易计税方法计税的,以取得的全部价款和价外费用扣除支付的分包款后的余额,按照 3% 的征收率计算应预缴税款。

小规模纳税人跨县(市、区)提供建筑服务,以取得的全部价款和价外费用扣除支付的分包款后的余额,按照 3% 的征收率计算应预缴税款。

以上税收政策只强调了"以取得的全部价款和价外费用扣除支付的分包款后的余额,差额预缴增值税"的主体是"跨县(市、区)提供建筑服务的一般纳税人和小规模纳税人",而跨县(市、区)提供建筑服务的一般纳税人和小规模纳税人包括:建筑企业总承包方、建筑企业专业承包方、建筑企业专业分包方、劳务公司,只要以上四个主体(建筑企业总承包方、建筑

企业专业承包方、建筑企业专业分包方、劳务公司）发生分包行为，在预缴增值税时，都可以享受差额征收增值税的政策。因此，适合扣除分包款差额征收增值税的主体是发生分包行为的发包方（包括建筑总承包方、专用承包方、专业分包方和劳务公司），而不仅仅指建筑总分包方之间。

（三）适合扣除分包款差额征收增值税必须具备的条件

根据以上税收政策的规定，适合扣除分包款差额征收增值税的必须具备两个条件：一是跨县（市、区）提供建筑服务的一般纳税人和小规模纳税人，包括建筑总承包方、专用承包方、专业分包方和劳务公司；二是跨县（市、区）提供建筑服务的建筑总承包方、专用承包方、专业分包方和劳务公司发生分包行为。

另外，发包方必须向分包方支付分包款，而且必须向分包方索取符合法律、行政法规和国家税务总局规定的合法有效凭证。《国家税务总局关于跨县（市、区）提供建筑服务增值税征收管理暂行办法》（国家税务总局公告2016年第17号）第六条规定：**"纳税人按照上述规定从取得的全部价款和价外费用中扣除支付的分包款，应当取得符合法律、行政法规和国家税务总局规定的合法有效凭证，否则不得扣除。"** 其中上述合法有效凭证是指：从分包方取得的2016年4月30日前开具的建筑业营业税发票。上述建筑业营业税发票在2016年6月30日前可作为预缴税款的扣除凭证。从分包方取得的2016年5月1日后开具的，备注栏注明建筑服务发生地所在县（市、区）、项目名称的增值税发票。国家税务总局规定的其他凭证。

（四）发包方与分包方之间扣除分包款差额征收增值税的纳税方法

1. 适用法规

《国家税务总局关于进一步明确营改增有关征管问题的公告》（国家税务总局公告2017年第11号）第三条规定，纳税人在同一地级行政区范围内跨县（市、区）提供建筑服务，不适用《纳税人跨县（市、区）提供建筑服务增值税征收管理暂行办法》（国家税务总局公告2016年第17号）。《财政部 税务总局关于建筑服务等营改增试点政策的通知》（财税〔2017〕58号）第三条规定，纳税人提供建筑服务取得预收款，应在收到预收款时，以取得的预收款扣除支付的分包款后的余额，适用一般计税方法计税的项目，按照2%的预征率预缴增值税；适用简易计税方法计税的项目，按照3%的预征率预缴增值税；按照现行规定应在建筑服务发生地预缴增值税的项目，纳税人收到预收款时在建筑服务发生地预缴增值税；按照现行规定无须在建筑服务发生地预缴增值税的项目，纳税人收到预收款时在机构所在地预缴增值税。

2. 纳税方法

根据以上税收政策的规定，发包方与分包方之间扣除分包款差额征收增值税的纳税方法：

（1）一般纳税人和小规模纳税人的建筑企业总承包方、建筑企业专业承包方、建筑企业专业分包方。劳务公司在不同的地级行政区范围内（不同的省、地级市）跨县（市、区）提供建筑服务，且发生分包行为时，建筑企业总承包方、建筑企业专业承包方、建筑企业专业分包方、劳务公司应在收到预收款时，以取得的预收款扣除支付的分包款后的余额，适用一般计税方法计税的项目，按照2%的预征率在建筑劳务发生地税务部门预缴增值税；适用简易计税方法计税的项目，按照3%的预征率在建筑劳务发生地税务部门预缴增值税。

（2）一般纳税人和小规模纳税人的建筑企业总承包方、建筑企业专业承包方、建筑企业专业分包方、劳务公司在同一地级行政区范围内跨县（市、区）提供建筑服务，且发生分包行为时，建筑企业总承包方、建筑企业专业承包方、建筑企业专业分包方、劳务公司应在收到预收款时，以取得的预收款扣除支付的分包款后的余额，适用一般计税方法计税的项目，按照2%的预征率在机构所在地税务部门预缴增值税；适用简易计税方法计税的项目，按照3%的预征率在机构所在地税务部门预缴增值税。

（3）简易计税方法计税的建筑总承包方、专用承包方、专业分包方和劳务公司发生分包业务时，在建筑总承包方、专用承包方、专业分包方和劳务公司机构所在地税务局差额申报增值税。由于简易计税的建筑总承包方、专用承包方、专业分包方和劳务公司在建筑服务所在地税务局按照3%的税率差额预交了增值税，所以简易计税方法计税的建筑总承包方、专用承包方、专业分包方和劳务公司发生分包业务时，在建筑总承包方、专用承包方、专业分包方和劳务公司机构所在地税务局实质上零申报增值税。

（4）发包方与分包方之间差额预缴增值税应提供的法律资料。根据国家税务总局公告2016年第53号第八条和《国家税务总局关于全面推开营业税改征增值税试点有关税收征收管理事项的公告》（国家税务总局公告2016年第23号）第四条第（三）项的规定，建筑企业总承包方跨县（市、区）提供建筑服务，在向建筑服务发生地主管国税机关预缴税款时，需填报《增值税预缴税款表》，并出示以下资料：①与发包方签订的建筑合同复印件（加盖纳税人公章）；②与分包方签订的分包合同复印件（加盖纳税人公章）；③从分包方取得的发票复印件（加盖纳税人公章）。

（五）差额扣除分包款计征增值税的"分包款的范围"

根据《国家税务总局关于国内旅客运输服务进项税抵扣等增值税征管问题的公告》（国家税务总局公告 2019 年第 31 号）第七条的规定，发包方与分包方之间差额扣除分包款计征增值税的"分包款的范围"是指发包方支付给分包方的全部价款和价外费用。

1. 价外费用的范围

根据《中华人民共和国增值税暂行条例实施细则》（财政部 国家税务总局第 50 号令）第十二条的规定，"价外费用"包括价外向购买方收取的手续费、补贴、基金、集资费、返还利润、奖励费、违约金、滞纳金、延期付款利息、赔偿金、代收款项、代垫款项、包装费、包装物租金、储备费、优质费、运输装卸费以及其他各种性质的价外收费。但下列项目不包括在内：

（1）受托加工应征收消费税的消费品所代收代缴的消费税。

（2）同时符合以下条件的代垫运输费用：①承运部门的运输费用发票开具给购买方的；②纳税人将该项发票转交给购买方的。

（3）同时符合以下条件代为收取的政府性基金或者行政事业性收费：①由国务院或者财政部批准设立的政府性基金，由国务院或者省级人民政府及其财政、价格主管部门批准设立的行政事业性收费；②收取时开具省级以上财政部门印制的财政票据；③所收款项全额上缴财政。

（4）销售货物的同时代办保险等而向购买方收取的保险费，以及向购买方收取的代购买方缴纳的车辆购置税、车辆牌照费。

2. "全部价款"的范围

"全部价款"包括发包方向分包方支付的分包工程所发生的材料款、建筑服务款和给予分包方的索赔结算收入、工程变更结算收入、材料价款调整结算收入。特别要提醒的是发包方向分包方支付的分包工程所发生的材料款。

根据《国家税务总局关于进一步明确营改增有关征管问题的公告》（国家税务总局公告 2017 年第 11 号）第一条的规定，纳税人销售活动板房、机器设备、钢结构件等自产货物的同时提供建筑、安装服务，不属于《营业税改征增值税试点实施办法》（财税〔2016〕36 号文件印发）第四十条规定的混合销售，应分别核算货物和建筑服务的销售额，分别适用不同的税率或者征收率。因此，根据此规定，如果分包方与发包方签订了包工包料的分包合同，而且分包方在工程中所用的材料是分包人自己生产加工的情况下，则分包方向发包方开具一张13%税率的增值税材料发票，一张9%税率的建筑服务业的增值税发票。根据国家税务总局公告2016年第53号第八条的规定，发包方与分包方之间差额预交增值税时，必须满足的条件是发包方从分包方取得的发票复印件（加盖纳税人公章），该文件中只强调分包方发票复印件，而没有具体强调材料发票和建筑服务业发票。因此，分包方给发包方开具的材料发票和建筑服务业发票，发包方都可以扣除支付给分包方的材料款和服务款，实行差额预交增值税。

三、建筑企业分包业务差额征税的财务管控

（一）会计核算依据

财政部关于印发《增值税会计处理规定》的通知（财会〔2016〕22号）。

（1）二级科目"简易计税"明细科目，核算一般纳税人采用简易计税方法发生的增值税计提、扣减、预缴、缴纳等业务。

（2）企业发生相关成本费用允许扣减销售额的账务处理。

按现行增值税制度规定企业发生相关成本费用允许扣减销售额的，发生成本费用时，按应付或实际支付的金额，借记"主营业务成本""存货""工程施工"等科目，贷记"应付账款""应付票据""银行存款"等科目。待取得合规增值税扣税凭证且纳税义务发生时，按照允许抵扣的税额，借记"应交税费——应交增值税（销项税额抵减）"或"应交税费——简易计税"科目（小规模纳税人应借记"应交税费——应交增值税"科目），贷记"主营业务成本""存货""工程施工"等科目。二级科目"预交增值税"科目：核算一般纳税人转让不动产、提供不动产经营租赁服务、提供建筑服务、采用预收款方式销售自行开发的房地产项目等，按现行增值税制度规定应预缴的增值税额。

企业预缴增值税时：

借：应交税费——预交增值税

　　贷：银行存款

月末企业将"预交增值税"明细科目余额转入"未交增值税"明细

科目。

借：应交税费——未交增值税

贷：应交税费——预缴增值税

（二）《企业会计准则第 15 号——建造合同》

合同成本是指为建造某项合同而发生的相关费用，包括从合同签订开始至合同完成止所发生的、与执行合同有关的直接费用和间接费用。企业应当根据完工百分比法在资产负债表日确认合同收入和费用。但应注意：合同成本不包括在分包工程的工作量完成之前预付给分包单位的款项，但是根据分包工程进度支付的分包工程进度款，应构成累计实际发生的合同成本。也就是说，总承包人应将所支付的分包工程进度款作为本公司的施工成本，与自己承建的工程做同样的处理，以全面反映总承包方的收入与成本，这与《中华人民共和国建筑法》《中华人民共和国合同法》中对总承包人相关责任和义务的规定相吻合。

建筑企业简易计税情况下的总分包业务的财税处理

一、案情介绍

山东的甲公司承包了山西一个合同值为 1000 万元（含增值税）的工程项目，并把其中 300 万元（含增值税）的部分项目分包给具有相应资质的分包人乙公司。工程完工后，该工程项目最终结算值为 1000 万元（含增值税）。假设该项目属于老项目，甲乙公司均采取简易计税方法。甲公司完成工程累计发生合同成本 500 万元。请分析如何进行会计核算？

二、会计核算（单位：万元）

1. 总承包方甲公司的会计处理

完成合同成本时：

借：工程施工——合同成本　500

　　贷：原材料　　　　　　　　　　500

收到总承包款时：

借：银行存款　　　　　　　　　1000

　　贷：工程结算　　　　　　　　　917.43

　　　　应交税费——简易计税　　　82.57

分包工程结算时：

借：工程施工——合同成本　300

　　贷：应付账款——乙公司　300

全额支付分包工程款并取得分包方开具的增值税普通发票时：

借：应付账款——乙公司　300

　　贷：银行存款　　　　　300

同时：

借：应交税费——简易计税　　　　8.74

　　贷：工程施工——合同成本　　　8.74

甲公司确认该项目收入与费用：

借：主营业务成本　　　　　　791.26

　　工程施工——合同毛利　　126.17

　　贷：主营业务收入　　　　　　917.43

工程结算与工程施工对冲结平：

借：工程结算　　　　　　　917.43

　　贷：工程施工——合同成本　　　791.26

　　　　　　——合同毛利　　　　　126.17

向项目所在地山西国税局预缴税款时的账务处理

[应交税费=（1000-300）÷（1+3%）×3%=20.38（万元）]

借：应交税费——预缴增值税　　　20.38

　　贷：银行存款　　　　　　　　　20.38

借：应交税费——未交增值税　　　20.38

　　贷：应交税费——预缴增值税　　20.38

2. 全额开票，差额计税

发票备注栏要注明建筑服务发生地所在县（市、区）及项目名称。简易计税的情况下，一般预缴税款等于向机构所在地主管税务机关纳税申报的税额。甲纳税申报按差额计算税额：（1000-300）÷（1+3%）×3%=20.38（万元）。

建筑施工采用简易计税方法时，发票开具采用差额计税但全额开票，这与销售不动产、劳务派遣、人力资源外包服务、旅游服务等差额开票不同，甲公司可全额开具增值税专用发票。发票上填写：税额为 29.12 万元 ［1000÷(1+3%)×3%］ 销售金额为 970.88 万元（1000−29.12）。

第六节

建筑企业包工包料业务的税务管控

建筑包工包料业务中的包料包括两种情况：一是建筑企业外购的建筑材料或机器设备；二是建筑企业自产的建筑材料或机器设备。这种包料在营改增后的税务处理和发票开具方面完全是不同的。笔者通过实践调研和对税收政策的把握，就建筑企业发生包工包料业务的涉税处理和发票开具进行了总结和分析。

一、建筑企业包工包料业务的分类及税收定性分析

建筑企业包工包料业务分为四种：一是建筑企业外购建筑材料并提供施工劳务的业务；二是建筑企业外购机器设备的同时提供安装服务的业务；三是建筑企业自产建筑材料并提供施工劳务的业务；四是建筑企业销售自产机器设备的同时提供安装服务的业务。在这四种业务中，前两者的税收定性是混合销售行为，后两者的税收定性是兼营行为。具体分析如下：

（一）建筑企业外购建筑材料或机器设备并提供施工劳务的业务的税收定性：混合销售行为

《财政部 国家税务总局关于全面推开营业税改征增值税试点的通知》（财税〔2016〕36 号）附件 1《营业税改征增值税试点实施办法》第四十条规定："**一项销售行为如果既涉及服务又涉及货物，为混合销售。**"该条规定中的"一项销售行为"是指"一份销售合同"。根据本条规定，界定"混合销售"行为的标准有两点：一是其销售行为必须是一项。二是该项行为必须既涉及服务又涉及货物，货物是指增值税条例中规定的有形动产，包括电

力、热力和气体；服务是指属于全面营改增范围的交通运输服务、建筑服务、金融保险服务、邮政服务、电信服务、现代服务、生活服务、建筑服务、金融保险和房地产销售等。在界定"混合销售"行为是否成立时，其行为标准中的上述两点必须同时存在，如果一项销售行为只涉及销售服务，不涉及货物，这种行为就不是混合销售行为；反之，如果涉及销售服务和涉及货物的行为，不是存在一项销售行为之中，这种行为也不是混合销售行为。

基于以上分析，建筑企业外购建筑材料并提供施工业务的包工包料合同是既涉及服务又涉及货物的一项销售行为，是混合销售行为。

（二）建筑企业销售自产建筑材料或机器设备并提供施工劳务业务的税收定性：兼营行为

《国家税务总局关于进一步明确营改增有关征管问题的公告》（国家税务总局公告 2017 年第 11 号）第一条规定：**"纳税人销售活动板房、机器设备、钢结构件等自产货物的同时提供建筑、安装服务，不属于《营业税改征增值税试点实施办法》（财税〔2016〕36 号文件）第四十条规定的混合销售。"**《财政部　国家税务总局关于全面推开营业税改征增值税试点的通知》（财税〔2016〕36 号）附件 1《营业税改征增值税试点实施办法》第三十九条规定：**"纳税人兼营销售货物、劳务、服务、无形资产或者不动产，适用不同税率或者征收率的，应当分别核算适用不同税率或者征收率的销售额；未分别核算的，从高适用税率。"**财税〔2016〕36 号附件 1《营业税改征增值税试点实施办法》第四十一条规定：**"纳税人兼营免税、减税项目的，应当分别核算免税、减税项目的销售额；未分别核算的，不得免税、减税。"**基于以上税收政策规定，兼营行为中的销售业务和兼营业务是两项销售行为，两者是独立的业务。实践中的兼营行为分为以下三种情况：

第一种兼营行为的情况：一项销售行为中有销售两种以上不同税率的服务或销售两种以上不同税率的货物的行为。例如，既有设计资质也有建筑资质的企业与发包方签订的总承包合同中，有设计服务（6%的增值税税率）和建筑服务（10%的增值税税率），是兼营行为，分别纳税，而不是混合销售行为。

第二种兼营行为的情况：发生两项以上的销售行为，每项销售行为之间是兼营行为。例如，某既有销售资质又有安装资质的设备厂家与设备购买方签订一份销售合同，只发生销售设备的行为，而没有对其销售的设备提供安装服务，但是该设备厂家为购买其设备的客户提供了安装该客户从别的厂家购买的设备，签订一份安装合同，则该既有销售资质又有安装资质的设备厂家就是发生了兼营的行为，应分别适用税率申报缴纳增值税。

第三种兼营行为的情况：发生销售自产并提供建筑、安装业务的行为。实践中具体体现为以下七种企业类型：①提供生产加工门窗铝合金并安装业务的门窗铝合金加工安装企业。②销售自产电梯并提供安装的电梯生产安装企业。③拥有钢结构生产基地但没有单独成立钢结构生产企业的钢结构加工安装企业。④拥有苗圃的园林公司提供销售苗圃和植树劳务的园林公司。⑤拥有沥青和混凝土搅拌站的路桥施工企业。⑥具有碎石机就地取材将石头加工成碎石并提供道路施工业务的公路施工企业。⑦销售自产中央空调冷暖系统并提供安装的空调生产安装企业。

二、建筑企业外购建筑材料或机器设备并提供施工劳务的发票开具及税务处理

（一）税收政策分析

《财政部 国家税务总局关于全面推开营业税改征增值税试点的通知》（财税〔2016〕36 号）附件 1《营业税改征增值税试点实施办法》第四十条规定："一项销售行为如果既涉及服务又涉及货物，为混合销售。从事货物的生产、批发或者零售的单位和个体工商户的混合销售行为，按照销售货物缴纳增值税；其他单位和个体工商户的混合销售行为，按照销售服务缴纳增值税。本条所称从事货物的生产、批发或者零售的单位和个体工商户，包括以从事货物的生产、批发或者零售为主，并兼营销售服务的单位和个体工商户在内。"为了更好地理解和应用"以从事货物的生产、批发或零售为主，并兼营销售服务"，国家税务总局颁布了以下两个文件：

一是《国家税务总局关于明确中外合作办学等若干增值税征管问题的公告》（国家税务总局公告 2018 年第 42 号）。该文件第六条第二款规定："一般纳税人销售外购机器设备的同时提供安装服务，如果已经按照兼营的有关规定，分别核算机器设备和安装服务的销售额，安装服务可以按照甲供工程选择适用简易计税方法计税。"基于此税收政策规定，建筑企业外购机器设备的同时提供安装服务，如果已经按照兼营行为分别核算机器设备和安装服务的销售额，则机器设备销售额按照 13% 计征增值税，安装服务既可以按照 3% 计征增值税（发包方同意的情况下），也可以按照 9% 计征增值税（发包

方不同意的情况下）。

二是《国家税务总局关于进一步明确营改增有关征管问题的公告》（国家税务总局公告 2017 年第 11 号）。该文件第一条给予了明确规定：纳税人销售活动板房、机器设备、钢结构件等自产货物的同时提供建筑、安装服务，不属于《营业税改征增值税试点实施办法》（财税〔2016〕36 号文件印发）第四十条规定的混合销售，应分别核算货物和建筑服务的销售额，分别适用不同的税率或者征收率。基于此规定，税务处理如下：①建筑企业可以与业主或发包方签订一份合同，且在一份合同中的"合同价"条款中，应分别注明销售货物的金额和销售建筑服务的金额；在会计核算上应分别核算销售货物和销售服务的收入；在税务处理上，销售货物按照 13%、销售建筑服务按照 9%向业主或发包方开具发票。②建筑企业可以与业主或发包方签订两份合同：货物销售合同和建筑服务销售合同。货物销售合同适用 13%的增值税税率；销售建筑服务按照 3%（清包工合同，可以选择简易计税方法，按照 3%税率计征增值税）或 9%的增值税税率计征增值税。

（二）发票开具和税务处理

基于以上分析，建筑企业外购建筑材料和机器设备并提供施工劳务的发票开具和税务处理总结如下：

第一，如果建筑企业的工商营业执照上没有建筑材料销售资质，只有建筑服务资质，则建筑企业将外购材料和劳务的发票开具和税务处理如下：建筑企业将外购的材料和建筑劳务一起按照 9%税率计征增值税，向发包方开具 9%的增值税发票。

第二，如果建筑企业的工商营业执照上既有销售资质又有建筑服务资质，则建筑企业将外购的材料和劳务的税务处理和发票开具按照以下方法处理：

一是建筑企业外购机器设备的同时提供安装服务，建筑企业与发包方签订包工包料合同时，在一份合同里分别注明设备价款和建筑服务价款。建筑企业按照兼营行为分别核算机器设备和安装服务的销售额，则机器设备销售额按照 13%计征增值税，安装服务既可以按照 3%计征增值税（发包方同意的情况下），也可以按照 9%计征增值税（发包方不同意的情况下）。如果没有按照兼营行为分别核算机器设备和安装服务的销售额，则机器设备销售额和安装服务销售额一起按照 13%计征增值税，建筑安装企业向发包方将机器设备和安装服务的销售额一起开具 13%的增值税专用（普通）发票。

二是建筑企业外购非机器设备的建筑材料同时提供建筑（非安装）服

务，则建筑企业的税务处理和发票开具如下：建筑企业将外购的材料和建筑劳务一起按照9%税率计征增值税，向发包方开具9%的增值税发票。

三、建筑企业销售自产建筑材料或机器设备并提供施工劳务业务的发票开具和税务处理

（一）税收政策分析

《国家税务总局关于进一步明确营改增有关征管问题的公告》（国家税务总局公告2017年第11号）第一条给予了明确规定：纳税人销售活动板房、机器设备、钢结构件等自产货物的同时提供建筑、安装服务，不属于《营业税改征增值税试点实施办法》（财税〔2016〕36号文件印发）第四十条规定的混合销售，应分别核算货物和建筑服务的销售额，分别适用不同的税率或者征收率。注意该文件中的"应分别核算货物和建筑服务的销售额，分别适用不同的税率或者征收率"有两层含义：一是在合同中应分别注明销售货物的金额和销售建筑服务的金额。在会计核算上应分别核算销售货物和销售服务的收入；在税务处理上，销售货物按照13%、销售建筑服务按照9%向业主或发包方开具发票。二是建筑企业可以与业主或发包方签订两份合同：货物销售合同和建筑服务销售合同。货物销售合同适用13%的增值税税率；销售建筑服务按照3%（清包工合同，可以选择简易计税方法，按照3%税率计征增值税）或9%的增值税税率计征增值税。

《国家税务总局关于明确中外合作办学等若干增值税征管问题的公告》（国家税务总局公告2018年第42号）第六条第一款规定："**一般纳税人销售自产机器设备的同时提供安装服务，应分别核算机器设备和安装服务的销售额，安装服务可以按照甲供工程选择适用简易计税方法计税。**"基于此规定，建筑企业销售自产机器设备并提供安装服务的，必须按照兼营行为处理：机器设备销售额部分，建筑企业向发包方开具13%的增值税专用（普通）发票；安装服务销售额部分，建筑企业向发包方开具3%的增值税专用（普通）发票（发包方同意的情况下）或开9%的增值税专用（普通）发票（发包方不同意的情况下）。

（二）发票开具和税务处理

根据以上税收政策分析，建筑企业销售自产机器设备、建筑材料的同时提供建筑、安装服务的税务处理和发票开具总结如下：

1. 一般纳税人销售自产的冷暖系统、电梯和机电设备等机器设备的同时提供安装服务的税务处理和发票开具

（1）销售以上自产机器设备的建筑企业与发包方签订一份包工包料合同，合同上必须分别注明机器设备销售额和安装服务销售额。机器设备销售额部分，建筑企业向发包方开具13%的增值税专用（普通）发票；安装服务销售额部分，建筑企业向发包方开具9%的增值税专用（普通）发票。

（2）销售以上自产机器设备的建筑企业与发包方签订两份合同：一份机器设备销售合同，一份机器设备安装服务合同。机器设备销售合同，建筑企业向发包方开具13%的增值税专用（普通）发票；安装服务合同，建筑企业向发包方开具3%的增值税专用（普通）发票（发包方同意建筑企业提供安装服务选简易计税的情况下）或开9%的增值税专用（普通）发票（发包方不同意建筑企业提供安装服务选简易计税的情况下）。

2. 一般纳税人销售自产的建筑材料（非机器设备）的同时提供建筑服务的税务处理和发票开具

（1）销售自产建筑材料的建筑企业与发包方签订一份包工包料合同，合同上必须分别注明材料销售额和建筑服务销售额。材料销售额部分，建筑企业向发包方开具13%的增值税专用（普通）发票；建筑服务销售额部分，建筑企业向发包方开具9%的增值税专用（普通）发票。

（2）销售自产建筑材料的建筑企业与发包方签订两份合同：一份建筑材料销售合同，一份建筑服务合同。建筑材料销售合同，建筑企业向发包方开具13%的增值税专用（普通）发票；建筑服务合同，建筑企业向发包方开具3%的增值税专用（普通）发票（发包方同意建筑企业提供建筑服务选简易计税的情况下）或开9%的增值税专用（普通）发票（发包方不同意建筑企业提供建筑服务选简易计税的情况下）。

案例分析13

房地产企业电梯采购中的发票开具

一、案情介绍

请问房地产企业采购电梯发生以下几种合同签订方法应如何开具发票？

第一种合同签订方法：房地产企业与电梯供应商签订采购合同，合同约定：电梯价款 100 万元，电梯供应商免费提供安装。

第二种合同签订方法：房地产企业与具有安装资质的电梯生产供应商签订采购合同，合同约定：电梯价款 100 万元，安装费用 10 万元。

第三种合同签订方法：房地产企业与具有安装资质的电梯生产供应商签订两份合同：一份是采购合同，合同约定电梯价款 100 万元；一份是安装合同，合同约定安装费用为 10 万元。

第四种合同签订方法：房地产企业与电梯生产供应商签订采购合同，合同约定价款为 100 万元，同时该房地产企业与电梯供应商的全资子公司——电梯安装公司签订安装合同，合同约定安装费用为 10 万元。

二、发票开具方法

《国家税务总局关于明确中外合作办学等若干增值税征管问题的公告》（国家税务总局公告 2018 年第 42 号）第六条第一款规定："**一般纳税人销售自产机器设备的同时提供安装服务，应分别核算机器设备和安装服务的销售额，安装服务可以按照甲供工程选择适用简易计税方法计税。**"同时，《国家税务总局关于进一步明确营改增有关征管问题的公告》（国家税务总局公告 2017 年第 11 号）第一条规定："**纳税人销售活动板房、机器设备、钢结构件等自产货物的同时提供建筑、安装服务，不属于《营业税改征增值税试点实施办法》（财税〔2016〕36 号文件印发）第四十条规定的混合销售，应分别核算货物和建筑服务的销售额，分别适用不同的税率或者征收率。**"根据以上税收政策规定，前面四种合同签订方法中，发票开具如下：

第一种合同签订方法的发票开具：电梯企业向房地产企业开具一张 100 万元 13% 税率的增值税专用发票。

第二种合同签订方法的发票开具：电梯企业向房地产企业开具一张 100 万元 13% 税率的增值税专用发票和一张 10 万元 3% 税率的增值税专用发票（在房地产企业同意的情况下），或者电梯企业向房地产企业开一张 100 万元 13% 税率的增值税专用发票和一张 10 万元 9% 税率的增值税专用发票（在房地产企业不同意的情况下）。

第三种合同签订方法的发票开具：电梯企业向房地产企业开具一张 100 万元 13% 税率的增值税专用发票和一张 10 万元 3% 税率的增值税专用发票，而不能开一张 110 万元 13% 税率的增值税专用发票。

第四种合同签订方法的发票开具：电梯企业向房地产企业开具一张 100 万元 13% 税率的增值税专用发票和一张 10 万元 3% 税率的增值税专用发票。

第七节

建筑企业聘用农民工的社保与个税的协同管理

建筑企业缴纳社保的基数是本单位职工个人缴费工资基数之和，单位职工本人缴纳社保费的基数原则上以上一年度本人月平均工资为基础，在当地职工平均工资的 60%~300% 的范围内进行核定。考虑到建筑企业聘用的农民工流动性非常频繁的实际情况，建筑企业聘用的农民工的个税和社保要进行协同管理。协同管理策略如下：

一、协同管理策略一及实操要点

（一）协同管理策略一

建筑企业与以小时计酬为主的农民工签订非全日制用工合同，建筑企业和农民工不缴纳社保费用，但建筑企业总承包方必须缴纳工伤保险，专业分包方和劳务公司不缴纳工伤保险。

（二）实操要点

第一，建筑企业工程项目部的钢筋工、模板工、砼工、砌筑工、抹灰工、架子工、防水工、水电暖安装工、油漆工、外墙保温工等都是按小时计算劳动报酬的，只要符合非全日制用工的条件，劳务公司可以与从事以上工种的农民工签订非全日制用工协议书，协议中约定每小时的劳动报酬、每周工作时间不超过 24 小时。

第二，建筑企业与符合非全日制用工条件的农民工可以订立口头协议，也可以签订非全日制的劳动合同。对于非全日制用工形式，劳务公司不缴纳工伤保险、基本养老和基本医疗保险费用，由非全日制用工的农民工本人直接回其户口所在地社保所缴纳基本养老和基本社会保险费。

二、协同管理策略二及实操要点

（一）协同管理策略二

建筑企业让长期与其合作且工作时间超过一年以上的农民工，去单独注册一个无雇工的个体工商户，无雇工个体工商户到注册所在地的税务部门购买税控机和税控盘，每月给劳务公司开具 10 万元以下的普通增值税发票。

（二）实操要点

第一，长期与其合作且工作时间超过一年以上的农民工，到其户籍所在地或施工项目所在地的工商局注册一个无雇工的个体工商户。

第二，注册无雇工的个体工商户后，到注册地的税务部门购买税控机和税控盘，安装完毕后，向税务局购买增值税发票，每月给劳务公司开具 10 万元以下的普通增值税发票，享受免增值税的红利。或者注册后的无雇工个体工商户不安装税控盘和税控机，控制在月销售额 2 万元以内，根据国家税务总局 2018 年公告 28 号文件第九条第二款的规定，按期缴纳增值税的无雇工个体工商户，适用月销售额 2 万元以内的小额零星业务支出，不缴纳增值税，不开具发票，直接以每月劳务款结算单和每月劳务计量单作为会计核算凭证，在企业所得税前扣除。

第三，劳务公司与无雇工的个体工商户签订劳务专业作业分包合同。

第四，无雇工的个体工商户的个人所得税都是按照当地税务部门的政策规定，选择核定定率或核定定额征收个人所得税。

三、协同管理策略三及实操要点

（一）协同管理策略三

建筑企业与班组长签订劳务承包、劳务分包合同，班组长去税务局代开建筑劳务发票给建筑企业入账。

（二）实操要点

第一，劳务公司与班组长签订劳务专业作业分包合同。

第二，班组长到工程所在地的税务局代开增值税普通发票给劳务公司进成本。

第三，班组长在税务局代开发票时，会依据当地政府的规定，按照所开发票金额（不含增值税）的一定比例代征个人所得税，劳务公司不再代扣代缴个人所得税。

四、协同管理策略四及实操要点

（一）协同管理策略四

对于既实施农民工实名制又实施农民工工资专用账户管理的建筑项目，当地人力资源管理局强迫要求建筑企业用其提供的劳动合同范本与农民工签订劳动合同的情况下，建筑企业与在户口所在地的社保所已经缴纳了农村社保（农村医疗保险和农村养老保险）的农民工签订全日制的劳动合同。

（二）实操要点

第一，劳务公司与在户口所在地的社保所已经缴纳了农村社保（农村医疗保险和农村养老保险）的农民工签订全日制的劳动合同。

第二，劳务公司让农民工到其缴纳农村社保的社保局开具一份已缴纳社保的证明单，将该已缴纳的社保证明单交到劳务公司办公室存档备查。农民工回到城市务工不需要缴纳城镇职工社保费用，劳务公司也不需要为农民工缴纳社保费用。

第三，劳务公司可以与农民签订全日制劳动合同，同时在劳动合同中的"社保费用"条款中约定：劳务公司承担报销农民工在其户口所在地社保所缴纳的社保费用（含国家统筹和个人承担的社保费用），农民工在其户口所在地缴纳的社保费用凭证必须交给劳务公司进行财务核算的凭证。

第八节

建筑劳务公司与包工头（班组长）之间的财税法管控

建筑企业与包工头之间有两种合同签订方法：一种是建筑劳务公司与包工头签订劳务专业作业分包合同；另一种是劳务承包合同。这两种合同涉及的财务、税务和社保的处理是不一样的。

一、法律风险管控：建筑劳务公司与包工头（班组长）签订专业作业劳务分包或劳务承包合同的合法性分析

（一）建筑劳务公司与包工头（班组长）签订专业作业劳务分包合法与否的法律分析

根据《住房和城乡建设部关于印发建筑工程施工发包与承包违法行为认定查处管理办法的通知》建市规〔2019〕1 号第 12 条第（四）项、第（五）项的规定和第 19 条的规定，"专业作业承包人将其承包的劳务再分包的，是违法分包行为"。"专业分包单位将其承包的专业工程中非劳务作业部分再分包的，是违法分包行为"。"施工总承包单位、专业承包单位均指直接承接建设单位发包的工程的单位；专业分包单位是指承接施工总承包或专业承包企业分包专业工程的单位；承包单位包括施工总承包单位、专业承包单位和专业分包单位"。基于此政策规定，建筑劳务公司与包工头（班组长）签订专业作业劳务分包的合法与否的法律分析如下：

1. 建筑劳务公司与包工头（班组长）签订专业作业劳务分包的两种合法行为

第一，专业承包单位和专业分包单位将其承包的专业工程中的纯劳务作业部分再分包给劳务公司或从事某一专业作业劳务（例如：钢构作业、抹灰作业、幕墙玻璃作业、水电安装作业等劳务作业）的包工头或班组长的，是

合法分包行为。

第二，从事专业作业总承包的劳务公司将其与承包单位（即施工总承包单位、专业承包单位和专业分包单位）签订的劳务分包合同中的各专业作业劳务分包给包工头或班组长本人是合法的。

2. 建筑劳务公司与包工头（班组长）签订专业作业劳务分包的一种违法行为

从事某一项专业作业的班组长和包工头从劳务公司或施工总承包单位、专业承包单位和专业分包单位分包而来的专业作业劳务再分包给有关个人是违法行为。

（二）建筑劳务公司与包工头（班组长）签订劳务承包合同合法与否的法律分析

财税〔2016〕36 号文件附件 1《营业税改征增值税试点实施办法》第二条规定："**单位以承包、承租、挂靠方式经营的，承包人、承租人、挂靠人（以下统称承包人）以发包人、出租人、被挂靠人（以下统称发包人）名义对外经营并由发包人承担相关法律责任的，以该发包人为纳税人。否则，以承包人为纳税人**。"《建筑安装业个人所得税征收管理暂行办法》（国税发〔1996〕127 号）第三条规定，承包建筑安装业各项工程作业的承包人的所得，应区别不同情况计征个人所得税：经营成果归承包人个人所有的所得，或按照承包合同（协议）规定，将一部分经营成果留归承包人个人的所得，按对企事业单位的承包经营、承租经营所得项目征税；以其他分配方式取得的所得，按工资、薪金所得项目征税。

根据《关于企业内部个人承包中保险待遇问题的复函》（劳险字〔1992〕27 号）的规定，企业与职工个人签订承包合同，是企业内部经营管理的一种方式。企业经营机制的转变，并未改变企业和职工的劳动关系，也未改变承包者的职工身份，因此企业应按照国家现行政策保障职工的社会保障权益。《中华人民共和国劳动合同法》第九十四条规定，个人承包经营违反本法规定招用劳动者，给劳动者造成损害的，发包的组织与个人承包经营者承担连带赔偿责任。

基于以上法律政策规定，笔者认为"对外承包"有以下五层含义：一是承包人以发包方的名义对外从事经营，发生的经营行为都是以发包人的名义对外签订合同；二是承包人对外发生的经营行为以发包人的名义建账对外统一核算；三是承包人对外发生的经营行为涉及的一切法律民事责任全部由发包方承担；四是个人承包人招用的劳动者的社保费用由发包方承担；五是个人承包经营者招用的劳动者，如果违反《中华人民共和国劳动合同法》的规定，给劳动者造成损害的，发包的组织与个人承包经营者共同承担连带赔偿责任。

基于以上法律分析，建筑劳务公司与班组长或包工头签订内部劳务承包合同是合法的行为。

（三）建筑劳务公司与包工头（班组长）签订合同的两种策略

根据以上法律依据，建筑企业与包工头之间有两种合同签订方法，其签订策略如下：一是建筑劳务公司与包工头签订劳务专业作业分包合同；二是签订劳务承包合同，合同约定：包工头或班组长以劳务公司的名义对外经营，对外进行独立的会计核算，包工头自负盈亏，向劳务公司上交一定的利润（税后利润）或管理费用，剩下的税后利润（承包经营所得）归班组长或包工头所有。

二、税务管控：建筑劳务公司与包工头（班组长）签订专业作业劳务分包或劳务承包合同的税务处理

（一）建筑劳务公司与包工头或班组长签订劳务专业作业分包合同的税务管控

1. 包工头或班组长获得的专业作业分包所得，在税法上是"经营所得"而不是"劳务报酬所得"性质

（1）"经营所得"和"劳务报酬所得"的税法界定。《中华人民共和国个人所得税法实施条例》第六条第（二）项规定：劳务报酬所得是指个人从事劳务取得的所得，包括从事设计、装潢、安装、制图、化验、测试、医疗、法律、会计、咨询、讲学、新闻、广播、翻译、审稿、书画、雕刻、影视、录音、录像、演出、表演、广告、展览、技术服务、介绍服务、经纪服务、代办服务以及其他劳务取得的所得。《中华人民共和国个人所得税法实施条例》第六条第（五）项规定：经营所得是指个人通过在中国境内注册登记的个体工商户、个人独资企业、合伙企业从事生产、经营活动取得的所得；个人依法取得执照，从事办学、医疗、咨询以及其他有偿服务活动取得的所得；个人承包、承租、转包、转租取得的所得；个人从事其他生产、经

营活动取得的所得。

基于以上税法的规定，新的个人所得税法对"劳务报酬"税目采用了列举法的规定，对"劳务报酬"征收个人所得税的范围列举了26项，凡是不属于个人所得税法中列举的26项的劳务所得就不是"劳务报酬所得"税目，不能按照"劳务报酬"税目征收个人所得税。但是，税收执法中很难区分"劳务报酬所得"中的"个人从事其他劳务取得的所得"与"经营所得"中的"个人从事其他生产、经营活动取得的所得"，两者有何区别呢？分析如下：

1）什么是个人从事其他劳务取得的所得。综观《合同法》可以发现，劳务关系被分拆在承揽合同、技术合同、居间合同、运输合同、建筑施工合同、委托合同等合同关系规定中。因此，从事劳务活动是指从事《合同法》规定的承揽、技术、居间、运输、建筑施工、委托等活动。进而劳务报酬所得除了《中华人民共和国个人所得税法实施条例》第六条第（二）项所规定的"劳务报酬所得"外，还指个人从事《合同法》规定的承揽、技术、居间、运输、建筑施工、委托等活动取得的报酬。

2）什么是个人从事其他生产、经营活动取得的所得。《安全生产法实施条例》（草案征求意见稿）第八十条规定，生产经营活动是指生产、经营、建设活动，既包括主体性活动，也包括辅助性活动。生产经营单位是指从事生产、经营、建设活动的企业、个体经济组织及其他单位。依据《关于贯彻执行〈中华人民共和国劳动法〉若干问题的意见》第一条的规定，个体经济组织是指一般雇工在七人以下的个体工商户。因此，个税法上的"个人从事生产、经营活动"是指个人从事生产、经营、建设活动，既包括主体性活动，也包括辅助性活动。班组长或包工头与劳务公司或建筑企业签订的劳务专业作业分包合同，从事的是辅助性活动。

3）是否办理营业执照不可以作为"劳务报酬所得"和"经营所得"的分水岭。

首先，《个体工商户个人所得税计税办法》（国家税务总局令第35号）第三条对个体工商户进行了范围的界定：①依法取得个体工商户营业执照，从事生产经营的个体工商户；②经政府有关部门批准，从事办学、医疗、咨询等有偿服务活动的个人；③其他从事个体生产、经营的个人。基于此规定，个体工商户的范围中包括了不办理营业执照的"其他从事个体生产、经营的个人"。这与《中华人民共和国个人所得税法实施条例》第六条第（五）项规定的"经营所得"第四项中的"个人从事其他生产、经营活动取得的所得"高度重合。

其次，根据《建筑安装业个人所得税征收管理暂行办法》（国税发〔1996〕127号）的规定，承包建筑安装业各项工程作业的承包人取得的所得，应区别不同情况计征个人所得税：经营成果归承包人个人所有的所得，或按照承包合同（协议）规定，将一部分经营成果留归承包人个人的所得，按对企事业单位的承包经营、承租经营所得项目征税；以其他分配方式取得的所得，按工资、薪金所得项目征税。从事建筑安装业的个体工商户和未领取营业执照承揽建筑安装业工程作业的建筑安装队和个人，以及建筑安装企业实行个人承包后工商登记改变为个体经济性质的，其从事建筑安装业取得的收入应依照个体工商户的生产、经营所得项目计征个人所得税。基于此规定，班组长和包工头带领农民工从事建筑劳务的某一专业作业活动是国税发〔1996〕127号中所规定的**"领取营业执照承揽建筑安装业工程作业的建筑安装队"**。

最后，《国家税务总局关于个人对企事业单位实行承包经营、承租经营取得所得征税问题的通知》（国税发〔1994〕179号）指出：①承包、承租人对企业经营成果不拥有所有权，仅是按合同（协议）规定取得一定所得的，其所得按工资、薪金所得项目征税，适用5%～45%的9级超额累进税率。②承包、承租人按合同（协议）的规定只向发包、出租方缴纳一定费用后，企业经营成果归其所有的，承包、承租人取得的所得，按对企事业单位的承包经营、承租经营所得项目，适用5%～35%的5级超额累进税率征税。

因此，根据以上税法文件规定，是否办理营业执照不可以作为"劳务报酬所得"和"经营所得"的分水岭。

（2）分析结论。结合以上法律政策规定，分析结论总结如下：①个人办理工商营业执照而产生的收入属于经营所得。②个人依法取得执照，从事办学、医疗、咨询等有偿服务活动的个人取得的所得属于经营所得。③对于无营业执照又未经批准的，个人从事企事业单位的承包、承租、转包、转租取得的所得属于经营所得。④属于《中华人民共和国个人所得税法实施条例》第六条第（二）项列举范围内的属于劳务报酬所得。⑤在建筑劳务公司与包工头或班组长签订劳务专业作业分包合同的情况下，班组长或包工头带领的农民工从事某一专业作业劳务，其从劳务公司取得的所得，不属于"劳务报酬"所得，而属于"个人从事其他生产、经营活动取得的所得"，即属于"经营所得"的范畴。

2. 自然人取得"劳务报酬"所得及在税务局代开发票的方法

由于"劳务报酬"所得是"综合所得"的范围，根据国家税务总局2018年公告第62号文件的规定，属于"综合所得"中的"劳务报酬"所得由付款方按照"累计预扣法",按月预扣预缴劳务报酬的个人所得税。因此,自然人取得"劳务报酬"所得,在税务局代开发票时,税务局不代征个人所得税,具体的代开发票的方法如下:

当自然人发生"劳务报酬"所得,且"劳务报酬"所得超过增值税起征点(根据《中华人民共和国增值税暂行条例》的规定,自然人增值税起征点为:按月支付在 20000 元以下,按次支付 500 元以下)以上的,获得"劳务报酬"所得的自然人必须到劳务发生所在地的税务局代开发票给付款单位。在税务局代开发票时,必须在发票的"备注栏"标明"个人所得税由付款方代开代缴或预扣预缴"的字样。

3. 自然人取得"经营所得"在税务局代开发票的方法

在建筑劳务公司与包工头或班组长签订劳务专业作业分包合同的情况下,班组长或包工头带领的农民工从事某一专业作业劳务,其从劳务公司取得的所得,不属于"劳务报酬"所得,而属于"经营所得"的范畴。在税务局代开发票时,税务局不代征个人所得税,具体代开发票的方法如下:

(1)在代税务局开发票时,必须按照不含增值税的开票金额,依据当地所在省税务局代征一定比例(如广西壮族自治区和江西省的规定为 1.3%)的个人所得税。

(2)在税务局代开发票时,必须在发票上的"税收分类与编码栏"中填写"建筑服务——其他建筑服务",在发票的"备注栏"标明"工程项目所在地的市、县(区)和项目的名称"的字样。

(3)建筑劳务公司收到包工头或班组长代开的发票时,按照差额征税的规定,全额给承包单位开具增值税发票,按照"(劳务公司收取承包单位的所有款项价外费用−包工头或班组长的专业作业分包额)÷(1+3%)×3%"计征增值税。

4. 社保费用的处理:不缴纳社保费用

(1)由于建筑劳务公司与包工头或班组长签订的是劳务专业作业分包合同,而不是劳动合同,因此,班组长或包工头与建筑劳务公司不是雇佣和被雇佣的法律关系,建筑劳务公司和包工头或班组长不缴纳社保费用。

(2)包工头或班组长与聘用的农民工是灵活就业性质的用工关系,只要专业作业劳务一旦完工,农民工与班组长或包工头就结束灵活就业的用工关系。

(3)由于包工头或班组长没有注册为公司或个体工商户,无法进行工商、税务登记,就无法进行社保登记,无须对农民工和其本人缴纳社保费用。

（4）根据《中华人民共和国社会保险法》（中华人民共和国主席令第35号）第十条第二款和第二十三条第二款的规定，无雇工的个体工商户、未在用人单位参加职工基本医疗保险的非全日制从业人员以及其他灵活就业人员可以参加职工基本医疗保险和基本养老保险，由个人按照国家规定缴纳基本养老保险费用和基本医疗保险费。

（二）建筑劳务公司与包工头或班组长签订劳务承包合同的税务管控

劳务承包合同约定：包工头或班组长以劳务公司的名义对外经营，对外进行独立的会计核算，包工头自负盈亏，向劳务公司上交一定的利润（税后利润）或管理费用，剩下的税后利润（承包经营所得）归班组长或包工头所有。在这种合同约定情况下的税务管控策略如下：

1. 班组长或包工头承包经营所得的个税处理

（1）班组长或包工头取得经营所得的"应纳税所得额"的计算。根据《中华人民共和国个人所得税法》第六条第（三）项的规定，以班组长（包工头）每一纳税年度的收入总额减除成本、费用以及损失后的余额，为应纳税所得额。同时，根据《中华人民共和国个人所得税法实施条例》（中华人民共和国国务院令第707号）第十五条的规定，取得经营所得的班组长（包工头），没有综合所得的，计算其每一纳税年度的应纳税所得额时，应当减除费用6万元、专项扣除、专项附加扣除以及依法确定的其他扣除。专项附加扣除在办理汇算清缴时减除。但是，根据《国家税务总局关于修订个人所得税申报表的公告》（国家税务总局公告2019年第7号）关于《个人所得税经营所得纳税申报表（A表）》填表说明的规定，实施核定定额征收和核定应税所得率征收的个体工商户业主、个人独资企业投资者、合伙企业个人合伙人、承包承租经营者个人以及其他从事生产、经营活动的个人，在计算每一纳税年度的应纳税所得额时，不可以减除费用6万元、专项扣除、专项附加扣除以及依法确定的其他扣除。同时，实施核定定额征收和核定应税所得率征收的个体工商户业主、个人独资企业投资者、合伙企业个人合伙人、承包承租经营者个人以及其他从事生产、经营活动的个人，不需要进行个人所得税汇算清缴。

基于以上税法规定，班组长或包工头取得经营所得按照劳务所在地的省税务局规定的核定应税所得率计税个人所得税的应纳税所得额。应纳税额计算公式为：

应纳税所得额＝应税收入×应税所得率

或者

应纳税所得额＝成本费用支出额/（1－应税所得率）×应税所得率

应纳税额＝应纳税所得额×经营所得5级累进税率

其中，应税收入是每一纳税年度的收入总额；成本费用支出额是每一纳税年度的成本费用支出总额。

（2）班组长和包工头自行纳税申报。基于以上税法规定，班组长或包工头取得"经营所得"办理个人所得税汇算清缴时，必须向项目施工所在地税务部门办理预缴纳税申报，并报送《个人所得税经营所得纳税申报表（A表）》。纳税后向税务局索取个人所得税完税凭证给劳务公司做账。

某班组长内部承包劳务公司建筑劳务的个税处理

一、案情介绍

张某2019年挂靠红运建筑劳务公司承接建筑劳务，张某与红运建筑劳务公司签订内部承包协议，承包期限2年，协议约定：张某以红运建筑劳务公司的名义对外经营，红运建筑劳务公司对外承担民事法律责任，张某向红运建筑劳务公司上交一定的管理费用，经营所得归张某所有。假设张某2019年每一季度从建筑劳务公司取得的承包经营所得为15万元（不含增值税），张某选择按季度预缴申报个税，当地税务部门对承包者实施核定应税所得率征收个人所得税。按照以下应税所得率中的税率计算应纳税所得额。

应纳税额计算公式：

应纳税所得额＝应税收入×应税所得率

或者

应纳税所得额＝成本费用支出额/（1－应税所得率）×应税所得率

应纳税额＝应纳税所得额×经营所得5级累进税率

上款所称的应税收入是每一纳税年度的收入总额，成本费用支出额是每一纳税年度的成本费用支出总额。

应税所得率表

序号	类别	应税所得率（%）
1	交通运输业	10
2	采矿业、制造业	10
3	批发和零售业	10
4	建筑业	10
5	房地产业	18
6	住宿业	10
7	餐饮业	7
8	娱乐业	30
9	法律服务业	10
10	其他行业	15

张某每月自行支付税优商业健康保险费 300 元；每月自行缴纳的"三险一金" 3000 元（其中基本养老保险 1000 元，基本医疗保险 700 元，失业保险 300 元，住房公积金 1000 元）。

张某有一男一女两名孩子，都在上小学，已与妻子约定由张某按子女教育专项附加扣除标准的 100% 扣除。

张某使用商业银行个人住房贷款购买了首套住房，现处于偿还贷款期间，每月需支付贷款利息 1600 元，已与妻子约定由张某一方进行住房贷款利息专项附加扣除。

因张某工作单位离所购住房很远，故每月花租金 1000 元在工程项目所在地附近租住了一套房屋。

张某的父母均已退休（已满 60 岁，均有退休金）在家，张某与兄妹签订书面分摊协议，约定由张某分摊赡养老人专项附加扣除 800 元。

首套住房贷款利息和房租租金扣除中，张某选择了首套住房贷款利息的扣除。

请计算张某全年和各季度应缴纳的个人所得税。

二、税法依据

根据《建筑安装业个人所得税征收管理暂行办法》（国税发〔1996〕127 号）第三条的规定：承包建筑安装业各项工程作业的承包人取得的所

得，应区别不同情况计征个人所得税：经营成果归承包人个人所有的所得，或按照承包合同（协议）规定，将一部分经营成果留归承包人个人的所得，按对企事业单位的承包经营、承租经营所得项目征税；以其他分配方式取得的所得，按工资、薪金所得项目征税。

《中华人民共和国个人所得税法实施条例》（中华人民共和国国务院令第707号）第十五条第二款规定："取得经营所得的个人，没有综合所得的，计算其每一纳税年度的应纳税所得额时，应当减除费用6万元、专项扣除、专项附加扣除以及依法确定的其他扣除。专项附加扣除在办理汇算清缴时减除。"

根据《国家税务总局关于修订个人所得税申报表的公告》（国家税务总局公告2019年第7号）关于《个人所得税经营所得纳税申报表（A表）》填表说明的规定，实施核定定额征收和核定应税所得率征收的个体工商户业主、个人独资企业投资者、合伙企业个人合伙人、承包承租经营者个人以及其他从事生产、经营活动的个人，在计算每一纳税年度的应纳税所得额时，不可以减除费用6万元、专项扣除、专项附加扣除以及依法确定的其他扣除。

三、张某个税计算、个税预缴和汇算清缴及申报表填写

第一步：2019年每一季度预缴个税应纳个税的计算（核定征收个税的经营所得不可以减除费用6万元、专项扣除、专项附加扣除以及依法确定的其他扣除，同时不进行个税的汇算清缴）：

应纳税所得额＝应税收入×应税所得率
＝150000×10%＝15000（元）

第二步：张某每季度应纳个税的计算。根据应纳税所得额，按照以下附件二中的5级累进税率计算个税。

个人所得税税率表二（经营所得）

级数	全年应纳税所得额	税率（%）	速算扣除数（元）
1	不超过30000元的	5	0
2	超过30000元至90000元的部分	10	1500
3	超过90000元至300000元的部分	20	10500
4	超过300000元至500000元的部分	30	40500
5	超过500000元的部分	35	65500

张某应纳个人所得税额＝15000×5％＝750（元）

第三步：季度申报表的填写。第一季度后的 15 日之内填写个人所得税经营所得纳税申报表（A 表），填写后的季度申报表如下表所示。

个人所得税经营所得纳税申报表（A 表）

被投资单位信息	名称	红运劳务公司	纳税人识别号（统一社会信用代码）	填写红运劳务公司纳税识别号
征收方式	□查账征收（据实预缴）　　□查账征收（按上年应纳税所得额预缴） √核定应税所得率征收　　□核定应纳税所得额征收 □税务机关认可的其他方式＿＿＿＿＿			

项目	行次	金额/比例
一、收入总额	1	150000
二、成本费用	2	
三、利润总额（3＝1-2）	3	
四、弥补以前年度亏损	4	
五、应税所得率（％）	5	10％
六、合伙企业个人合伙人分配比例（％）	6	
七、允许扣除的个人费用及其他扣除（7＝8+9+14）	7	
（一）投资者减除费用	8	
（二）专项扣除（9＝10+11+12+13）	9	
1. 基本养老保险费	10	
2. 基本医疗保险费	11	
3. 失业保险费	12	
4. 住房公积金	13	
（三）依法确定的其他扣除（14＝15+16+17）	14	
1. 商业健康保险费	15	
2.	16	
3.	17	
八、应纳税所得额	18	15000
九、税率（％）	19	5％
十、速算扣除数	20	

续表

被投资单位信息	名称	红运劳务公司	纳税人识别号（统一社会信用代码）	填写红运劳务公司纳税识别号	
十一、应纳税额（21＝18×19-20）				21	750
十二、减免税额（附报《个人所得税减免税事项报告表》）				22	
十三、已缴税额				23	
十四、应补/退税额（24＝21-22-23）				24	

谨声明：本表是根据国家税收法律法规及相关规定填报的，是真实的、可靠的、完整的。

纳税人签字：张某   2019 年 4 月 13 日

经办人： 经办人身份证件号码： 代理机构签章： 代理机构统一社会信用代码：	受理人： 受理税务机关（章）： 受理日期： 年 月 日

特别提醒：

张某第二、第三、第四季度的个税计算和季度申报表的填写同第一季度的计算和申报表的填写一模一样。四个季度申报的个税都是 750 元。不存在个税的汇算清缴。

2. 班组长或包工头和农民工社保费用的处理

企业内部承包经营是企业转换经营机制的一种较普遍的经营方式。对于内部承包的认定，企业内部承包合同纠纷是否属于人民法院受理民事诉讼的范围，决定于企业内部承包合同是否属于民事合同。只有平等主体之间签订的承包合同才属于民事诉讼管辖的范围，而那些未摆脱管理、人身隶属关系的内部承包则不属于民事诉讼的范围，此类内部承包进入诉讼程序，基本面临的是被裁驳的局面。因此，班组长或包工头与劳务公司签订的内部承包协议不是民事合同，也不是民事诉讼调整的范围。

另外，根据《关于企业内部个人承包中保险待遇问题的复函》（劳险字〔1992〕27 号）的规定，企业与职工个人签订承包合同，是企业内部经营管理的一种方式。企业经营机制的转变，并未改变企业和职工的劳动关系，也未改变承包者的职工身份，因此企业应按照国家现行政策保障职工的社会保障权益。《中华人民共和国劳动合同法》第九十四条规定，**个人承包经营违反本法规定招用劳动者，给劳动者造成损害的，发包的组织与个人承包经营者承担连带赔偿责任**。基于此规定，在班组长或包工头与劳务公司签订内部承包协议的情况下，班组长或包工头与劳务公司之间仍然是劳动关系，则劳务公司与班组长或包工头及其自行招聘的农民工的社保费仍然由劳务公司、项目经理和农民工缴纳，班组长或包工头和农民工的社保费用（不包括工伤保险，因为工伤保险由建筑企业总承包方按照工程造价的一定比例代缴）由劳务公司依法代扣代缴。

3. 农民工的个税处理

在包工头或班组长内部劳务承包制的情况下，关于农民工的个税问题，要根据劳务公司与农民工签订的用工合同是劳务合同还是劳动合同而定。如果签订的是劳务合同，则农民工的劳务报酬按照"经营所得"计算个人所得税；如果签订的是劳动合同，则农民工的劳务报酬按照工资薪金所得计算个人所得税。

三、财务管控：建筑劳务公司与包工头的两种合同签订方法的财务管控

（一）建筑劳务公司与包工头或班组长签订劳务专业作业分包合同的财务管控

由于建筑劳务公司与包工头或班组长签订劳务专业作业分包合同，一般只适用于既不实施农民工工资专用账户又不实施农民工实名制登记管理的建筑项目，因此，其财务管控策略如下：

第一，在财务会计核算上，劳务公司凭借包工头或班组长从劳务作业所在地税务局代开的增值税普通发票作为成本核算依据，而不是以农民工工资支付清单或农民工考勤表作为成本核算的依据。

第二，劳务公司通过设立农民工工资卡，通过银行发放农民工工资。

第三，如果劳务公司将农民工工资直接从劳务公司公账户转入包工头或班组长本人银行卡（公对私），再由包工头或班组长以现金的形式支付给农民工本人，或者由包工头或班组长垫资先支付给农民工本人，再回劳务公司财务部报销农民工资成本，则必须采用以下操作要点：一是劳务公司制定统一的"委托班组长或包工头代领_____工程项目农民工工资或劳务款委托

书"的协议书范文本，所有的农民工必须在委托协议书上签名按手印；二是劳务公司必须与班组长或包工头签订"委托代发农民工或劳务款"的协议；三是劳务公司在发放农民工资或劳务款之前，要求班组长或包工头在工程项目比较醒目的公告栏处张贴"农民工工资发放公示表"。

（二）建筑劳务公司与包工头或班组长签订劳务承包合同的财务管控

第一，在财务会计核算上，劳务公司凭借农民工本人签字按手印的"农民工工资支付清单"或"农民工工时考勤表"和"农民工身份证复印件"作为成本核算依据。

第二，劳务公司收到包工头或班组长在工程项目所在地的税务局纳税大厅按照"经营所得"自行申报的个人所得税的个人所得税完税凭证后，将包工头或班组长的承包经营所得，以公对私的形式，直接将承包经营所得划转给包工头或班组长本人的银行卡。

第三，劳务公司财务部收到包工头或班组长交来的个人所得税完税凭证后，以完税凭证作为会计核算依据，账务处理如下：

借：利润分配——未分配承包经营所得

　　贷：应付利润——应付承包者承包经营所得

同时，

借：应付利润——应付承包者承包经营所得

　　贷：银行存款

第四，在实行建筑企业总承包方通过农民工工资专用账户发放农民工工资的情况下，实行以下财务管控策略：一是建筑企业总承包方必须在施工项目所在地，在当地建委的监管下的银行以建筑企业总承包方的名义设立"农民工工资专用账户"；二是劳务公司必须与建筑企业总承包方签订"委托代发农民工工资"协议书；三是劳务公司必须给与其签订劳动合同的农民工办理工资卡，并将工资卡发放到每一位农民工手中，而且将农民工的工资卡信息报给建筑企业总承包方；四是建筑企业总承包方审核劳务公司提交的经农民工本人签字按手印的每月农民工工资卡、农民工工时考勤表和劳动合同花名册无误后，将通过农民工工资专用账户代发农民工工资；五是建筑企业总承包方将其中的一份代发农民工工资的银行流水交给劳务公司作为财务核算的凭据。

第五，在没有实施农民工工资专用账户管理的情况下，建筑企业必须给农民工办理工资卡，由劳务公司的财务部直接将农民工工资划入农民工工资卡上。实际操作要点如下：劳务公司财务部必须审核项目班组长或包工头本人给财务部传递的经农民工本人签字按手印的"农民工工资表""农民工工时考勤表"和"劳务公司与农民工签订的劳动合同花名册"上农民工名单的真实性，绝对不能虚列农民工人数套取资金。

第 九 节

定金、违约金、损失赔偿金的法务和税务管控

为加强企业所得税税前扣除凭证管理，国家税务总局发布了《企业所得税前扣除凭证管理办法》的公告（国家税务总局公告 2018 年第 28 号），明确收款凭证、内部凭证、分割单等也可以作为税前扣除凭证，在税前扣除凭证的种类、填写内容、取得时间、补开、换开发票的要求等方面也进行了详细的规定，本节就违约金、定金、赔偿金的法务和税务处理进行剖析。

一、违约金、定金、赔偿金的法务管控

（一）违约金的最高限额：不得超过造成损失的 30%

《最高人民法院关于适用〈中华人民共和国合同法〉若干问题的解释（二）》第二十九条规定："当事人主张约定的违约金过高请求予以适当减少的，人民法院应当以实际损失为基础，兼顾合同的履行情况、当事人的过错程度以及预期利益等综合因素，根据公平原则和诚实信用原则予以衡量，并作出裁决。当事人约定的违约金超过造成损失的百分之三十的，一般可以认定为《中华人民共和国合同法》第一百一十四条第二款规定的'过分高于造成的损失'"。

《中华人民共和国合同法》（中华人民共和国主席令第 15 号）第一百一十四条【违约金】当事人可以约定一方违约时应当根据违约情况向对方支付一定数额的违约金，也可以约定因违约产生的损失赔偿额的计算方法。约定

的违约金低于造成的损失的，当事人可以请求人民法院或者仲裁机构予以增加；约定的违约金过分高于造成的损失的，当事人可以请求人民法院或者仲裁机构予以适当减少。

基于以上法律规定，违约金的法务处理如下：

第一，如果合同中只对违约金做了原则性的规定，没有具体约定违约金的比例或数额，并且有关法律也没有明确规定违约金比例或者金额的，则可按《中华人民共和国民法通则》及《中华人民共和国合同法》中关于承担违约金责任的一般原则执行。一般来说，合同违约金上限是不超过实际损失的30%，但如果过高或者过低，是可以请求法院给予减少或者增加的。

第二，根据《中华人民共和国合同法》（中华人民共和国主席令第15号）第一百一十四条的规定，当事人可以在合同中约定：一方违约时应当根据违约情况向对方支付一定数额的违约金。

(二) 定金罚则及定金数额的最高限额

1. 定金罚则及其适用条件

所谓"定金罚则"，是指给付定金方不履行合同义务的，无权请求返还定金；接受定金方不履行合同义务的，双倍返还定金。当事人一方不完全履行合同的，应按照未履行部分所占合同约定内容的比例，适用定金罚则。其适用应符合以下几个条件：

(1) 需要有定金的实际交付。因为定金合同是实践合同，如果定金没有实际交付，在当事人一方不履行合同债务或者不订立主合同时，不能适用定金罚则。

(2) 主合同必须有效。这是由定金合同的从属性决定的，如果主合同无效或者被撤销，即便当事人已有交付和收受定金的事实，也不能适用定金罚则。但是，当事人可以约定定金合同的效力独立于主合同，即主合同无效，定金合同却不一定无效。

(3) 当事人不履行债务且无法定免责情形。如不可抗力、意外事件等。

2. 定金数额的最高限额：不得超过主合同标的额的20%

《中华人民共和国担保法》（中华人民共和国主席令第50号）第八十九条规定："当事人可以约定一方向对方给付定金作为债权的担保。债务人履行债务后，定金应当抵作价款或者收回。给付定金的一方不履行约定的债务的，无权要求返还定金；收受定金的一方不履行约定的债务的，应当双倍返还定金。"第九十条规定："定金应当以书面形式约定。当事人在定金合同中应当约定交付定金的期限。定金合同从实际交付定金之日起生效。"第九十一条规定："**定金的数额由当事人约定，但不得超过主合同标的额的百分之二十。**"

《最高人民法院关于适用〈中华人民共和国担保法〉若干问题的解释》第一百一十七条规定："**定金交付后，交付定金的一方可以按照合同的约定以丧失定金为代价而解除主合同，收受定金的一方可以双倍返还定金为代价而解除主合同。**"对解除主合同后责任的处理，适用《中华人民共和国合同法》的规定。第一百二十一条规定："**当事人约定的定金数额超过主合同标的额百分之二十的，超过的部分，人民法院不予支持。**"

《中华人民共和国合同法》（中华人民共和国主席令15条）第一百一十五条：当事人可以依照《中华人民共和国担保法》约定一方向对方给付定金作为债权的担保。债务人履行债务后，定金应当抵作价款或者收回。给付定金的一方不履行约定的债务的，无权要求返还定金；收受定金的一方不履行约定的债务的，应当双倍返还定金。第一百一十六条：当事人既约定违约金又约定定金的，一方违约时，对方可以选择适用违约金或者定金条款。

(三) 建筑行业损失赔偿金的法务处理

1. 出借资质方与借用资质方（挂靠方）应对建设工程不符合规定的质量标准造成的损失承担连带责任

《建设工程司法解释（二）》（法释〔2018〕20）第4条规定，缺乏资质的单位或者个人借用有资质的建筑施工企业名义签订建设工程施工合同，发包人请求出借方与借用方对建设工程质量不合格等因出借资质造成的损失承担连带赔偿责任的，人民法院应予支持。

《中华人民共和国建筑法》第六十六条规定，建筑施工企业转让、出借资质证书或者以其他方式允许他人以本企业的名义承揽工程的，对因该项承揽工程不符合规定的质量标准造成的损失，建筑施工企业与使用本企业名义的单位或者个人承担连带赔偿责任。

《建设工程司法解释（二）》第4条规定吸收了《中华人民共和国建筑法》第六十六条的规定。同时，建筑施工企业出借资质还可能造成工期延误等损失。只要损失是由出借资质造成，发包人就有权请求借用资质的单位或者个人与出借资质的建筑施工企业承担连带责任。

2. 建设工程施工合同无效损失赔偿金额的认定

《中华人民共和国民法总则》第一百五十七条规定："合同无效以后因合同取得的财产，应当予以返还；不能返还或者没有必要返还的，应当折价补偿，并且要根据过错情况确定损失赔偿责任。"

《中华人民共和国合同法》第二百八十四条规定："因发包人的原因致使工程中途停建、缓建的，发包人应当采取措施弥补或者减少损失，赔偿承包人因此造成的停工、窝工、倒运、机械设备搬迁、材料和构件积压等损失和实际费用。"

《建设工程司法解释（二）》第3条，建设工程施工合同无效，一方当事人请求对方赔偿损失的，应当就对方过错、损失大小、过错与损失之间的因果关系承担举证责任。损失大小无法确定，一方当事人请求参照合同约定的质量标准、建设工期、工程价款支付时间等内容确定损失大小的，人民法院可以结合双方过错程度、过错与损失之间的因果关系等因素作出裁判。本条解释要解决的是建设工程施工合同无效后损失的计算问题，并且谁主张赔偿谁就负有举证责任。

例如，江苏省第一建筑安装集团股份有限公司与唐山市昌隆房地产开发有限公司建设工程施工合同纠纷案〔案号：（2017）最高法民终175号〕中，在当事人存在多份施工合同且均无效的情况下，一般应参照符合当事人真实意思表示并实际履行的合同作为工程价款结算依据；在无法确定实际履行合同时，可以根据两份争议合同之间的差价，结合工程质量、当事人过错、诚实信用原则等予以合理分配。根据《中华人民共和国合同法》第五十八条的规定，由各方当事人按过错程度分担因合同无效造成的损失。昌隆公司作为发包人是依法组织进行招投标的主体，对于未依法招投标应负有主要责任，江苏第一建筑安装集团股份有限公司作为具有特级资质的专业施工单位，对于招投标法等法律相关规定也应熟知，因此对于未依法招投标导致合同无效也具有过错，综合分析本案情况，按6∶4分担损失较为恰当。

《中华人民共和国合同法》第五十八条规定："合同无效或者被撤销后，因该合同取得的财产，应当予以返还；不能返还或者没有必要返还的，应当折价补偿。有过错的一方应当赔偿对方因此所受到的损失，双方都有过错的，应当各自承担相应的责任。"

基于《中华人民共和国合同法》第五十八条的规定，承包人与发包人之间可能产生三种法律关系：一是返还依据合同取得的财产；二是在不能返还或者没有必要返还依据合同取得的财产的情况下，折价补偿；三是如果当事人因建设工程施工合同无效遭受损失，有过错的一方赔偿对方因此所受到的损失，如果双方都有过错，则应各自承担相应的赔偿责任。建设工程是特定物，用途具有专属性，不易变现。

3. 无效施工合同赔偿责任的构成要件

根据《施工合同司法解释二》第3条，无效施工合同赔偿责任的构成要件包括：有损失发生、当事人具有过错、过错与损失之间具有因果关系。

4. 建设工程施工合同无效损失赔偿金额的确定方法

建设工程合同无效后，损失大小无法确定的，可以参照合同约定的质量标准、建设工期、工程价款支付时间等内容确定损失大小。一方当事人请求对方赔偿损失的，应当就对方过错、损失大小、过错与损失之间的因果关系承担举证责任。建议当事人在建设施工过程中保存相应的证据。

5. 赔偿损失的范围

无效合同的赔偿范围限于实际损失，不包括可得利益损失。具体的赔偿损失分发包人损失和承包人损失。

发包人损失包括：承包人原因导致工程质量不合格或质量不符合合同约定造成的损失、承包人逾期交工造成的损失、承包人过错导致的其他损失。

承包人损失包括：发包人逾期支付工程价款造成的损失、发包人原因导致停工窝工造成的损失、发包人过错导致的其他损失。

二、违约金、定金、赔偿金的税务管控：违约金、赔偿金税前扣除凭证的税务处理

（一）合同未履行，经营业务未实际发生，购买方或者销售方支付违约金和赔偿金的税前扣除凭证处理

1. 法律依据

国家税务总局2018年公告第28号第八条规定："税前扣除凭证按照来源分为内部凭证和外部凭证。内部凭证：指企业自制用于成本、费用、损失和其他支出核算的会计原始凭证。外部凭证：指企业发生经营活动和其他事项时，从其他单位、个人取得的用于证明其支出发生的凭证，包括但不限于发票（包括纸质发票和电子发票）、财政票据、完税凭证、收款凭证、分割单等。"国家税务总局2018年公告第28号第十条规定："企业在境内

发生的支出项目不属于应税项目的；对方为单位的，以对方开具的发票以外的其他外部凭证作为税前扣除凭证；对方为个人的，以内部凭证作为税前扣除凭证。"

2. 分析结论

第一，合同未履行，经营业务未实际发生，购买方或者销售方支付违约金不属于应税项目（国家税务总局 2018 年公告第 28 号第九条　企业在境内发生的支出项目属于增值税应税项目，简称为"应税项目"）。

第二，收到违约金和赔偿金的一方不需要给支付违约金和赔偿金的一方开具发票。

第三，支付违约金和赔偿金的一方的税前扣除凭证：以签订的合同、支付凭证或判决书等其他生效的法律文书作为凭证在企业所得税税前扣除。

（二）合同正常履行、经营业务实际发生，由购买方支付违约金和赔偿款的税前扣除凭证处理

1. 法律依据

第一，根据《中华人民共和国增值税暂行条例》及其实施细则的规定，销售额为纳税人发生应税销售行为收取的全部价款和价外费用；价外费用包括价外向购买方收取的违约金和赔偿金。

第二，国家税务总局 2018 年公告第 28 号第九条规定，企业在境内发生的支出项目属于增值税应税项目（以下简称"应税项目"）的，对方为已办理税务登记的增值税纳税人，其支出以发票（包括按照规定由税务机关代开的发票）作为税前扣除凭证；对方为依法无需办理税务登记的单位或者从事小额零星经营业务的个人，其支出以税务机关代开的发票或者收款凭证及内部凭证作为税前扣除凭证，收款凭证应载明收款单位名称、个人姓名及身份证号、支出项目、收款金额等相关信息。

2. 分析结论

根据以上税法规定，在合同正常履行、经营业务实际发生的情况下，税务处理如下：

第一，销售方向购买方收取的赔偿款和违约金属于价外费用，应并入销售额计算缴纳增值税，并开具发票。

第二，合同正常履行、经营业务实际发生，由购买方支付赔偿款和违约金的税前扣除凭证为：销售方向购买方开具的增值税发票。

（三）合同正常履行、经营业务实际发生，由销售方支付违约金和赔偿款的税前扣除凭证处理

1. 法律依据

国家税务总局 2018 年公告第 28 号第十条规定，企业在境内发生的支出项目虽不属于应税项目，但按税务总局规定可以开具发票的，可以发票作为税前扣除凭证，如《国家税务总局关于增值税发票管理若干事项的公告》（国家税务总局公告 2017 年第 45 号）附件《商品和服务税收分类编码表》中规定的不征税项目等。根据《国家税务总局关于营改增试点若干征管问题的公告》（国家税务总局公告 2016 年第 53 号）的规定：**使用"未发生销售行为的不征税项目"编码，发票税率栏应填写"不征税"，不得开具增值税专用发票。**

2. 分析结论

合同已经履行，销售方或服务提供方因质量不符合规定等原因给购货方造成一定损失，一般处理方式有以下两种：

第一，签订赔偿协议，按合同约定向购买方支付一定金额的赔偿款和违约金。这种情形下，销售方虽支付了赔偿款和违约金，但购买方无销售商品、提供服务等经营行为，销售方仍然无法取得增值税发票，其税前扣除凭证为外部凭证。

第二，签订折扣折让协议，按合同约定通过折扣折让方式减少销售方收取的货款金额。这种情形下，应通过开具红字发票处理，以发票作为税前扣除凭证。

第十节

"农民工工资专用账户+实名制"的财税法管控

农民工工资专用账户管理是指在房屋建筑和市政基础设施工程建设过程中，实行人工费（工资款）与其他工程款分账管理，施工总承包企业（包

括直接承包建设单位发包工程的专业承包企业）设立农民工工资专用账户（以下简称"工资专用账户"）并为农民工办理实名制工资支付银行卡（以下简称"工资卡"），建设单位（包括项目业主、项目代建管理单位）按照合同约定将应付工程款中的人工费（工资款）拨付至工资专用账户，施工总承包企业委托工资专用账户开户银行（以下简称"开户银行"）直接将农民工工资发放至工资卡的一系列监督管理活动。在这种农民工工资专用账户管理中，涉及如何签订建筑合同、财务核算和税务处理等一系列问题，涉及如何管控法律风险、财务风险和税务风险的问题。

一、实施农民工工资专用账户管理的法律缘由：规避建筑施工企业拖欠农民工工资的法律风险

（一）拖欠建筑劳务农民工工资的施工企业将被列入黑名单，面临降低建筑资质的法律风险

《国务院办公厅关于促进建筑业持续健康发展的若干意见》（国办发〔2017〕19）第六条第（十三）项规定："**健全工资支付保障制度，按照谁用工谁负责和总承包负总责的原则，落实企业工资支付责任，依法按月足额发放工人工资。将存在拖欠工资行为的企业列入黑名单，对其采取限制市场准入等惩戒措施，情节严重的降低资质等级。**"《国务院办公厅关于全面治理拖欠农民工工资问题的意见》（国办发〔2016〕1号）第四条第（十）项规定："**建立拖欠工资企业'黑名单'制度，定期向社会公开有关信息。**"《拖欠农民工工资"黑名单"管理暂行办法》（人社部规〔2017〕16号）第五条规定，用人单位存在下列情形之一的，人力资源社会保障行政部门应当自查处违法行为并作出行政处理或处罚决定之日起20个工作日内，按照管辖权限将其列入拖欠工资"黑名单"：①克扣、无故拖欠农民工工资报酬，数额达到认定拒不支付劳动报酬罪数额标准的；②因拖欠农民工工资违法行为引发群体性事件、极端事件造成严重不良社会影响的。将劳务违法分包、转包给不具备用工主体资格的组织和个人造成拖欠农民工工资且符合前款规定情形的，应将违法分包、转包单位及不具备用工主体资格的组织和个人一并列入拖欠工资"黑名单"。

基于以上法律规定，建筑施工企业今后发生拖欠农民工工资的现象，将被政府管理部门列入黑名单，面临降低建筑资质的风险。

（二）拖欠农民工工资的施工企业将被列为失信企业，其社会信誉受到严重影响，以后在建筑市场上很难生存发展

《国务院办公厅关于全面治理拖欠农民工工资问题的意见》（国办发〔2016〕1号）第四条第（十）项规定："将查处的企业拖欠工资情况纳入人民银行企业征信系统、工商部门企业信用信息公示系统、住房城乡建设等行业主管部门诚信信息平台或政府公共信用信息服务平台。"同时，第四条第（十一）项规定："对拖欠工资的失信企业，由有关部门在政府资金支持、政府采购、招投标、生产许可、履约担保、资质审核、融资贷款、市场准入、评优评先等方面依法依规予以限制，使失信企业在全国范围内'一处违法、处处受限'，提高企业失信违法成本。"《拖欠农民工工资"黑名单"管理暂行办法》（人社部规〔2017〕16号）第八条规定："人力资源社会保障行政部门应当按照有关规定，将拖欠工资'黑名单'信息纳入当地和全国信用信息共享平台，由相关部门在各自职责范围内依法依规实施联合惩戒，在政府资金支持、政府采购、招投标、生产许可、资质审核、融资贷款、市场准入、税收优惠、评优评先等方面予以限制。"

基于以上规定，拖欠农民工工资的施工企业将没有信誉，被列为失信企业，将很难从银行获得贷款，很难在建筑市场上作为参与中标的入选单位。

（三）拖欠农民工工资的现象发生，建筑单位和建筑总承包单位承担主要责任

《国务院办公厅关于全面治理拖欠农民工工资问题的意见》（国办发〔2016〕1号）第二条第（三）项规定："在工程建设领域，施工总承包企业（包括直接承包建设单位发包工程的专业承包企业，下同）对所承包工程项目的农民工工资支付负总责，分包企业（包括承包施工总承包企业发包工程的专业企业，下同）对所招用农民工的工资支付负直接责任，不得以工程款未到位等为由克扣或拖欠农民工工资，不得将合同应收工程款等经营风险转嫁给农民工。"同时，第三条第（九）项规定："在工程建设领域，建设单位或施工总承包企业未按合同约定及时划拨工程款，致使分包企业拖欠农民工工资的，由建设单位或施工总承包企业以未结清的工程款为限先行垫付农民工工资。建设单位或施工总承包企业将工程违法发包、转包或违法分包致使拖欠农民工工资的，由建设单位或施工总承包企业依法承担清偿责任。"基于以上法律政策规定，如果工程建筑领域存在拖欠农民工工资的现象，建筑单位和总承包企业负主要责任。

二、"农民工工资专用账户+实名制"的法律风险管控

（一）实行农民工用工实名制管理

《国务院办公厅关于促进建筑业持续健康发展的若干意见》（国办发〔2017〕19号）第六条第（十二）项规定："**建立全国建筑工人管理服务信息平台，开展建筑工人实名制管理，记录建筑工人的身份信息、培训情况、职业技能、从业记录等信息，逐步实现全覆盖。**"《国务院办公厅关于全面治理拖欠农民工工资问题的意见》（国办发〔2016〕1号）第二条第（四）项规定："**施工总承包企业和工程项目部应配备劳资专管员，留存每名农民工身份证、劳动合同书等复印件；健全农民工进退场、考勤计量、工资支付等管理台账，逐步实现信息化实名制管理。**"

（二）建立健全农民工工资（劳务费）专用账户管理制度

根据《国务院办公厅关于全面治理拖欠农民工工资问题的意见》（国办发〔2016〕1号）第三条第（八）项的规定："**在工程建设领域，实行人工费用与其他工程款分账管理制度，推动农民工工资与工程材料款等相分离。施工总承包企业应分解工程价款中的人工费用，在工程项目所在地银行开设农民工工资（劳务费）专用账户，专项用于支付农民工工资。建设单位应按照工程承包合同约定的比例或施工总承包企业提供的人工费用数额，将应付工程款中的人工费单独拨付到施工总承包企业开设的农民工工资（劳务费）专用账户。农民工工资（劳务费）专用账户应向人力资源社会保障部门和交通、水利等工程建设项目主管部门备案，并委托开户银行负责日常监管，确保专款专用。开户银行发现账户资金不足、被挪用等情况，应及时向人力资源社会保障部门和交通、水利等工程建设项目主管部门报告。**"

（三）实行农民工工资由总承包方代发的制度

根据《国务院办公厅关于全面治理拖欠农民工工资问题的意见》（国办发〔2016〕1号）的规定："**在工程建设领域，鼓励实行分包企业农民工工资委托施工总承包企业直接代发的办法。分包企业负责为招用的农民工申办银行个人工资账户并办理实名制工资支付银行卡，按月考核农民工工作量并编制工资支付表，经农民工本人签字确认后，交施工总承包企业委托银行通过其设立的农**

民工工资（劳务费）专用账户直接将工资划入农民工个人工资账户。"

基于以上政策规定，在政府工程建设领域，必须要求实施农民工工资专用账户管理，建设单位或业主按照工程进度将工程进度款拨入总承包建筑企业在工程所在地设立的农民工工资专用账户，然后由总承包企业委托农民工工资专用账户的开户行代发农民工工资。

三、农民工工资专户管理的财务管控

在农民工工资专用账户管理及银行代发制度下的会计核算将面临一定的难度。下面以一般计税方法计征增值税为例进行具体的财务处理：

（一）建筑总承包方与建设单位或业主与之间的会计核算

当建设单位与建筑总承包方结算工程进度款，并按照工程进度款的一定比例拨付农民工工资到农民工工资专户，并且收到一部分工程进度款时，建筑总承包方的会计核算如下：

借：银行存款——总承包方基本户
　　　　　　——农民工工资专用账户
　　应收账款——建设单位拖欠的部分工程结算进度款（建筑合同中约定
　　　　　　　　拖欠的部分工程款到工程最后验收合格后再进行支付）
　　贷：工程结算［总承包方与建设单位结算的进度款÷(1+9%)］
　　　　应交税费——待转销项税额［建设单位拖欠的部分工程结算进
　　　　　　　　　　度款÷(1+9%)］
　　　　　　　　——应交增值税（销项税额）［总承包方收到的部分
　　　　　　　　　　工程结算进度款（含拨付农民工工资专户的农民
　　　　　　　　　　工工资)÷(1+9%)×9%］

工程竣工验收合格后，建设单位支付总承包方拖欠的工程进度款时，建筑总承包方的会计核算如下：

借：应交税费——待转销项税额［建设单位拖欠的部分工程结算进度款÷
　　　　　　　　(1+9%)］
　　贷：应交税费——应交增值税（销项税额）

（二）建筑企业总承包方与建筑劳务公司或建筑专业分包方之间的会计核算

当建筑总承包方与建筑劳务公司或建筑专业分包方之间结算工程进度

131

款，并按照工程进度款的一定比例通过农民工工资专户代发农民工资，同时支付建筑劳务公司或建筑专业分包方一部分劳务款或工程进度款时，拖欠另一部分劳务款或工程进度款时的会计核算如下：

1. 建筑企业总承包方的会计核算（劳务公司和专业分包方都开增值税专用发票）

借：工程施工——分包合同成本

　　应交税费——应交增值税（待认证抵扣进项税额）［（支付分包方部分劳务款或工程进度款+通过农民工工资专户代发农民工工资）÷(1+9%)×9%］

　　贷：应付账款（建筑分包合同中约定拖欠的部分劳务款或工程进度款到工程最后验收合格后再进行支付）

　　　　银行存款——通过农民工工资专户代发农民工工资

　　　　　　　　——支付分包方部分劳务款或工程进度款

当建筑企业总承包方认证抵扣增值税专用发票时的会计核算如下：

借：应交税费——应交增值税（进项税额）

　　贷：应交税费——应交增值税（待认证抵扣进项税额）［（支付分包方部分劳务款或工程进度款+通过农民工工资专户代发农民工工资）÷(1+9%)×9%］

2. 劳务公司或建筑专业分包方的会计核算

借：银行存款——收到总承包方支付的部分劳务款或工程进度款

　　应付账款——通过总包代付农民工工资

　　贷：工程结算［（收到总承包方支付的部分劳务款或工程进度款+通过总包代付农民工工资）÷(1+9%)］

　　　　应交税费——应交增值税（销项税额）［（收到总承包方支付的部分劳务款或工程进度款+通过总包代付农民工工资）÷(1+9%)×9%］

　　　　　　　　——待转销项税额［总承包方拖欠的部分工程进行款÷(1+9%)×9%］

（三）劳务公司或建筑专业分包方与农民工的劳务结算的会计核算

借：工程施工——分包合同成本（农民工工资）

　　贷：应付账款——通过总包代付农民工工资

四、"农民工工资专户+实名制"的税务管控

(一) 存在的税务风险

根据国家税务总局 2018 年公告第 28 号文件第二条的规定，税前扣除凭证是指企业在计算企业所得税应纳税所得额时，证明与取得收入有关的、合理的支出实际发生，并据以税前扣除的各类凭证。

《国家税务总局关于加强增值税征收管理若干问题的通知》(国税发〔1995〕192 号) 第一条第 (三) 项规定：**"纳税人购进货物或应税劳务，支付运输费用，所支付款项的单位，必须与开具抵扣凭证的销货单位、提供劳务的单位一致，才能够申报抵扣进项税额，否则不予抵扣。"**

基于以上税收政策分析，在农民工工资专用账户管理及银行代发制度下的涉税风险主要体现在两个方面：一是建筑企业总承包方与建设单位或业主之间的合同与发票开具不匹配，票款不一致，不可以抵扣增值税进项税和企业所得税；二是建筑企业总承包方与用工主体 (专用分包方或劳务公司) 之间的合同与发票开具不匹配，票款不一致，不可以抵扣增值税进项税和企业所得税。

(二) 税务风险管控之策略一：合同控税策略

1. 建筑企业总承包方作为乙方

建筑企业总承包方与建筑单位或业主签订总承包合同时，必须在总承包合同中约定以下两条涉税风险规避条款。

(1) 在总承包合同中约定"农民工工资支付管理"条款。该条款约定以下内容：

1) 设立工资专用账户。施工总承包企业在项目所在地选择一家银行设立农民工工资专用账户。

2) 办理工资卡。施工总承包企业负责为该项目所用农民工 (含分包企业农民工) 免费办理工资卡，开通短信通知业务，交由农民工本人保管和使用。

3) 拨付人工费 (工资款) 及责任。建设单位应按照合同约定及时确认施工总承包企业已完工产值，以不低于当月已完工产值的一定比例，如25%，作为当月人工费 (工资款)，单独拨付至施工总承包企业的工资专用

账户对应项目中（当人工费数额大于当月已完工产值的一定比例时，按实际人工费数额拨付；当人工费数额小于当月已完工产值的一定比例时，按当月已完工产值的一定比例拨付）。同时，合同约定建设方未按期拨付工程款的违约责任等事宜，承担因未按期拨付人工费（工资款）而导致的工期延误、停工损失等全部责任，不得将未完成审计作为延期工程结算、拖欠工程款的理由。

4）委托银行代发农民工工资。施工总承包企业委托工资专用账户开户银行（简称"开户银行"）直接将农民工工资发放至工资卡。

（2）在总承包合同中约定"发票开具"条款。该条款约定以下内容：

建筑总承包方向建设单位或业主开具增值税专用发票时，在发票备注栏打印"含建设单位向农民工工资专户拨付农民工工资××××元"，建设单位将银行盖章的拨付至施工总承包企业的农民工工资专用账户对应项目流水单交给建筑总承包方，建筑总承包方将该银行盖章的农民工工资拨付流水单与增值税发票存根联一同装订备查。

2. 发包方、建筑企业总承包方和代付农民工工资的银行之间的合同策略

（1）发包方、建筑企业总承包方和代付农民工工资的银行三方签订"农民工工资托付管理协议书"委托银行代发农民工工资。施工总承包企业委托工资专用账户开户银行（简称"开户银行"）直接将农民工工资发放至工资卡。

（2）银行给建筑企业总承包方开具"建筑企业总承包方已设立农民工工资专用账户"的证明。

（3）建筑企业将"农民工工资托付管理协议书"和"建筑企业总承包方已设立农民工工资专用账户"的证明递交到工程施工所在地建设局的工程管理办公室存档，然后办理工程施工许可证。

3. 用工主体为分包企业

用工主体为分包企业的，由分包企业向施工总承包企业出具农民工工资代发委托书。如果实行"建筑总承包方+劳务公司"分包模式，则劳务公司与建筑总承包方之间必须签订"委托代付农民工工资"协议书。如果实行"建筑总承包方+建筑专用分包方+劳务公司"分包模式，则劳务公司、建筑专用分包方、建筑总承包方之间必须签订三方"委托代付农民工工资"协议书。其参考文本如下所示：

农民工工资代发委托书

（参考文本）

甲方：（施工总承包企业）

乙方：（分包企业）

_____项目农民工工资，根据《中华人民共和国合同法》和《关于建筑领域实施农民工工资专用账户管理及银行代发制度的通知》等相关要求，经双方友好协商，现就农民工工资委托支付事宜协议如下：

一、甲方承诺按合同约定，按月足额发放农民工工资。不得以工程款被拖欠为由拒付农民工工资。

二、乙方委托甲方代发农民工工资，承诺每月按时将施工班组签字和农民工本人签字确认的农民工工资表报送甲方，并对其真实性负责。

三、农民工工资应按月支付，支付的工资作为甲方拨付工程进度款的依据，并从中扣除。

四、农民工工资发放及考勤

1.乙方对所用农民工进退场登记，甲方应该为乙方登记提供方便，并实施有效监督。

2.甲方委派　　　　为劳资管理员，乙方委派　　　　　　为劳资管理员，负责农民工进出场登记、用工考勤及计量、工资编制、审核、上报、发放等工作。

五、违约责任

施工期间，若发生农民工工资拖欠问题，按下列方式处理：

1.甲方按规定落实对农民工工资负总责，无条件支付和解决所欠农民工工资，并承担相应的违约责任。

2.乙方伪造出勤信息、提供虚假身份信息套取工资、高估冒算超出费用，甲方向乙方追偿，并从剩余劳务工程款中直接扣除。

3.任何一方未履行承诺，对方有权追究其法律责任。本协议一式两份，甲乙双方各执一份，双方签字盖章后生效。

甲　方：（盖章）　　　　　　　　乙　方：（盖章）

法定代表：（签字）　　　　　　　法定代表：（签字）

　　年　月　日　　　　　　　　　　年　月　日

（注：本协议为参考文本，在此基础上，协议双方可根据项目的具体要求进行补充。）

4.总承包企业为甲方

总承包企业与劳务分包企业或专业分包企业签订分包合同或者专业分包方与劳务公司签订分包合同时，必须在合同中约定以下两条涉税风险规避条款。

（1）总承包企业与劳务分包企业或专业分包企业签订分包合同或者专业分包方与劳务公司签订分包合同时，必须在合同中专门有一条"农民工工资支付条款"。该条款必须明确以下几条：

第一，用工单位（专用分包人和劳务公司）的农民工工资由建筑总承包方代发。

第二，劳务分包企业或专业分包企业负责为招用的农民工在建筑工地所在地建委指定的农民工工资专用账户的开户行申办银行个人工资账户及办理实名制工资支付银行卡，并负责将工资卡发放至农民工本人手中。

第三，劳务分包企业或专业分包企业指定的劳资专管员负责每月考核农民工工作量并编制工资支付表，经农民工本人签字确认后，将"农民工工时考勤表"和"农民工工资表"交劳务分包企业或专业分包企业负责人审核无误并签字后，一式二份，其中一份交施工总承包单位委托银行通过其设立的农民工工资专用账户直接将工资划入农民工个人工资支付银行卡。

（2）在专业分包合同或劳务分包合同中约定"发票开具"条款。该条款约定以下内容：

第一，建筑专业分包企业或劳务公司向建筑总承包方或劳务公司向专业分包企业开具增值税专用发票时，在发票"备注栏"打印"含总包企业通过农民工工资专户代付农民工工资××××元"，建筑总承包方将银行盖章的农民工资发放流水单交给专业分包企业或劳务公司，专业分包企业或劳务公司将该银行盖章的农民工资发放流水单与增值税发票存根联一同装订备查。

第二，专业分包方向建筑总承包方开具增值税发票或劳务公司向建筑专业分包方开具增值税发票时，必须在发票"备注栏"打印"项目所在地的县市（区）和项目的名称"。

劳务分包合同规避税务风险签订的要点

某建筑公司总承包方与劳务公司签订劳务分包合同1000万元，工程所在地和项目名称为：江西省宁都县翠微路桥项目。该建筑公司代发劳务公司农民工工资800万元，劳务公司给建筑公司开1000万元（含增值税），则劳务合同的签订要点如下：

一是在劳务分包合同中"劳务人员工资发放办法"条款中明确注明"建筑企业代发劳务公司聘用农民工的工资"。

二是在劳务分包合同中的"发票开具"条款中约定：劳务公司给建筑公司开劳务发票时必须在发票"备注栏"中写明两点：①建筑公司代发劳务公司农民工工资800万元；②江西省宁都县翠微路桥项目。

(三) 税务风险管控之策略二：建立农民工工资涉税管理内控制度

建筑企业和劳务公司必须加强农民工管理，建立农民工工资涉税管理内控制度，具体的管理制定如下：

第一，劳资专管员做实农民工工时考勤记录工作。施工企业必须在工程项目部配备一名劳资专管员（可以是劳工队包工头或工头），加强农民工的进场、出场登记管理，每月编制由劳资专管员和农民工本人签字的"农民工工时考勤记录表"，记录表一式两份（只存在建筑总承包方与专业分包人或建筑总承包方与劳务公司签订分包合同的情况下），一份给建筑企业总承包方存档备查，一份作为建筑专业分包方或劳务公司做账进行会计核算的依据。或一式三份（存在建筑总承包方分包给建筑专业分包方，然后专业分包方分包给劳务公司的情况下），一份给建筑企业总承包方存档备查，一份作为建筑专业分包方做账进行会计核算的依据，一份作为劳务公司做账进行会计核算的依据。

第二，法务部门或合同管理部门每月核对"农民工工时考勤记录表"上名单的真实性。建筑企业或劳务公司的法务部门或合同管理部门必须每月依照"劳动合同签订名单名册"上的农民工姓名对劳资专管员递交给法务部门或合同管理部门的"农民工工时考勤记录表"上的农民工姓名进行核对，确保"农民工工时考勤记录表"上名单的真实性。法务部门或合同管理部门负责人在审核后的"农民工工时考勤记录表"上的"核对人"栏上签字后，将一份"农民工工时考勤记录表"递交给建筑总承包企业财务部作为代发农民工工资的依据，另一份递交给劳务公司或建筑专业分包方作为财务部做账的依据。具体的表格格式如下：

_____年___月农民工工时考勤登记表

姓名	身份证号码	工作时间（工作量）	所归属班组名称	备注	农民工签字

法人代表签字：　　　　　　合同管理部门负责人签字：

班组长签字：　　　　　　　财务部负责人签字：

第三，办理农民工工资卡。施工总承包企业负责在农民工工资专用账户的开户行为该项目所用农民工（含分包企业农民工，下同）免费办理工资卡，开通短信通知业务，交由农民工本人保管和使用；分包企业（包括承接施工总承包企业发包工程的专业企业、劳务企业，下同）应及时将所用农民工花名册报施工总承包企业。施工总承包企业负责农民工工资卡的补办、变更等事宜。

第四，收集每一位农民工本人签字的身份证复印件。劳资专管员必须收集每一位农民工的身份证复印件，并要求农民工本人务必在其身份证复印件上签字确认。

第五，编制每月农民工工资表。施工企业和劳务公司的班组长或劳资专管员根据"农民工工时考勤记录表"编制每月"农民工工资表"，要求农民工本人在工资清单上签字并按手印，一式两份，一份给施工企业总承包企业作为代发工资的依据，一份给建筑专业分包方或劳务公司作为做成本核算依据。

第六，财务部每月核对"农民工工资表"上名单的真实性。建筑企业或劳务公司的财务部必须每月依照审核签字无误后的"农民工工时考勤记录表"，将"农民工工时考勤记录表"上的农民工姓名、工作时间或工程量与"农民工工资表"进行核对，确保"农民工工资表"上的农民工姓名、工作时间或工程量的真实性。财务部负责人在审核后的"农民工工资表"的"核对人"栏上签字后，交给财务部负责人签字，财务部留一份作为代发农民工工资的依据，另一份递交给劳务公司作为财务部做账的依据。具体的表格格式如下：

农民工工资支付表（　　年　月）

项目名称：	填表单位（盖章）：		填报人：		联系电话：		填报日期：			年　月　日	
序号	姓名	身份证号码	工种	工资结算起止时间	月工资（元）	实发工资（元）	工资卡开户银行	工资卡卡号	联系电话	农民工签字	备注

班组长签字：　　　项目经理签字：　　　财务部核对人签字：　　　财务部负责人签字：　　　法人代表签字：

第七，在项目部公示工资表。用工主体（包括直接使用农民工的施工总承包企业和分包企业）按月考核农民工完成工作量编制"农民工工资支付表",经由农民工本人签字确认后交施工总承包企业在建筑工地醒目位置予以公示,公示期不得少于 5 日。农民工工资发放公示表如下所示:

农民工工资发放公示表

_____项目_____标段工友们:

我公司将于近日通过银行汇款方式发放你给您在本项目自__年__月__日至__年__月__日结算的劳务工资款。本次发放工资名单如下,如对工资核算存有异议,请及时向本公司项目部投诉反映。

×× (建设单位) 劳资监督员姓名:　　　　　联系电话:

×× (施工总承包企业) 劳资管理员姓名:　　　联系电话:

×× (用工主体/分包企业) 劳资管理员姓名:　　联系电话:

工资名单

序号	工种	工人姓名	本次工资核算截止日期	备注
1				
2				
3				
4				
5				
6				
7				

说明: 1. 在本名单中如有不属于本班组工人的,请工友向项目部投诉,避免有人冒领工资。

2. 本公示名单需加盖用工主体单位公章。

第八,建筑总承包企业出纳凭审核的"三张表"支付农民工工资。建筑总承包企业财务部出纳凭每个月审核后的"农民工工时考勤记录表""农民工工资表""劳动合同签订名单名册",依法将工资打入农民工本人工资卡。

(四) 税务风险管控之策略三:实名制农民工的个税和社保的税务处理

1. 实名制农民工的社保处理:农民工在其户口所在地的社保所缴纳"新农合"和"新农保"

"新农合"是新型农村合作医疗的简称,"新农保"是新型农村养老保险的简称。根据《国务院关于印发医药卫生体制改革近期重点实施方案(2009—2011年)的通知》(国发〔2009〕12 号)的规定,灵活就业人员和农民工参加城镇职工医疗保险;灵活就业人员自愿选择参加城镇职工医疗保险或城镇居民医疗保险；参加城镇职工医疗保险有困难的农民工，可以自愿选择参加城镇居民医疗保险或户籍所在地的新型农村合作医疗。

《中华人民共和国社会保险法》（中华人民共和国主席令第35号）第五十八条第二款和第六十条第二款规定，自愿参加社会保险的无雇工的个体工商户、未在用人单位参加社会保险的非全日制从业人员以及其他灵活就业人员，应当向社会保险经办机构申请办理社会保险登记。无雇工的个体工商户、未在用人单位参加社会保险的非全日制从业人员以及其他灵活就业人员，可以直接向社会保险费征收机构缴纳社会保险费。基于此规定，进城务工的农民工在建筑工地上工作的工资形式是灵活就业人员，其可以自愿在其户口所在地的社保所（农村村民社保征收机构）缴纳社会保险费用（包括"新农合"和"新农保"）。

《国务院办公厅关于印发降低社会保险费率综合方案的通知》（国办发〔2019〕13号）第三条规定："**个体工商户和灵活就业人员参加企业职工基本养老保险，可以在本省全口径城镇单位就业人员平均工资的60%～300%选择适当的缴费基数。**"基于以上法律规定，以灵活就业人员身份自愿参保的，只能参加基本养老保险和基本医疗保险，灵活就业人员不纳入失业和生育保险的参加人群范围。同时，个体工商户和灵活就业人员可以选择缴纳最低的社保费用基数缴纳社保费用。也就是说，进城务工的农民工在建筑工地上工作的工资形式是灵活就业人员，其可以自愿在其户口所在地的社保所（农村村民社保征收机构）缴纳社会保险费用（包括"新农合"和"新农保"）时，可以在本省全口径城镇单位就业人员平均工资的60%～300%选择适当最低的缴费基数。

2. 实名制农民工的个税处理

第一种方案：如果工程施工所在地的税务部门，在施工企业或劳务公司在施工所在地税务局预缴增值税时，按照经营收入的一定比例代征个人所得税，则施工企业或劳务公司向税务部门索取一份左上角的"应税税目"栏标明"工薪所得"字样的个人所得税缴费凭证。施工企业或劳务公司财务部的财务和税务处理如下：一是以该个税缴费凭证做账进工程成本，但是要在企业所得税汇算清缴时进行纳税调减处理；二是以农民工本人签字按手印的真实的工资表和考勤表计入成本，在"工程施工——人工费用"科目核算；三是根据国家税务总局2015年公告52号文件的规定，不需要在金税系统中对农民工工资实行全员全额申报。

第二种方案：如果工程施工所在地的税务部门，在施工企业或劳务公司在施工所在地税务局预缴增值税时，没有按照经营收入的一定比例代征个人所得税，则施工企业或劳务公司的财务和税务处理如下：一是以农民工本人签字按手印的真实的工资表和考勤表计入成本，在"工程施工——人工费用"科目核算；二是根据国家税务总局 2015 年公告 52 号文件的规定，需要在金税系统中对农民工工资实行全员全额申报。

第十一节

联合投标的法律、税务风险及管控

所谓的联合投标，是指具备承担招标项目相应能力的两个以上法人或者其他组织组成一个联合体，以一个投标人的身份共同投标。联合体各方应当签订共同投标协议，明确约定各方拟承担的工作和责任，并将共同投标协议连同投标文件一并提交给招标人。联合体中标的，联合体各方应当共同与招标人签订合同，就中标项目向招标人承担连带责任。实践中，若联合投标处理不当，将存在一定的法律和税务风险，具体分析如下：

一、联合投标的法律风险管控

（一）联合投标的相关法律规定

与联合投标相关的法律规定总结如下：

第一，联合体只能以一个投标人的身份共同投标，中标后，联合体各方应当共同与招标人签订合同。根据《中华人民共和国招标投标法》第三十一条和《工程建设项目施工招标投标办法》（七部委第 30 号令）第四十二条的规定，两个以上法人或者其他组织可以组成一个联合体，以一个投标人的身份共同投标。联合体各方签订共同投标协议后，不得再以自己名义单独投标，也不得组成新的联合体或参加其他联合体在同一项目中投标。联合体中标的，联合体各方应当共同与招标人签订合同，就中标项目向招标人承担连带责任。

第二，同一专业的单位组成的联合体，按照资质等级较低的单位确定资质等级，并按照资质等级低的单位的业务许可范围承揽工程。根据《中华人民共和国招标投标法》第三十一条和《中华人民共和国建筑法》第二十七条的规定，联合体各方均应具备承担招标项目的相应能力，联合体各方均应具备规定的相应资格条件。由同一专业的单位组成的联合体，按照资质等级较低的单位确定资质等级。大型建筑工程或者结构复杂的建筑工程，可以由两个以上的承包单位联合共同承包。共同承包的各方对承包合同的履行承担连带责任。两个以上不同资质等级的单位实行联合共同承包的，应按照资质等级低的单位的业务许可范围承揽工程。

例如，要采购一个空调，空调到现场去安装，招标文件要求具有建设部机电安装资质。假设以联合体形式参加投标，其中 A 是卖空调，没有建设部机电安装资质，B 是安装空调，具有建设部机电安装资质，分工协议里明确写明由 B 负责安装，那这家联合体就满足招标文件。但如果这家联合体在分工协议里没有写谁来具体承担安装工作，那按照就低不就高的原则，这家联合体就不满足要求。所以，共同投标协议里的分工很关键。

又如，含有钢结构建筑的总承包招标，投标人 A 是建筑施工一级资质，同时其还具备钢结构的二级资质，投标人 B 是钢结构一级资质，两家组成联合体各自来投标。投标时，A 又把其钢结构的二级资质也放到投标文件里了，那么按照就低不就高的原则，这家联合体就应该按照钢结构的二级资质来认定，结果这家联合体不符合要求。要保证该联合体投标有效，满足投标要求，投标文件里面不放 A 的钢结构二级资质，或者在联合投标协议中的分工协议里面明确钢结构部分是由 B 来做，那么即使 A 在投标文件里附了一个钢结构的二级资质，仍然是符合招标文件要求的。

第三，联合体各方签订的共同投标协议连同投标文件必须一并提交给招标人。根据《中华人民共和国招标投标法》第三十一条的规定，联合体各方应当签订共同投标协议，明确约定各方拟承担的工作和责任，并将共同投标协议连同投标文件一并提交给招标人。

第四，联合体投标必须指定牵头人，向招标人提交由所有联合体成员法定代表人签署的授权书，并以牵头人名义向招标人提交投标保证金。根据《工程建设项目施工招标投标办法》（七部委第 30 号令）第四十四条和第四十五条的规定，联合体各方应当指定牵头人，授权其代表所有联合体成员负责投标和合同实施阶段的主办、协调工作，并应当向招标人提交由所有联合体成员法定代表人签署的授权书。联合体投标的，应当以联合体各方或者联合体中牵头人的名义提交投标保证金。以联合体中牵头人名义提交的投标保证金，对联合体各成员具有约束力。

第五，联合体各方在同一招标项目中以自己名义单独投标或者参加其他联合体投标的,相关投标均无效。根据《招标投标法实施条例》第三十七条第三款规定:"**联合体各方在同一招标项目中以自己名义单独投标或者参加其他联合体投标的,相关投标均无效。**""同一招标项目"是指同一项目合同。例如,总承包项目只有一个整体工程项目,也即只有一个合同,这样的招标项目是"同一招标项目"。又如,一个整体工程项目分多个标段,也即每一个标段都是一个合同时,各标段都为"同一招标项目"。因此,假如一个项目分四个标段招标时,A公司在二标段与其他人组成联合体投标,又单独在一标段投标时,这是在不同的标段投标,也即不是在"同一招标项目"中同时投多个标,这样的投标是有效的;如果A公司在二标段与其他人组成联合体投标时,A公司又单独在二标段投标,这表示在"同一招标项目",即同一个招标合同中投两次标,是无效的投标行为。

(二)联合体投标的法律风险

《中华人民共和国招标投标法》(1999年颁布)第四十八条第一款规定:"**中标人应当按照合同约定履行义务,完成中标项目。中标人不得向他人转让中标项目,也不得将中标项目肢解后分别向他人转让。**"《建设工程质量管理条例》(2000年颁布)第七十八条第(二)项规定:"**建设工程总承包合同中未有约定,又未经建设单位认可,承包单位将其承包的部分建设工程交由其他单位完成的**"属违法分包。

根据以上法律政策的规定,联合投标的法律风险主要体现为:参与联合投标的各方共同签订的共同投标协议没有提交给招标人,而且没有共同与招标人签订合同,而是联合体内的牵头人与招标人签订总承包合同,然后联合体成员与牵头人签订分包合同是一种违法分包行为。

A公路工程局有限公司与辽宁交通建设集团有限公司建设工程施工合同的法律风险

一、案情介绍

招标人辽宁公路建设局的招标文件中规定:"投标人最多只允许中1

个标，投标人应独家参与投标，本项目拒绝联合体投标，本项目禁止转包和违规分包。"辽宁交通建设集团有限公司（以下简称辽建集团）与A公路工程局有限公司（以下简称A）签订《合作投标协议书》，合同部分约定如下：

第一，双方共同投标辽宁环线高速本溪至辽宁段路面工程第一、第二、第三合同段；铁岭至朝阳高速公路、阜新至朝阳段路面工程第一、第二、第三、第八合同段；双方同意以辽建集团名义参加投标，如工程中标则辽建集团为中标工程总承包方，与业主辽宁省高等级公路建设局（以下简称辽宁公路建设局）签订承包主合同，双方共同协商处理与业主合同的一切事宜。

第二，在辽建集团监督管理的原则下，辽建集团根据主合同文件精神与A签订《联合施工协议书》，并将全部中标工程的49%交由A进行实施；A同意向辽建集团缴纳施工总金额的1%作为项目管理费。

第三，《合作投标协议书》签订后，A应以现金方式出具人民币1400万元汇入辽建集团账户内，供辽建集团做上述项目的投标保证金使用；若工程中标，辽建集团与A签订《联合施工协议书》；若工程中标后，因辽建集团原因未能与A签订该工程的《联合施工协议书》，属辽建集团违约，辽建集团应向A支付中标有效清单总金额的10%作为违约金。

签订《合作投标协议书》当日，A汇入辽建集团账户1400万元。辽建集团将1400万元汇入业主账户，用于7个标段的投标保证金，每个标段的投标保证金200万元。一个月后，辽宁公路建设局向辽建集团发出中标通知书，辽建集团为铁岭至朝阳高速公路、阜新至朝阳段路面工程第一合同段中标单位，中标金额约2.1亿元。

辽建集团中标后，未与A签订《联合施工协议书》，也未将工程49%交给A施工。辽建集团于后来退还A 1200万元和200万元。A将辽建集团诉至法院，要求判令辽建集团给付A违约金9564877元。

请分析A与辽建集团签订的《合作投标协议书》是否为合法的联合投标，A有没有权利要求辽建集团给付A 9564877元违约金？

二、法律分析

1. A与辽建集团签订的《合作投标协议书》的法律性质的分析

A和辽建集团签订的《合作投标协议》中表示：以辽建集团名义参加投标，中标后将全部中标工程的49%交给A施工，A向辽建集团缴纳管理费。

该协议形式上为合作，但在辽建集团参加投标过程中，双方未按法律规定签订共同投标协议，也未将共同投标协议提交招标人，中标后也未共同与招标人签订合同。辽建集团中标后，A 也未按法律规定共同与招标人签订合同。因此，双方签订的合同实际是工程分包协议，该分包行为非经建设单位认可，违反法律强制性规定，属违法分包。

2. A 与辽建集团签订的《合作投标协议书》是否为合法有效的法律分析

建设单位辽宁公路建设局在招标文件中规定拒绝联合体投标，不允许重复中标。A 和辽建集团对此均是明知的，双方签订合作招标协议，就是为了规避建设单位的要求，是一种恶意串通行为，侵害了建设单位的合法权益，再加上双方签订的《合作投标协议书》实属违法分包协议，据此应当确认 A 和辽建集团签订的合作投标协议无效。

3.《合作投标协议书》无效后，其违约金条款是否支持法律分析

A 依据无效的协议请求辽建集团支付违约金于法无据，不应得到支持。鉴于 A 已向辽建集团提供 1400 万元的投标保证金，辽建集团也实际使用保证金进行投标，故辽建集团应赔偿使用 A 投标保证金期间的利息，按中国人民银行规定的同期同类贷款利率赔偿 A 利息损失。

三、联合投标的法律风险管控要点

联合体各方均应当具备承担招标项目的相应能力和相应的勘察、设计、施工、监理资格条件；由同一专业的单位组成的联合体，按照资质等级较低的单位确定资质等级及承揽工程。

由于联合体投标未附联合体各方共同投标协议，评标委员会一般将按照废标处理，所以联合体各方应当签订联合投标协议，明确约定各方拟承担的工作和责任，并将联合投标协议连同投标文件一并提交给招标人。

联合体投标的，应当以联合体各方或者联合体中牵头人的名义提交投标保证金。以联合体中牵头人名义提交的投标保证金，对联合体各成员具有约束力。

联合体对外应以一个投标人的身份共同投标。联合体各方签订共同投标协议后，不得再以自己的名义单独投标，也不得组成新的联合体或参加其他联合体在同一项目中投标。

在提交投标文件时，应一并提交联合体各方签署的有投标人公章和法定代表人印章的联合投标协议。

二、联合中标的税收风险管控

(一) 联合中标的税收风险

1. 存在虚开增值税发票的涉税风险

在联合投标操作业务中，某施工单位（一般是联合体中的牵头人）与其他单位组成联合体，以联合体名义对外投标并与业主签订承包合同，总承包合同或投标函、中标通知书中明确联合体各方的承包金额。牵头人与联合体各方不签订分包合同。在这种合同流的情况下，根据增值税抵扣的"四流统一"的要求，联合体的牵头人及其他各方都应各自分别与业主进行工程结算，各自向业主开具增值税发票，业主应分别向牵头人和联合体的其他各方支付工程款。可是，实践操作过程中，往往出现以下资金流、票流、应税劳务流与合同流不统一的现象：业主只对联合体中的牵头人验工计价、收取发票并拨付款项，该牵头人向联合体的其他单位再行验工计价、收取发票并拨付款项。此种模式下，由于联合体中的牵头人没有跟联合体中的其他各方签订分包合同，结果资金流向、发票流向、应税服务流向与合同内容不一致，向业主开具的增值税专用发票相关内容与应税服务不符，存在虚开发票的重大涉税风险。

2. 资金流与票流、应税服务流和合同流不一致，不能抵扣增值税进项税额的税收风险

在联合体投标的实践业务中，基于联合体名义对外投标并与业主签订承包合同，总承包合同或投标函、中标通知书中明确联合体各方的承包金额。也存在另外一种现象：联合体中的牵头人和其他各方分别与业主进行工程结算，各自向业主开具增值税发票，但工程款由业主全部向牵头人支付，然后牵头人代替业主分别再支付联合体中的其他各方。这种工程款支付模式，即联合体中的牵头人代业主支付联合体其他各方工程款的模式，导致资金流与票流、应税服务流和合同流不一致，根据国税发〔1995〕192号第一条第（三）项和国家税务总局公告2014年第39号的规定，不能抵扣增值税进项税额的税收风险。

(二) 联合投标的税收风险管控要点

为避免税收风险，采用以下管控要点：

第一，联合体与业主签订联合体合同时，应在联合体合同中明确联合体各方的工程界面和各自金额。施工过程中涉及联合体各方之间工程界面和金额的变动时，建议补签联合体协议，以保证各自开具发票的金额、收到的款项和合同内容一致，进而符合增值税征管要求。

第二，为保证联合体项目符合增值税的征管要求，必须采用以下策略：①资金流向方面，联合体业主分别付款至联合体各方，或者联合体业主统一付款给联合体中的牵头人，然后由牵头人分别支付给各联合体中的各成员单位。②发票流向方面，由联合体各方分别开具发票给联合体业主。③计价方面，联合体业主分别对联合体各方计价。

3

建筑企业项目经理承包（负责）制的"财税法"风险管控

许多建筑企业为了激励项目经理的工作积极性，往往实施项目经理内部承包制或项目经理负责制两种经营管理模式。现有建筑企业实施的项目经理承包（负责）制存在"法律风险、财务风险和税务风险"（以下简称"三大风险"），如果不从制度设计上、管理上进行规划或企业的顶层设计上进行谋划，产生的后果将不堪设想。肖太寿财税工作室通过对全国建筑企业的实地调研和咨询，总结出以下四大方面的研究报告：一是现有建筑企业内部承包经营的两种模式及其存在"三大风险"的管理制度特征；二是建筑企业项目经理内部承包（负责）制的财税安全策略；三是建筑企业项目经理内部承包（负责）制中项目经理提取利润的两种合法渠道及其个税的处理；四是建筑企业项目经理内部承包（负责）制中项目经理及其聘用农民工、项目管理人员和技术人员的社保、个税的协同管理之策。

第 一 节

现有建筑企业内部承包经营的两种模式及其存在"三大风险"的管理制度特征

一、现有建筑企业内部承包经营的两种模式

实践调研显示，目前的建筑企业，特别是民营建筑企业存在以下两种内部承包经营模式：

（一）"建筑总公司+项目部"管理体制模式下的项目经理承包制

所谓的"建筑总公司+项目部"二级管理体制，是指建筑总公司中标工程后，总公司组建工程项目部开展具体的施工活动的项目管理体制。该管理体制模式下的项目经理承包制的特点如下：建筑企业通过自身的资源投标的项目或者是项目经理通过自身的人际关系和利用建筑企业的资质而投标的项目，都承包给项目经理，由项目经理全权负责整个项目的生产经营和管理。

（二）"建筑总公司+事业部制区域公司+项目部"管理体制模式下的项目承包制

所谓的"建筑总公司+事业部制区域公司+项目部"管理体制，是指建筑总公司在某些区域（一般是在各个省的省会城市）组建事业部制区域公司，该事业部制区域公司承担总公司驻该区域的管理职能，该区域内的建筑工程项目全是由总公司中标，然后在工程所在地以总公司名义组建项目部，归该区域事业部制区域公司管理的管理体制。在该管理体制模式下的项目承包制的特点如下：事业部制区域公司（肖太寿博士特别提醒：事业部制区域公司不是建筑总公司的分公司）的负责人，通过自身的人际关系和利用建筑总公司的资质而投标的项目，或者建筑总公司通过企业的资源投标的项目，都承包给事业部制区域公司的负责人（或区域经理）。

二、现有建筑企业内部承包经营模式存在"三大风险"的经营管理制度特征

笔者经过深入企业内部调研发现，建筑行业全面营改增后，现有建筑企业项目经理内部承包经营模式存在一定的法律风险、财务风险和税务风险。以上"三大风险"的经营管理制度体现了以下特征：

（一）财务上实行建筑企业总公司统一核算的制度

具体的操作流程如下：

第一，建筑企业总公司向项目部或事业部制的区域公司派驻财务会计人员，负责本项目部或本区域公司管辖下的各项目部的财务会计核算。

第二，各项目部或事业部制区域公司的财务人员以建筑总公司的名义进行会计核算。

第三，各项目部或事业部制区域公司以建筑总公司的名义在项目部或事业部制区域公司所在地设立临时结算账户。

（二）资金使用管理制度

建筑公司收到业主的工程进度款时，在扣除建筑总公司的管理费用和税金后，将剩下的资金全部划出给项目部或事业部制区域公司的临时结算账户（专用账户），或者将剩下的资金通过公对私的方式，全部从建筑公司账上划

出给项目部或事业部制区域公司的项目承包者或项目经理本人的银行卡。

在项目需要项目经理垫资的情况下，各项目部或事业部制区域公司的承包者或项目经理自己从民间融资，融到的资金没有转入建筑公司的公账户，而是由项目经理将资金通过私对私的支付方式，从项目经理本人的私卡、微信、支付宝直接支付给材料供应商、设备出租方、分包方、劳务公司、班组长、包工头。

在项目不需要项目经理垫资的情况下，所有的资金支付都是通过项目部或事业部制区域公司的临时结算账户（专用账户）以现金支票或现金的形式支付给采购负责人员，然后由采购负责人员将现金支票或现金支付给供应商、分包方和设备出租方。在开现金支票时，支票上的收款单位栏空着，不写收款方的单位名字。

在建筑材料采购过程中的资金支付上，无论是主材、设备还是辅料的采购，采购资金都是通过私对私的支付方式，由项目经理或承包者本人以现金或个人银行卡的方式直接支付给材料供应商。

（三）物资采购管理制度

建筑企业总公司没有设立建筑物资采购部门，各项目部或事业部制区域公司管辖下的各项目部的建筑物资采购全部由项目部经理或事业部制区域公司的承包者或项目经理指定人员负责采购事宜。

有的工程项目的材料物资采购，全是由项目经理或承包者本人负责采购。

有些项目建筑材料的采购都是从建筑"黑市"购买，选择不需要发票的裸价采购。

（四）合同管理制度

所有的采购事宜，有的有采购合同，有的没有采购合同，即使有采购合同，也都是由项目部的采购负责人与供应商拟订的不规范的采购合同。

材料到工地后的材料验收清单管理不规范，有的有验收清单，有的没有验收清单。

（五）发票开具和使用管理制度

项目部所有的收入发票，由建筑总公司向业主或发包方统一开具，开具发票的时间节点是收到业主或发包方支付工程进度款时，即根据收款的时间点向业主或发包方开具发票。如果工程已经完工，对于拖欠的工程进度款，建筑总公司不开具发票。

在项目经理或承包者不需要垫资的情况下，所有的采购、分包等进项成本发票获取的时间是各项目部或事业部制区域公司的采购负责人从各项目部或事业部制区域公司的财务负责人开出现金支票后，再到有关供应商或分包商获取发票，拿回各项目部或事业部制区域公司由财务负责人做账（先付款后索取发票）。

在项目经理需要垫资的情况下，项目经理自己向民间融资，融资后，项目经理将资金通过私对私的支付方式，从项目经理本人的私卡、微信、支付宝直接支付给材料供应商、设备出租方、分包方、劳务公司、班组长、包工头，然后从以上收款方索取发票或者从别的第三方购买发票，或者到税务机关代开发票，交回建筑公司财务部进项报销。

（六）项目部或事业部制区域公司承包者的利润获取渠道

第一，购买增加材料成本发票，将材料发票拿回公司财务部进行报销。

①购买材料时，往往向材料供应商给予税点而要求材料供应商多开材料发票，虚增材料成本。②市场与销售建筑材料的个体工商户签订采购建筑辅料的假合同，然后凭假合同到当地税务部门代开发票，自己承担代开发票的税点而拿税务部门代开的发票回施工企业财务部报销。③材料供应商给税点购买发票拿回财务报账。

第二，通过虚增人工费用：一是通过农民工工资表的形式，虚增农民工人员，增加工资成本，回财务部报销；二是向劳务派遣公司或建筑劳务公司支付税点，多开劳务发票从而增加人工成本。

第三，通过中介购买发票，或签订假合同构成虚假交易，到税务部门代开发票，回建筑公司财务部报销套取利润。

三、现有建筑企业内部承包经营模式的经营管理制度存在的财税法律风险

通过以上建筑企业内部承包经营模式的经营管理制度的特点来看，现有建筑企业内部承包经营模式的经营管理存在以下财税法律风险。

（一）税务风险

税务风险主要是不符合"四流一致"或"三流一致"，导致虚开发票或

不能抵扣增值税进项税金的风险。

根据《国家税务总局关于纳税人对外开具增值税专用发票有关问题的公告》（国家税务总局公告 2014 年第 39 号）的规定，对外开具增值税专用发票同时符合以下情形的，不属于对外虚开增值税专用发票。①纳税人向受票方纳税人销售了货物，或者提供了增值税应税劳务、应税服务；②纳税人向受票方纳税人收取了所销售货物、所提供应税劳务或者应税服务的款项，或者取得了索取销售款项的凭据；③纳税人按规定向受票方纳税人开具的增值税专用发票相关内容，与所销售货物、所提供应税劳务或者应税服务相符，且该增值税专用发票是纳税人合法取得并以自己名义开具的。

基于以上税收政策规定，第一条的内涵是物流（劳务流）；第二条的内涵是资金流；第三条的内涵是票流。综合起来，根据国家税务总局公告 2014 年第 39 号的规定，如果一项销售行为或劳务行为同时满足销售方（劳务提供方）、增值税专用发票的开具方、款项的收款方是同一民事主体，或者说是满足"合同流、劳务流（物流）、资金流和票流""四流一致"的采购行为（劳务行为），不属于对外虚开增值税专用发票的行为。

《国家税务总局关于加强增值税征收管理若干问题的通知》（国税发〔1995〕192 号）第一条第（三）项规定：**"购进货物或应税劳务支付货款、劳务费用的对象。纳税人购进货物或应税劳务，支付运输费用，所支付款项的对象，必须与开具抵扣凭证的销货单位、提供劳务的单位一致，才能够申报抵扣进项税额，否则不予抵扣。"**该文件特别强调"所支付款项的对象，必须与开具抵扣凭证的销货单位、提供劳务的单位一致"，其含义是：至于谁支付款项并不重要，没有特别强调支付款项的单位必须是采购方或劳务接受方，只要收款方与开具增值税专用发票的单位是同一个单位，则获取增值税专用发票的单位就可以申报抵扣增值税进项税额，否则就不可以申报抵扣增值税进项税额。

基于此规定，货物流、资金流、票流一致，在可控范围内可以安全抵扣，票面记载货物与实际入库货物必须相符，票面记载开票单位与实际收款单位必须一致，且必须保证票款一致！基于以上税收法律政策分析，建筑企业内部承包经营模式的经营管理制度，存在项目部或事业部制区域公司的采购负责人购买建筑材料，通过财务部门开具的现金支票或支付的现金，然后采购负责人再支付给材料供应商、分包商和设备出租方，索取增值税专用发票（也有可能采购负责人从第三方买发票）来财务报销的现象，是典型的

"票款不一致"和"三流不统一",甚至是虚开增值税发票,是不可以抵扣增值税进项税的。

(二)刑事法律风险

由于采购、货款支付和索取供应商发票缺乏制衡机制,很容易出现项目部或事业部制区域公司的采购负责人用钱购买发票或向供应支付税点多索取发票回财务部套现,从而犯虚开增值税专用发票罪。

最高人民法院关于适用《全国人民代表大会常务委员会关于惩治虚开、伪造和非法出售增值税专用发票犯罪的决定》的若干问题的解释(法发〔1996〕30号)规定具有下列行为之一的,属于"虚开增值税专用发票":①没有货物购销或者没有提供或接受应税劳务而为他人、为自己、让他人为自己、介绍他人开具增值税专用发票;②有货物购销或者提供或接受了应税劳务但为他人、为自己、让他人为自己、介绍他人开具数量或者金额不实的增值税专用发票;③进行了实际经营活动,但让他人为自己代开增值税专用发票。

根据《最高人民法院关于虚开增值税专用发票定罪量刑标准有关问题的通知》(法发〔2018〕226号)第二条的规定,虚开的税款数额在五万元以上的,以虚开增值税专用发票罪处三年以下有期徒刑或者拘役,并处二万元以上二十万元以下罚金;虚开的税款数额在五十万元以上的,认定为刑法第二百零五条规定的"数额较大";虚开的税款数额在二百五十万元以上的,认定为刑法第二百零五条规定的"数额巨大"。

基于以上法律规定,项目部或事业部制区域公司的采购负责人用钱购买发票或向供应支付税点多索取发票回财务部套现,是存在真实交易行为的情况下,让他人为自己开具数量或者金额不实的增值税专用发票的现象,构成虚开增值税发票的行为,将面临一定的刑事处罚。

(三)财务风险:存在被内部人举报公司虚列成本漏税、做假账的风险

根据以上对内部承包经营管理制度的分析,项目部或事业部制区域公司的财务人员知道公司存在虚开增值税发票和购买发票增加成本少交税的可能。一旦对公司有不满情形的财务人员从公司辞职,向税务稽查机关、纪律检查部门、公安经侦部门举报公司存在虚开增值税发票和购买发票增加成本少交税的违法行为,则公司面临的后果将不堪设想。

第二节

建筑企业项目经理内部承包（负责）制的财税风险管控策略

为了促进企业规避财税法律风险，增强企业的税收安全，必须从制度设计上下功夫，在管理上进行规范经营。笔者认为，建筑企业项目经理内部承包（负责）制必须采用以下涉税内控制度的财税安全策略。具体的制度设计如下：

一、涉税内控制度设计的原则

由于国有建筑企业的资产、利润属于国资委，采用项目经理内部承包制模式会涉嫌国有资产流失或国有资产侵吞的行为，而民营建筑企业的经营模式由民营建筑企业自定，政府不干预民营企业的生产经营，因此，建筑企业是采用项目经理负责制还是选择项目经理内部承包制，要遵循一个基本的原则：国有建筑企业一般采用项目经理负责制，如果采用项目经理承包制，则要满足两个条件：一是要由公司出具一份关于公司实行项目经理负责制的文件；二是要保证国有资产保值增值。民营建筑企业既可以采用项目经理负责制，也可以采用项目经理内部承包制。

二、合同管理制度

合同决定业务流程，业务流程决定税收，合同是控制企业税收的主要源头。由于建筑业务涉及建筑总承包合同、采购合同、分包合同、租赁合同等各类合同的签订，因此，建筑企业项目经理内部承包（负责）制中的合同管理制度如下：

（一）实行统一的合同会签制度

具体的操作要点如下：

1. 各项目部或事业部制区域公司必须使用建筑总公司统一模板的合同范本

建筑总公司必须制定适合自身经营范围的统一模板的各类合同范本。各项目部或事业部制区域公司在签订所有的进项类合同时，必须使用建筑总公司统一的合同模板，以建筑总公司的名义与材料供应商、分包商和设备出租方等第三方签订合同，不得让各项目部或事业部制区域公司随便从网上下载一份不规范的合同跟第三方签订合同，然后将合同交回建筑总公司盖章签字。

2. 所有的合同由建筑总公司合同管理部门审核、评审

各项目部或事业部制区域公司实施项目中涉及的进项类合同（劳务分包合同、物资采购合同、机械设备租赁合同、周转材料租赁合同）必须由建筑总公司法律部或合同管理部门统一审核、评审，然后由项目经理或承包者拿到第三方签字盖章，最后由建筑总公司的法人代表签字盖章。

（二）实行统一的合同管理制度

1. 所有的合同必须在建筑总公司合同管理部门进行备案建档管理

签订进项类合同时，各项目部或事业部制区域公司必须向建筑总公司合同管理部或法律部提供中标项目投标文件完整的工作量清单，以便建筑总公司合同管理部或法律部就中标项目工作量和进项类合同采购量进行核实。建筑总公司合同管理部对各项目部或事业部制区域公司的项目实施过程中涉及的进项类合同履行并实行审核与监督职责，对各项目部或事业部制区域公司履行合同过程中不当行为有指导其整改的职责。各项目部或事业部制区域公司与供应方签署的进项类合同一式五份，合同管理部留原件三份建档备案，各项目部或事业部制区域公司施工现场留原件（副本）一份存档，另一份原件（正本）为进项类合同供应方留存。所有的进项合同必须交给建筑总公司合同管理部门进行备案管理，未经建筑总公司盖章并在建筑总公司合同管理部门备案的进项类合同均视为无效合同。

2. 合同盖章的顺序管理

如果建筑总公司对各项目部或事业部制区域公司项目实行非电子化管

理，则各项目部或事业部制区域公司先从建筑总公司领用未盖章的纸质合同范本，然后交给相关第三方盖章签字，最后交回建筑总公司盖章签字。如果建筑总公司对各项目部或事业部制区域公司项目部实行信息化管理，对合同签订实施电子合同签订程序，则由建筑总公司合同管理部门统一审核电子合同无误后，打印出来交由各项目部或事业部制区域公司递交给第三方签字盖章，再交回建筑总公司签字盖章。

3. 合同领用与编号管理

各项目部或事业部制区域公司从建筑总公司领用纸质合同范本或审核后的电子合同时，建筑总公司必须实行编号领用制度。如果出现写错的纸质合同或没有与第三方签订的合同，则必须交回建筑总公司保管，不能随意丢弃，否则罚款。

4. 财务部门凭合同付款管理

与各项目部或事业部制区域公司管辖下的项目有关的所有进项类合同必须传递一份给建筑总公司财务部或财务处，财务部门审核合同并凭借合同付款。

（三）视同为合同性质凭证的管理

在税法上，将采购定单、发货单、提货单、验核货确认单和结算单视同为合同性质的凭证。由于各项目部或事业部制区域公司负责人拥有材料设备物质的采购权和定价权，所以项目部必须配备材料核算员，对项目中进项类合同（物资采购合同、机械设备租赁合同、周转材料租赁合同）涉及相关采购和租赁业务的材料和设备的入库及出库进行现场清点，填写好验收确认单，一式二份，一份留给供应商等第三方，一份留给各项目部或事业部制区域公司的财务部作为付款和收取增值税发票的依据。

三、项目经理与建筑企业的合作方式

（一）项目经理负责制下的项目经理与建筑企业的合作方式：实施项目成本或项目利润率指标控制制度

具体的操作要点如下：

1. 建筑总公司确定各项目的工程成本指标或各项目的利润率指标

建筑总公司的成本预算部对每个中标的项目，根据合同总金额（不含增值税）、工程概算造价清单，编制好工程成本指标，作为各项目部或事业部制区域公司下的各项目的成本控制考核指标。或者建筑总公司根据合同额（不含增值税）的一定比例确定项目利润率指标，作为各项目部或事业部制区域公司项目经理或承包者向建筑总公司完成的项目利润率考核指标。

2. 超过或低于建筑总公司制定的成本控制指标的处理

超过成本控制指标部分由各项目部或事业部制区域公司项目经理或承包者承担，低于成本控制指标部分作为各项目部或事业部制区域公司负责人的考核奖励。

3. 超过或低于建筑总公司制定的项目利润率指标的处理

低于项目利润率控制指标部分由各项目部或事业部制区域公司负责人承担，超过项目利润率控制指标部分作为各项目部或事业部制区域公司负责人的考核奖励。

（二）项目经理内部承包制下的项目经理与建筑企业的合作方式

项目经理内部承包制下的项目经理与建筑企业的合作方式是实施项目承包责任制合同，建筑企业与项目经理签订内部承包协议约定：项目经理以建筑企业的名义对外经营，建筑企业对外承担民事法律责任，项目经理按照不含增值税金额的工程决算价的一定比例给建筑企业留存税后利润，扣除成本税金后的成本经营成果归项目经理所有。

四、实施项目生产经营负责制

（一）项目负责人负责项目的各项生产经营技术指标

建筑总公司与各项目部或事业部制区域公司项目经理或承包者必须签订项目生产经营责任状书并约定：项目经理或承包者负责项目的生产安全、工程质量、农民工的劳资管理、项目的所有物资采购、工程结算、合同签订，达到国家规定的技术指标。

（二）项目成本费用负责制

在项目经理负责制下，各项目部或事业部制区域公司项目经理或承包者负责承担项目所发生的所有成本，确保成本不超过建筑总公司下达的各项成本控制指标，否则超过部分的支出由项目经理或承包者自己承担。节约的成本支出作为各项目部或事业部制区域公司项目经理或承包者的绩效考核奖。

在项目经理承包制下，各项目部或事业部制区域公司项目经理或承包者负责承担项目所发生的所有成本和发生的税金。

五、实施集中统一的财务收付结算管理制度

（一）建筑总公司与各项目部或事业部制区域公司实施全程信息化办公管理的资金收付结算

1. 人员管理

实施各项目部或事业部制区域公司的财务主管和会计核算人员派遣制度。

各项目部或事业部制区域公司的财务主管和会计核算人员全部由建筑总公司统一派遣，受建筑总公司财务部统一垂直领导。事业部制区域公司的财务主管在一定期限满后，必须与其他事业部制区域公司的财务主管进行交换轮岗。

2. 账务事项管理

各项目部或事业部制区域公司旗下的项目部以建筑总公司为会计核算主体。

在平常的业务核算上，各项目部或事业部制区域公司旗下的项目部的收入和成本，都以建筑总公司的名义建账进行会计核算。

3. 资金收支付管理

第一，项目部提前编制资金使用计划，向总部提出付款申请。各项目部或事业部制区域公司不设立临时结算账户，建筑总公司实施"收支两条线"管理，在建筑总公司财务部设立资金处，统一调配建筑总公司内部的资金使用。各项目部或事业部制区域公司旗下的项目部涉及的采购、专业分包、劳务分包等需要的资金支付，提前编制一定期限的资金支付使用计划，在规定的时间内上报建筑总公司财务部，提出付款申请。

第二，主材、设备和机械租赁款的支付：总部资金处按照"见票付款"的原则，审核相关付款法律凭证，满足"四流合一"条件后，向第三方付款。在不需要项目经理或承包者垫资的项目，各项目部或事业部制区域公司的项目负责人、财务负责人审核合同、验收材料清单、分包工程进度结算书或分包工程量清单等有关法律凭证无误后，必须在收到第三方开具的增值税发票，而且满足"四流合一"的条件后，由建筑总公司财务部的资金处，按照公对公账户的原则，从建筑总公司银行存款账户直接支付给与工程项目有真实业务往

来的供应商、分包商、设备出租方的银行账户。在需要项目经理或承包者垫资的项目，项目经理或承包者自行从民间融到的资金，不能由项目经理或承包者直接从其个人银行卡划入第三方银行账户（私对公账户），必须由项目经理或承包者从其个人银行卡划入建筑企业总部资金处，同时建筑企业在财务上登记借款处理，然后按照审核的合同，由建筑企业总部资金处付给第三方。

第三，零星辅料采购费用的报销。各项目部或事业部制区域公司负责人，以建筑总公司名义为项目施工所购买的辅料，可以由项目经理或承包者以现金、微信、支付宝支付，然后索取发票回各项目部或事业部制区域公司财务处报销。但是，建议单次报销在两万元以内，最多不能超过五万元，而且只能领普票报销，不能领专票报销。辅料报销，必须按照一定的费用报销流程，一定要提供销售方盖章的销售清单明细。

第四，业主或发包方的工程进度款全部划入建筑总公司的财务部，绝对不允许建筑企业财务部扣下管理费和税金后，一次性从建筑企业公账户或通过现金的形式直接支付给项目经理或承包者本人的银行卡。

第五，农民工工资的三种支付管理方法。

支付方法一：在没有实施农民工工资专用账户管理的情况下，建筑企业通过设立的农民工工资卡支付。在没有实施农民工工资专用账户管理的情况下，建筑企业必须给农民工办理工资卡，由建筑企业的财务部直接将农民工工资划入农民工工资卡上。实际操作要点如下：一是在建筑企业与农民签订非全日制用工合同和全日制用工合同的情况下，建筑企业财务部必须审核项目经理或承包者本人给财务部传递的"农民工工资表""农民工工时考勤表"和"建筑企业与农民工签订的劳动合同花名册"上农民工名单的真实性，绝对不能虚列农民工人数套取资金。二是在建筑企业与农民工签订劳务专业作业分包合同的情况下，建筑企业财务部必须审核项目经理或承包者本人给财务部传递的"农民工劳务款结算单""农民工完成的劳务工程量计量单"和"建筑企业与农民工签订的劳务专业分包合同花名册"上农民工名单的真实性，绝对不能虚列农民工人数套取资金。

支付方法二：在没有实施农民工工资专用账户管理的情况下，由项目经理或承包者本人现金支付。如果建筑企业将农民工工资直接从公司公账户转入项目经理或承包者本人银行卡（公对私账户），再由项目经理或承包者以现金的形式支付给农民工本人，或者由项目经理或承包者垫资先支付给农民工本人，再回建筑企业财务部报销农民工工资成本，则必须采用以下操作要点：

一是制定统一的"委托收取农民工工资或劳务款"的协议书范本，所有的农民工（无论是否实名制登记管理）必须在协议书上签名按手印。

二是建筑公司必须与项目经理签订"委托代发农民工或劳务款"的协议。

三是建筑企业在发放农民工资或劳务款之前，要求项目经理在工程项目比较醒目的公告栏处张贴"农民工工资发放公示表"，范本如下所示：

农民工工资发放公示表

_____项目_____标段工友们：

我公司将与近日委托姓名：_____项目经理，身份证号码：

_____，联系电话：_____，以现金形式发放给

您在本项目自__年__月__日至__年__月__日结算的劳务工资款。本次发放工资劳务款名单如下，如对工资或劳务款核算存在异议，请及时向本公司项目部投诉反映。

××（建筑企业）劳资监督员姓名：　　　　　联系电话：

××（建筑企业）办公室监督员姓名：　　　　联系电话：

××（建筑企业）财务部监督员姓名：　　　　联系电话：

工资名单

序号	工种	工人姓名	本次工资核算截止日期	备注
1				
2				
3				
4				
5				
6				
7				

说明：1. 在本名单中如有不属于本班组工人的，请工友向项目部投诉，避免有人冒领工资。

2. 本公示名单需加盖用工主体单位公章。

四是项目经理必须向建筑企业财务部提供以下证明农民工劳务款真实性的法律资料：如果建筑企业与农民签订非全日制用工合同和全日制用工合同，则提供农民工本人签字并按手印的"农民工工资支付表""农民工工时考勤登记表"，范本如下所示；如果建筑企业与农民工签订劳务专业作业分包合同，则提供农民工本人签字并按手印的"农民工劳务款结算单""农民工完成的劳务工程量计量单"。

农民工工资支付表（　　　年　月）

项目名称：		填表单位（盖章）：		填报人：		联系电话：		填报日期：		年　月　日	
序号	姓名	身份证号码	工种	工资结算起止时间	月工资（元）	实发工资（元）	工资卡开户银行	工资卡卡号	联系电话	签字	备注

班组长签字：　　　项目经理签字：　　　财务部核对人签字：　　　财务部负责人签字：　　　法人代表签字：

＿＿＿年＿＿月农民工工时考勤登记表

姓名	身份证号码	工作时间（工作量）	所归属班组名称	备注	签字

法人代表签字：　　　　　合同管理部门负责人签字：

班组长签字：　　　　　财务部：　　　　　负责人签字：

支付方法三：在实施农民工工资专用账户和农民工实名制登记双管理的制度下，通过建筑企业总承包在工地上设立的农民工工资专用账户代付农民工工资劳务款。在承建国家工程和市政工程的情况下，依照国家法律的规定，必须要求建筑企业总承包方在工程所在地选择一家当地建委监管的银行，设立农民工工资专用账户，由建筑企业总承包方代发建筑劳务分包方和建筑专业分包方的农民工工资劳务款。同时，必须将工地上的农民工实施农民工实名登记管理，即用工单位必须将聘用的农民工的姓名、身份证号、照片、工种等信息录入当地建委的农民工实名登记信息平台。

（二）没有实施信息化管理（OA办公系统）建筑企业的资金支付管理

对于没有实施信息化管理（OA办公系统）的建筑企业，按照以下流程进行资金支付：

首先，各项目部或事业部制区域公司在工程所在地选择一家银行，以建筑总公司的名义申请单独开设临时银行结算账户（或项目部专属账户）。

其次，各项目部或事业部制区域公司的财务负责人将提前一定期限编制的项目资金使用支付计划和资金支付申请，传递给建筑总公司财务部，审核后，建筑总公司将申请额度的资金划入设临时银行结算账户（或项目部专属账户）。

最后，各项目部或事业部制区域公司财务处根据"见票付款"原则，将资金通过临时结算账户，公对公对外支付。资金的支付管理按照以上"建筑总公司与各项目部或事业部制区域公司实施全程信息化办公管理的具体操作要点"中的"资金支付管理"第二、第三和第五点的规定进行支付。

（三）票据开具管理制度

各项目部根据《建设工程施工承包合同》，按期、及时以建筑总公司的名义与发包方进行工程结算。建筑总公司财务部要制定《发票管理办法》，开具发票之前，由项目部经办人员填写《发票开具申请表》，项目部的经办人员、项目负责人、项目财务负责人签字后，交由建筑总公司相关管理部门、财务部核准，建筑总公司财务部税务经办人员根据核准的《发票开具申请表》及增值税纳税义务向发包单位开具增值税专用发票或普通发票。

第 三 节

建筑企业项目经理内部承包（负责）制中的项目经理提取利润的合法渠道及其个税的处理

一、建筑企业项目经理负责制下的项目经理提取利润的合法渠道及个税的处理

（一）项目经理负责制下的项目经理提取利润的合法渠道

项目经理负责制下的项目经理只负责项目中的工程施工进度、质量安

全、成本指标和利润指标的完成及环境污染控制等任务。项目经理是建筑企业的内部员工，与建筑企业构成雇佣与被雇佣的法律关系，如果项目经理完成公司规定的各项指标任务，公司将给予项目经理一定的绩效考核奖。各项目部或事业部制区域公司项目经理获得的项目绩效考核奖如何从建筑公司总部提取？绝对不可以虚列农民工工资、多造工资表、不可以虚开材料发票和购买发票做大成本套取项目绩效考核奖，而是必须通过以下三种合法方式提取：一是每月给项目经理预发工资；二是建筑企业账上属于各项目部经理或事业部制区域公司负责人绩效考核奖份额部分的利润扣除为其预发工资的剩余部分，在年终通过年终奖的方式进行发放，且该年终奖要依照年终奖的税收政策计算并扣除个人所得税；三是可以通过适量的费用发票，如业务招待费用、差旅费用、会议费用进行报销。

（二）项目经理负责制下的项目经理提取利润的个人所得税处理

项目经理负责制下的项目经理获得项目绩效奖是"工资薪金综合所得"，必须按照"工资薪金综合所得"进行个人所得税处理。具体处理如下：

《个人所得税扣缴申报管理办法（试行）》第八条（工资薪金所得的预扣预缴）扣缴义务人向居民个人支付工资薪金所得时，应当按照累计预扣法预扣预缴税款，并按月办理全员全额扣缴申报，具体操作要点如下：

（1）计算累计应预扣预缴税额。用人单位以纳税人（劳动者）截至当前月份累计工资薪金所得收入额减除纳税人申报的累计基本减除费用、专项扣除、专项附加扣除和依法确定的其他扣除后的余额为累计预缴应纳税所得额，适用工资、薪金所得预扣预缴税率表，计算累计应预扣预缴税额，再减除已预扣预缴税额，余额作为本期应预扣预缴税额。余额为负值时，暂不退税。纳税年度终了后余额仍为负值时，可通过年度汇算清缴、多退少补。

个人所得税预扣率表一
（居民个人工资、薪金所得预扣预缴适用）

级数	累计预扣预缴应纳税所得额	预扣率（%）	速算扣除数
1	不超过 36000 元	3	0
2	超过 36000 元至 144000 元的部分	10	2520
3	超过 144000 元至 300000 元的部分	20	16920
4	超过 300000 元至 420000 元的部分	25	31920
5	超过 420000 元至 660000 元的部分	30	52920

续表

级数	累计预扣预缴应纳税所得额	预扣率（％）	速算扣除数
6	超过 660000 元至 960000 元的部分	35	85920
7	超过 960000 元的部分	45	181920

具体计算公式如下：

本期应预扣预缴税额 =（累计预扣预缴应纳税所得额×预扣率-速算扣除数）-累计减免税额-累计已预扣预缴税额

累计预扣预缴应纳税所得额 = 累计收入-累计免税收入-累计基本减除费用-累计专项扣除-累计专项附加扣除-累计依法确定的其他扣除

其中，累计基本减除费用按照 5000 元/月乘以当前月份数计算。

（2）扣除劳动者的专项附加扣除。《个人所得税专项附加扣除操作办法（试行）》第十一条规定："扣缴义务人办理工资薪金所得预扣预缴税款时，应当根据纳税人报送的《个人所得税专项附加扣除信息表》为纳税人办理专项附加扣除。扣缴义务人应当按规定向纳税人提供其专项附加扣除内容及金额等信息。"

（3）专项附加扣除费用的扣除时间。根据《个人所得税专项附加扣除操作办法（试行）》（国家税务总局公告 2018 年第 60 号）第四条第一款的规定："项目经理享受子女教育、继续教育、住房贷款利息或者住房租金、赡养老人专项附加扣除的纳税人，可以选择扣缴义务人在预扣预缴税款时办理扣除；也可以选择在次年 3 月 1 日至 6 月 30 日内，向汇缴地主管税务机关办理汇算清缴申报时扣除。"

 案例分析 17

某建筑企业预扣预缴项目经理工资薪金综合所得个税

一、案情介绍

（1）2019 年 1 月 8 日，甲建筑企业应向杨女士支付工资 13500 元，杨女士在该月除由任职单位扣缴"三险一金"2560 元外，还通过单位缴付企业年金 540 元，自行支付税优商业健康保险费 200 元。

（2）杨女士已于 2019 年 1 月支付了女儿学前教育的 2019 年上学期（2019 年 1 月至 2019 年 8 月）学费 7000 元，大儿子正在上小学，现已与丈夫约定由杨女士按子女教育专项附加扣除标准的 100% 扣除。

（3）杨女士本人是在职博士研究生在读。

（4）杨女士去年使用商业银行个人住房贷款（或住房公积金贷款）购买了首套住房，现处于偿还贷款期间，每月需支付贷款利息 1300 元，已与丈夫约定由杨女士进行住房贷款利息专项附加扣除。

（5）因杨女士所购住房距离小孩上学的学校很远，以每月租金 1200 元在（本市）孩子学校附近租住了一套房屋。

（6）杨女士的父母均已满 60 岁（每月均领取养老保险金），杨女士与姐姐和弟弟签订书面分摊协议，约定由杨女士分摊赡养老人专项附加扣除 800 元。

（7）2019 年 2 月 2 日，甲建筑公司应支付杨女士工资 13500 元，同时发放国庆节的过节福利费 4500 元，合计 18000 元。单位扣缴"三险一金"，杨女士缴付企业年金、支付税优商业健康保险费和杨女士可享受的各类专项附加扣除等金额（每月都相同）。

请分析计算杨女士 1 月和 2 月预扣预缴个人所得税多少元？

二、分析计算

1. 杨女士 2019 年 1 月预扣预缴个人所得税的计算步骤

计算杨女士 2019 年 1 月预扣预缴个人所得税时可扣的金额：

（1）基本扣除费用 5000 元。

（2）专项扣除"三险一金"2560 元。

（3）专项附加扣除 4200 元：①子女教育专项附加扣除 2000 元（女儿和儿子各 1000 元）；②继续教育专项附加扣除 400 元；③住房贷款利息专项附加扣除 1000 元；④赡养老人专项附加扣除 800 元。

（4）依法确定的其他扣除 740 元（企业年金 540 元，支付税优商业健康保险费 200 元）。

杨女士 2019 年 1 月应纳税所得额＝13500－5000－2560－4200－740＝1000（元）

应在 1 月预扣预缴杨女士个人所得税＝1000×3%＝30（元）

2. 杨女士 2019 年 2 月预扣预缴个人所得税的计算步骤

首先，计算杨女士 2019 年 2 月预扣预缴个人所得税时可扣除：

（1）基本扣除费用 5000 元。

（2）专项扣除"三险一金"2560元。

（3）专项附加扣除4200元：①子女教育专项附加扣除2000元（女儿和儿子各1000元）；②继续教育专项附加扣除400元；③住房贷款利息专项附加扣除1000元；④赡养老人专项附加扣除800元。

（4）依法确定的其他扣除740元（企业年金540元，支付税优商业健康保险费200元）。

其次，按"累计预扣法"方式预扣预缴税款：

在1月已预扣预缴杨女士个人所得税30元。

杨女士2月累计应税收入＝13500+13500+4500＝31500（元）

杨女士2月累计扣除额＝5000×2+2560×2+4200×2+740×2＝25000（元）

杨女士2月累计预扣预缴应纳税所得额＝31500-25000＝6500（元）

2月累计应预扣预缴杨女士个人所得税＝6500×3%＝195（元）

2月当月应预扣预缴杨女士个人所得税＝195-30＝165（元）

3. 项目经理获得项目绩效考核奖的个税筹划方法

（1）项目经理取得全年一次性奖金的个税筹划的法律依据分析。根据《财政部、国家税务总局关于个人所得税法修改后有关优惠政策衔接问题的通知》（财税〔2018〕164号）第一条第（一）项的规定，居民个人取得全年一次性奖金，符合《国家税务总局关于调整个人取得全年一次性奖金等计算征收个人所得税方法问题的通知》（国税发〔2005〕9号）规定的，在2021年12月31日前，不并入当年综合所得，以全年一次性奖金收入除以12个月得到的数额，按照本通知所附按月换算后的综合所得税率表（简称月度税率表），确定适用税率和速算扣除数，单独计算纳税。计算公式为：

应纳税额＝全年一次性奖金收入×适用税率-速算扣除数

居民个人取得全年一次性奖金，也可以选择并入当年综合所得计算纳税。

自2022年1月1日起，居民个人取得全年一次性奖金，应并入当年综合所得计算缴纳个人所得税。

基于以上税法政策规定，笔者认为，居民个人取得全年一次性奖金收入的个税计算方法如下：

1）在2021年12月31日之前取得的全年一次性奖金收入可以从以下两种计税方法中任选一种：

一是不并入当年综合所得计算法。即居民个人将取得的全年一次性奖金收入不并入当年综合所得，直接以取得的全年一次性奖金收入除以12个月得到的数额，查找按月换算后的综合所得税率表（简称月度税率表），确定适用税率和速算扣除数，单独计算纳税。计算公式为：

应纳个人所得税额＝全年一次性奖金收入×适用税率−速算扣除数

按月换算后的综合所得税率表

级数	全月应纳税所得额	税率（%）	速算扣除数
1	不超过 3000 元的	3	0
2	超过 3000 元至 12000 元的部分	10	210
3	超过 12000 元至 25000 元的部分	20	1410
4	超过 25000 元至 35000 元的部分	25	2660
5	超过 35000 元至 55000 元的部分	30	4410
6	超过 55000 元至 80000 元的部分	35	7160
7	超过 80000 元的部分	45	15160

二是并入当年综合所得计算法。即居民个人将取得的全年一次性奖金收入并入当年综合所得，依据新的《中华人民共和国个人所得税法》（中华人民共和国主席令第 9 号），按照年度计算个人所得税，在次年的 3 月 31 日和 6 月 30 日之前进行个人所得税的汇算清缴。以每一纳税年度的收入额（含并入的全年一次性奖金收入）减除费用 6 万元以及专项扣除、专项附加扣除和依法确定的其他扣除后的余额，为应纳税所得额，然后按照个人所得税税率表一（综合所得适用）的超额累进税率计算个人所得税。

个人所得税税率表一（综合所得适用）

级数	全年应纳税所得额	税率（%）
1	不超过 36000 元的	3
2	超过 36000 元至 144000 元的部分	10
3	超过 144000 元至 300000 元的部分	20
4	超过 300000 元至 420000 元的部分	25
5	超过 420000 元至 660000 元的部分	30
6	超过 660000 元至 960000 元的部分	35
7	超过 960000 元的部分	45

2）在 2022 年 1 月 1 日之后取得的全年一次性奖金收入的个税计算方法：并入当年综合所得计算法。自 2022 年 1 月 1 日起，居民个人取得全年一次性奖金，必须并入当年居民个人取得的综合所得计算缴纳个人所得税。具体计算方法与第一种年终奖计算方法中的第二种计算方法是一样的。

（2）筹划策略及案例分析。在 2021 年 12 月 31 日之前居民取得全年一次性奖金收入，要将全年一次性奖金收入并入当年综合所得计算个税和全年一次性奖金收入与工资分别计算个税再加总计算个税，选择缴税最少的方式，不一定非得应用全年一次性奖金收入单独计税方式。在 2022 年 1 月 1 日之后，居民个人取得全年一次性奖金，要充分扣除超额累计税率的税率级距的"零界点"。

某建筑企业项目经理取得全年一次性绩效考核奖个税筹划

一、案情介绍

李华是某建筑企业的项目经理，建筑企业实施项目经理负责制，根据项目经理的工作业绩实施年终考核。2019 年李华取得工资收入 20 万元，其中个人负担的社保每月 500 元，专项附加扣除每月 3000 元（子女教育每月 1000 元，房贷利息每月 1000 元，赡养老人每月 1000 元），年末建筑企业给项目经理发放年终绩效考核奖 10 万元。请问：2019 年李华个人所得税如何筹划才能缴纳最少的个税？

二、李华应缴纳个税的计算

1. 并入当年综合所得计算法：年终奖与工资合并计算

应纳个人所得税 =（200000 + 100000 - 60000 - 500 × 12 - 3000 × 12）× 20% - 16920 = 39600 - 16920 = 22680（元）

2. 不并入当年综合所得计算法：年终奖与工资分别计算

工资应纳个人所得税 =（200000 - 60000 - 500 × 12 - 3000 × 12）× 10% - 2520 = 9800 - 2520 = 7280（元）

年终奖应纳个人所得税 = 100000 × 10% - 210 = 10000 - 210 = 9790（元）

（100000÷12＝8333，根据按月换算后的综合所得税率表，确定适用税率和速算扣除数分别为10%、210）。

合计应纳个人所得税＝7280+9790＝17070（元）

3. 纳税结论

不并入当年综合所得比并入当年综合所得纳税减少个人所得税5610元（22680－17070）。

三、个税筹划方案

通过以上涉税成本计算分析，个税筹划方案为：将李华取得的一次性奖金收入10万元不并入当年的综合所得20万元计算，应单独计算个人所得税。

某居民个人取得全年一次性奖金收入个税的计算

一、案情介绍

刘兰是某建筑企业的项目经理，建筑企业实施项目经理负责制，根据项目经理的工作业绩实施年终考核。2019年刘兰取得工资收入20万元，其中个人负担的社保每月500元，专项附加扣除每月3000元（子女教育每月1000元，房贷利息每月1000元，赡养老人每月1000元），年末建筑企业给项目经理发放年终绩效考核奖20万元。请问：2019年刘兰个人所得税如何筹划才能缴纳最少的个税？

二、刘兰应缴纳个税的计算

1. 并入当年综合所得计算法：年终奖与工资合并计算

应纳个人所得税＝（120000+200000－60000－500×12－3000×12）×20%－16920＝43600－2520＝26680（元）

2. 不并入当年综合所得计算法：年终奖与工资分别计算

工资应纳个人所得税＝（120000－60000－500×12－3000×12）×3%＝18000×3%＝540（元）

年终奖应纳个人所得税＝200000×20%－1410＝40000－1410＝38590（元）
（200000÷12＝16667，根据按月换算后的综合所得税率表确定适用税率和速算扣除数分别为20%、1410）

合计应纳个人所得税＝540＋38590＝39130（元）

3. 纳税结论

不并入当年综合所得比并入当年综合所得纳税增加个人所得税12450元（39130－26680）。

三、个税筹划方案

通过以上涉税成本计算分析，个税筹划方案为：将刘兰取得的一次性奖金收入20万元并入当年的综合所得20万元计算，合并计算个人所得税。

二、建筑企业项目经理承包制下的项目经理提取利润的合法渠道及个税的处理

根据《中华人民共和国个人所得税法实施条例》（中华人民共和国国务院令第707号）第六条第（五）项和《国家税务总局关于个人所得税自行纳税申报有关问题的公告》（国家税务总局公告2018年第62号）第二条的规定，个人对企业、事业单位承包经营所得是个人取得的"经营所得"，必须按照"经营所得"计算个税。基于此规定，实施项目经理内部承包制的项目经理从建筑企业取得利润的合法渠道及其个税处理分析如下：

（一）合法取得利润的方法一及个税的处理

1. 合法取得利润的方法一

项目经理通过企业事业单位的"承包经营所得"应税项目，依法自行申报个税后，建筑企业将"承包经营所得"直接从建筑企业的银行账户划入项目经理的个人银行卡（公对私转账）。

2. 建筑企业项目经理承包经营所得个人所得税两种情况的处理

（1）第一种情况：项目经理承包经营所得归项目经理所有的个税处理。如果建筑企业与项目经理签订内部承包协议约定：项目经理以建筑企业的名义对外经营，建筑企业对外承担民事法律责任，项目经理向建筑企业上交一定的管理费，经营所得项目经理所有，则项目经理获得的承包"经营所

得"，必须按照"经营所得"进行个人所得税处理。具体处理如下：

1)"经营所得"的个税实施自行纳税申报而不是代扣代缴的制度。2018年8月31日通过的《中华人民共和国个人所得税法》（中华人民共和国主席令第9号）第九条规定："**个人所得税以所得人为纳税人，以支付所得的单位或者个人为扣缴义务人。**"《个人所得税扣缴申报管理办法（试行）》（国家税务总局公告2018年第61号）第四条规定："**实行个人所得税全员全额扣缴申报的应税所得包括：工资、薪金所得；劳务报酬所得；稿酬所得；特许权使用费所得；利息、股息、红利所得；财产租赁所得；财产转让所得；偶然所得。**"基于以上税法规定，个体工商户业主、个人独资企业投资者、合伙企业个人合伙人、承包承租经营者个人以及其他从事生产、经营活动的个人取得经营所得，不属于"个税代扣代缴"的范围，必须由取得"经营所得"的个人自行进行纳税申报。

2)"经营所得"的个税自行纳税申报方法：按年计算个税，按月或季预缴个税，次年3月31日前汇算清缴（查账征收个税的情况下），核定应税所得率征收个税的"经营所得"不需要汇算清缴。

首先，实施查账征收个税的"经营所得"适用的个税税率。根据《中华人民共和国个人所得税法》（中华人民共和国主席令第9号）第二条、第三条和第六条的规定，实施查账征收的自然人、个体工商户、个人独资企业、个人合伙人取得的"经营所得"，以每一纳税年度的收入总额减除成本、费用以及损失后的余额为应纳税所得额，应当适用百分之五至百分之三十五的超额累进税率［见个人所得税税率表二（经营所得适用）］缴纳个人所得税。在按月或按季预缴税时，适用个人所得税税率表二（经营所得）。

个人所得税税率表二（经营所得适用）

级数	全年应纳税所得额	税率（%）
1	不超过30000元的	5
2	超过30000元至90000元的部分	10
3	超过90000元至300000元的部分	20
4	超过300000元至500000元的部分	30
5	超过500000元的部分	35

注：本表所称全年应纳税所得额是指依照《中华人民共和国个人所得税法》（中华人民共和国主席令第9号）第六条的规定，以每一纳税年度的收入总额减除成本、费用以及损失后的余额。

个人所得税税率表二（经营所得）

级数	全年应纳税所得额	税率（%）	速算扣除数
1	不超过 30000 元的	5	0
2	超过 30000 元至 90000 元的部分	10	1500
3	超过 90000 元至 300000 元的部分	20	10500
4	超过 300000 元至 500000 元的部分	30	40500
5	超过 500000 元的部分	35	65500

注：本表所称全年应纳税所得额是指依照《中华人民共和国个人所得税法》（中华人民共和国主席令第 9 号）第六条的规定，以每一纳税年度的收入总额减除成本、费用以及损失后的余额。

其次，核定征收个税的"经营所得"适用的税率。《中华人民共和国个人所得税法实施条例》（中华人民共和国国务院令第 707 号）第十五条第三款规定：**"从事生产、经营活动，未提供完整、准确的纳税资料，不能正确计算应纳税所得额的，由主管税务机关核定应纳税所得额或者应纳税额。"** 基于此税法规定，为了助力民营经济的发展，减少税务征管成本，全国各省税务机关，根据各省的实际情况，都制定了本省的"经营所得核定征收个人所得税"的税收政策。部分地方政策规定如下：

海南省：《国家税务总局海南省税务局关于经营所得核定征收个人所得税有关问题的公告》（国家税务总局海南省税务局公告 2018 年第 15 号）第二条规定，项目经理内部承包经营所得采用核定应税所得率方式征收个人所得税。应纳税额计算公式：应纳个人所得税的所得额 = 应税收入×应税所得率（10%），应纳个人所得税额 = 应纳个人所得税的所得额×经营所得 5 级累进税率。

广西壮族自治区：《国家税务总局广西壮族自治区税务局关于经营所得核定征收个人所得税有关事项的公告》（国家税务总局广西壮族自治区税务局公告 2018 年第 23 号）第三条规定，项目经理内部承包经营所得采用核定应税所得率方式征收个人所得税。应纳税额计算公式：应纳个人所得税的所得额 = 应税收入×应税所得率（7%），应纳个人所得税额 = 应纳个人所得税的所得额×经营所得 5 级累进税率。

内蒙古自治区：《国家税务总局内蒙古自治区税务局关于核定征收个人所得税有关问题的公告》（国家税务总局内蒙古自治区税务局公告 2018 年第 19 号）第二条规定，项目经理内部承包经营所得采用核定应税所得率方式征收个人所得税。应纳税额计算公式：应纳个人所得税的所得额 = 应税收入×应税所得率（9%），应纳个人所得税额=应纳个人所得税的所得额×经营所得 5 级累进税率。

吉林省：《国家税务总局吉林省税务局关于经营所得项目个人所得税核定征收有关问题的公告》（国家税务总局吉林省税务局公告 2019 年第 1 号）第二条规定，项目经理内部承包经营所得采用核定应税所得率方式征收个人所得税。应纳税额计算公式：应纳个人所得税的所得额=应税收入×应税所得率（7%），应纳个人所得税额=应纳个人所得税的所得额×经营所得 5 级累进税率。

江西省：《国家税务总局江西省税务局关于经营所得核定征收个人所得税等有关问题的公告》（国家税务总局江西省税务局公告 2019 年第 4 号）第二条规定，项目经理内部承包经营所得采用核定应税所得率方式征收个人所得税。应纳税额计算公式：应纳个人所得税的所得额=应税收入×应税所得率（10%），应纳个人所得税额=应纳个人所得税的所得额×经营所得 5 级累进税率。

深圳市：《国家税务总局深圳市税务局关于经营所得核定征收个人所得税有关问题的公告》（国家税务总局深圳市税务局公告 2019 年第 3 号）第二条规定，项目经理内部承包经营所得采用核定应税所得率方式征收个人所得税。应纳税额计算公式：应纳个人所得税的所得额=应税收入×应税所得率（5%），应纳个人所得税额=应纳个人所得税的所得额×经营所得 5 级累进税率。

湖北省：《国家税务总局湖北省税务局关于调整建筑安装业核定征收个人所得税附征率的公告》（国家税务总局湖北省税务局公告 2018 年第 10 号）规定，个人独资或合伙企业、个体工商户或其他个人从事建筑安装劳务，不能正确计算应纳税所得额的，按其经营收入的 1.4%附征个人所得税。

云南省：《国家税务总局云南省税务局关于经营所得个人所得税核定征收有关事项的公告》（国家税务总局云南省税务局公告 2019 年第 2 号）第二条规定，项目经理内部承包经营所得采用核定应税所得率方式征收个人所得税。应纳税额计算公式：应纳个人所得税的所得额=应税收入×应税所得率（7%），应纳个人所得税额=应纳个人所得税的所得额×经营所得 5 级累进税率。

天津市：《国家税务总局天津市税务局关于经营所得个人所得税核定征收有关事项的公告》（国家税务总局天津市税务局公告 2018 年第 30 号）第二条规定，项目经理内部承包经营所得采用核定应税所得率方式征收个人所得税。应纳税额计算公式：应纳个人所得税的所得额＝应税收入×应税所得率（7%），应纳个人所得税额＝应纳个人所得税的所得额×经营所得5级累进税率。

甘肃省：《国家税务总局甘肃省税务局关于个人所得税经营所得项目核定征收有关问题的公告》（国家税务总局甘肃省税务局公告2018年第12号）第二条规定，项目经理内部承包经营所得采用核定应税所得率方式征收个人所得税。应纳税额计算公式：应纳个人所得税的所得额＝应税收入×应税所得率（7%），应纳个人所得税额＝应纳个人所得税的所得额×经营所得5级累进税率。

贵州省：《国家税务总局贵州省税务局关于经营所得个人所得税核定征收有关问题的公告》（国家税务总局贵州省税务局公告2018年第42号）规定，项目经理内部承包经营所得采用核定应税所得率方式征收个人所得税。应纳税额计算公式：应纳个人所得税的所得额＝应税收入×应税所得率（10%），应纳个人所得税额＝应纳个人所得税的所得额×经营所得5级累进税率。

再次，项目经理承包经营所得适用应税所得率核定征收个税，不进行个人所得税的汇算清缴，计算个税不得减除费用6万元、专项扣除、专项附加扣除以及依法确定的其他扣除。项目经理本人是自然人，从事建筑行业的内部承包经营所得其本人所有，采用应税所得率核定征收个税，只要按季度自行纳税申报，不需要进行个人所得税的汇算清缴。同时，根据《国家税务总局关于修订个人所得税申报表的公告》（国家税务总局公告2019年第7号）关于《个人所得税经营所得纳税申报表（A表）》填表说明的规定，实施核定定额征收和核定应税所得率征收的个体工商户业主、个人独资企业投资者、合伙企业个人合伙人、承包承租经营者个人以及其他从事生产、经营活动的个人，在计算每一纳税年度的应纳税所得额时，不可以减除费用6万元、专项扣除、专项附加扣除以及依法确定的其他扣除。

最后，项目经理或承包者按核定应税所得率征收个税办理纳税申报的，按年计算个税，按月或季预缴个税，并报送《个人所得税经营所得纳税申报表（A表）》。根据《国家税务总局关于个人所得税自行纳税申报有关问题的公告》（国家税务总局公告2018年第62号）第二条、《国家税务总局关于修订个人所得税申报表的公告》（国家税务总局公告2019年第7号）的规定，建筑企业项目经理或承包者内部承包取得的经营所得，按年计算个人所得税，由纳税人在月度或季度终了后15日内，向经营管理所在地主管税务机关办理预缴纳税申报，其中按查账征收办理预缴纳税申报，或者按核定征收办理纳税申报的报送《个人所得税经营所得纳税申报表（A表）》。

某项目经理承包建筑公司建筑服务的个税处理

一、案情介绍

（1）张某2019年挂靠红运筑建筑公司承接建筑劳务，张某与红运建筑公司签订内部承包协议，承包期限两年，协议约定：张某以红运建筑公司的名义对外经营，红运建筑公司对外承担民事法律责任，张某向红运建筑公司上交一定的管理费用，经营所得归张某所有。假设张某2019年每一季度从建筑公司取得的承包经营所得15万元（不含增值税）。张某选择按季度预缴申报个税，当地税务部门对承包者实施核定应税所得率征收个人所得税。按照以下应税所得率中的税率计算应纳税所得额。

应税所得率表

序号	类别	应税所得率（%）
1	交通运输业	10
2	采矿业、制造业	10
3	批发和零售业	10
4	建筑业	10
5	房地产业	18
6	住宿业	10
7	餐饮业	7
8	娱乐业	30
9	法律服务业	10
10	其他行业	15

应纳税额计算公式：

应纳税所得额=应税收入×应税所得率，或者应纳税所得额=成本费用支出额/（1-应税所得率）×应税所得率

应纳税额=应纳税所得额×经营所得5级累进税率

其中，应税收入是每一纳税年度的收入总额，成本费用支出额是每一纳税年度的成本费用支出总额

（2）张某每月自行支付税优商业健康保险费300元；每月自行缴纳的"三险一金"3000元（其中基本养老保险1000元，基本医疗保险700元，失业保险300元，住房公积金1000元）。

（3）张某有一男一女两个孩子，都在上小学，已与妻子约定由张某按子女教育专项附加扣除标准的100%扣除。

（4）张某使用商业银行个人住房贷款购买了首套住房，现处于偿还贷款期间，每月需支付贷款利息1600元，已与妻子约定由张某一方进行住房贷款利息专项附加扣除。

（5）因张某工作单位离所购住房很远，还以每月租金1000元在工程项目所在地附近租住了一套房屋。

（6）张某的父母均已退休（已满60岁，均有退休金）在家，张某与兄妹签订书面分摊协议，约定由张某分摊赡养老人专项附加扣除800元。

（7）首套住房贷款利息和房租租金扣除中，张某选择了首套住房贷款利息的扣除。

请计算张某全年和每季度应缴纳的个人所得税。

二、税法依据

（1）《建筑安装业个人所得税征收管理暂行办法》（国税发〔1996〕127号）第三条规定，承包建筑安装业各项工程作业的承包人取得的所得，应区别不同情况计征个人所得税：经营成果归承包人个人所有的所得，或按照承包合同（协议）规定，将一部分经营成果留归承包人个人的所得，按对企事业单位的承包经营、承租经营所得项目征税；以其他分配方式取得的所得，按工资、薪金所得项目征税。

（2）《中华人民共和国个人所得税法实施条例》（中华人民共和国国务院令第707号）第十五条第二款规定："**取得经营所得的个人，没有综合所得的，计算其每一纳税年度的应纳税所得额时，应当减除费用6万元、专项扣除、专项附加扣除以及依法确定的其他扣除。专项附加扣除在办理汇算清**

缴时减除。"

（3）根据《国家税务总局关于修订个人所得税申报表的公告》（国家税务总局公告 2019 年第 7 号）关于《个人所得税经营所得纳税申报表（A表）》填表说明的规定，实施核定定额征收和核定应税所得率征收的个体工商户业主、个人独资企业投资者、合伙企业个人合伙人、承包承租经营者个人以及其他从事生产、经营活动的个人，在计算每一纳税年度的应纳税所得额时，不可以减除费用 6 万元、专项扣除、专项附加扣除以及依法确定的其他扣除。

三、张某个税计算、个税预缴和汇算清缴和申报表填写

张某按季预缴申报个人所得税及纳税申报表的填写：

第一步，2019 年每一季度预缴个税应纳税额的计算（核定征收个税的经营所得不可以减除费用 6 万元、专项扣除、专项附加扣除以及依法确定的其他扣除，同时不进行个税的汇算清缴）：

应纳税所得额 = 应税收入 × 应税所得率 = 150000 × 10% = 15000（元）

第二步，张某每季度应纳个税的计算。根据应纳税所得额，按照个人所得税税率表二（经营所得）中的 5 级累进税率计算个税。

个人所得税税率表二（经营所得）

级数	全年应纳税所得额	税率（%）	速算扣除数
1	不超过 30000 元的	5	0
2	超过 30000 元至 90000 元的部分	10	1500
3	超过 90000 元至 300000 元的部分	20	10500
4	超过 300000 元至 500000 元的部分	30	40500
5	超过 500000 元的部分	35	65500

张某应纳个人所得税额 = 15000 × 5% = 750（元）

第三步，季度申报表的填写。第一季度后的 15 日之内填写个人所得税经营所得纳税申报表（A 表），填写后的季度申报表如下所示。

个人所得税经营所得纳税申报表（A 表）

税款所属期：2019 年 1 月 1 日 至 2019 年 3 月 31 日

纳税人姓名：张某

纳税人识别号：填写身份证号码　　　　　　　　金额单位：人民币元（列至角分）

被投资单位信息	名称	红运劳务公司	纳税人识别号（统一社会信用代码）	填写红运劳务公司纳税识别号
征收方式	□查账征收（据实预缴）　　□查账征收（按上年应纳税所得额预缴） √核定应税所得率征收　　□核定应纳税所得额征收 □税务机关认可的其他方式_____			

项目	行次	金额/比例
一、收入总额	1	150000
二、成本费用	2	
三、利润总额（3＝1-2）	3	
四、弥补以前年度亏损	4	
五、应税所得率（%）	5	10%
六、合伙企业个人合伙人分配比例（%）	6	
七、允许扣除的个人费用及其他扣除（7＝8+9+14）	7	
（一）投资者减除费用	8	
（二）专项扣除（9＝10+11+12+13）	9	
1. 基本养老保险费	10	
2. 基本医疗保险费	11	
3. 失业保险费	12	
4. 住房公积金	13	
（三）依法确定的其他扣除（14＝15+16+17）	14	
1. 商业健康保险费	15	
2.	16	
3.	17	
八、应纳税所得额	18	15000
九、税率（%）	19	5%
十、速算扣除数	20	
十一、应纳税额（21＝18×19-20）	21	750
十二、减免税额（附报《个人所得税减免税事项报告表》）	22	

续表

被投资单位信息	名称	红运劳务公司	纳税人识别号（统一社会信用代码）	填写红运劳务公司纳税识别号
十三、已缴税额				23
十四、应补/退税额（24=21-22-23）				24

谨声明：本表是根据国家税收法律法规及相关规定填报的，是真实的、可靠的、完整的。

纳税人签字：张某　　　2019 年 4 月 13 日

经办人： 经办人身份证件号码： 代理机构签章： 代理机构统一社会信用代码：	受理人： 受理税务机关（章）： 受理日期：　　　年　　月　　日

特别提醒：

张某第二、第三、第四季度的个税计算和季度申报表的填写同第一季度的计算和申报表的填写一模一样。四个季度申报的个税都是 750 元。不存在个税的汇算清缴。

（2）第二种情况：项目经理内部承包建筑服务，项目经理对承包经营成果不拥有所有权的个税处理。《建筑安装业个人所得税征收管理暂行办法》（国税发〔1996〕127 号）第三条规定："**承包建筑安装业各项工程作业的承包人取得的所得，应区别不同情况计征个人所得税：经营成果归承包人个人所有的所得，或按照承包合同（协议）规定，将一部分经营成果留归承包人个人的所得，按对企事业单位的承包经营、承租经营所得项目征税；以其他分配方式取得的所得，按工资、薪金所得项目征税。基于此规定，如果项目经理与建筑企业签订内部承包协议约定：项目经理对企业承包经营成果不拥有所有权，仅是按内部承包协议规定取得一定所得，则项目经理获得的劳动报酬所得是'工资薪金综合所得'，必须按照'工资薪金综合所得'进行个人所得税处理。**"具体处理如下：

首先，由建筑企业按月依照"累计预扣法"预扣预缴项目经理的个人所得税。

其次，根据《个人所得税专项附加扣除操作办法（试行）》（国家税务总局公告 2018 年第 60 号）第四条第一款的规定，班组长（包工头）享受子女教育、继续教育、住房贷款利息或者住房租金、赡养老人专项附加扣除的纳税人，可以选择扣缴义务人在预扣预缴税款时办理扣除；也可以选择在次年 3 月 1 日至 6 月 30 日内，向汇缴地主管税务机关办理汇算清缴申报时扣除。

最后，项目经理自行在次年的 3 月 31 日至 6 月 30 日在项目所在地税务局进行个人所得税汇算清缴。

（二）合法取得利润的方法二及个税的处理

1. 合法取得利润的方法二

第一步，建筑企业与项目经理签订内部承包协议，协议中约定：承包、承租人对企业经营成果不拥有所有权，仅按合同（协议）规定每月取得一定数额的工资，年末按照工资业绩获得一定数额的奖金。

第二步，建筑公司给项目经理每月发放一定数额的工资，同时，内部项目经理自己注册一家一般纳税人资格的个体工商户性质的材料销售贸易公司。通过材料贸易公司从厂家供应商采购建筑材料再销售给建筑公司，将建筑材料的本身利润从建筑公司转移到材料贸易公司。

具体的操作要点如下：

（1）项目经理注册一个一般纳税人资格的材料贸易公司。

（2）签订采购合同的策略。材料贸易公司与材料厂家（材料供应商）签订一份建筑材料采购合同。合同中注明：材料收货地点：项目工程所在地；发货地点：材料厂家（材料供应商）所在地；发货人：材料厂家（材料供应商）；材料收货方：材料贸易公司；代收货方：项目经理内部承包的建筑企业。

（3）签订销售合同的策略。材料贸易公司与项目经理内部承包的建筑企业在采购价格的基础上加价〔注意：加价部分是建筑材料在项目工程造价中分摊的利润，不能加价过高。加价的最低限为：工程造价清单中的价格×（1+5%），加价的最高限为：材料采购价格×（1+30%）〕签订建筑材料销售合同。合同中注明：材料收货地点：项目工程所在地；收货人：项目经理内部承包的建筑企业；发货人：材料贸易公司；代发货方：材料厂家（材料供应商）。

（4）资金流向策略。材料贸易公司公对公账户，将材料款划入材料厂家

（材料供应商）；项目经理内部承包的建筑企业公对公账户，将材料款划入材料贸易公司。

（5）发票开具策略。材料厂家（材料供应商）开具13%的增值税专用发票给材料贸易公司；材料贸易公司经开具13%的增值税专用发票给项目经理内部承包的建筑企业〔注意：一般计税的项目开13%的增值税专用发票，简易计税的项目开13%的增值税普通发票〕。

2. 个税的处理

（1）项目经理在建筑公司里获得的工资薪金，作为其从项目承包利润中拿出利润的一种方式。《建筑安装业个人所得税征收管理暂行办法》（国税发〔1996〕127号）第三条和《国家税务总局关于个人对企事业单位实行承包经营、承租经营取得所得征税问题的通知》（国税发〔1994〕179号）第二条第（二）项规定，承包、承租人对企业经营成果不拥有所有权，仅是按合同（协议）规定取得一定所得的，其所得按工资、薪金所得项目征税。基于此规定，如果建筑企业与项目经理签订内部劳务承包协议约定：项目经理对企业承包经营成果不拥有所有权，仅是按内部承包协议规定取得一定所得，则项目经理获得的劳动报酬所得是"工资薪金综合所得"，必须按照"工资薪金综合所得"进行个人所得税处理。具体处理如下：

首先，由建筑企业按月依照"累计预扣法"预扣预缴班组长（包工头）的个人所得税。

其次，根据《个人所得税专项附加扣除操作办法（试行）》（国家税务总局公告2018年第60号）第四条第一款的规定，班组长（包工头）享受子女教育、继续教育、住房贷款利息或者住房租金、赡养老人专项附加扣除的纳税人，可以选择扣缴义务人在预扣预缴税款时办理扣除；也可以选择在次年3月1日至6月30日内，向汇缴地主管税务机关办理汇算清缴申报时扣除。

（2）个体工商户的材料贸易公司的个税处理。根据《国家税务总局关于个人所得税自行纳税申报有关问题的公告》（国家税务总局公告2018年第62号）第二条的规定，个体工商户不是法人，不是企业所得税的纳税义务人，不缴纳企业所得税，只缴纳个人所得税，按照"经营所得"税目征收个人所得税。具体操作要点如下：

第一步：项目经理必须注册增值税一般纳税人资格的个体工商户性质的材料贸易公司（在工商营业执照上的企业性质一栏是个体工商户）。

第二步：在注册地的税务局申请个体工商户的个人所得税选择应税所得率核定征收个体工商户的个人所得税。

海南省：根据《国家税务总局海南省税务局关于经营所得核定征收个人所得税有关问题的公告》（国家税务总局海南省税务局公告 2018 年第 15 号）第二条的规定，在海南省行政范围内，不符合查账征收条件的个体工商户业主每季的应税收入不高于 90000 元（含 90000 元），不征收个人所得税。第一条规定，不符合查账征收条件的个体工商户业主取得的经营所得采用定额方式征收个人所得税，其经营所得计算公式为：

应纳经营所得的个人所得税额=应税收入×1%

其中应税收入是核定的收入总额或纳税人申请开具发票（不含增值税）的金额。

广西壮族自治区：《国家税务总局广西壮族自治区税务局关于经营所得核定征收个人所得税有关事项的公告》（国家税务总局广西壮族自治区税务局公告 2018 年第 23 号）第三条规定，不符合查账征收条件的个体工商户业主取得的经营所得采用应税所得率核定征收个人所得税，其经营所得计算公式及应纳税额计算公式为：

应纳个人所得税的所得额=应税收入×应税所得率（7%）

应纳个人所得税额=应纳个人所得税的所得额×经营所得 5 级累进税率

内蒙古自治区：《国家税务总局内蒙古自治区税务局关于核定征收个人所得税有关问题的公告》（国家税务总局内蒙古自治区税务局公告 2018 年第 19 号）第一条规定，不符合查账征收条件的个体工商户业主取得的经营所得也可以采用核定征收率方式征收个人所得税。个体工商户经营收入总额，收入总额不超过 90000 元/季（30000 元/月）的，征收率为 0；超过 90000 元/季（30000 元/月）的，全额征收个人所得税。应纳税额计算公式为：

应纳个人所得税额=收入总额×1.2%

吉林省：《国家税务总局吉林省税务局关于经营所得项目个人所得税核定征收有关问题的公告》（国家税务总局吉林省税务局公告 2019 年第 1 号）第二条的规定，不符合查账征收条件的个体工商户业主取得的经营所得采用应税所得率核定征收个人所得税，其经营所得计算公式及应纳税额计算公式为：

应纳个人所得税的所得额=应税收入×应税所得率（7%）

应纳个人所得税额=应纳个人所得税的所得额×经营所得 5 级累进税率

江西省：《国家税务总局江西省税务局关于经营所得核定征收个人所得税等有关问题的公告》（国家税务总局江西省税务局公告 2019 年第 4 号）第二条规定，不符合查账征收条件且未实行定期定额征收管理的个体工商户业主取得的经营所得采用应税所得率核定征收个人所得税，其经营所得计算公式及应纳税额计算公式为：

应纳个人所得税的所得额＝应税收入×应税所得率（10%）

应纳个人所得税额＝应纳个人所得税的所得额×经营所得 5 级累进税率

第三步：工商注册后，在注册地的税务部门购买税控机和税控盘，安装完毕后，到税务部门购买增值税发票，可以给建筑公司开具增值税发票。

四川省：《国家税务总局四川省税务局关于经营所得核定征收等个人所得税有关问题的公告》（国家税务总局四川省税务局公告 2019 年第 8 号）第一条规定：实行核定征收的个体工商户、个人独资企业、合伙企业季度销售额（营业额）不超过 9 万元的，核定个人所得税应纳税所得额为零。

深圳市：《国家税务总局深圳市税务局关于经营所得核定征收个人所得税有关问题的公告》（国家税务总局深圳市税务局公告 2019 年第 3 号）第一条和第二条规定，实行核定征收的个体工商户、个人独资企业、合伙企业季度销售额（营业额）不超过 10 万元的，核定个人所得税应纳税所得额为零。

湖北省：《国家税务总局湖北省税务局关于调整建筑安装业核定征收个人所得税附征率的公告》（国家税务总局湖北省税务局公告 2018 年第 10 号）规定，个人独资或合伙企业、个体工商户或其他个人从事建筑安装劳务，不能正确计算应纳税所得额的，按其经营收入的 1.4%附征个人所得税。

甘肃省：《国家税务总局甘肃省税务局关于个人所得税经营所得项目核定征收有关问题的公告》（国家税务总局甘肃省税务局公告 2018 年第 12 号）第五条规定，月收入额核定在 3 万元以下的（含 3 万元），个人所得税征收率暂核定为零。

案例分析21

某项目经理注册的个体工商户材料贸易公司的个税处理

一、案情介绍

（1）张某 2019 年注册一家个体工商户性质的材料贸易公司，该个体工商户根据当地税务部门的规定，选择核定应税所得率核定征收个人所得税。

张某与红运建筑公司签订内部承包协议，承包期限两年，协议约定：张某以红运建筑公司的名义对外经营，红运建筑公司对外承担民事法律责任，张某向红运建筑公司上交一定的管理费用，经营所得归张某所有。假设张某注册的个体工商户性质的材料贸易公司每季度从建筑公司取得的材料差价为15万元（不含增值税）。个体工商户性质的材料贸易公司选择按季度预缴申报个税，当地税务部门对个体工商户性质的材料贸易公司实施核定应税所得率征收个人所得税。按照以下应税所得率表中的税率计算应纳税所得额。

应税所得率表

序号	类别	应税所得率（%）
1	交通运输业	10
2	采矿业、制造业	10
3	批发和零售业	10
4	建筑业	10
5	房地产业	18
6	住宿业	10
7	餐饮业	7
8	娱乐业	30
9	法律服务业	10
10	其他行业	15

应纳税额计算公式：

应纳税所得额＝应税收入×应税所得率

或者

应纳税所得额＝成本费用支出额/（1-应税所得率）×应税所得率

应纳税额＝应纳税所得额×经营所得5级累进税率

其中，应税收入是每一纳税年度的收入总额；成本费用支出额是每一纳税年度的成本费用支出总额。

（2）张某每月自行支付税优商业健康保险费300元；每月自行缴纳的"三险一金"3000元（其中基本养老保险1000元，基本医疗保险700元，失业保险300元，住房公积金1000元）。

（3）张某有一男一女两个孩子，都在上小学，已与妻子约定由张某按子女教育专项附加扣除标准的 100% 扣除。

（4）张某使用商业银行个人住房贷款购买了首套住房，现处于偿还贷款期间，每月需支付贷款利息 1600 元，已与妻子约定由张某一方进行住房贷款利息专项附加扣除。

（5）因张某工作单位离所购住房很远，还以每月租金 1000 元在工程项目所在地附近租住了一套房屋。

（6）张某的父母均已退休（已满 60 岁，均有退休金）在家，张某与兄妹签订书面分摊协议，约定由张某分摊赡养老人专项附加扣除 800 元。

（7）首套住房贷款利息和房租租金扣除中，张某选择了首套住房贷款利息的扣除。

请计算张某全年和每季度应缴纳的个人所得税。

二、税法依据

（1）《建筑安装业个人所得税征收管理暂行办法》（国税发〔1996〕127号）第三条规定，承包建筑安装业各项工程作业的承包人取得的所得，应区别不同情况计征个人所得税：经营成果归承包人个人所有的所得，或按照承包合同（协议）规定，将一部分经营成果留归承包人个人的所得，按对企事业单位的承包经营、承租经营所得项目征税；以其他分配方式取得的所得，按工资、薪金所得项目征税。

（2）《中华人民共和国个人所得税法实施条例》（中华人民共和国国务院令第 707 号）第十五条第二款规定："**取得经营所得的个人，没有综合所得的，计算其每一纳税年度的应纳税所得额时，应当减除费用 6 万元、专项扣除、专项附加扣除以及依法确定的其他扣除。专项附加扣除在办理汇算清缴时减除。**"

（3）根据《国家税务总局关于修订个人所得税申报表的公告》（国家税务总局公告 2019 年第 7 号）关于《个人所得税经营所得纳税申报表（A 表）》填表说明的规定，实施核定定额征收和核定应税所得率征收的个体工商户业主、个人独资企业投资者、合伙企业个人合伙人、承包承租经营者个人以及其他从事生产、经营活动的个人，在计算每一纳税年度的应纳税所得额时，不可以减除费用 6 万元、专项扣除、专项附加扣除以及依法确定的其他扣除。

三、张某个税计算、个税预缴和汇算清缴和申报表填写

张某按季预缴申报个人所得税及纳税申报表的填写：

第一步，2019 年每一季度预缴个税应纳税额的计算（核定征收个税的

经营所得不可以减除费用6万元、专项扣除、专项附加扣除以及依法确定的其他扣除，同时不进行个税的汇算清缴）：

应纳税所得额＝应税收入×应税所得率＝150000×10%＝15000（元）

第二步，张某每季度应纳个税的计算。根据应纳税所得额，按照个人所得税税率表（经营所得）中的5级累进税率计算个税。

个人所得税税率表二（经营所得）

级数	全年应纳税所得额	税率（%）	速算扣除数
1	不超过30000元的	5	0
2	超过30000元至90000元的部分	10	1500
3	超过90000元至300000元的部分	20	10500
4	超过300000元至500000元的部分	30	40500
5	超过500000元的部分	35	65500

张某应纳个人所得税额＝15000×5%＝750（元）

第三步，季度申报表的填写。第一季度后的15日之内填写个人所得税经营所得纳税申报表（A表），填写后的季度申报表如下所示：

个人所得税经营所得纳税申报表（A表）

税款所属期：2019年1月1日至2019年3月31日

纳税人姓名：张某

纳税人识别号：填写身份证号码 金额单位：人民币元（列至角分）

被投资单位信息	名称	红运劳务公司	纳税人识别号（统一社会信用代码）	填写红运劳务公司纳税识别号
征收方式	□查账征收（据实预缴） □查账征收（按上年应纳所得额预缴） √核定应税所得率征收 □核定应纳税所得额征收 □税务机关认可的其他方式_____			

项目	行次	金额/比例
一、收入总额	1	150000
二、成本费用	2	
三、利润总额（3＝1-2）	3	
四、弥补以前年度亏损	4	

续表

被投资单位信息	名称	红运劳务公司	纳税人识别号（统一社会信用代码）	填写红运劳务公司纳税识别号	
五、应税所得率（%）				5	10%
六、合伙企业个人合伙人分配比例（%）				6	
七、允许扣除的个人费用及其他扣除（7＝8+9+14）				7	
（一）投资者减除费用				8	
（二）专项扣除（9＝10+11+12+13）				9	
1. 基本养老保险费				10	
2. 基本医疗保险费				11	
3. 失业保险费				12	
4. 住房公积金				13	
（三）依法确定的其他扣除（14＝15+16+17）				14	
1. 商业健康保险费				15	
2.				16	
3.				17	
八、应纳税所得额				18	15000
九、税率（%）				19	5%
十、速算扣除数				20	
十一、应纳税额（21＝18×19-20）				21	750
十二、减免税额（附报《个人所得税减免税事项报告表》）				22	
十三、已缴税额				23	
十四、应补/退税额（24＝21-22-23）				24	

谨声明：本表是根据国家税收法律法规及相关规定填报的，是真实的、可靠的、完整的。

纳税人签字：张某　　2019 年 4 月 13 日

经办人： 经办人身份证件号码： 代理机构签章： 代理机构统一社会信用代码：	受理人： 受理税务机关（章）： 受理日期：　　年　　月　　日

特别提醒：

张某第二、第三、第四季度的个税计算和季度申报表的填写同第一季度的计算和申报表的填写一模一样。四个季度申报的个税都是 750 元。不存在个税的汇算清缴。

第四节

建筑企业项目经理内部承包（负责）制中的项目经理及其聘用农民工的社保、个税的协同管理之策

（一）项目经理负责制下的项目经理及其聘用农民工的社保和个税的协同管理

1. 项目经理及其聘用农民工的社保费用处理

在建筑企业项目经理负责制的情况下，项目经理只负责建筑企业全过程中的生产经营，每月从建筑企业获得工资薪金收入，年终根据其工资业绩考核成果获得一定数额的年终奖。根据《中华人民共和国劳动合同法》和《中华人民共和国社会保险法》的规定，项目经理与建筑企业是雇佣与被雇佣的法律关系。因此，项目经理和建筑企业都要依法缴纳社保费用，项目经理的社保费用由建筑企业依法代扣代缴。

关于农民工的社保费用问题，要根据建筑企业与农民工签订的用工合同是劳务合同还是劳动合同而定。如果签订的是劳务合同，则农民工和建筑企业不缴纳社保费用；如果签订的是劳动合同，则农民工和建筑企业都要依法缴纳社保费用。

2. 项目经理和农民工的个税处理

在建筑企业项目经理负责制的情况下，项目经理与建筑企业必须签订劳动合同，项目经理与建筑企业构成雇佣和被雇佣的法律关系，项目经理获得

的每月工资薪金和年终奖是"工资薪金综合所得"。根据《中华人民共和国个人所得税法》及其实施条例的规定，项目经理的工资薪金所得按照年计算个人所得税，由建筑企业每月按照累计预扣法预扣预缴个人所得税，项目经理的专项附加扣除可以选择按月扣除，也可以在次年的 3 月 31 日至 6 月 30 日，项目经理自行进行个人所得税汇算清缴时扣除。

关于农民工的个税问题，要根据建筑企业与农民工签订的用工合同是劳务合同还是劳动合同而定。如果签订的是劳务合同，则农民工的劳务报酬按照劳务报酬所得计算个人所得税；如果签订的是劳动合同，则农民工的劳务报酬按照工资薪金所得计算个人所得税。

3. 项目经理的社保与个税的协同管理

根据中华人民共和国劳动和社会保障部社会保险事业管理中心关于规范社会保险缴费基数有关问题的通知》（劳社险中心函〔2006〕60 号）第五条关于统一缴费基数问题的第（一）项规定如下：单位职工本人缴纳基本养老保险费的基数原则上以上一年度本人月平均工资为基础，在当地职工平均工资的 60%～300% 的范围内进行核定。因此，在一个年度内，项目经理从建筑企业获得的总收入（每月工资收入×12+项目经理获得的依法必须缴纳社保的福利费用+年终奖金）除以 12 个月，大于当地政府规定的当地职工月平均工资 3 倍的部分作为不缴纳社保的基数。

（二）项目经理承包制下的项目经理及其聘用农民工的社保和个税的协同管理

1. 项目经理和农民工的社保费用处理

企业内部承包经营是企业转换经营机制的一种较为普遍的经营方式。对于内部承包的认定，企业内部承包合同纠纷是否属于人民法院受理民事诉讼的范围，决定于企业内部承包合同是否属于民事合同。只有平等主体之间签订的承包合同才属于民事诉讼管辖的范围，而那些未摆脱管理、人身隶属关系的内部承包则不属于民事诉讼的范围，此类内部承包进入诉讼程序，基本面临的是被裁驳的局面。因此，项目经理与建筑企业签订的内部承包协议不是民事合同，也不是民事诉讼调整的范围。

另外，根据《关于企业内部个人承包中保险待遇问题的复函》（劳险字〔1992〕27 号）的规定，企业与职工个人签订承包合同，是企业内部经营管理的一种方式。企业经营机制的转变，并未改变企业和职工的劳动关系，也未改变承包者的职工身份，因此企业应按照国家现行政策保障职工的社会保障权益。《中华人民共和国劳动合同法》第九十四条规定："**个人承包经营违反本法规定招用劳动者，给劳动者造成损害的，发包的组织与个人承包经营者承担连带赔偿责任。**"基于此规定，在项目经理与建筑企业签订内部承包协议的情况下，建筑企业与项目经理之间仍然是劳动关系，则建筑企业与项目经理及其自行招聘的农民工的社保费仍然由建筑企业、项目经理和农民工缴纳，项目经理和农民工的社保保险由建筑企业依法代扣代缴。

2. 项目经理与农民工的个税处理

（1）在项目经理内部承包制的情况下，项目经理的个税处理分两种情况。一是如果建筑企业与项目经理签订内部承包协议约定：项目经理以建筑企业的名义对外经营，建筑企业对外承担民事法律责任，项目经理向建筑企业上交一定的管理费，经营所得项目经理所有，则项目经理获得的承包"经营所得"必须按照"经营所得"进行个人所得税处理。二是如果项目经理与建筑企业签订内部承包协议约定：项目经理对企业承包经营成果不拥有所有权，仅是按内部承包协议规定取得一定所得，则项目经理获得的劳动报酬所得是"工资薪金综合所得"，必须按照"工资薪金综合所得"进行个人所得税处理。

（2）农民工的个税处理。在项目经理承包制的情况下，农民工的个税处理分两种情况处理：一是如果建筑企业与农民工签订劳动合同，则农民工的劳务报酬按照工资薪金所得计算个人所得税；二是如果建筑企业与劳务公司签订劳务分包合同，劳务公司与农民工签订劳动合同，则农民工的劳动报酬由劳务公司按照工资薪金综合所得计算缴纳个人所得税；三是如果建筑企业与劳务公司签订劳务分包合同，劳务公司与班组长或包工头签订劳务专业作业分包合同，班组长到劳务所在地税务局代开发票给劳务公司进成本，则税务局按照"经营所得"税目代开发票时，依照不含增值税的开票金额的一定比例代征个人所得税，班组长带领的农民工不再缴纳个人所得税。

4

房地产企业重要业务中的
"财税法"风险管控

基于房地产企业业务流程的负责性和各项业务涉及的相关法律规定的考虑，对房地产企业各项业务加强财务风险、税务风险和法律风险的管控是房地产企业创造税务利润、提升企业税务安全、增强企业竞争力的内在要求。本章主要介绍以下重要业务中的财税法管控：房地产企业参与国有土地一级开发，房地产企业项目内配建公共配套设施无（有）偿移交给政府、售后返租、以房抵工程款、"甲供工程"业务、土地增值税清算和缴纳、两种"红外线支出"的财税法风险管控策略。其中，重点分析房地产企业在土地增值税清算和缴纳时出现的成本项目扣除中的漏税风险、土地增值税收入确定中的延期缴纳和漏税风险。

第 一 节

房地产企业参与国有土地一级
开发的"财税法"风险管控

国有土地分为生地（毛地）和熟地（净地），国有土地从生地变成熟地的过程就是土地的一级开发过程。在国有土地一级开发过程中，地方政府往往通过招商引资政策，引进社会民间资本参与国有土地的一级开发。在民间资本参与国有土地一级开发的过程中，民间投资者从投资到利益分享都必须在法律的框架下进行财税处理，否则就会有法律和税务风险。鉴于此，必须对国有土地一级开发中的财税法风险进行管控。

一、国有土地一级开发中的法务风险管控策略

在国有土地一级开发过程中的主要法律风险是：地方政府以土地置换工程、违背土地出让金收支两条线管理、实行毛地出让、以 PPP 模式参与国有土地一级开发等，在新的法律法规政策下，必须实行以下法务风险管控策略。

（一）国有土地使用权出让应"净地"出让，而不能"毛地"出让

《国土资源部、住房和城乡建设部关于进一步加强房地产用地和建设管

理调控的通知》（国土资发〔2010〕151号）第四条规定："土地出让必须以宗地为单位提供规划条件、建设条件和土地使用标准，严格执行商品住房用地单宗出让面积规定，不得将两宗以上地块捆绑出让，不得'毛地'出让。"《闲置土地处置办法》（国土资源部第53号令）第二十一条规定："供应土地应当土地权利清晰，安置补偿落实到位，具备动工开发所必需的其他基本条件。"根据以上法律规定，国有土地使用权应"净地"出让。

（二）国有土地一级开发的投入由政府负责

《国有土地上房屋征收与补偿条例》（国务院令第590号）第四条规定："市、县级人民政府负责本行政区域的房屋征收与补偿工作。"《土地储备管理办法》（国土资发〔2007〕277号）第十八条规定："土地储备机构应对储备土地特别是依法征收后纳入储备的土地进行必要的前期开发，使之具备供应条件。"《国有土地使用权出让收支管理办法》（财综〔2006〕68号）第十五条规定："土地开发支出包括前期土地开发性支出以及财政部门规定的与前期土地开发相关的费用等，含因出让土地涉及的需要进行的相关道路、供水、供电、供气、排水、通信、照明和土地平整等基础设施建设支出。"

（三）国有土地出让金实行"收支两条线"管理

1. 国有土地出让收入的范围

关于土地出让收入范围，《国务院办公厅关于规范国有土地使用权出让收支管理的通知》（国办发〔2006〕100号）第一条规定："国有土地使用权出让收入是政府以出让等方式配置国有土地使用权取得的全部土地价款，包括受让人支付的征地和拆迁补偿费用、土地前期开发费用和土地出让收益等"。关于土地出让金的上缴和使用，该文件规定，土地出让收支全额纳入地方基金预算管理。收入全部缴入地方国库，支出一律通过地方基金预算从土地出让收入中予以安排，实行彻底的"收支两条线"。《国有土地使用权出让收支管理办法》（财综〔2006〕68号）第二条规定，国有土地使用权出让收入（以下简称土地出让收入）是指政府以出让等方式配置国有土地使用权取得的全部土地价款。具体包括：以招标、拍卖、挂牌和协议方式出让国有土地使用权取得的总成交价款（不含代收代缴的税费）；转让划拨国有土地使用权或依法利用原划拨土地进行经营性建设应当补缴的土地价款；处置抵押划拨国有土地使用权应当补缴的土地价款；转让房改房、经济适用住房按照规定应当补缴的土地价款；改变出让国有土地使用权土地用途、容积率等土地使用条件应当补缴的土地价款，以及其他和国有土地使用权出让或变更有关的收入等；国土资源管理部门依法出租国有土地向承租者收取的土地租金收入；出租划拨土地上的房屋应当上缴的土地收益；土地使用者以划拨方式取得国有土地使用权，依法向市、县人民政府缴纳的土地补偿费、安置补助费、地上附着物和青苗补偿费、拆迁补偿费等费用（不含征地管理费），一并纳入土地出让收入管理。第四条规定，土地出让收支全额纳入地方政府基金预算管理。收入全部缴入地方国库，支出一律通过地方政府基金预算从土地出让收入中予以安排，实行彻底的"收支两条线"管理。在地方国库中设立专账（即登记簿），专门核算土地出让收入和支出情况。第十条规定，任何地区、部门和单位都不得以"招商引资""旧城改造""国有企业改制"等各种名义减免土地出让收入，实行"零地价"，甚至"负地价"，或者以土地换项目、先征后返、补贴等形式变相减免土地出让收入；也不得违反规定通过签订协议等方式，将应缴地方国库的土地出让收入，由国有土地使用权受让人直接将征地和拆迁补偿费支付给村集体经济组织或农民等。

2. 国有土地储备金支付范围

根据《土地储备资金财务管理办法》（财综〔2018〕8号）第八条的规定，土地储备资金的使用范围具体包括：

（1）征收、收购、优先购买或收回土地需要支付的土地价款或征地和拆迁补偿费。包括土地补偿费和安置补助费、地上附着物和青苗补偿费、拆迁补偿费，以及依法需要支付的与征收、收购、优先购买或收回土地有关的其他费用。

（2）征收、收购、优先购买或收回土地后进行必要的前期土地开发费用。储备土地的前期开发，仅限于与储备宗地相关的道路、供水、供电、供气、排水、通信、照明、绿化、土地平整等基础设施建设支出。

（3）按照财政部关于规范土地储备和资金管理的规定需要偿还的土地储备存量贷款本金和利息支出。

（4）经同级财政部门批准的与土地储备有关的其他费用。包括土地储备工作中发生的地籍调查、土地登记、地价评估以及管护中围栏、围墙等建设等支出。

（四）严禁在国有土地一级开发中采用PPP模式和BT模式

根据《关于联合公布第三批政府和社会资本合作示范项目加快推动示范项目建设的通知》（财金〔2016〕91号）的规定，PPP项目主体或其他社会资本，除通过规范的土地市场取得合法土地权益外，不得违规取得未供应的土地使用权或变相取得土地收益，不得作为项目主体参与土地收储和前期开发等工作，不得借未供应的土地进行融资；PPP 项目的资金来源与未来收益及清偿责任，不得与土地出让收入挂钩。根据《关于制止地方政府违法违规融资行为的通知》（财预〔2012〕463 号）的规定，切实规范地方政府以回购方式举借政府性债务行为；除法律和国务院另有规定外，地方各级政府及所属机关事业单位、社会团体等不得以委托单位建设并承担逐年回购（BT）责任等方式举借政府性债务。《政府投资条例》（中华人民共和国国务院令712 号）第 22 条规定，政府投资项目不得由施工单位垫资建设。

基于以上规定，在 PPP 项目中，社会资本不能作为项目主体参与国有土地一级开发，也不能从土地出让收入中与政府进行利益分成，在土地一级开发过程中，绝对不允许采用 BT 模式。

（五）房地产企业可以成为土地一级开发的参与主体

《土地储备管理办法》（国土资发〔2007〕277 号）规定，土地储备工作的具体实施，将由政府下属事业单位土地储备机构完成。《北京市土地储备和一级开发暂行办法》《成都市关于积极引进和规范社会资金进行一级土地整理的意见》《天津市土地整理储备管理办法》等各省市均明确规定，土地储备开发可以通过招标方式选择有相应资质等级的房地产开发企业承担。因此，房地产开发企业通过与政府签订投资合作协议，经当地政府授权，可以成为土地征用和旧城改造的立项主体，成为国有土地和集体村民土地一级开发的纳税义务主体。

（六）房地产企业参与土地一级开发的两种政企合作模式

地方政府给政策，房地产企业负责投资，双方通过投资合作协议约束双方的权、责、利。财政资金紧张的县（市）将土地的前期规划、整体整理、投资建设、招商运营打包由房地产开发企业承办，以期土地一、二级联动开发模式。具体而言，主要体现为以下两种政企合作模式：

（1）政府主导土地一级开发模式。即政府完全主导土地一级开发中的征地拆迁及土地整理工程业务，房地产企业只负责提供资金投入，按双方签订的投资合同约定收取报酬。

（2）开发商主导土地一级开发模式，即房地产企业以自己的名义立项成为改造主体，全程参与土地一级开发全过程中的征地拆迁及土地整理工程。

（七）房地产企业参与土地一级开发的盈利模式

实践中，房地产企业参与土地一级开发的盈利模式一般体现为以下四种：

（1）有限收益模式（固定收益模式）。即政府承诺归还房地产企业投入的资本金和按照房地产企业投入土地一级开发中的资金总额为基数，按照一定的利润率（以银行贷款同期基准利率作为参考）计算给予资金占用费用。

（2）土地出让金收入分成模式。即房地产企业与政府在投资协议中约定：按照土地出让金收入的一定比例分成，该房地产企业从土地出让收入中分得的收益可能低于也可能高于其在土地一级开发中的总投入资金。

（3）土地出让净收益分成模式。即房地产企业与政府在投资协议中约定：如果土地出让收入低于房地产企业在土地一级开发中的总投资额，则其亏损由房地产企业自行承担；如果土地出让收入高于房地产企业在土地一级开发中的总投资额，则高于的部分（土地出让净收益）由政府和房地产企业按照一定的比例分成。

（4）土地一、二级联动开发收益模式。土地一级开发中的房地产企业凭借良好的公关能力，通过与政府在土地一级开发环节建立的良好合作关系，创造条件确保在土地上市交易"招拍挂"中，能够取得全部或部分土地的二级开发用地，以实现一、二级联动开发，获取较高收益。

特别要提醒的是：为了防止不合理让利或利益输送，大多地方政府禁止土地一级开发与房地产开发企业收益分成，房地产开发企业一般按合同约定获得有限的收益。

（八）土地一级开发的"三个阶段"和国有土地出让成本审核流程(即房地产企业土地一级开发收入)

1. 土地一级开发的三个阶段

土地一级开发分为报建和征地拆迁阶段、土地开发整理阶段、后期管理及上市交易准备阶段。其中，在报建和征地拆迁阶段，房地产开发企业受政府委托从事征迁工作，代行政府部分职能，代支代付征迁安置款，按规定取得管理费，房地产开发企业提供代理服务。在土地开发整理阶段，房地产开发企业拆除建筑物或者构筑物、平整土地、园林绿化、建造市政基础设施、修建围墙等，按合同取得报酬。

2. 国有土地出让成本审核流程（即房地产企业土地一级开发收入）

首先，国有土地一级开发要经过土地报批、征地拆迁、土地评审、土地回购等前期工作，征迁单位将征地及拆迁补偿支出票据原件交区（县）国土资源局发票报审，复印件留存。区（县）国土资源局和财政局按程序委托评估公司进行评估，出具土地成本评估报告。国土资源局初审核实后，按照土地报批费用、征地拆迁安置补偿、土地前期开发费用三项分类汇总，填报《国有土地出让成本审核申报表》，经国有土地开发项目单位、县城市建设投资服务中心或开发区管委会共同盖章确认后，将《国有土地出让成本审核申报表》及相关成本票据资料呈报财政局审核。

其次，财政局对国有土地出让成本费用进行审核、认定、汇总，区（县）财政局审核完毕后，出具《国有土地出让成本审核认定表》，会同区（县）国土资源局、城市建设投资服务中心或经济开发区管委会等相关部门共同审查认定，经各部门签字盖章确认后呈报区（县）人民政府审批。

最后，区（县）人民政府组织召开土地成本审核小组成员会议，对区（县）财政局呈报的《国有土地出让成本审核认定表》进行审核，经会议讨论研究通过的按程序签字、审批、盖章，作为国有土地出让成本核算和土地成本拨付的依据。国有土地开发成本的审核报批、认定，国有土地开发成本的资金拨付按规定程序履行资金拨付签字报批手续后，由财政专户直接拨付到区（县）土地储备机构或房地产开发企业。

二、房地产企业（社会资本）参与国有土地一级开发的税务管控策略

房地产企业或社会投资者参与国有土地一级开发获得的收益涉及多缴纳税或少缴纳税的税收风险问题，为了控制税收风险，必须实行以下税务管控策略。

（一）第一种政府主导土地一级开发模式的税务处理

1. 增值税和企业所得税的处理

由政府主导土地一级开发模式是政府完全主导土地一级开发中的征地拆迁及土地整理工程业务，房地产企业只负责提供资金投入，按双方签订的投资合同收取报酬。其增值税和企业所得税的处理分以下两种情况处理：

第一，既要缴纳增值税也要缴纳企业所得税。

根据（财税〔2016〕36号）文件附件：《销售服务、无形资产、不动产注释》第一条第（五）项金融服务的规定，贷款服务是指将资金贷与他人使用而取得利息收入的业务活动，以货币资金投资收取的固定利润或者保底利润，按照贷款服务缴纳增值税。基于此规定，如果社会民间投资者（房地产企业）与政府签订的土地一级开发协议中约定了以下内容：当土地达到"招挂拍"的条件，土地对外拍卖，无论拍卖价是否超过社会民间投资者（房地产企业）投入一级土地开发的投资成本（包括投资资金的融资成本费用），政府应在一定的期限内偿还投资者（房地产企业）投入的资本金，而且还要按照银行同期的贷款利率给投资者（房地产企业）融资利息。那么，这种合同约定的实质是，社会民间投资者（房地产企业）以货币资金投资收取的固定利润或者保底利润，应按照贷款服务缴纳增值税。社会民间投资者（房地产企业）获得的融资利息应该缴纳企业所得税。

第二，不缴纳增值税，但要缴纳企业所得税。

如果社会民间投资者与政府签订的国有土地一级开发协议中约定以下内容：社会民间投资者投资政府土地改造项目（包括企业搬迁、危房拆除、土地平整等土地整理工作）。其中，土地拆迁、安置及补偿工作由地方政府指定其他纳税人进行，投资方负责按计划支付土地整理所需资金；同时，投资方作为建设方与规划设计单位、施工单位签订合同，协助地方政府完成土地规划设计、场地平整、地块周边绿化等工作，并直接向规划设计单位和施工单位支付设计费和工程款。当该地块符合国家土地出让条件时，地方政府将该地块进行挂牌出让，若成交价低于投资方投入的所有资金，亏损由投资方自行承担；若成交价超过投资方投入的所有资金，则所获收益归投资方或者所获收益由政府和社会投资者按照一定比例进行分配。社会投资者投入资金并承担项目风险和损益的行为，即利益和风险共担，属于合同联营行为（投资行为的一种），投资者获得的收益不征收增值税，只缴纳企业所得税。

2. 土地增值税的处理

由于开发企业从事土地一级开发，没有取得土地使用权，不属于土地增值税的征税对象，其取得的土地出让金收入分成、土地出让收益不缴纳土地增值税。

3. 安置房的税务处理

在政府主导土地一级开发模式下，安置房的建设都是以政府的名义立项报建的，房地产企业（社会投资者）只负责投入资金和提供管理服务，所以安置房不涉及任何税收问题。

（二）第二种开发商主导土地一级开发模式的税务处理

所谓开发商主导土地一级开发模式，是指房地产企业以自己的名义立项成为改造主体，全程参与土地一级开发中的征地拆迁及土地整理工程建设的经营行为。房地产企业一般取得以下收入：①拆迁安置工作的管理服务收入。②土地整理活动的建造服务收入。③代建市政配套设施和安置房的建造服务收入。④从土地增值收益中取得的分成收入。⑤报建、后期管理服务等其他收入。在这种合作模式下的税务处理如下：

1. 增值税的处理

以《国有土地出让成本审核认定表》（城改项目由城改办出具《城改综合成本审核报告》）为依据，开发企业应当按管理费收入、贷款利息收入、建筑服务收入的比重将投资（利润）回报进行分解为管理服务收入、建筑服务收入和融资利息收入，《营业税改征增值税试点实施办法》（财税〔2016〕36 号）附件 2《营业税改征增值税试点有关事项的规定》第一条规定，房地产企业（社会投资者）应按照兼营的有关规定，分别适用各自的增值税税率，缴纳增值税。增值税的税务处理具体如下：

第一，房地产开发企业从事征地及拆迁支付的各项补偿款不属于增值税的应税范围，免征增值税。

第二，房地产企业前期报建和提供征地拆迁、项目开发后期管理取得的各项管理费收入应按"现代服务——商务辅助服务——经纪代理服务"缴纳增值税。

第三，房地产开发企业建设安置房、提供拆除建筑物或者构筑物、平整土地、园林绿化、表面附着物（包括岩层、土层、沙层等）剥离和清理劳务、市政基础配套设施等工程作业按"其他建筑服务"缴纳增值税。

第四，房地产企业提供融资服务，根据投资合作合同规定的利率按贷款服务缴纳增值税。

2. 安置房的税务处理

（1）增值税的处理。开发企业以自己的名义立项建设安置房应作为征地及拆迁补偿中的一个"小单元"单独核算，开发企业可以从国土局（城改办）出具的《国有土地出让成本审核认定表》（城改项目由城改办出具《城改综合成本审核报告》）中找到安置房的收入，以其为依据来确认安置房的销售收入，计算增值税销项税额。开发安置房需要缴纳的增值税应当列入土地一级开发的征地成本核算。但是，《财政部、国家税务总局关于全面推开营业税改增值税试点的通知》（财税〔2016〕36号）附件3《营业税改征增值税试点过渡政策的规定》第一条第（三十四）项规定，为了配合国家住房制度改革，企业、行政事业单位按房改成本价、标准价出售住房取得的收入免征增值税。基于此规定，如果土地一级开发项目属于棚户区改造工程，则棚户区改造工程中的安置房免征增值税。

（2）土地增值税的处理。《国家税务总局 关于营改增后土地增值税若干征管规定的公告》（国家税务总局公告2016年第70号）第二条第二款规定，房地产企业安置回迁户，其拆迁安置用房应税收入和扣除项目的确认，应按照《国家税务总局关于土地增值税清算有关问题的通知》（国税函〔2010〕220号）第六条规定执行。具体如下：

第一，如果房地产企业用建造的本项目房地产安置回迁户的，则安置用房视同销售处理。国税发〔2006〕187号第三条第（一）款规定，按本企业在同一地区、同一年度销售的同类房地产的平均价格确定收入，同时将此确认为房地产开发项目的拆迁补偿费。房地产开发企业支付给回迁户的补差价款，计入拆迁补偿费；回迁户支付给房地产开发企业的补差价款，应抵减本项目拆迁补偿费。

第二，如果房地产开发企业采取异地安置，则异地安置的房屋属于自行开发建造的，房屋价值按国税发〔2006〕187号第三条第（一）款的规定计算，即按本企业在同一地区、同一年度销售的同类房地产的平均价格确定，计入本项目的拆迁补偿费；异地安置的房屋属于购入的，以实际支付的购房支出计入拆迁补偿费。

（3）安置房企业所得税的处理。开发企业以自己的名义立项建设安置房应作为征地及拆迁补偿中的一个"小单元"单独核算，开发企业可以从国土局（城改办）出具的《国有土地出让成本审核认定表》（城改项目由城改办出具《城改综合成本审核报告》）中找到安置房的收入，以其为依据来确认安置房的销售收入，并入土地一级开发的收入中缴纳企业所得税。

3. 企业所得税的处理

土地一级开发应按国土局（城改办）出具的《国有土地出让成本审核认定表》（城改项目由城改办出具《城改综合成本审核报告》）确认土地一级开发收入（包含安置房）；按土地一级开发投入的支出（包含安置房）结转土地一级开发成本，按相关税法规定计算结转相关税费，就利润部分缴纳企业所得税。

三、房地产企业（社会资本）参与国有土地一级开发的财务管控策略

（一）政府主导土地一级开发模式的财务处理

在民间投资者投入资金参与国有土地一级开发的法律实质是，民间投资者将资金借给政府，政府借用民间投资者投入的资金用于国有土地一级开发过程中的土地规划设计、场地平整、地块周边绿化、土地拆迁、安置及补偿支出。当国有土地（生地）开发成熟地后，按照市场化的"招挂拍"程序，将土地出让给土地使用者，土地使用者按照法律规定必须向政府支付土地出让金。依据土地出让金收支两条线的原则，按照国有土地一级开发合同的约定，从土地出让金收入中支付民间投资者应得的回报。基于以上分析，民间投资者投入资金参与国有土地一级开发的账务处理，必须通过"其他应收款——政府/土地储备中心"科目进行核算。具体财务处理如下：

（1）在政府主导土地一级开发（包含安置房建设）的过程中，房地产开发企业仅负责融资，代收代付各种款项，所有的票据开给政府。

（2）如果社会民间投资者（房地产企业）与政府签订的土地一级开发协议中约定了以下内容：当土地达到招挂拍的条件，土地对外拍卖，无论拍卖价是否超过社会民间投资者（房地产企业）投入一级土地开发的投资成本（包括投资资金的融资成本），政府在一定的期限内偿还投资者（房地产企业）投入的资本金，而且还按照银行同期的贷款利率给投资者（房地产企业）融资利息。那么，这种合同约定的实质是融资行为，账务处理如下：

第一，房地产企业支付国有土地一级开发投资款时的财务处理。

借：其他应收款——土地储备中心/政府
  贷：银行存款

第二，如果房地产企业从事土地一、二级联动开发，则土地挂牌后，取得政府土地拍卖款，并支付土地出让金时的财务处理。

借：开发成本——土地成本——土地征用及拆迁补偿费
  贷：其他应收款——土地储备中心/政府
    银行存款（土地出让金抵减房地产企业在土地一级开发中的资金投入成本）

第三，如果房地产企业没有从事土地一、二级联动开发，只是从事土地

一级开发投入资金，则土地挂牌后，取得政府土地拍卖款的财务处理。

借：银行存款

　　贷：其他应收款——土地储备中心/政府

　　　　其他业务收入——融资利息收入

　　　　应交税费——应交增值税（销项税额）

（3）如果社会民间投资者与政府签订的国有土地一级开发协议中约定了以下内容：社会民间投资者投资政府土地改造项目（包括企业搬迁、危房拆除、土地平整等土地整理工作）。其中，土地拆迁、安置及补偿工作由地方政府指定其他纳税人进行，投资方负责按计划支付土地整理所需资金；同时，投资方作为建设方与规划设计单位、施工单位签订合同，协助地方政府完成土地规划设计、场地平整、地块周边绿化等工作，并直接向规划设计单位和施工单位支付设计费和工程款。当该地块符合国家土地出让条件时，地方政府将该地块进行挂牌出让，若成交价低于投资方投入的所有资金，亏损由投资方自行承担；若成交价超过投资方投入的所有资金，则所获收益归投资方或者由政府和社会投资者共同按照一定比例进行分配。社会投资者投入资金并承担项目风险和损益的行为，即利益和风险共担，属于合同联营行为（投资行为的一种），投资者获得的收益不征收增值税，只缴纳企业所得税。这种合同约定的财务处理如下：

第一，房地产企业支付国有土地一级开发投资款时的财务处理。

借：其他应收款——土地储备中心/政府

　　贷：银行存款

第二，如果房地产企业从事土地一、二级联动开发，则土地挂牌后，取得政府土地拍卖款并支付土地出让金时的财务处理。

借：开发成本——土地成本——土地征用及拆迁补偿费

　　贷：其他应收款——土地储备中心/政府

　　　　银行存款（土地出让金抵减房地产企业在土地一级开发中的资金投入成本）

第三，如果房地产企业没有从事土地一、二级联动开发，只是从事土地一级开发投入资金，则土地挂牌后，取得政府土地拍卖款时的财务处理。

借：银行存款

　　贷：其他应收款——土地储备中心/政府

　　　　其他业务收入——融资利息收入

　　　　投资收益

(二) 开发商主导土地一级开发模式的财务处理

由于开发商主导的土地一级开发模式，是以房地产开发的名义立项报批报建项目，所以房地产开发企业通过"开发成本——土地一级开发成本"科目进行会计核算。具体核算如下：

(1) 房地产开发企业在土地一级开发过程中发生的土地补偿费、安置补助费、青苗及地上附着物补偿费、耕地开垦费、征收转用相关税费、有偿收回国有土地使用权费用等的财务处理。

借：开发成本——土地一级开发成本——征地成本

　　贷：银行存款

(2) 房地产开发企业在土地一级开发过程中发生的房屋征收补偿费用、产权调换房屋建设投入、房屋附属设施补偿及房屋征收相关费用的财务处理。

借：开发成本——土地一级开发成本——房屋拆迁补偿款

　　贷：银行存款

(3) 房地产企业在土地开发整理范围内实施房屋和附属设施拆除、土地平整及为满足土地出让需要实施的道路、桥涵建设及管线改造等前期投入费用，依据施工合同、工程竣工验收报告和财政或审计机构审定的工程决算认定和核算进行的财务处理。

借：开发成本——土地一级开发成本——土地前期开发费用

　　贷：银行存款

(4) 房地产企业在土地一级开发中发生的临时绿化费用、砌建围墙费用、城市基础设施综合配套费用的财务处理。

借：开发成本——土地一级开发成本——土地整理工程

　　贷：银行存款

(5) 房地产开发企业在土地一级开发中从政府获得的储备土地保护看管费用、土地征收实施费用、房屋征收实施费用的财务处理。

借：银行存款

　　贷：主营业务收入——管理收入

　　　　应交税费——应交增值税 (销项税额)

(6) 房地产开发企业在土地一级开发中，参照资金实际到位时间和同期银行贷款年度基准利率计算获得的融资利息收入和利润回报收入的财务处理。

借：银行存款

　　贷：主营业务收入——融资利息收入和投资回报

应交税费——应交增值税（销项税额）

（7）房地产开发企业在土地一级开发中发生的土地成本核算费用、中介和法律服务费用、其他费用的财务处理。

借：开发成本——土地一级开发成本——开发间接费用

贷：银行存款

某房地产公司与土地储备中心合作开发生地的涉税处理

一、案例介绍

甲县土地储备中心（以下简称甲方）与乙房地产有限公司（以下简称乙方）共同合作开发800亩土地（生地），实行开发商主导的土地一级开发模式，是以房地产开发的名义立项报批报建项目，合同约定该800亩土地开发的合作内容、投资成本的构成、返还与收益如下：

第一，合作内容。

合作800亩土地收储、开发及出让工作，主要包括以下内容：

（1）协调落实办理项目前期相关审批手续。

（2）协调落实新增建设用地指标和耕地占补指标。

（3）开展项目涉及的征地拆迁工作、"三通一平"（即通路、通水、通电、场地平整）等城市基础设施建设。

（4）项目地块在甲方收储后，由甲乙双方进行共同开发、出让和投资成本、收益结算。

第二，投资成本约定条款。

乙方负责协调落实用地指标和耕地占补指标，并投入4000万元包干用于800亩土地的收储开发，不足部分由甲方负责解决。

甲乙双方投资的收储开发成本包括：

（1）征地拆迁补偿、征地拆迁工作经费、项目报批费用及有关税费。

（2）储备用地供应的费用，包括对储备用地的可行性研究、勘测定界、土地登记、相关规划调整编制、地价评估以及供应前管理涉及的费用。

（3）"三通一平"（即800亩用地红线范围内的通路、通水、通电、场地平整）建设。

（4）按甲县征地拆迁安置政策涉及的房屋拆迁回建地和产业发展用地征收补偿费。

第三，投资成本的返还与收益约定条款。

共同一级开发完毕的800亩土地中的230亩归乙方所有，作为甲方返还乙方的投资成本和收益。甲方负责该800亩土地的"招拍挂"工作，并将公开"招拍挂"230亩商住建设净用地（含小区道路及建设配套设施用地，不含城市基础建设、公共道路等其他用地）的出让价款（或土地）作为乙方的投资成本及收益，由甲方申请甲县人民政府拨款后支付给乙方或乙方指定的关联企业。余下的570亩土地"招拍挂"出让所得收入归甲方人民政府所有。若土地出让价格高于90万元/亩，乙方也可选择不参与竞拍，则这230亩土地的出让价款全部由乙方获得。合作合同还约定甲方和乙方的各自责任，分别约定如下：

（1）甲方负责800亩项目用地批复之日起90天内，完成项目用地的征地、拆迁、安置补偿和"三通一平"（即通路、通水、通电、场地平整）建设，使合作地块达到出让条件。

（2）甲方负责项目土地的征地补偿、拆迁安置、协调落实用地手续报批、城市基础设施建设等工作，承担除乙方投资人民币4000万元以外的相关费用。

（3）甲方对返还乙方投资成本和收益的230亩土地，负责协调落实规划用途为商业住宅建设用地。

（4）甲方负责协调县国土资源局将作为返还乙方投资成本和收益的230亩商住建设净用地分批进行公开"招拍挂"。在出让宗地土地出让金缴入财政专户后20个工作日内，由甲方负责向县人民政府提出申请后，将该宗地土地出让价款全部支付给乙方或乙方指定的关联企业。

（5）乙方负责协调落实合作开发800亩的新增建设用地指标和耕地占补指标。

（6）乙方负责承担合作开发的800亩土地占用耕地所需的耕地开垦费。

（7）乙方负责投资前期费用人民币4000万元（不含上述800亩土地报批所需缴纳的耕地开垦费），专项用于项目的征地拆迁补偿款、"三通一平"等开发费用，不足部分由甲方负责解决。上述4000万元分三次支付，在甲方收到省国土资源厅用地报批缴款通知书之日起10个工作日内，向甲方支付2000万元；在省人民政府下达项目用地批复之日起10个工作日内，向甲方支付1000万元；在甲方完成征地、拆迁、安置补偿等工作后，作为返还乙方投资成本和收益的230亩土地自公开"招挂拍"公告之日起10个工作日内，将余款1000万元一次性支付给甲方。假设该800亩地块达到符合国家土地出让条件，县政府将该地块进行挂牌出让，以每亩 88 万元的价格挂牌出让，乙房地产公司以 20240（230 亩×88）的成交价摘牌获得作为返还乙方投资成本和收益的 230 亩土地该土地使用权，可以进行二级开发。请分析本案例中的乙方应如何进行税务处理？如何进行财务处理？

二、乙房地产公司的财务处理

第一，相关法律政策依据分析。

《国有土地上房屋征收与补偿条例》（2011 年国务院令第 590 号）第四条规定："市、县级人民政府负责本行政区域的房屋征收与补偿工作。"《国土资源部、住房和城乡建设部关于进一步加强房地产用地和建设管理调控的通知》（国土资发〔2010〕151 号）第四条规定："土地出让必须以宗地为单位提供规划条件、建设条件和土地使用标准，严格执行商品住房用地单宗出让面积规定，不得将两宗以上地块捆绑出让，不得'毛地'出让。"《闲置土地处置办法》（国土资源部第 53 号令）第二十一条规定："供应土地应当土地权利清晰，安置补偿落实到位，具备动工开发所必需的其他基本条件"。《国有土地上房屋征收与补偿条例》（国务院令第 590 号）第四条规定："市、县级人民政府负责本行政区域的房屋征收与补偿工作"。《土地储备管理办法》（国土资发〔2007〕277 号）第十八条规定："土地储备机构应对储备土地特别是依法征收后纳入储备的土地进行必要的前期开发，使之具备供应条件。"

关于土地出让收入范围，《国务院办公厅关于规范国有土地使用权出让收支管理的通知》（国办发〔2006〕100 号）第一条规定："国有土地使用权出让收入是政府以出让等方式配置国有土地使用权取得的全部土地价款，包括受让人支付的征地和拆迁补偿费用、土地前期开发费用和土地出让收益等。"关于土地出让金的上缴和使用，该文件规定，土地出让收支全额纳入地方基金预算管理。收入全部缴入地方国库，支出一律通过地方基金预算从土地出让收入中予以安排，实行彻底的"收支两条线"。

《国有土地使用权出让收支管理办法》（财综〔2006〕68 号）第十五条规定："土地开发支出包括前期土地开发性支出以及财政部门规定的与前期土地开发相关的费用等，含因出让土地涉及的需要进行的相关道路、供水、供电、供气、排水、通信、照明和土地平整等基础设施建设支出。"基于以上法律规定，国有土地使用权出让应"净地"出让。土地出让前，征地拆迁补偿工作由政府负责，纳入储备的土地应进行必要的前期开发，使之具备供应条件。土地出让时，土地出让金为总成交价款，严禁各种形式变相减免土地出让收入。土地出让后，土地出让收支全额纳入地方基金预算管理，实行"收支两条线"，并规定土地出让收入使用范围。

第二，乙房地产公司的财务和税务处理。

根据本案例情况的介绍，房地产企业与政府是以土地出让收入分成作为土地一级开发的盈利模式，存在利益共享，风险共担的特征，在财务上应通过"开发成本——土地一级开发成本"科目进行财务核算。根据以上法律政策分析，乙房地产公司该项业务的正确会计处理如下（单位：万元）。

（1）房地产企业发生土地一级开发的4000万元支出的财务处理。

借：开发成本——土地一级开发成本　　　　　　4000

　　贷：银行存款　　　　　　　　　　　　　　　4000

（2）挂牌后，支付土地出让金，并取得政府土地返还款的财务处理。

1）根据土地出让金必须实施"收支两条线"管理的铁的纪律，标准的账务处理如下：

借：开发成本——土地成本　　　　　　　　　　20240

　　贷：银行存款　　　　　　　　　　　　　　　20240

同时：

借：银行存款　　　　　　　　　　　　　　　　20240

　　贷：开发成本——土地一级开发成本　　　　　4000

　　　　投资收益　　　　　　　　　　　　　　　16240

财政局向房地产企业开具20240万元的财政票据，这种全额开具财政票据和全额支付土地出让金的做法是理想的操作方法，在实践中根本不可能做到的。理由有两个：一是政府没有资金和财力先支付房地产企业在土地一级开发中被政府审定的土地开发成本；二是房地产企业在土地一级开发中已经支付大额的投入资金，参与土地竞拍后，也没有财力和资金支付土地出让金，只能支付土地出让金抵顶土地一级开发中经政府审定的投入成本后的余额资金。

2）实践中，房地产开发企业选择以政府审定的房地产企业在土地一级开发中投入的征地成本金额土抵顶出让金。财政局仅就房地产开发企业实际缴纳的出让金部分开具相应的出让金财政票据。财务处理如下：

借：开发成本——土地成本　　　　　　　　　　20240

　　贷：开发成本——土地一级开发成本　　　　　4000

　　　　投资收益　　　　　　　　　　　　　　　16240

房地产公司应计入土地成本20240万元，企业所得税、土地增值税计税基础也为20240万元，投资收益16240万元不缴纳增值税，但要缴纳企业所得税。

温馨提示：

（1）《财政部、国家税务总局关于明确金融、房地产开发、教育辅助服务等增值税政策的通知》（财税〔2016〕140号）第七条规定："《营业税改征增值税试点有关事项的规定》（财税〔2016〕36号）第一条第（三）项第10点中'向政府部门支付的土地价款'，包括土地受让人向政府部门支付的征地和拆迁补偿费用、土地前期开发费用和土地出让收益等。房地产开发企业中的一般纳税人销售其开发的房地产项目（选择简易计税方法的房地产老项目除外），在取得土地时向其他单位或个人支付的拆迁补偿费用也允许在计算销售额时扣除。纳税人按上述规定扣除拆迁补偿费用时，应提供拆迁协议、拆迁双方支付和取得拆迁补偿费用凭证等能够证明拆迁补偿费用真实性的材料。"

（2）在房地产企业实施土地一、二级联动开发的情况下，由于大多数地方政府财政资金紧张，不能及时支付土地一级开发中社会投资者发生的征地成本款。同时基于资金占用成本的考虑，开发企业也不愿意全额上交土地价款。因此，大多数情况下，开发企业选择以政府审定的房地产企业在土地一级开发中投入的征地成本金额土抵顶出让金。在本案例中，如果国土局能够"换票"、能够出具全额20240万元的出让金票据，两全其美。但是，很多地方的国土局不同意"换票"，仅就实际缴纳的出让金16240万元开具相应的出让金财政票据。在这种情况下，经各部门审定的《国有土地出让成本审核认定表》（城改项目由城改办出具《城改综合成本审核报告》审定数4000万元，加上实际缴纳出让金财政票据16240万元之和，在房地产企业在进行土地二级开发过程中，计算增值税时，才能抵减销售额计算增值税销项税额。因此，《国有土地出让成本审核认定表》（城改项目由城改办出具《城改综合成本审核报告》才是"能够证明拆迁补偿费用真实性的材料"。在差额缴纳土地出让金情况下，土地价款抵减增值税的凭证应以《国有土地出让成本审核认定表》、取得省级以上财政部门监制的《土地出让金票据》（差额补交部分）及其相关文件为准。在全额缴纳土地出让金情况下，土地价款抵减增值税的凭证应以取得省级以上财政部门监制的《土地出让金票据》及其相关文件为准。

第 二 节

房地产企业项目内配建公共配套设施
无（有）偿移交给政府的"财税法"管控

房地产企业项目内配建的公共配套设施分为两种情况：一是无偿移交给地方政府；二是有偿移交给地方政府。以上两种经济行为的财务、税务和法务的处理，是关系到房地产企业如何申报、缴纳税收和税务执法人员如何依法治税，如何建立和谐税收关系，化解税企争议的重要课题。

一、房地产企业项目内建造公共配套设施的法务管控

（一）相关产权归属的法律规定

《中华人民共和国物权法》（中华人民共和国主席令第 62 号）第七十三条和第七十四条规定，建筑区划内的道路、绿地、其他公共场所、公用设施和物业服务用房，和占用业主共有的道路或者其他场地用于停放汽车的车位属于业主共有，但属于城镇公共道路、城镇公共绿地或者明示属于个人的除外。

《中华人民共和国人民防空法》第一章第五条规定，国家对人民防空设施建设按照有关规定给予优惠。国家鼓励、支持企业事业组织、社会团体和个人，通过多种途径，投资进行人民防空工程建设；人民防空工程平时由投资者使用管理，收益归投资者所有。同时《中华人民共和国物权法》（中华人民共和国主席令第 62 号）第五十二条规定，国防资产属国家所有。基于以上法律规定，地下人防设施应为国家所有。通过地下人防设施改造的车库，收益归投资者所有。

《关于印发〈物业承接查验办法〉的通知（建房〔2010〕165 号）》明确规定，建设单位应当依法移交有关单位的供水、供电、供气、供热、通信和有线电视等共用设施设备，不作为物业服务企业现场检查和验收的内容。

《关于进一步规范住宅小区及商住楼通信管线及通信设施建设的通知》（信部联规〔2007〕24 号）也明确规定，通信设施作为项目配套设施统一移交。

（二）产权归属的法律分析

通过以上法律规定，房地产企业项目内建造公共配套设施的产权归属分为以下两种情况：

第一，产权归属于全体业主的公共配套设施。

建筑区划内的道路、绿地、喷泉用地、居委会用房、会所、停车场（库）、物业服务用房、变电站、热力站、水厂、文体场馆、健身设施或用房、环境卫生用房、自行车棚、移交给政府公用事业单位管理的供水、供电、供气、供热、邮电通信和有线电视等公用设施、其他公共场所和占用业主共有的道路或者其他场地用于停放汽车的车位等都属于业主共有。

第二，产权归属于地方政府的公共配套设施。

建筑区域内建筑造的并无偿赠予地方政府、政府公用事业单位的派出所、中小学校、幼儿园、托儿所、医院用房、地下人防设施、邮电场所、公共汽车交通站、文体中心、廉租房等公共配套设施都属于地方政府所有。

（三）配建保障性住房的土地供应：在经济适用住房或者普通商品住房项目的土地上配建

《廉租住房保障办法》（建设部等 9 部委令第 162 号）第十二条，实物配租的廉租住房来源主要包括：①政府新建、收购的住房；②腾退的公有住房；③社会捐赠的住房；④其他渠道筹集的住房。第十四条，新建廉租住房，应当采取配套建设与相对集中建设相结合的方式，主要在经济适用住房、普通商品住房项目中配套建设。配套建设廉租住房的经济适用住房或者普通商品住房项目，应当在用地规划、国有土地划拨决定书或者国有土地使用权出让合同中，明确配套建设的廉租住房总建筑面积、套数、布局、套型以及建成后的移交或回购等事项。

（四）配建保障性住房的资金来源：土地出让金的一部分（属于财政资金）

根据《国务院办公厅关于规范国有土地使用权出让收支管理的通知》（国办发〔2006〕100 号）第三条的规定："**土地出让收入使用范围：（一）征地和拆迁补偿支出。包括土地补偿费、安置补助费、地上附着物和青苗补**

偿费、拆迁补偿费。（二）土地开发支出。包括前期土地开发性支出以及按照财政部门规定与前期土地开发相关的费用等。（三）支农支出。包括计提农业土地开发资金、补助被征地农民社会保障支出、保持被征地农民原有生活水平补贴支出以及农村基础设施建设支出。（四）城市建设支出。包括完善国有土地使用功能的配套设施建设支出以及城市基础设施建设支出。（五）其他支出。包括土地出让业务费、缴纳新增建设用地土地有偿使用费、计提国有土地收益基金、城镇廉租住房保障支出、支付破产或改制国有企业职工安置费支出等。基于以上土地出让金的支出范围来看，配建保障性住房的资金来源于土地出让金的一部分。"

二、房地产企业项目内建造公共配套设施的税务管控

（一）房地产企业项目内建造产权归属于全体业主的公共配套设施的税务处理

由于房地产企业项目内建造产权归属于全体业主的公共配套设施在"开发成本——公共配套设施"科目中会计核算，且在销售时，这些产权归属于全体业主的公共配套设施在可售销售面积之内，所以这些产权归属于全体业主的公共配套设施的销售价格已经含在每一位买者的购买价格内，即由所有的业主分摊了这些公共配套设施销售价格。因此，在可售销售面积之内的产权归属于全体业主的公共配套设施要依法缴纳增值税、土地增值税和企业所得税。

（二）房地产企业项目内建造公共配套设施无偿移交给地方政府的税务处理

1. 增值税的处理：视不同的情况而处理不同

根据财税〔2016〕36号文件附件1《营业税改征增值税试点实施办法》第十四条第（二）项规定，单位或者个人向其他单位或者个人无偿转让不动产应视同销售进行增值税处理，但用于公益事业或者以社会公众为对象的除外。

《中华人民共和国公益事业捐赠法》（中华人民共和国主席令第19号）第二条，自然人、法人或者其他组织自愿无偿向依法成立的公益性社会团体和公益性非营利的事业单位捐赠财产，用于公益事业的，适用本法。

第三条,本法所称公益事业是指非营利的下列事项:(一)救助灾害、救济贫困、扶助残疾人等困难的社会群体和个人的活动;(二)教育、科学、文化、卫生、体育事业;(三)环境保护、社会公共设施建设;(四)促进社会发展和进步的其他社会公共和福利事业。

第十条,公益性社会团体和公益性非营利的事业单位可以依照本法接受捐赠。本法所称公益性社会团体是指依法成立的,以发展公益事业为宗旨的基金会、慈善组织等社会团体。本法所称公益性非营利的事业单位是指依法成立的,从事公益事业的不以营利为目的的教育机构、科学研究机构、医疗卫生机构、社会公共文化机构、社会公共体育机构和社会福利机构等。

根据以上法律政策规定,房地产企业项目内建造公共配套设施无偿移交给地方政府,用于公益事业或者以社会公众为对象的不视同销售处理,不缴纳增值税。如果房地产企业将公共配套设施无偿移交给政府部门,并非用于公益事业或以社会公众为对象,则按视同销售,征收增值税。也就是说,房地产企业项目内建造公共配套设施无偿移交给地方政府不视同销售征收增值税必须同时满足以下三个条件:

(1)房地产企业无偿移交给地方政府,未单独作价结算销售额的公共配套设施。

根据国家税务总局公告2016年第18号第五条的规定,一般纳税人资格的房地产开发企业中,销售其开发的房地产项目(选择适用简易计税方式的除外),当期允许扣除的土地价款按照以下公式计算:

当期允许扣除的土地价款=(当期销售房地产项目建筑面积÷房地产项目可供销售建筑面积)×支付的土地价款

该公式中的"房地产项目可供销售建筑面积"是指房地产项目可以出售的总建筑面积,不包括销售房地产项目时未单独作价结算的配套公共设施的建筑面积。

基于此规定,提醒各位读者:房地产企业将建设的医院、幼儿园、学校、供水设施、变电站、市政道路等配套设施无偿赠送(移交)给政府的,如果上述设施属于未单独作价结算的配套公共设施,无论在项目区域内(红线之内)还是项目区域外(红线之外)无偿赠送用于公益事业,不视同销售;否则,则应视同销售征收增值税。

(2)房地产企业项目内建造公共配套设施无偿移交给地方政府的用途是用于公益事业或者以社会公众为服务对象。

(3)房地产企业建造公共配套设施在可售面积之外。如果在红线之外建造的公共配套设施无偿移交给地方政府于公益事业的，同样不视同销售。

如果房地产企业建造公共配套设施在可售面积之内，要么将公共配套设施的销售价格分摊到每一位买房者的购房价格中，要么单独对外作价销售。因此，提醒各位读者：房地产企业将建设的医院、幼儿园、学校、供水设施、变电站、市政道路等配套设施无偿赠送（移交）给政府的，如果上述设施在可售面积之外，作为无偿赠送的服务用于公益事业，不视同销售；如果上述配套设施在可售面积之内，则应视同销售，征收增值税。

2. 土地增值税的处理：不视同销售不征收土地增值税，但其成本、费用可以扣除

根据《中华人民共和国土地增值税暂行条例实施细则》和《中华人民共和国土地增值税暂行条例》的规定，土地增值税的纳税义务人是"转让国有土地使用权、地上建筑物及其附着物并取得收入的单位和个人"，即土地增值税的纳税义务人是指以出售或者其他方式有偿转让房地产的行为，不包括继承、赠与方式转让房地产的行为。

而根据《财政部、国家税务总局关于土地增值税一些具体问题规定的通知》（财税字〔1995〕48号）第四条的规定，《土地增值税暂行条例实施细则》中不征税的"赠与"行为包括：①房产所有人、土地使用权所有人将房屋产权、土地使用权赠与直系亲属或承担直接赡养义务人的；②房产所有人、土地使用权所有人通过中国境内非营利的社会团体、国家机关将房屋产权、土地使用权赠与教育、民政和其他社会福利、公益事业的。基于以上税收法律规定，房地产企业项目内建造公共配套设施无偿移交给地方政府的行为属于财税字〔1995〕48号文件中"赠与"行为的第二种。因此，不属于土地增值税的征税范围，更不应该确认收入，不征收土地增值税。

但是，根据《国家税务总局关于房地产开发企业土地增值税清算管理有关问题的通知》（国税发〔2006〕187号）第四条规定，房地产开发企业开发建造的与清算项目配套的居委会和派出所用房、会所、停车场（库）、物业管理场所、变电站、热力站、水厂、文体场馆、学校、幼儿园、托儿所、医院、邮电通信等公共设施，按以下原则处理：①建成后产权属于全体业主所有的，其成本、费用可以扣除；②建成后无偿移交给政府、公用事业单位用于非营利性社会公共事业的，其成本、费用可以扣除。

3. 企业所得税的处理：视同销售缴纳企业所得税

《中华人民共和国企业所得税法》第九条规定："企业发生的公益性捐赠支出，在年度利润总额12%以内的部分，准予在计算应纳税所得额时扣除；超过年度利润总额 12% 的部分，准予结转以后三年内在计算应纳税所得额时扣除。"

根据《国家税务总局关于印发〈房地产开发经营业务企业所得税处理办法〉的通知》（国税发〔2009〕31 号）第七条规定，企业将开发产品用于捐赠、赞助等行为，应视同销售，于开发产品所有权或使用权转移，或于实际取得利益权利时确认收入（或利润）的实现。确认收入（或利润）的方法和顺序为：

（1）按本企业近期或本年度最近月份同类开发产品市场销售价格确定。

（2）由主管税务机关参照当地同类开发产品市场公允价值确定。

（3）按开发产品的成本利润率确定。开发产品的成本利润率不得低于 15%，具体比例由主管税务机关确定。

根据《国家税务总局关于印发〈房地产开发经营业务企业所得税处理办法〉的通知》（国税发〔2009〕31 号）第十七条规定，企业在开发区内建造的会所、物业管理场所、电站、热力站、水厂、文体场馆、幼儿园等配套设施，按以下规定进行处理：

（1）属于非营利性且产权属于全体业主的，或无偿赠与地方政府、公用事业单位的，可将其视为公共配套设施，其建造费用按公共配套设施费的有关规定进行处理。

（2）属于营利性的，或产权归企业所有的，或未明确产权归属的，或无偿赠与地方政府、公用事业单位以外其他单位的，应当单独核算其成本。除企业自用应按建造固定资产进行处理外，其他一律按建造开发产品进行处理。

（三）房地产企业项目内建造公共配套设施有偿移交给地方政府的税务处理

根据《中华人民共和国增值税暂行条例》（中华人民共和国国务院令第 691 号）第一条的规定，在中华人民共和国境内销售货物或者加工、修理修配劳务（以下简称劳务），销售服务、无形资产、不动产以及进口货物的单位和个人，为增值税的纳税人，应当依照本条例缴纳增值税。基于此规定，政府要求房企在项目内配建保障性住房，建成后将产权登记于政府保障房管理中心，并从财政部门获得保障性住房的建设成本资金（政府回购款），根据《企业会计准则第 16 号——政府补助》（财会〔2017〕15 号）第五条第（一）项的规定，实质上是房地产企业获得销售保障性住房的价格，构成增值税纳税义务，必须依法缴纳增值税、企业所得税和土地增值税。同时，房地产企业开发的、政府要求在项目内配建的保障性住房所发生的增值税进项税额，必须在本项目内的开发产品中的增值税销项税额中抵扣。

三、房地产企业项目内建造公共配套设施的财务管控

（一）房地产企业项目内建造公共配套设施的成本核算

根据《国家税务总局关于印发〈房地产开发经营业务企业所得税处理办法〉的通知》（国税发〔2009〕31号）第十七条第（一）项的规定，企业在开发区内建造的会所、物业管理场所、电站、热力站、水厂、文体场馆、幼儿园等配套设施，属于非营利性且产权属于全体业主的，或无偿赠与地方政府、公用事业单位的，可将其视为公共配套设施，其建造费用按公共配套设施费的有关规定进行处理。因此，房地产企业项目内建造公共配套设施的成本核算如下：

（1）建设过程中支付工程款时的会计核算如下：

借：开发成本——公共配套设施费

应交税费——应交增值税（进项税额）

贷：银行存款

（2）建设完工验收并无偿移交给政府部门的会计核算如下：

借：营业外支出——项目内公共配套设施项目

贷：开发成本

（二）房地产企业项目内建造公共配套设施有偿获得建设成本资金并移交给政府的会计核算

在会计上，根据《企业会计准则第16号——政府补助》（财会〔2017〕15号）第三条的规定，政府补助具有两个特征：

（1）政府补助是来源于政府的经济资源。对于企业收到的来源于其他方的补助，有确凿证据表明政府是补助的实际拨付者，其他方只起到代收代付作用的，该项补助也属于来源于政府的经济资源。

（2）政府补助是无偿性。即企业取得来源于政府的经济资源，不需要向政府交付商品或服务等对价。基于此规定，房地产企业在项目内建设的公共配套设施，如配建的保障性住房，从财政部门获得的保障性住房建设成本资

金，是保障性住房的对价，不具有无偿性，从而不是政府补助，实质上是政府购买服务。

根据《企业会计准则第 16 号——政府补助》（财会〔2017〕15 号）第五条第（一）项的规定，企业从政府取得的经济资源，如果与企业销售商品或提供服务等活动密切相关，且是企业商品或服务的对价或者是对价的组成部分，适用《企业会计准则第 14 号——收入》等相关会计准则。因此，基于此规定，房地产企业在项目内建设的公共配套设施，如配建的保障性住房，从财政部门获得的保障性住房建设成本资金必须按照"销售不动产"税目的收入处理。账务处理如下：

　　借：银行存款
　　　　贷：主营业务收入
　　　　　　应交税费——应交增值税（销项税额）

某房地产企业项目区域内建造政府廉租房无偿移交给地方政府的涉税处理

2017 年 5 月，A 房地产开发公司（以下简称 A 公司）参与 L 市国有土地使用权竞拍，取得一宗住宅用地的土地使用权，该宗地的容积率为 4%，面积为 150000m²，拍卖成交价为 9 亿元。当月按合同约定办理了土地交接手续。该宗地土地使用权出让公告及拍卖成交后签订的《国有土地使用权出让合同》均明确：A 公司取得该宗地的土地使用权，除支付拍卖确认的土地价款外，还须在开发的住宅项目内按开发住宅总建筑面积的 15% 配套建设一批单套面积在 70m² 以下的房屋，并于建成后无偿移交给政府部门用于补充该市廉租房房源。2019 年 5 月，该住宅项目竣工备案，开发的住宅总建筑面积为 600000m²。A 公司当月将其配套建设的廉租房 1300 套（总建筑面积90000m²）移交政府部门。廉租房不含地价（含契税）的建造成本为1800 元/m²，包含地价的建造成本为 3300 元/m²（1800 + 900000000 ÷ 600000）。请问：A 房地产开发公司应如何进行税务处理？

一、业务的法律性质

《廉租住房保障办法》（建设部等 9 部委令第 162 号）第十二条规定：

"实物配租的廉租住房来源主要包括：（一）政府新建、收购的住房；（二）腾退的公有住房；（三）社会捐赠的住房；（四）其他渠道筹集的住房。"第十四条规定："新建廉租住房，应当采取配套建设与相对集中建设相结合的方式，主要在经济适用住房、普通商品住房项目中配套建设。配套建设廉租住房的经济适用住房或者普通商品住房项目，应当在用地规划、国有土地划拨决定书或者国有土地使用权出让合同中，明确配套建设的廉租住房总建筑面积、套数、布局、套型以及建成后的移交或回购等事项。"

二、税务处理

1. 契税

根据《契税暂行条例》规定，A公司以出让的方式取得国有土地使用权应缴纳契税。《财政部、国家税务总局关于国有土地使用权出让等有关契税问题的通知》（财税〔2004〕134号）规定，出让国有土地使用权的，其契税计税价格为承受人为取得该土地使用权而支付的全部经济利益。以竞价方式出让的，其契税计税价格，一般应确定为竞价的成交价格。《财政部 国家税务总局关于营改增后契税 房产税 土地增值税 个人所得税计税依据问题的通知》（财税〔2016〕43号）第一条规定："**计征契税的成交价格不含增值税。**"本案中，A公司通过竞价方式取得国有土地使用权，其支付的全部经济利益不仅包括以现金支付的9亿元，还包括在拍卖时并未确定具体金额的廉租房建造支出。该两项支出都是该宗地竞价成交价格的组成部分，共同构成契税的计税价格。

鉴于廉租房建造支出在A公司取得该宗土地时尚无法确定具体金额，因此，该项契税应分步申报缴纳。

首先，根据《中华人民共和国契税暂行条例》及实施细则规定，A公司应于签订《国有土地使用权出让合同》之日起10日内，申报拍卖时已经确定支付的9亿元地价款对应的契税2700万元（900000000×3%）。

其次，A公司应于该项目竣工结算（廉租房建造支出具体金额确定）之日起十日内，申报廉租房建设支出2.97亿元（3300×90000）对应的契税817.43万元〔297000000÷(1+9%)×3%〕。

2. 增值税的处理：不征收增值税

根据财税〔2016〕36号附件1《营业税改征增值税试点实施办法》第十四条第（二）项规定，单位或者个人向其他单位或者个人无偿转让不动产视同销售不动产，但用于公益事业或者以社会公众为对象的除外。基于此规定，A公司项目内按开发住宅总建筑面积的15%配套建设一批单套面积在70m²以下的房屋，并于建成后无偿移交给政府部门用于补充该市廉租房房源，向政府房管局捐赠廉租房是用于满足社会低收入群体等社会公众为对象居住的社会公益事业的行为，不视同销售行为，不征收增值税。

> **提醒各位读者：**
>
> 如果A公司与政府在《国有土地出让合同中》约定：政府有偿收购廉租房或者该廉租房计入A公司项目可售面积，由A公司项目内的每一位买房者分摊廉租房的销售价格。或约定：政府低价出让土地的价格置换A公司项目内建设的廉租房（特别提醒：该交易行为是违法行为），则A公司建成后无偿移交给政府部门的廉租房要视同销售征收增值税。

依据财税〔2016〕36号附件1《营业税改征增值税试点实施办法》第四十四条的规定，视同销售征收增值税按照下列顺序确定销售额：

（1）按照纳税人最近时期销售同类服务、无形资产或者不动产的平均价格确定。

（2）按照其他纳税人最近时期销售同类服务、无形资产或者不动产的平均价格确定。

（3）按照组成计税价格确定。组成计税价格的公式为：

组成计税价格＝成本×（1+成本利润率）

本案中，A公司该住宅项目中没有建造与廉租房相同类型的开发产品，也没有其他纳税人开发类似廉租房的平均销售价格作参考，因此应按组成计税价格确定无偿移交廉租房增值税的计税依据。L市所在省确定的"销售不动产"成本利润率为20%，A公司无偿移交廉租房应申报缴纳增值税2942.75万元〔3300×90000÷（1+9%）×（1+20%）×9%〕。

3. 土地增值税的处理：不征土地增值税

根据《财政部、国家税务总局关于土地增值税一些具体问题规定的通知》（财税字〔1995〕48号）第四条的规定，A公司项目内建造廉租房无偿移交给地方政府的行为属于财税字〔1995〕48号文件中"赠与"行为的第二种，因此不属于土地增值税的征税范围，更不应该确认收入，不征收土地增值税。同时，根据《国家税务总局关于房地产开发企业土地增值税清算管理有关问题的通知》（国税发〔2006〕187号）第四条规定，A公司项目内建造无偿移交给地方政府的廉租房的成本费用可以在土地增值税前扣除。

提醒各位读者：

如果 A 公司将廉租房建造完毕移交政府部门是以廉租房抵偿部分土地价款，则应在视同销售确认转让房地产收入的同时，按相同金额确认"取得土地使用权所支付的价款"，并依法扣除。根据《国家税务总局关于房地产开发企业土地增值税清算管理有关问题的通知》（国税发〔2006〕187号）规定，房地产开发企业将开发产品用于抵偿债务，发生所有权转移时应视同销售房地产，其收入按下列方法和顺序确认：①按本企业在同一地区、同一年度销售的同类房地产的平均价格确定。②由主管税务机关参照当地当年、同类房地产的市场价格或评估价值确定本案中，基于此规定，由于 A 公司该住宅项目中没有建造与廉租房相同类型的开发产品，假设廉租房评估价值为 3 亿元。根据《财政部 国家税务总局关于营改增后契税房产税 土地增值税 个人所得税计税依据问题的通知》（财税〔2016〕43号）第二条的规定，土地增值税纳税人转让房地产取得的收入为不含增值税收入。A 公司清算该项目土地增值税时，应确认转让房地产收入 27523 万元〔3 亿÷(1+9%)〕，同时增加"取得土地使用权所支付的价款"金额 3 亿元。根据《土地增值税清算管理规程》第二十一条规定，在土地增值税清算中，计算扣除项目金额时，纳税人实际发生的支出应当取得但未取得合法凭据的不得扣除。因此，A 公司在向政府部门移交廉租房时，须取得政府部门出具的土地出让金或地价款支付凭证，方能以廉租房抵偿的"取得土地使用权所支付的价款"确认并扣除。

4. 企业所得税

《国家税务总局关于印发〈房地产开发经营业务企业所得税处理办法〉的通知》（国税发〔2009〕31号）第七条规定，企业将开发产品用于捐赠、赞助等行为，应视同销售，于开发产品所有权或使用权转移，或于实际取得利益权利时确认收入（或利润）的实现。确认收入（或利润）的方法和顺序为：

（1）按本企业近期或本年度最近月份同类开发产品市场销售价格确定。

（2）由主管税务机关参照当地同类开发产品市场公允价值确定。

（3）按开发产品的成本利润率确定。开发产品的成本利润率不得低于

15%，具体比例由主管税务机关确定。

A公司将廉租房建造完毕移交政府部门捐赠行为，应视同销售处理。本案中，A公司该住宅项目中没有建造与廉租房相同类型的开发产品，也没有其他纳税人开发类似廉租房的市场公允价值作参考，因此应按组成计税价格确定无偿移交廉租房企业所得税视同销售收入。L市所在省确定的"销售不动产"成本利润率为20%，A公司应确认转让房地产收入32697.25万元〔3300×90000÷（1+9%）×（1+20%）〕，并按相同金额增加土地成本。

5. 城镇土地使用税

本案中，A公司建造并无偿移交的廉租房单套面积未超过50㎡，符合《国务院关于解决城市低收入家庭住房困难的若干意见》（国发〔2007〕24号）及《廉租住房保障办法》（建设部等9部委令第162号）的规定，可享受《财政部、国家税务总局关于廉租住房、经济适用住房和住房租赁有关税收政策的通知》（财税〔2008〕24号）规定的"可按廉租住房建筑面积占总建筑面积的比例免征开发商应缴纳的城镇土地使用税"的免税待遇。

6. 印花税

本案中，A公司建造并无偿移交的廉租房单套面积未超过50m²，可享受财税〔2008〕24号文件规定的"可按廉租住房建筑面积占总建筑面积的比例免征开发商应缴纳的印花税"的免税待遇。

第 ❸ 节

售后返租的"财税法"风险管控

根据《商品房销售管理办法》《金融租赁公司管理办法》《关于融资性售后回租业务中承租方出售资产行为有关税收问题的公告》及《企业会计准则——租赁》的规定，（房地产）售后返租（又称为售后包租）、售后回租（又称为经营性售后返租）是指开发商将房产销售给买受人，然后在一定期限内承租或者代为出租买受人所购该企业商品房的方式销售商品房的行为。售后返租涉及法律、财务和税务三方面的风险，对其进行财、税、法三方面的风险管控是房地产企业管理中的重要内容之一。

一、售后返租业务的法律风险管控

(一) 售后返租涉及的法律风险：非法集资

一般来说，经营性售后返租的发展模式主要有三种：①开发商将房屋卖给业主，经开发商介绍，业主与资产管理公司签订租赁合同，资产管理公司承租业主所购的房屋，开发商不参与房产后期的管理。②业主向开发商购买房屋后，再将房屋出租给开发商，双方签订商品房买卖合同和房屋租赁合同。③业主向开发商购买房屋，双方在签订商品房买卖合同的同时签订物业委托合同，由业主委托开发商代为出租所购买的房屋，开发商间接参与后期房产的管理。经营性售后返租面向的是社会公众，尤其是不特定的买受人，稍有不慎，就可能面临非法集资的风险。

1. 非法集资的特征

根据《最高人民法院关于审理诈骗案件具体应用法律的若干问题的解释》《国务院办公厅关于依法惩处非法集资有关问题的通知》《最高人民法院关于审理非法集资刑事案件具体应用法律若干问题的解释》（以下简称《非法集资解释》）《非法金融机构和非法金融业务活动取缔办法》等规定，非法集资是指法人、其他组织或者个人，未经有权机关批准，向社会公众募集资金的行为。非法集资有以下主要特征：

（1）未经有关监管部门依法批准，违规向社会（尤其是向不特定对象）筹集资金。如未经批准吸收社会资金；未经批准公开、非公开发行股票、债券等。

（2）承诺在一定期限内给予出资人货币、实物、股权等形式的投资回报。有的犯罪分子以提供种苗等形式吸收资金，承诺以收购或包销产品等方式支付回报；有的则以商品销售的方式吸收资金，以承诺返租、回购、转让等方式给予回报。

（3）以合法形式掩盖非法集资目的。为掩饰其非法目的，犯罪分子往往与受害者签订合同，伪装成正常的生产经营活动，最大限度地实现其骗取资金的最终目的。

2. 非法集资犯罪活动的法律分析

非法集资犯罪活动包括非法吸收公众存款、集资诈骗等行为。非法吸收公众存款,是指未经中国人民银行批准,向社会不特定对象吸收资金,出具凭证,承诺在一定期限内还本付息的活动;变相吸收公众存款,是指未经中国人民银行批准,不以吸收公众存款的名义,向社会不特定对象吸收资金,但承诺履行的义务与吸收公众存款性质相同的活动。因此,非法集资主要体现为非法吸收公众存款行为和集资诈骗行为,认定非法集资的关键点在于是否经有关监管部门批准向社会公众募集资金。

《非法集资解释》第一条规定了认定非法吸收公众存款罪必须满足的四个条件,分别是:①未经有关部门依法批准或者借用合法经营的形式吸收资金。②通过媒体、推介会、传单、手机短信等途径向社会公开宣传。③承诺在一定期限内以货币、实物、股权等方式还本付息或者给付回报。④向社会公众即社会不特定对象吸收资金。一般来说,开发商进行售后返租,公开宣传必不可少,这符合第②项要件;既然是售后返租,必然涉及给付租金,这符合第③项要件;经营性的售后返租要取得利益最大化,一般都是面向社会公众,这符合第④项要件。因此,认定经营性售后返租是否构成非法集资的关键在于第①项要件。

3. 非法集资与经营性售后返租的界限

《商品房销售管理办法》第十一条规定:"**房地产开发企业不得采取售后包租或者变相售后包租的方式销售未竣工的商品房。**"因此,商品房的售后返租从时间上大致可分为四个阶段:①未竣工商品房未取得预售许可的售后返租。②未竣工商品房取得预售许可的售后返租。③已竣工的商品房在预售阶段的售后返租(尚不符合现售条件,仅能预售)。④商品房现售阶段的售后返租。

对于前两个阶段的售后返租,《商品房销售管理办法》第十一条已明令禁止。第一个阶段的售后返租,除了要承担《商品房销售管理办法》第四十二条规定的行政责任外,因未取得预售许可资格,预售商品房不仅要承担违规销售的行政责任,还可能被认定为非法集资,承担非法集资的相应责任。第二个阶段的售后返租,虽然已经取得预售许可,但同样为《商品房销售管理办法》所禁止,如违反须承担相应的行政责任。售后返租的违规不能等同于非法集资,此时承担的仅是售后返租违规的行政责任;构成非法集资的,才承担非法集资的责任。第三个阶段的售后返租,必须经过有关部门的批准(主要指预售许可的审批),如果未经有关部门批准,则可能被认定为"借用合法经营的形式吸收资金"。具体到房产销售,根据《非法集资解释》第二条的规定,符合《非法集资解释》第一条规定的要件,且不具有房产销售的真实内容或者不以房产销售为主要目的，以返本销售、售后包租、约定回购、销售房产份额等方式非法吸收资金的，以非法吸收公众存款罪定罪处罚。

（二）售后返租业务法律风险管控策略

通过以上法律分析，售后返租业务法律风险的管控策略如下：

第一，房地产企业只有将竣工并取得预售许可证的房地产开发产品，与购房者或投资者签订真实的销售房产（在房产所在地的建委进行网签）交易合同的情况下，才可以开展售后返租业务。

第二，如果房地产企业销售现房，则与购房者或投资者签订具有真实的销售房产（在房产所在地的建委进行网签）交易合同的情况下，才可以开展售后返租业务。

二、售后返租业务的税务管控

（一）售后返租的税收风险

房地产企业发生售后返租业务的税收风险体现在以下几个方面：

第一，房地产企业申报的计税依据明显偏低，又无正当理由的，税务机关可以根据周边房价和租金核定应纳税额。

当开发商在销售商品房时，采用售后返租的促销手段，约定以购房合同折让优惠后的价为成交价，同时与购房者签订该房的租赁合同，要求购房者在一定期限内必须将购买的房屋无偿或低价交给开发公司，由开发公司统一经营，经营收益归开发商所有的情况下，往往会引起税务机关的注意：房地产企业销售给购房者或投资者的价格的计税依据明显偏低，又无正当理由的，税务机关可以根据周边房价和租金核定应纳税额。

例如，A房地产开发公司采用售后返租方式销售商铺。A公司与购房者同时签订房地产销售合同和租赁合同，约定商铺按优惠价85万元（原价100万元）出售之后再由业主返租给开发商，租金收益归房地产公司所有，并且用未来三年的租金分别按购房原价格100万元的4%、5%和6%抵扣房款，合计共抵扣15%的房款。在这种售后返租促销手段的情况下，税务机关将以价格偏低又无正当理由，将核定房地产企业的销售价格为100万元作为计税依据。

第二，房地产企业给予购房者或投资者的购房优惠价（购买者个人少支出的购房价款），应视同个人财产租赁所得，房地产企业按照"财产租赁所得"项目代扣代缴购房者或投资者的个人所得税、房产税和增值税。

实践中售后返租的价格执行条款的一种表现特征为：房地产企业给予购买者或投资者一定的优惠价，将优惠后的购房款签订购房销售合同，然后将优惠价作为未来几年的房租价格归房地产企业所有，并作为购房者或投资者抵房地产企业的购房款。购买者个人在一定期限内必须将购买的商店无偿提供给房地产开发企业对外出租使用的实质是购买者个人以所购开发产品交由房地产开发企业出租而取得的房屋租赁收入支付了部分购房价款。根据《中华人民共和国个人所得税法》的有关规定，上述情形的购买者个人少支出的购房价款，应视同个人财产租赁所得，房地产企业按照"财产租赁所得"项目代扣代缴购房者或投资者的个人所得税、房产税和增值税。每次财产租赁所得的收入额，按照少支出的购房价款和协议规定的租赁月份数平均计算确定。

第三，房地产企业给予购房者或投资者未来几年的租金收入，应视同个人财产租赁所得，房地产企业按照"财产租赁所得"项目代扣代缴购房者或投资者的个人所得税、房产税和增值税。

实践中售后返租的价格执行条款的另一种表现特征为：房地产企业与购买者或投资者按照市场销售价格签订购房销售合同，然后房地产企业通过其资产管理公司与购买者或投资者签订房屋租赁合同，租赁合同约定：今后几年内，资产管理公司按照购房原价格的一定比例，每年支付购房者或投资者的租金。根据《中华人民共和国个人所得税法》的有关规定，上述情形的购买者个人得到的租金，应视同个人财产租赁所得，房地产企业按照"财产租赁所得"项目代扣代缴购房者或投资者的个人所得税、房产税和增值税。

第四，物业公司或资产管理公司从购房者个人手中租回商铺（固定收益返还），然后再对外出租的商业经营模式将产生较重的税负。

为了实行售后返租，许多房地产公司会成立物业公司或资产管理公司来运作售后返租业务。一般的商业经营模式是：物业公司或资产管理公司从购房者手中租回商铺（固定收益返还），然后再对外出租。"营改增"后的这种商业经营模式将产生较重的税负，原因体现在两方面：

（1）物业公司或资产管理公司从购房者手中租回商铺或房屋的阶段，对于购房者，需要按5%征收增值税，符合免征增值税规定的除外。而在购房者是个人的情况下，只能到当地国税局代开税率为5%的增值税普通发票，物业公司或资产管理公司不可以抵扣增值税进项税额。

（2）物业公司或资产管理公司将从购房者手中租回来的商铺或房屋再对外出租，需要缴纳增值税，一般纳税人适用9%的增值税税率，小规模纳税人适用5%的增值税税率。对于属于一般纳税人的物业公司或资产管理公司而言，对外统一出租的商铺或房屋要依法缴纳9%的增值税。

（二）税务风险管控策略：合同节税策略

通过经营性售后返租的税务风险分析，房地产企业规避经营性售后返租税收风险的管控策略如下：

第一，购房者在购房时，由物业公司或资产管理公司与购房者签订委托代理租房协议，而不是以开发商的名义与购房者签订租房合同。

第二，由购房者（出租人）、承租人和物业公司或资产管理公司（中介）签订三方租赁合同，合同约定物业公司或资产管理公司从租房者租金中收取一定比例的佣金。

第三，物业公司或资产管理公司统一汇总到当地国税局代购房者（出租人）扣缴税金，代开增值税普通发票。

通过以上合同的签订，根据财税〔2016〕36号文件的规定，一般纳税人（物业公司或资产管理公司）收取的佣金按照6%征收增值税。购房者按5%征收增值税。这有利于物业公司或资产管理公司降低增值税税负。

成立物业公司开展售后返租业务的节税

一、案情介绍

某房地产公司在"营改增"后，采用"售后返租"方式在某市开发一栋商业大楼，准备采取售后返租的形式销售。房地产公司承诺，购房者买房后，自买房后5年内每年可以得到房款7%的租金。房地产公司再将所售出的大楼，统一租赁给某商业集团进行商业经营。开发商每年支付购房者的租金为650万元（含增值税），每年收到某商业集团付给的租金为700万元（含增值税）。假设不考虑城市维护建设税及地方教育费附加、不考虑增值税进项税额的抵扣。请分析：如何进行税收筹划才能更省税。

二、筹划前的涉税成本

此项售后返租业务产生的税费（房产税、印花税等不计）为：开发商每年收到的租金需缴纳增值税，计算如下：

$700÷（1+9\%）×9\% = 57.8$（万元）

而开发商支付给购房者的租金为650万元，需要统一汇总到当地国税局代购房者（出租人）扣缴税金，代开增值税普通发票。

由于个人在当地国税局代开的增值税普通发票不可以抵扣增值税，因此，房地产公司支付给购房者的租金650万元，没有增值税进项税额可抵扣，必须对700万元的租金全额缴纳57.8万元的增值税，税负较高。

三、筹划方案

房地产公司成立一家物业公司，并申请为增值税一般纳税人，具体操作如下：

第一，购房者在购房时，由物业公司与购房者签订委托代理租房协议，而不是以开发商的名义与购房者签订租房合同。

第二，由购房者（出租人）、承租人和物业公司（中介）签订三方租赁合同，合同约定：物业公司从租房者每年收取的租金中扣除支付给购房者的650万元后，剩下的作为物业公司佣金。

四、筹划后的涉税分析

筹划后，物业公司可将收取的700万元租金分解为代收的租金650万元和代理手续费50万元，物业公司依法缴纳的增值税为：

$50 ÷（1+6\%）×6\% = 2.83$（万元）

比由开发商与购房者直接签订租赁合同节省税金54.97万元。

某房地产开发公司商铺售后返租的涉税

一、案情介绍

A房地产开发公司（以下简称A公司）是一家商业地产公司，采用售后返租方式销售商铺。开发商与购房者同时签订房地产买卖合同和租赁合同，约定商铺按优惠价 85 万元（含增值税）（即总价 100 万元的 85%）出售，在未来 5 年内，该商铺归开发商出租，收益归开发商。开发商在销售时，将价款和折扣额在同一张增值税发票上注明，并开具了销售不动产统一发票。开发商在销售房产时，对未来 5 年内转租房产能收取多少收益并不确定，并假设当年 A 公司将商铺转租取得租金 5 万元（含增值税）（不考虑城建税、教育费附加、土地使用税）。

二、涉税处理

1. 增值税的处理

《财政部、国家税务总局关于全面推开营业税改增值税试点的通知》（财税〔2016〕36 号）附件 1《营业税改征增值税试点实施办法》第四十三条规定："纳税人发生应税行为，将价款和折扣额在同一张发票上分别注明的，以折扣后的价款为销售额；未在同一张发票上分别注明的，以价款为销售额，不得扣减折扣额。"

《财政部、国家税务总局关于全面推开营业税改增值税试点的通知》（财税〔2016〕36 号）附件 1《营业税改征增值税试点实施办法》第三十七条规定："销售额，是指纳税人发生应税行为取得的全部价款和价外费用，财政部和国家税务总局另有规定的除外。"价外费用，是指价外收取的各种性质的收费，但不包括以下项目：

（1）代为收取并符合本办法第十条规定的政府性基金或者行政事业性收费。

（2）以委托方名义开具发票代委托方收取的款项。

财税〔2016〕36 号文件附件 1《营业税改征增值税试点实施办法》第十条第（一）项，行政单位收取的同时满足以下条件的政府性基金或者行政事业性收费：

（1）由国务院或者财政部批准设立的政府性基金，由国务院或者省级人民政府及其财政、价格主管部门批准设立的行政事业性收费。

（2）收取时开具省级以上（含省级）财政部门监（印）制的财政票据。

（3）所收款项全额上缴财政。

《纳税人提供不动产经营租赁服务增值税征收管理暂行办法》（国家税务总局公告 2016 年第 16 号）第四条第（二）项规定："其他个人出租不动产（不含住房），按照 5% 的征收率计算应纳税额，向不动产所在地主管地税机关申报纳税。其他个人出租住房，按照 5% 的征收率减按 1.5% 计算应纳税额，向不动产所在地主管地税机关申报纳税。"

《纳税人提供不动产经营租赁服务增值税征收管理暂行办法》（国家税务总局公告 2016 年第 16 号）第三条第（二）项规定："**一般纳税人出租其 2016 年 5 月 1 日后取得的不动产，适用一般计税方法计税。不动产所在地与机构所在地不在同一县（市、区）的，纳税人应按照 3% 的预征率向不动产所在地主管国税机关预缴税款，向机构所在地主管国税机关申报纳税。**"

显然，A 公司无偿取得的出租收益应作为价外费用计入增值税计税依据。因此，A 公司销售房地产应缴纳增值税为：100÷（1+9%）×9%＝8.26（万元）。购房者出租商铺应缴纳增值税为：15÷（1+5%）×5%＝0.71（万元）。

A 公司还需就当年转租商铺取得的租金收入按"出租不动产"税目缴纳增值税为：5÷（1+9%）×9%＝0.41（万元）。

2. 印花税

本例中，A 公司不但销售了开发产品，还租赁了该开发产品后并转租（假如转租合同每年签订一次），应分别按"产权转移书据"税目缴纳印花税为：85×0.05%＝0.0425（万元），按"财产租赁"税目缴纳印花税为：15×0.001+5×0.001＝0.02（万元）。

3. 个人所得税

国家税务总局《关于个人与房地产开发企业签订有条件优惠价格协议购买商店征收个人所得税问题的批复》（国税函〔2008〕576 号）规定，房地产开发企业与商店购房者个人签订协议，房地产开发企业按优惠价格出售其开发的商店给购买者个人，但购买者个人在一定期限内必须将购买的商店无偿提供给房地产开发企业对外出租使用，其实质是购买者个人以所购商店交由房地产开发企业出租而取得的房屋租赁收入支付了部分购房价款。

根据《个人所得税法》的有关规定，上述情形的购买者个人少支出的购房价款，应视同个人财产租赁所得，按照"财产租赁所得"项目征收个人所得税，每次财产租赁所得的收入额，按照少支出的购房价款和协议规定的租赁月份数平均计算确定。

《关于营改增后契税、房产税、土地增值税、个人所得税计税依据问题的通知》（财税〔2016〕43 号）第四条规定："**个人转让房屋的个人所得税应税收入不含增值税，其取得房屋时所支付价款中包含的增值税计入财产原值，计算转让所得时可扣除的税费不包括本次转让缴纳的增值税。**"《个人所得税法》第八条规定，个人所得税以所得人为纳税义务人，以支付所得的单位和个人为扣缴义务人。

所以，A公司在以优惠价销售给购房者时，需代扣代缴购房者应缴纳的个人所得税为：$[15÷(1+5\%)÷(5×12) -0.08]×20\%×60=1.9$（万元）。否则，税务机关会根据《税收征管法》第六十九条规定，由税务机关向购房者追缴税款，对A公司处应扣未扣、应收未收税款50%以上3倍以下的罚款。

4. 房产税

《关于营改增后契税、房产税、土地增值税、个人所得税计税依据问题的通知》（财税〔2016〕43号）第二条规定：**"房产出租的，计征房产税的租金收入不含增值税。"** 基于此规定，购房者将购买的商铺返租给A公司，每月应按租金收入（少支出的购房价款和协议规定的租赁月份数平均计算确定）的12%缴纳房产税为：$15÷(1+5\%)÷(5×12)×12\%=0.03$（万元）。开发商再将商铺转租，按房产税相关规定，开发商转租房屋取得的租赁收入不再缴纳房产税。这在实际税务处理中也是容易被忽视的。

5. 企业所得税

对于售后返租业务，A公司需分别就销售不动产和租赁两项业务处理，分别计算相关成本、费用和损益。

A公司的租赁支出，就是一次性让利给购房者的折让优惠额，按权责发生制原则，A公司每年的租赁支出为$15÷(1+5\%)÷5=2.9$（万元）。

根据国家税务总局《关于确认企业所得税收入若干问题的通知》（国税函〔2008〕875号）第一条第一款规定，企业销售商品同时满足下列条件的，应确认收入的实现：

（1）商品销售合同已经签订，企业已将商品所有权相关的主要风险和报酬转移给购货方。

（2）企业对已售出的商品既没有保留通常与所有权相联系的继续管理权，也没有实施有效控制。

（3）收入的金额能够可靠地计量。

（4）已发生或将发生的销售方的成本能够可靠地核算。

本例中，A公司在销售房产时，商铺租赁能收取的租金收入是不确定的。因此，对于此不确定的租赁应税金额不能并入企业销售商铺的收入总额中，企业应以折扣后的销售金额85万元作为所得税应税金额。转租收入5万元应在满足收入确定条件后，计入当年度应纳税所得额。则A公司当年应纳税所得额为：$(85+5)÷(1+9\%)=82.57$（万元），扣除租赁支出2.9万元、开发产品成本、税金及费用后，即可计算出应纳企业所得税额。

6. 土地增值税

《关于营改增后契税、房产税、土地增值税、个人所得税计税依据问题的通知》（财税〔2016〕43 号）第三条规定："**土地增值税纳税人转让房地产取得的收入为不含增值税收入。《中华人民共和国土地增值税暂行条例》等规定的土地增值税扣除项目涉及的增值税进项税额，允许在销项税额中计算抵扣的，不计入扣除项目，不允许在销项税额中计算抵扣的，可以计入扣除项目。**"本例中，A 公司销售不动产计征增值税的销售额为：91.74 万元〔100÷（1+9%）〕，所得税计税收入为：77.98 万元〔85÷（1+9%）〕，在计算土地增值税时应以哪个作为纳税人转移房产取得的收入呢？《土地增值税暂行条例》第五条规定，纳税人转让房地产取得的收入，包括货币收入、实物收入和其他收入。根据国税函〔2008〕875 号文件规定，确认应税收入实现的条件是"收入的金额能够可靠地计量"。所以，A 公司销售商铺时不确定的转租收益不能作为其他收入计入上述第五条的收入中，应以 77.98 万元作为纳税人转让房地产取得的收入额。

三、房地产企业经营性售后返租的财务管控

经营性售后返租，即标的资产所有权上的主要风险和报酬已经转移给出租人，房地产公司应按"销售不动产"处理。而作为购房者取得房地产公司或资产管理公司的租金应按"提供不动产经营租赁"处理。具体的会计处理分别按照房地产企业销售不动产和资产管理公司中介代理购房者经营性出租不动产进行会计处理。

(一) 房地产企业销售不动产的会计处理

房地产公司销售不动产时做收入处理（按新项目现房销售）的会计处理如下：

借：银行存款

　　贷：主营业务收入

　　　　应交税费——应交增值税（销项税额）

同时，结转成本：

借：主营业务成本

　　贷：开发产品

（二）资产管理公司中介代理购房者经营性出租不动产的会计处理

（1）一般纳税人的资产管理公司转租不动产（按新资产），取得租金时的会计处理如下：

借：银行存款

　　贷：其他业务支出——应付购房者租金（含增值税的应付购房者租金）

　　　　其他业务收入（佣金收入）

　　　　应交税费——应交增值税（佣金收入的销项税额）

（2）资产管理公司返租，支付给购房者商定的租金。

借：其他业务支出（由于购房者是个人，在税务机关代开发票时，只能取得增值税普通发票，不能抵扣增值税进项税额，增值税直接进入成本在企业所得税前扣除）

　　贷：银行存款

第 四 节

以房抵工程款的"财税法"风险管控

房地产企业以房屋抵付工程款（以下简称"以房抵工程款"），是指房地产开发企业将建设工程施工发包给建筑商，建筑商承包工程后，房地产开发企业由于某种原因不能支付工程款，将其所有的或已建成尚未出售或将来某时建成的房屋抵给建筑商，代替以货币的形式支付工程款，从而履行支付工程款义务的商业行为。一般而言，以房抵工程款主要包括三种形式：①房地产开发企业以其所有的并已取得房屋所有权的房屋抵付工程款。②房地产开发企业以其建成未出售的商品房抵付工程款。③房地产开发企业以已在建商品房抵付工程款。

"以房抵工程款"的交易行为处理不当，将存在一定的法律、财务和税务风险，要提升房地产企业和建筑企业的税收安全，必须对"以房抵工程款"的交易行为采取一定的风险管控策略。

一、以房抵工程款的法务管控：建筑企业工程价款优先受偿权的履行

当房地产开发企业以其建成未出售的商品房或已在建商品房抵付工程款时，建筑企业的法务管控策略主要涉及以房抵建筑企业工程价款的优先受偿权的履行问题。建设工程价款优先受偿权涉及建设工程价款优先受偿权期限及其起算点，享受优先受偿权的权利主体、优先受偿权受偿的范围。

（一）正确把握建设工程价款优先受偿权的期限及其起算点

1. 法律依据

《最高人民法院关于审理建设工程施工合同纠纷案件适用法律问题的解释（二）》（法释〔2018〕20 号）第二十二条的规定：**"承包人行使建设工程价款优先受偿权的期限为六个月，自发包人应当给付建设工程价款之日起算。"** 这与《最高人民法院关于建设工程价款优先受偿权问题的批复》（法释〔2002〕16 号）第四条确定的起算时间即"自建设工程竣工之日或者建设工程合同约定的竣工之日起计算"具有较大不同，是一种法制的进步，更有利于建筑施工企业。

2. 如何认定"发包人应当给付建设工程价款之日"

第一，如果承包人给发包人提交催告工程价款书，则发包人应当以给付建设工程价款之日为催告工程价款书载明的合理期限结束的第二天。

根据《中华人民共和国合同法》第二百八十六条规定，发包人未按照约定支付价款的，承包人可以催告发包人在合理期限内支付价款。发包人逾期不支付的，除按照建设工程的性质不宜折价、拍卖的以外，承包人可以与发包人协议将该工程折价，也可以申请人民法院将该工程依法拍卖。建设工程的价款就该工程折价或者拍卖的价款优先受偿。根据此法律规定，如果工程竣工验收，或已竣工但未验收的工程，发包人应当给付建设工程价款之日为承包人给发包人提交的催告工程价款书载明的合理期限结束的第二天。

第二，如果建筑合同中"工程款支付"条款中约定：支付工程进度款的时间节点，剩下的工程款为工程竣工验收合格之后支付，则"发包人应当给付建设工程价款之日"为竣工验收报告书载明的日期的第二天。

第三，如果建筑合同中"工程款支付"条款中没有约定：支付工程进度款的时间节点，剩下的工程款为工程竣工验收合格之后支付，则"发包人应当给付建设工程价款之日"为工程决算书载明的日期的第二天。

（二）明确界定建设工程价款优先受偿的范围

1. 法律依据

《建设工程司法解释（二）》（法释〔2018〕20号）第二十一条规定："**承包人建设工程价款优先受偿的范围依照国务院有关行政主管部门关于建设工程价款范围的规定确定。承包人就逾期支付建设工程价款的利息、违约金、损害赔偿金等主张优先受偿的，人民法院不予支持。**"《建筑工程司法解释（二）》对建设工程价款优先受偿权的范围采用了引用加排除的方法，引用"国务院有关行政主管部门的规定"作为界定建设工程价款优先受偿权范围的基础，同时将"利息、违约金、损害赔偿金等"排除在建设工程价款的范围之外。而国务院有关行政部门关于建设工程价款的规定文件有两个：①《建筑安装工程费用项目组成》（建标〔2013〕44号文件），建筑安装工程费用按构成要素组成划分为人工费、材料费、施工机具使用费、企业管理费、利润、规费和税金。②住房和城乡建设部《建设工程施工发包与承包价格管理暂行规定》第五条规定，建设工程价款由成本（直接成本、间接成本）、利润（酬金）和税金构成。

2. 建设工程价款优先受偿的范围

根据以上法律依据，建设工程价款优先受偿的范围如下：

第一，建设工程价款优先受偿范围的判断原则：宜折价、拍卖的建设工程。因此，以公益为目的的事业单位、社会团体和组织机构的教育设施、医疗设施等不宜折价或拍卖，但以营利为目的私立学校、私立医院等建设工程可以折价或拍卖，且承包人就折价款或拍卖款优先受偿。

第二，建设工程价款优先受偿的范围可界定为：如果指已竣工工程，应指竣工结算价；未竣工工程则应以施工预算价为基础进行评估确定工程价款，包括承包人的正常利润，也包括承包人的垫资款，但不包括承包人因发包人违约造成的损失。

因此，发包人逾期支付给承包人建设工程价款的利息、违约金、损害赔偿金不是优先受偿范围。

二、以房抵工程款的税务管控

（一）以房抵工程款的协议折让价"明显偏低且不合理"的税务风险及管控策略

以房抵工程款的协议折让价"明显偏低且不合理"的税务风险：导致房地产企业减少收入而少缴纳土地增值税，将引起税务机关对房地产企业进行纳税调整的税务风险。

1. 以房抵工程款的抵债行为必须视同销售依法缴纳土地增值税、增值税和企业所得税

根据财税〔2016〕36 号文附件 1《营业税改征增值税试点实施办法》的规定，销售服务、无形资产或者不动产，是指有偿提供服务、有偿转让无形资产或者不动产。有偿是指取得货币、货物或者其他经济利益。以房抵债属于取得其他经济利益的销售，需要缴纳增值税。《中华人民共和国企业所得税法实施条例》第二十五条规定，企业发生非货币性资产交换，以及将货物、财产、劳务用于捐赠、偿债、赞助、集资、广告、样品、职工福利或者利润分配等用途的，应当视同销售货物、转让财产或者提供劳务，但国务院财政、税务主管部门另有规定的除外。基于以上税收政策的规定，房地产企业与建筑企业签订的以房抵工程款的协议，该协议中工程折价的实质是房地产企业通过协议工程折价销售其建筑工程抵偿建筑企业的工程款，房地产企业要视同销售缴纳增值税、土地增值税和企业所得税。房地产企业与建筑企业达成的协议工程折价的价格往往偏低又无正当理由，导致视同销售收入减少，最终的结果使房地产企业少缴纳土地增值税。

2. 税务机关对交易价款偏低且不合理给予纳税调整的法律依据

《中华人民共和国税收征管法》第三十五条第六款规定："**纳税人申报的计税依据明显偏低，又无正当理由的，税务机关有权核定其应纳税额。**"

根据《中华人民共和国增值税暂行条例》第七条及《中华人民共和国增值税暂行条例实施细则》第十六条的规定，纳税人销售货物或者应税劳务的价格明显偏低并无正当理由的，由主管税务机关按下列顺序确定销售额：

（1）按纳税人最近时期同类货物的平均销售价格确定。

（2）按其他纳税人最近时期同类货物的平均销售价格确定。

（3）按组成计税价格确定。组成计税价格的公式为：

组成计税价格＝成本×（1+成本利润率）

属于应征消费税的货物，其组成的计税价格中应加计消费税额。

公式中的成本是指：销售自产货物的为实际生产成本，销售外购货物的为实际采购成本。公式中的成本利润率由国家税务总局确定。

财税〔2016〕36号文之附件1《营业税改征增值税试点实施办法》第四十四条规定：纳税人发生应税行为价格明显偏低或者偏高且不具有合理商业目的的，或者发生本办法第十四条所列行为而无销售额的，主管税务机关有权按照下列顺序确定销售额：

（1）按照纳税人最近时期销售同类服务、无形资产或者不动产的平均价格确定。

（2）按照其他纳税人最近时期销售同类服务、无形资产或者不动产的平均价格确定。

（3）按照组成计税价格确定。组成计税价格的公式为：

组成计税价格＝成本×（1+成本利润率）

成本利润率由国家税务总局确定。

不具有合理商业目的，是指以谋取税收利益为主要目的，通过人为安排，减少、免除、推迟缴纳增值税税款，或者增加退还增值税税款。

3."价款明显偏低且不合理"的司法界定

最高人民法院关于适用《中华人民共和国合同法》若干问题的解释（二）（法释〔2009〕5号）第十九条对于《合同法》第七十四条规定的"明显不合理的低价"，人民法院应当以交易当地一般经营者的判断，并参考交易当时交易地的物价部门指导价或者市场交易价，结合其他相关因素综合考虑予以确认。转让价格达不到交易时交易地的指导价或者市场交易价70%的，一般可以视为明显不合理的低价。基于此法释〔2009〕5号的司法解释，发包方与承包方就工程进行协议折价时，务必将价格定在不低于交易地的指导价或者市场交易价的70%。

4. 税务机关对"价款明显偏低且不合理"的价格进行纳税调整的尺度：不得低于市场价的70%

根据以上法律税收政策分析，如果房地产企业与建筑企业发生"以房抵工程款"的情况下，一定要掌握和审查房地产企业以房抵工程款的折价金额不得低于房地产企业用于抵建筑商工程款的开发成品的市场价格的70%。

例如：如果房地产企业拖欠建筑企业工程款1000万元，房地产企业抵建筑企业工程款的开发成品的市场交易价为2000万元，则1000万元小于

1400 万元（2000 万元×70%），该交易"价款明显偏低且不合理"的行为，必须对房地产企业依照 1400 万元申报缴纳土地增值税。

（二）建筑商将房地产企业以房抵工程款签订合同的税务风险及节税的合同签订技巧

1. 签订合同多缴纳税的税务风险

实践中，当房地产企业拖欠建筑企业材料款、建筑企业拖欠供应商材料款或其他个人借款的情况下，为了相互抵债，房地产企业与建筑企业签订"以房抵工程协议"，然后建筑企业又与材料供应商或个人签订以房抵材料款或欠款的合同。以上签订的合同将对建筑企业和房地产企业的行为视同销售征收增值税、企业所得税和土地增值税。

2. 建筑商将房地产企业以房抵工程款的房屋自用情况下的合同签订技巧

以房抵工程款自用的房屋，其实质就是建筑商向房地产开发企业购买房屋并支付购房款，房地产开发企业支付工程款，依据《中华人民共和国合同法》第九十一条第三款规定，在等额范围内二者相抵销。在实践中，以房抵工程款建筑商自用的房屋，往往是前面所谈到的第一种和第二种形式的房屋。针对这种以房抵工程款建筑商自用的房屋，房地产企业都会给予建筑商优惠的价格，以房抵完建筑商工程款后，还有一定的差额。因此，建筑商将房地产企业以房抵工程款的房屋自用情况下的合同必须按照以下方法进行签订：

第一，实际工程款与用以抵付的房屋价款差额的处理。

实际工程款与用以抵付的房屋价款很难完全一致，必将出现差额，因此在以房抵款合同中一定要明确此差额如何处理。

第二，必须在以房抵工程款的协议中明确房屋交付的具体期限。

第三，在协议中明确抵付工程款的房屋面积和单价，销售单价按照协议约定的抵付工程款除以用于抵工程款房屋的建筑面积进行计算。

第四，发票开具和税费的处理。

在以房抵工程款的协议中，必须明确房地产企业按照抵付工程款金额向建筑商开具销售不动产的增值税专用发票，建筑企业向房地产公司开具建筑业的增值税专用发票。有关税费各自承担。

第五，在以房抵款合同中双方应明确用以抵付工程款的具体房屋。

在一些以房抵款合同中，关于用以抵付的房屋，有的合同约定以房地产开发企业指定为准；有的约定由建筑商在房地产开发企业开发建设的楼盘中自行选择，但两者均未明确哪套房屋用以抵付工程款。如产生纠纷，双方对于用以抵付的房屋说法不一，法院可能以约定不明为由判决房地产开发企业直接以货币形式向建筑商支付工程款。因此，应在以房抵款合同中明确约定具体的楼号、房号等内容，最好附图。

3. 建筑商将以房抵工程款的房屋出售于他人或用于抵供应商材料款的合同节税签订技巧

（1）出售他人的合同签订技巧。建筑商另行寻找购房者，因其未取得房屋所有权，不能直接与该购房者签订商品房买卖合同。因此，必须由建筑商寻找的购房者直接与房地产开发企业签订《商品房买卖合同》，购房款由购房者直接向建筑商支付或向房地产开发企业支付，再由其支付给建筑商。

（2）用于抵供应商材料款的合同签订技巧。

第一，房地产企业、建筑商和材料供应商三方欠款均相等的情况下，合同签订技巧如下：

房地产企业与建筑企业、材料供应商签订三方债务偿还协议，协议约定由房地产企业将抵债商品房直接销售给材料供应商，材料供应商将房款汇给房地产企业，房地产企业收材料供应商房款后再汇给建筑企业偿还债务，建筑企业收房地产企业欠款后再汇给材料供应商偿还债务。或者协议约定：卖方为房地产企业，买方为材料供应商，购房款支付方为建筑商。建筑商代替材料供应商支付给房地产企业的购房款抵付建筑商拖欠材料供应商的材料款；材料供应上委托建筑商支付房地产企业的购房款用于抵付房地产企业拖欠建筑商的工程款。

第二，在三方欠款均不相等的情况下，合同签订如下：房地产企业与建筑企业、材料供应商签订三方债务偿还协议，协议约定：房地产企业是卖方，材料供应商是买方，建筑企业是付款方。建筑企业代替材料供应商支付给房地产企业的购房款不仅用于抵房地产企业拖欠建筑企业的工程款，而且还用于抵建筑企业拖欠材料供应商的材料款。

同时，建筑企业与材料供应商签订债务重组协议，约定材料供应商免除向建筑公司应收材料款与建筑企业代替材料供应商支付给房地产企业的购房款的差额部分债务。

三、以房抵工程款的账务管控：正确的账务处理

在房地产企业的开发过程中，特别是在房地产行业不景气的情况下，为了及时收回资金，房地产企业会发生以开发完毕的产品抵建筑企业的工程款的现象。这些以房抵工程款的情况在财务和税务上应如何进行处理，一直是

许多企业财务人员和税务执法人员很困惑的地方。笔者结合国家财税政策，就房地产企业以房抵工程款的财务税务处理问题详细分析如下：

根据财税〔2016〕36号文件附件1《营业税改征增值税试点实施办法》第一条、第十条和第十一条的规定，在中华人民共和国境内销售服务、无形资产或者不动产的单位和个人，为增值税纳税人。销售服务、无形资产或者不动产，是指有偿提供服务、有偿转让无形资产或者不动产。其中，"有偿"是指取得货币、货物或者其他经济利益。房地产公司以房抵工程款就是有偿取得其他经济利益的行为。因此，房地产公司以房抵银行贷款是增值税纳税义务人，应视同销售依法缴纳增值税。因为以房抵施工企业的建筑工程款的法律实质是建筑施工企业从房地产公司收回拖欠的建筑工程款和再用收回的建筑工程款向房地产公司购买房屋两个阶段进行财务和税务处理。房地产企业以房抵工程款的问题，房地产企业向施工企业开销售不动产增值税发票，建筑企业向房地产企业开建筑业增值税发票。因此，当房地产公司发生以房抵工程款的情况时必须按照现有税法的规定视同销售，依法向当地税务主管部门主动申报缴纳增值税、土地增值税和企业所得税。

根据新修订的《企业会计准则第7号——非货币性资产交换》的规定，房地产企业以房抵工程款是非货币性资产交换行为，按照非货币性资产交换的会计准则规定进行账务处理。开盘之后的现房抵工程款的账务处理如下：

1. 房地产企业的会计处理

借：应付账款 ——应付建筑企业工程款
  贷：主营业务收入（其他业务收入）——销售建筑工程
    应交税费——应缴增值税（销售税额）

借：开发成本（在建工程）
  应交税费——应缴增值税（待认证抵扣增值税）
    贷：应付账款——应付承包方工程款

借：开发产品（固定资产）
    贷：开发成本（在建工程）

借：主营业务成本（其他业务支出）
    贷：开发产品（固定资产）

2. 建筑企业的会计处理

借：固定资产——建筑工程
  应交税费——应缴增值税（待认证抵扣增值税）
    贷：应收账款——发包方工程款

借：应交税费——应缴增值税（待认证抵扣增值税）

　　贷：应交税费——应缴增值税（销项税额）

下面分别以房地产企业开盘前和开盘后的以房抵工程款为例，进行实证分析。

房地产企业开盘前签订的以房抵工程款协议的财税处理

一、案情介绍

甲房地产开发有限公司的开发项目"福满家苑"分两期进行开发，第一期工程在2019年4月12日领取了《商品房预售许可证》。甲房地产开发有限公司于2018年12月20日与建筑施工企业签订了"以房抵债协议"，协议约定如下：

（1）第一期项目总建筑面积为5万平方米，房地产公司将其中1万平方米建筑面积的开发产品以14000元/平方米（含增值税）的平均价抵偿应付建筑施工企业工程款15000万元（含增值税），剩余1000万元（含增值税）的工程款于本协议签订之日起5天之内付清。后期发生的建筑工程款仍按照原工程承包合同约定的工程进度及支付时间履行付款义务及承担违约责任。

（2）甲房地产有限公司将第一期项目中1万平方米建筑面积的开发产品用于抵建筑施工企业的工程款，在建筑施工企业找到实际购房人时，由甲房地产有限公司与实际购房人签订商品房销售合同，购房款全额用于偿还拖欠建筑施工企业工程款，实际售价超过14000元/平方米的部分，作为甲房地产有限公司延期支付建筑施工企业工程款项的利息，归建筑施工企业所有。在截至开盘后的2019年7月，甲房地产有限公司账面上的"其他应付款——建筑施工企业"科目贷方余额为14000万元。根据以上协议，甲房地产有限公司应如何进行财务和税务处理？

二、甲房地产有限公司的财务处理（单位：万元）

（1）2019年12月20日，甲房地产有限公司与建筑商签订以房抵债协议时，根据协议及付款凭证，财务处理如下：

借：应付账款——建筑商 15000

贷：其他应付款——建筑商 14000（开盘之前抵的工程款相
当于诚意金）

银行存款 1000

（2）开盘后，甲房地产有限公司与建筑商找到的实际购房人签订商品房买卖合同，收取价款时：

借：银行存款 14000

贷：预收账款 14000

预缴增值税时的账务处理：

借：应交增值税——预缴增值税 385.32［14000÷（1+9%）］×3%

贷：银行存款 385.32

房地产企业收取建筑商找到的实际购房人支付的购房款后，支付给建筑企业的账务处理：

借：其他应付款——建筑商 14000（开盘之前抵的工程款相当于诚意金）

贷：银行存款 14000

三、甲房地产有限公司的税务处理

（1）增值税纳税义务时间的法律依据。财税〔2016〕36号附件1：《营业税改征增值税试点实施办法》第四十一条规定："**增值税纳税义务发生时间为：（一）纳税人提供应税服务并收讫销售款项或者取得索取销售款项凭据的当天；先开具发票的，为开具发票的当天。收讫销售款项，是指纳税人销售服务、无形资产或者不动产过程中或者完成后收到款项。取得索取销售款项凭据的当天，是指书面合同确定的付款日期；未签订书面合同或者书面合同未确定付款日期的，为服务、无形资产转让完成的当天或者不动产权属变更的当天。**"

（2）甲房地产有限公司账面上的"其他应付款——建筑施工企业"科目贷方余额为14000万元的税务处理。

由于本案例中的A房地产公司与建筑企业签订的"以房抵工程款协议书"的时间（2018年12月20日）发生在领取《商品房预售许可证》的时间（2019年4月12日）之前，因此，2018年12月20日A公司与建筑商签订以房抵债协议在法律实质上没有构成"销售不动产"的行为，以房抵债14000万元没有发生应用增值税的纳税义务时间。但是过了开盘时间（房地产公司取得《商品房预售许可证》的时间），在甲房地产公司账面上的"其他应付款——建筑商"科目贷方余额为14000万元是否申报缴纳增值税要分以下两种情况处理：

第一，如果该"以房抵债协议"中约定抵债的房号、楼层和建筑面积的房屋在当地建设委员会或建委的网站上进行了备案（或网签），则甲房地产有限公司账面上的"其他应付款——建筑施工企业"科目贷方余额14000万元，必须向当地主管税务部门申报交增值税、土地增值税、企业所得税。

第二，如果该"以房抵债协议"中约定抵债的房号、楼层和建筑面积的房屋没有在当地建设委员会或建委的网站上进行了备案（或网签），则甲房地产有限公司账面上的"其他应付款——建筑商"科目贷方余额14000万元，没有产生纳税义务时间，不需要向当地主管税务部门申报缴纳增值税、土地增值税、企业所得税。

（3）房地产企业收到建筑商找到的实际购房人支付的购房款后的税务处理。房地产企业收到购房者支付14000万元时，在不动产所在地按照预收款的3%预缴增值税，开具"备注栏"载明"不征税"字样的增值税普通发票（其实相当于收据，不是办理不动产的增值税发票）。施工企业给予房地产企业开具9%的增值税专用发票。

房地产企业开盘后签订的以房抵债协议的财税处理

一、案情介绍

甲房地产开发有限公司开发项目"福满家苑"分两期开发，第一期建筑工程于2019年4月12日领取《商品房预售许可证》，将于2019年6月完工。2019年9月20日A公司于与建筑商签订了"以房抵债协议"，并在当地建委网上进行了备案，协议约定：

（1）甲房地产开发有限公司将其开发的15套住房，用于抵其拖欠的建筑施工企业工程款3000万元，建筑施工企业将抵债而来的15套商品房用于职工宿舍。

（2）甲房地产开发有限公司与某银行签订《以商品房抵顶银行贷款合

同》,以"福满家苑"一栋楼的一层、二层,抵减银行 5000 万元贷款。

以上项目是新项目,按照一般计税方法计征增值税,根据以上抵债协议,甲房地产开发有限公司应如何进行财务和税务处理?

二、甲房地产开发有限公司的财务处理(单位:万元)

(1)甲房地产开发有限公司其开发的 15 套住商品房用于抵其拖欠建筑施工企业 3000 万元的工程款的账务处理如下:

借:应付账款——建筑施工企业 3000

贷:预收账款 3000

预缴增值税时的账务处理:

借:应交增值税——预缴增值税 82.57 〔3000÷(1+9%)〕×3%

贷:银行存款 82.57

(2)甲房地产开发有限公司与某银行签订《以商品房抵顶银行贷款合同》,以"福满家苑"一栋楼的一层、二层抵银行 5000 万元贷款的账务处理如下:

借:长期借款——××银行 5000

贷:预收账款 5000

预缴增值税时的账务处理:

借:应交增值税——预缴增值税 137.62 〔5000÷(1+9%)〕×3%

贷:银行存款 137.62

三、甲房地产开发有限公司的税务处理

根据《国家税务总局公告 2016 年第 18 号》第二节第 10 条、第 11 条和第 12 条有关预缴税款的规定,一般纳税人的房地产企业采取预收款方式销售自行开发的房地产项目,应在收到预收款时按照 3% 的预征率预缴增值税。应预缴税款按照以下公式计算:

应预缴税款=预收款÷(1+适用税率或征收率)×3%

适用一般计税方法计税的,按照 9% 的适用税率计算;适用简易计税方法计税的,按照 5% 的征收率计算。一般纳税人应在取得预收款的次月纳税申报期向主管国税机关预缴税款。

因此,根据以上政策规定和分析,房地产企业发生的以房抵工程款和抵银行贷款必须视同销售进行税务处理。3000 万元和 5000 万元在签订协议并在当地建委网上备案后必须依法预缴增值税,预缴土地增值税和按照计税毛利润申报缴纳企业所得税。

第 **五** 节

房地产企业两种"红线外支出"的财税法管控

"红线外支出"是指在房地产开发企业项目建设用地边界外，即国家有关部门审批的项目规划外承建道路、桥梁、公园、学校、医院、绿化等设施发生支出。实践中的"红线外支出"主要体现为两种情况：①土地置换政府项目模式。政府强行要求房地产企业在红线外为政府建设公共设施或其他工程作为招拍挂拿地时的附带条件，该种情况下，政府往往以低于市场招拍挂的价格出让土地给房地产企业，低于市场招拍挂的价款部分置换政府项目。②为促进销售而建基础设施无偿移交政府模式。开发商为了提升红线内楼盘的品质，提升销售价格，在红线外自行建造公园、道路、桥梁等建筑物或基础设施无偿移交给当地政府而发生的支出。这两种"红线外支出"在房地产企业在税务、财务上如何处理，必须从法律逻辑起点开始分析，具体分析如下：

一、土地置换政府项目模式的财税法管控

（一）法务管控

《节约集约利用土地规定》（中华人民共和国国土资源部令第 61 号）第二十二条规定："**经营性用地应当以招标拍卖挂牌的方式确定土地使用者和土地价格。各类有偿使用的土地供应不得低于国家规定的用地最低价标准。禁止以土地换项目、先征后返、补贴、奖励等形式变相的减免土地出让价款。**"财政部、国土资源部、中国人民银行关于印发《国有土地使用权出让收支管理办法》的通知（财综〔2006〕68 号）第十条规定："**任何地区、部门和单位都不得以'招商引资''旧城改造''国有企业改制'等各种名义减免土地出让收入，实行'零地价'，甚至'负地价'，或者以土地换项目、先征后返、补贴等形式变相减免土地出让收入。**"同时，《国有土地使用权出

让收支管理办法》（财综〔2006〕68号）第七条规定："**对违反本通知规定，擅自减免、截留、挤占、挪用应缴国库的土地出让收入，不执行国家统一规定的会计、政府采购等制度的，要严格按照土地管理法、会计法、审计法、政府采购法、《财政违法行为处罚处分条例》（国务院令第427号）和《金融违法行为处罚办法》（国务院令第260号）等有关法律法规进行处理，并依法追究有关责任人的责任；触犯刑法的，依法追究有关人员的刑事责任。**"

基于以上规定，土地置换政府项目模式中的政府行为是违反《国有土地使用权出让收支管理办法》和《节约集约利用土地规定》规定的行为，根据《中华人民共和国审计法》和《财政违法行为处罚处分条例》的规定，对涉及以土地置换政府项目的相关政府责任人和主管负责人将处以警告、撤职等行政处罚，严重者将被移交司法机关，将被处以刑事处罚。

（二）财务管控

虽然土地置换政府项目模式对政府部门的相关负责人是违法行为，但不影响房地产企业的财务核算和税务机关对其进行的税收征管的权利。由于土地置换政府项目模式的项目是以政府（一般是城投公司）作为立项、规划审批主体，房地产公司出的建设资金（土地招拍挂出让金的减免）实质是政府出的建筑资金，是土地出让金成本的一部分。因此，房地产企业发生的第一种"红线外支出"，财务处理如下：

1. 房地产企业签订土地出让合同并支付土地出让金时的账务处理

借：开发成本——土地成本

　　贷：银行存款

2. 房地产企业支付建筑企业工程款，并收到建筑企业开具的9%的增值税专用发票的账务处理

借：开发成本——土地成本（低于市场招拍挂价格的部分价格：土地置
　　　　　　　　换政府项目成本）

　　应交税费——应交增值税（进项税额）

　　贷：银行存款

（三）税务管控

1. 增值税的处理

可以抵扣房地产"红线之内"建设项目的增值税销项税额，《中华人民共和国暂行条例》（2017 年版、国务院令第 691 号）第十条规定：下列项目的进项税额不得从销项税额中抵扣：

（一）用于简易计税方法计税项目、免征增值税项目、集体福利或者个人消费的购进货物、劳务、服务、无形资产和不动产；

（二）非正常损失的购进货物，以及相关的劳务和交通运输服务；

（三）非正常损失的在产品、产成品所耗用的购进货物（不包括固定资产）、劳务和交通运输服务；

（四）国务院规定的其他项目。

基于此规定，我国《税法》规定的不可以抵扣增值税进项税额的规定是采用列举法，即《税法》中没有规定不可以抵扣增值税进项税额的情形是可以抵扣的。因此，第一种"红线外支出"的政府项目是房地产企业与建筑企业签订的包工包料合同，建筑企业开给房地企业的增值税进项发票不在税法中不可抵扣增值税进项税额的列举中，房地产企业进行增值税进项税额抵扣相当于将土地置换政府项目的土地成本抵减房地产企业销售额差额征收增值税。

2. 土地增值税的处理：不可以扣除

《土地增值税暂行条例实施细则》第七条规定，条例第六条所列的计算增值额的扣除项目，具体为：（二）开发土地和新建房及配套设施（以下简称房地产开发）的成本，是指纳税人房地产开发项目实际发生的成本（以下简称房地产开发成本），包括土地征用及拆迁补偿费、前期工程费、建筑安装工程费、基础设施费、公共配套设施费、开发间接费用。其中公共配套设施费，包括不能有偿转让的开发小区内公共配套设施发生的支出。基础设施费，包括开发小区内道路、供水、供电、供气、排污、排洪、通讯、照明、环卫、绿化等工程发生的支出。

《房地产开发经营业务企业所得税处理办法》（国税发〔2009〕31 号）第十七条第（一）项规定，公共配套设施费是指开发项目内发生的、独立的、非营利性的，且产权属于全体业主的，或无偿赠与地方政府、政府公用事业单位的公共配套设施支出。

基于以上国家层面的税收政策规定，第一种"红线外支出（不含增值税）"不可以在土地增值税前进行扣除。但是，要关注以下地方政府的具体税收政策规定。

湖北省的规定：能提供与项目存在关联的证据可以扣除，否则不扣除。

《湖北省地方税务局关于进一步规范土地增值税征管工作的若干意见》

（鄂地税发〔2013〕44号）文件第七条规定，关于审批项目规划外所建设施发生支出的扣除问题：房地产开发企业在项目建设用地边界外（国家有关部门审批的项目规划外，即"红线"外）承诺为政府或其他单位建设公共设施或其他工程所发生的支出，能提供与本项目存在关联关系的直接依据的，可以计入本项目扣除项目金额；不能提供或所提供依据不足的（如与建设项目开发无直接关联，仅为开发产品销售提升环境品质的支出），不得计入本项目扣除金额。

广州市的规定：能提供与项目存在关联的证据可以扣除，否则不扣除。

《广州市地方税务局关于印发2014年土地增值税清算工作有关问题的处理指引的通知》（穗地税函〔2014〕175号）文件第三条规定，关于项目建设用地红线外支出的扣除总问题：纳税人为取得土地使用权，在项目建设用地红线外为政府建设公共设施或其他工程发生的支出，根据《国家税务总局关于房地产开发企业土地增值税清算管理的有关问题的通知》（国税发〔2006〕187号）第四条第（一）项确定的相关性原则，纳税人如果能提供国土房管部门的协议、补充协议，或者相关政府主管部门出具的证明文件的，允许作为取得土地使用权所支付的金额予以扣除。

海南省的规定：能提供与项目存在关联的证据可以扣除，否则不扣除。

海南省地方税务局《土地增值税清算有关业务问答》第八条规定，如何确认审批项目规划外所建设施发生支出的扣除问题，房地产开发企业在项目建设用地边界外（国家有关部门审批的项目规划外，即"红线"外）为政府建设公共设施或其他工程所发生的支出，凡能提供政府有关部门出具的证明文件确认该项支出与建造本清算项目有直接关联的（含项目的土地使用权取得相关联的）支出，可以计入本项目扣除项目金额。

桂林市的规定：能提供与项目存在关联的证据可以扣除，否则不扣除。

《桂林市土地增值税清算工作指南（试行）》规定，"十三、关于审批项目规划外政府要求房地产企业额外承担的部分市政建设费用（支出）的扣除问题"中，对于房地产开发企业发生的、满足下列条件之一的项目建设用地边界外（即"红线"外，下同）的市政建设费用（支出），可以凭建安工程发票或财政部门开具的收据计入本项目取得土地使用权所支付的金额予以扣除：

（一）房地产企业在与国土资源管理部门签订的《国有土地使用权出让合同》中约定或国土资源管理部门在《国有土地使用权招拍挂出让公告》中注明有房地产开发企业在项目建设用地边界外应政府要求建设公共设施或

其他工程等内容的；

（二）房地产企业在项目建设用地边界外应政府要求建设公共设施或其他工程所发生的支出，能提供与本项目存在关联关系的直接依据（如新建、扩建出入小区的市政道路、桥梁等）和县级以上（包括县级、市辖城区）人民政府的正式文件的。对于不满足上述条件的项目建设用地边界外的市政建设费用（支出）（包括房地产开发企业为提升项目周围环境品质、促进开发产品的销售而自行对项目周边绿化、道路进行整治发生的成本费用），不得计入本项目扣除金额。

广西壮族自治区的规定：与开发项目立项有关则可以扣除，否则不可扣除。

《广西自治区地方税务局关于明确土地增值税清算若干政策问题的通知》（桂地税发〔2008〕44号）规定，房地产开发商按照当地政府要求建设的道路、桥梁等公共设施所产生的成本费用，凡属于房地产开发项目立项时所确定的各类设施投资，可据实扣除；与开发项目立项无关的，则不予扣除。

江苏省的规定：不得扣除。

江苏省地方税务局《关于土地增值税有关业务问题的公告》（苏地税规〔2012〕1号）文件就"公共配套设施成本费用的扣除"作如下规定：房地产开发企业建造的各项公共配套设施，建成后移交给全体业主或无偿移交给政府、公共事业单位用于非营利性社会公共事业的，准予扣除相关成本、费用；未移交的，不得扣除相关成本、费用。项目规划范围之外的，其开发成本、费用一律不予扣除。

山东省的规定：不得扣除。

《山东省济南市地方税务局土地增值税清算工作指南》（2014年发布，具体文件号不详）第十一条就"关于审批项目规划外政府要求房地产企业额外承担的部分市政建设费用（支出）的扣除问题"规定：对于房地产开发企业发生的项目建设用地边界外（即规划用地"红线"外）的建设项目支出，一律不得在本项目清算时计算扣除。

山西省的规定：不得扣除。

《房地产开发企业土地增值税清算管理办法》的公告（山西省地方税务局公告2014第3号）第十九条规定："**土地红线外的绿化、修路、配套等支出，不得扣除。**"

根据以上国家和地方税收政策规定来看，全面"营改增"后，特别是在贯彻落实党的十九大精神形势下，地方政府不可能出现以土地换项目、先征后返、补贴、奖励等形式变相地减免土地出让价款的出让土地行为。因此，以上地方税收政策将作废，第一种"红线外支出"在项目内开发产品的土地增值税前不可以扣除。

3. 企业所得税的处理：可以在企业所得税前进行扣除

根据《中华人民共和国企业所得税法》第八条规定，企业实际发生的与取得收入有关的、合理的支出，包括成本、费用、税金、损失和其他支出，准予在计算应纳税所得额时扣除。如果房地产企业在与国土资源管理部门签订的《国有土地使用权出让合同》中约定或国土资源管理部门在《国有土地使用权招拍挂出让公告》中注明有房地产开发企业在项目建设用地边界外应政府要求建设公共设施或其他工程等内容的；或房地产企业能够提供政府的文件或会议纪要，文件或会议纪要中明确注明建设用地边界外应政府要求建设公共设施或其他工程等内容的，则第一种"红线外支出"是土地置换政府项目的支出，显然是与开发红线之内的项目有关，可以在房地产企业的企业所得税前进行扣除。否则不可以在企业所得税前进行扣除。

二、"红线外支出"的财税法管控

（一）法务管控

《中华人民共和国公益事业捐赠法》（中华人民共和国主席令 19 号）第十三条规定，捐赠人捐赠财产兴建公益事业工程项目，应当与受赠人订立捐赠协议，对工程项目的资金、建设、管理和使用作出约定。捐赠的公益事业工程项目由受赠单位按照国家有关规定办理项目审批手续，并组织施工或者由受赠人和捐赠人共同组织施工。工程质量应当符合国家质量标准。第十四条规定，捐赠人对于捐赠的公益事业工程项目可以留名纪念；捐赠人单独捐赠的工程项目或者主要由捐赠人出资兴建的工程项目，可以由捐赠人提出工程项目的名称，报县级以上人民政府批准。

基于以上法律规定，在第二种"红线外支出"中，房地产企业是为了提升红线内楼盘的品质，促进销售而在红线之外建设学校、幼儿园、公园、绿化带、道路、桥梁、公交站等基础设施无偿移交给政府的法务处理如下：

（1）房地产企业向政府相关执行机构（交通局、教育局、文化局等）捐资兴建公益事业工程项目。操作要点是：以政府指定执行部门作为立项、报建主体的，房地产企业将"红线外"项目的建设资金捐赠给政府相关部门，由政府部门组织项目的施工建设，建筑企业开具增值税普通发票给政府相关执行机构（交通局、教育局、文化局等）。

（2）房地产企业向政府捐赠"红线外"公益性工程项目。操作要点是：以政府指定执行部门作为立项、报建主体，然后房地产公司跟建筑企业签订施工总承包合同，根据工程进度向施工企业支付工程进度款，施工企业开具增值税专用发票给房地产企业。工程完工验收后移交给政府相关执行机构（交通局、教育局、文化局等）。

（二）财务管控：正确的账务处理

基于以上两种法务处理方式，其会计上分以下两种情况处理：

第一种法务处理的会计处理：

借：营业外支出——捐赠公益性工程项目建设资金

贷：银行存款

第二种法务处理的会计处理：

（1）建设过程中支付工程款时的会计核算如下：

借：开发成本

应交税费——应交增值税（进项税额）

贷：银行存款

（2）建设完工验收移交给政府部门的会计核算如下：

借：营业外支出——红线外公益项工程项目

贷：开发成本

（三）税务管控：依法税务处理

1. 增值税的处理

第一种法务处理下的增值税处理：不涉及增值税抵扣。

由于第一种法务处理下的"红线外资支出"的建设立项、报建主体是政府部门，建设过程中的施工企业收取工程款向政府部门开具增值税普通发票，所以房地产企业发生第二种"红线外支出"没有涉及增值税抵扣的问题。

第二种法务处理的增值税处理：可以抵扣增值税。

根据《财政部、国家税务总局关于全面推开营业税改增值税试点的通知》（财税〔2016〕36号）附件1《营业税改征增值税试点实施办法》第十四条第（二）项的规定，单位或者个人向其他单位或者个人无偿转让不动产，视同销售处理，但用于公益事业或者以社会公众为对象的除外。基于此规定，房地产企业出资金在红线之外建设公益性工程项目捐赠给政府是用于公益事业或者以社会公众为服务对象，不视同销售，即属于不征增值税项目。

根据《财政部、国家税务总局关于全面推开营业税改增值税试点的通知》（财税〔2016〕36号）附件1《营业税改征增值税试点实施办法》第二十七条的规定，用于免征增值税项目的购进货物、加工修理修配劳务、服务、无形资产和不动产（其中涉及的固定资产、无形资产、不动产仅限于专为上述项目所用），进项税额不得抵扣。而用于公益性捐赠的无偿行为，属于"不征增值税项目"而非"免征增值税项目"。根据税法的规定，属于"免征增值税项目"的增值税进项税额不可以享受抵扣的税收政策，属于"不征增值税项目"的增值税进项税额可以抵扣增值税进项税额。因此，第二种法务处理是属于"不征增值税项目"，其所发生的增值税进项税额可以抵扣。

2. 企业所得税的处理

首先，公益性事业的范围。根据《财政部 国家税务总局 民政部关于公益性捐赠税前扣除有关问题的通知》（财税〔2008〕160号）的规定，用于公益事业的捐赠支出，是指《中华人民共和国公益事业捐赠法》规定的向公益事业的捐赠支出，具体范围包括：

（一）救助灾害、救济贫困、扶助残疾人等困难的社会群体和个人的活动。

（二）教育、科学、文化、卫生、体育事业。

（三）环境保护、社会公共设施建设。

（四）促进社会发展和进步的其他社会公共和福利事业。

其次，公益性捐赠的方式。《中华人民共和国企业所得税法实施条例》（中华人民共和国国务院令第512号）第五十一条规定，《企业所得税法》第九条所称公益性捐赠，是指企业通过公益性社会团体或者县级以上人民政府及其部门，用于《中华人民共和国公益事业捐赠法》规定的公益事业的捐赠。

最后，企业所得税前扣除的处理。根据《全国人民代表大会常务委员会关于修改〈中华人民共和国企业所得税法〉的决定》（中华人民共和国主席令第六十四号）第九条的规定，企业发生的公益性捐赠支出，在年度利润总额12%以内的部分，准予在计算应纳税所得额时扣除；超过年度利润总额12%的部分，准予结转以后三年内在计算应纳税所得额时扣除。

3. 土地增值税的处理：不可以扣除

关于土地增值税的处理问题同土地置换政府项目模式的财税法管控中的"增值税处理"分析一样，不可以在土地增值税前进行扣除。

第 六 节

"甲供工程"业务的财税法风险管控

甲供工程是指全部或部分设备、材料、动力由工程发包方自行采购的建筑工程。自营改增以来，在"甲供工程"业务的增值税计税方法选择上，根据《财政部　国家税务总局关于全面推开营业税改征增值税试点的通知》（财税〔2016〕36 号）附件 2《营业税改征增值税试点有关事项的规定》第一条第（七）款"建筑服务"第 2 项的规定，施工企业可以选择一般计税方法计征增值税（2018 年 5 月 1 日前按照 11%计税征增值税，2018 年 5 月 1 日至 2019 年 3 月 30 日按照 10%计征增值税，2019 年 4 月 1 日之后按照 9%计征增值税），也可以选择简易计税方法计征增值税（按照 3%计税征增值税）。同时，根据财税〔2017〕58 号文件第一条的规定，建筑工程总承包单位为房屋建筑的地基与基础、主体结构提供工程服务，建设单位自行采购全部或部分钢材、混凝土、砌体材料、预制构件的，房地产企业必须适用简易计税方法计税，按照 3%的税率计征增值税。然而根据《住房城乡建设部办公厅关于做好建筑业营改增建设工程计价依据调整准备工作的通知》（建办标〔2016〕4 号）第二条的规定，在 2016 年 5 月 1 日至 2018 年 4 月 30 日，"甲供工程"都是按照"税前工程造价×（1+11%）"作为工程造价的计价依据。同时根据《住房城乡建设部办公厅关于调整建设工程计价依据增值税税率的通知》（建办标〔2018〕20 号）的规定，自 2018 年 5 月 1 日至 2019 年 3 月 30 日，"甲供工程"都是按照"税前工程造价×（1+10%）"作为工程造价的计价依据。根据国家税务总局 2019 年公告第 39 号文件的规定，"甲供工程"都是按照"税前工程造价×（1+9%）"作为工程造价的计价依据。当前，有些工程审计人员在选择简易计税计征增值税的"甲供工程"涉税审计中存在严重的认识误区：因施工企业给甲方开具 3%的增值税发票，以"税前工程造价×（1+3%）"作为终审工程价。因此，"甲供工程"业务在实践操作中，如果运用政策不当，则会产生法律风险、税收风险和财务风险，必须对"甲供工程"业务进行财税法"三大风险"管控。

一、"甲供工程"业务的法律风险管控

（一）"甲供工程"的税法概念及分析

《财政部　国家税务总局关于全面推开营业税改征增值税试点的通知》（财税〔2016〕36号）附件2《营业税改征增值税试点有关事项的规定》第（七）项第2条规定："甲供工程，是指全部或部分设备、材料、动力由工程发包方自行采购的建筑工程。"基于此税法规定，要特别注意该税法条款中的"发包方""全部或部分""材料"和"动力"四个词。具体理解如下：

1. "发包方"的理解

在建筑发包实践中，"发包方"包括以下三个方面：

（1）业主发包给总承包方时，如果业主自行采购建筑工程中的全部或部分设备、材料、动力的情况，则业主是"发包方"。

（2）总承包方发包给专业分包人时，如果总承包方自行采购专业分包建筑工程中的全部或部分设备、材料、动力的情况，则总承包方是"发包方"。

（3）总承包方或专业分包方发包给劳务公司或包工头（自然人）时，如果总承包方或专业分包方自行采购建筑工程中的全部或部分设备、材料、动力的情况，则总承包方或专业分包人是"发包方"。

2. "全部或部分"的理解

如果发包方针对发包的建筑工程自购的材料为零的现象就是包工包料工程。即：包工包料工程是指"发包方"对发包的建筑工程自购的设备、材料、动力为零，包工包料工程不是"甲供工程"。"全部或部分"是指以下三方面的含义：

（1）承包方承包的建筑工程中的设备、材料、动力全部由"发包方"自行采购。

（2）承包方承包的建筑工程中的设备、材料、动力，部分由"发包方"自行采购，交给承包方使用于发包方发包的建筑工程中，剩下的部分设备、材料、动力由承包方自行采购。

（3）"甲供材"中的发包方自己购买的材料、设备或建筑配件在整个建

筑工程造价中所占的比例，在税法中没有规定具体的比例，只要发包方有购买工程所用材料的行为，即使是发包方买一元钱的材料也是属于"甲供工程"现象。

3. "材料"和"动力"的理解

"材料"包括"主材"和"辅料"。所谓的"动力"是指水、电和机油，因此，发包方为建筑企业提供水费、电费和机油费中的任何一种的现象就是"甲供材"现象。同时，发包方自行采购全部或部分"主材"或自行采购全部或部分"辅料"的现象就是"甲供工程"现象。

4. "甲供工程"的内涵

基于以上税法条款的理解分析，"甲供工程"的内涵理解为以下几方面：

（1）"甲供工程"是甲方购买了计入工程造价的全部或部分设备、材料、动力。甲方购买了没有计入工程造价的全部或部分设备、材料、动力的情况，不属于"甲供材"现象。

（2）"甲供工程"不仅包括甲方购买了计入工程造价的全部或部分主材，而且还包括甲方购买了计入工程造价的全部或部分辅料。

（3）"甲供材"包括以下三种"甲供材"现象：

一是业主自行采购建筑工程中的全部或部分设备、材料、动力，交给总承包方使用于建筑工程中。

二是总承包方自行采购专业分包建筑工程中的全部或部分设备、材料、动力，交给专业分包方使用于建筑工程中。

三是总承包方或专业分包方自行采购劳务分包工程中的全部或部分设备、材料、动力，交给劳务分包方使用于建筑工程中。

（二）"甲供工程"合同的实质条款必须与招投标文件的内容保持一致

建筑合同中的实质条款主要体现为：合同价款、工程范围、工程质量、工程工期和增值税计税方法等，建筑合同的签订必须与招投标文件规定保持一致。《中华人民共和国招标投标法》第四十六条规定："**招标人和中标人应当自中标通知书发出之日起三十日内，按照招标文件和中标人的投标文件订立书面合同。招标人和中标人不得再行订立背离合同实质性内容的其他协议。**"第五十九条规定："**招标人与中标人不按照招标文件和中标人的投标文件订立合同的，或者招标人、中标人订立背离合同实质性内容的协议的，责令改正；可以处中标项目金额千分之五以上千分之十以下的罚款。**"基于此规定，"甲供工程"简易计税方法选择存在五种合法有效性情况和两种无效情况。

1. "甲供工程"简易计税方法选择的五种合法有效性

（1）建筑企业与业主或发包方签订包工包料的建筑合同，而且发包方的招标文件中没有约定"不允许甲供材和甲供设备"的情况下，经双方协商一致后，建筑企业与业主或发包方签订有关业主或发包方自行采购建筑工程所用的部分主材、辅料、设备或全部电、水、机油的补充协议，在业主或发包方同意的情况下，建筑企业就可以选择简易计税方法计征增值税。

（2）在发包方的招标文件中没有约定"不允许甲供材和甲供设备"的情况下，建筑企业与业主或发包方签订建筑合同时，在建筑合同中"材料与设备供应"条款中约定："业主或发包方自行采购建筑工程所用的部分主材、辅料、设备或全部电、水、机油。"在业主或发包方同意的情况下，建筑企业就可以选择简易计税方法计征增值税。

（3）如果发包方的招标文件中明确约定"不允许甲材料或工程设备"的情况下，经双方协商一致后，建筑企业与业主或发包方签订有关业主或发包方自行采购建筑工程所用的部分或全部电、水、机油的补充协议是有效的协议。在业主或发包方同意的情况下，建筑企业就可以选择简易计税方法计征增值税。

（4）为房屋建筑的地基与基础、主体结构提供工程服务，在甲供材的情况下，建筑工程总承包单位必须选择简易计税方法，而不能选择一般计税方法计征增值税。

（5）如果发包方的招标文件中明确约定"不允许甲供材和甲供设备"的情况下，经双方协商一致后，建筑企业与业主或发包方签订有关业主或发包方自行采购建筑工程所用的部分主材、辅料、设备的"甲供材"建筑合同，违背了《中华人民共和国招标投标法》中关于"建筑合同必须与招标投标文件一致"的规定，是一种违反管理性强制性规定，而不是违反效力性强制性规定，根据《中华人民共和国合同法》的规定，是一种有效的合同。在业主或发包方同意的情况下，建筑企业可以选择简易计税方法计征增值税。但从审计的角度看，往往以招标文件为主，而不是以建筑合同为准，有一定的法律风险。

2. "甲供工程"简易计税方法选择的两种无效性情况

根据税法的规定，"甲供工程"简易计税方法选择的两种无效性情况如下：

（1）建筑合同中约定的甲方购买的材料、设备没有在建筑工程计价里面，即甲方购买的材料或设备根本不含在工程计税价里。而建筑企业选择简易计税方法是无效的。

（2）如果"甲供工程"建筑合同中明确约定：建筑企业选择一般计税方法计税，向甲方开具 10% 的增值税发票（自 2018 年 5 月 1 日之后的"甲供工程"合同）或开具 11% 的增值税发票（自 2016 年 5 月 1 日至 2018 年 4 月 30 日的"甲供工程"合同），或者开具 9% 的增值税发票（自 2019 年 4 月 1 日之后的"甲供工程"合同），而建筑企业选择简易计税方法计税，则简易计税方法选择是无效的。

某施工企业与交通局签订"甲供材"补偿协议适用简易计税的涉税处理

一、案情介绍

通过查询发包方（交通局）的招标文件和施工企业的投标文件，招标文件第四章"合同条款及格式"第二节"专用合同条款"：B. 项目专用合同条款中的序号 6 明确载明"发包方是否提供材料或工程设备：否。"和"如发包人负责提供部分材料或工程设备，相关规定如下：不适用。"序号 7 明确载明"发包人是否提供施工设备和临时设施：否"和"发包人负责提供部分施工设备和临时设施，相关规定如下：不适用"。另外，施工企业的投标文件和施工企业与发包方签订的建筑施工合同中都没有约定建筑工程中的材料和设备由施工企业提供。只能根据发包方的招标文件第四章"合同条款及格式"第二节"专用合同条款"：B. 项目专用合同条款中的序号 6 和序号 7 的约定，施工合同是施工企业包工包料合同。根据税法的规定，对于包工包料的施工合同，施工企业必须选择一般计税方法计征增值税，向发包方（交通局）开具税率为 11% 的增值税发票。为了降低增值税，选择简易计税方法计征增值税。请分析施工企业与发包方能否签订"甲供工程或甲供材"合同，适用 3% 税率的简易计税方法？如果可以，则应如何签订"甲供材"合同？

二、"甲供工程"的内涵

《财政部 国家税务总局关于全面推开营业税改征增值税试点的通知》（财税〔2016〕36号）附件2《营业税改征增值税试点有关事项的规定》第（七）项第2条规定："甲供工程，是指全部或部分设备、材料、动力由工程发包方自行采购的建筑工程。"基于以上税法条款的理解分析，"甲供材"的内涵理解为以下几方面：

（1）"甲供材"是甲方购买了计入工程造价的全部或部分设备、材料、动力。甲方购买了没有计入工程造价的全部或部分设备、材料、动力的情况，不属于"甲供材"现象。

（2）"甲供材"不仅包括甲方购买了计入工程造价的全部或部分主材，而且包括甲方购买了计入工程造价的全部或部分辅料。

（3）"甲供材"包括以下三种现象：

一是业主自行采购建筑工程中的全部或部分设备、材料、动力，交给总承包方使用于建筑工程中。

二是总承包方自行采购专业分包建筑工程中的全部或部分设备、材料、动力，交给专业分包方使用于建筑工程中。

三是总承包方或专业分包方自行采购劳务分包工程中的全部或部分设备、材料、动力，交给劳务分包方使用于建筑工程中。

三、建筑企业"甲供工程"业务增值税计税方法选择的税法依据及分析

1. 建筑企业"甲供工程"业务增值税计税方法的税法依据

《财政部 国家税务总局关于全面推开营业税改征增值税试点的通知》（财税〔2016〕36号）附件2《营业税改征增值税试点有关事项的规定》第一条第（七）款"建筑服务"第2项规定："一般纳税人为甲供工程提供的建筑服务，可以选择适用简易计税方法计税。"在该条文件规定中有两个特别重要的词"可以"，具体的内涵是，只要发生"甲供材"现象，建筑施工企业在增值税计税方法上，具有一定的选择性，既可以选择增值税一般计税方法（建筑企业向发包方开具税率为9%的增值税发票），也可以选择增值税简易计税方法（建筑企业向发包方开具税率为3%的增值税发票）。另外，简易计税方法是一种税收优惠政策，根据国家税务总局2019年公告第31号文件第八条的规定，一般纳税人按规定适用或选择简易计税方法计税的，不再实行备案制，留存建筑工程承包合同备查即可。

2. 分析结论

根据《财政部　国家税务总局关于全面推开营业税改征增值税试点的通知》（财税〔2016〕36号）附件2《营业税改征增值税试点有关事项的规定》第一条第（七）款"建筑服务"第2项的税收法律规定，关于建筑企业"甲供材"业务增值税计税方法选择问题，得出以下结论：

第一，建筑企业在发生"甲供材"或"甲供工程"业务时，在符合税法规定的情况下，决定建筑企业选择一般计税方法还是选择简易计税方法计征增值税的决定权在于发包方而不是地方税务机关。

第二，建筑企业与业主或发包方签订包工包料的建筑合同，而且发包方的招标文件中没有约定"不允许甲供材"的情况下，经双方协商一致后，建筑企业与业主或发包方签订有关业主或发包方自行采购建筑工程所用的部分主材、辅料、设备或全部电、水、机油的补偿协议，在业主或发包方同意的情况下，建筑企业就可以选择简易计税方法计征增值税。

第三，在发包方的招标文件中没有约定"不允许甲供材"的情况下，建筑企业与业主或发包方签订建筑合同时，在建筑合同中"材料与设备供应"条款中约定："业主或发包方自行采购建筑工程所用的部分主材、辅料、设备或全部电、水、机油。"在业主或发包方同意的情况下，建筑企业就可以选择简易计税方法计征增值税。

第四，如果发包方的招标文件中明确约定"不允许甲供材"的情况下，经双方协商一致后，建筑企业与业主或发包方签订有关业主或发包方自行采购建筑工程所用的部分主材、辅料、设备或全部电、水、机油的补偿协议是有效的，但是违反管理性强制性规定。从在审计的角度看，以招标文件为主，而不是以建筑合同为准，有一定的法律风险。

第五，如果发包方的招标文件中明确约定"不允许甲材料或工程设备"的情况下，经双方协商一致后，建筑企业与业主或发包方签订有关业主或发包方自行采购建筑工程所用的部分或全部电、水、机油的补偿协议是有效的。在业主或发包方同意的情况下，建筑企业就可以选择简易计税方法计征增值税。

四、施工企业与交通局签订"甲供材"补充协议的法律效力：合同有效

根据以上法律分析，贵公司与发包方签订"甲供材"的补充协议，虽然构成施工合同与招标文件的第四章"合同条款及格式"第二节"专用合同条款"：B.项目专用合同条款中的序号6和序号7的约定不一致，充其量是

违反了管理性强制规定，而不违反效力性强制性规定。因为履行该"甲供材"补充协议，不过是施工合同中约定的应由施工方购买的建筑工程中需要的部分或全部建筑材料、设备和动力，转移给发包方进行购买而已，促使发包方享受国家的税收政策（施工方按照简易计税方法向发包方开具税率为3%的增值税发票），并没有损害国家利益和社会公共利益。因此，施工企业与发包方签订"甲供材"补充协议是有法律效力的。

五、基于审计视觉下的施工企业与发包方签订"甲供材"补充协议的合法操作技巧

从审计的角度而言，在招标文件规定与施工合同条款不一致的情况下，应以招标文件为准。发包方的招标文件中第四章"合同条款及格式"第二节"专用合同条款"：B. 项目专用合同条款中的序号 6 明确载明："发包方是否提供材料或工程设备：否。"和"如发包人负责提供部分材料或工程设备，相关规定如下：不适用。"序号 7 明确载明："发包人是否提供施工设备和临时设施：否。"和"发包人负责提供部分施工设备和临时设施，相关规定如下：不适用。"招标文件中只提及"发包方不提供材料或工程设备"的字样，而没有提及"发包方不可以提供水、电和机油费用"字样。更何况施工企业的投标文件和施工企业与发包方签订的建筑施工合同中都没有约定："建筑工程中的材料和设备由施工企业提供。"根据前面"甲供材"内涵分析，发包方提供水费、电费和机油费也是"甲供材"现象。因此，施工企业与发包方签订交通局提供工程施工机械所用的"机械油费"的补充协议，是典型的"甲供材"现象，也不违反发包方的招投标文件，符合《中华人民共和国招标投标法实施条例》第五十七条**"招标人和中标人应当依照招标投标法和本条例的规定签订书面合同，合同的标的、价款、质量、履行期限等主要条款应当与招标文件和中标人的投标文件的内容一致"**的规定。

（三）"甲供工程"业务的工程计价

1. 工程计价的法律依据

《住房城乡建设部办公厅关于做好建筑业营改增建设工程计价依据调整准备工作的通知》（建办标〔2016〕4 号）第二条的规定，工程造价可按以下公式计算：工程造价＝税前工程造价×（1+11%）。其中，11% 为建筑业拟征增值税税率，税前工程造价为人工费、材料费、施工机具使用费、企业管理费、利润和规费之和，各费用项目均以不包含增值税可抵扣进项税额的价格计算，相应计价依据按上述方法调整。另外，《住房城乡建设部办公厅关于调整建设工程计价依据增值税税率的通知》（建办标〔2018〕20号）规定：按照《财政部 税务总局关于调整增值税税率的通知》（财税〔2018〕32号）要求，现将《住房城乡建设部办公厅关于做好建筑业营改增建设工程计价依据调整准备工作的通知》（建办标〔2016〕4号）规定的工程造价计价依据中增值税税率由11%调整为10%。随着建筑企业的增值税税率降为9%之后，工程造价计价依据中增值税税率由10%调整为9%。

2. "甲供工程"一般计税方法的工程计价原则：价税分离原则

根据以上工程计价的政策规定，在营改增后的建筑工程，实施一般计税方法计征增值税时，必须按照"价税分离"的原则进行工程计价。

3. "甲供工程"一般计税方法的工程计价规则

当出现"甲供工程"的情况下，工程造价在2018年4月30日之前，必须按照（不含增值税的人工费+不含增值税的材料费+不含增值税的施工机具使用费+不含增值税的企业管理费+不含增值税的规费+利润）×（1+11%）作为计价依据；在2018年5月1日至2019年3月31日之前，必须按照（不含增值税的人工费+不含增值税的材料费+不含增值税的施工机具使用费+不含增值税的企业管理费+不含增值税的规费+利润）×（1+10%）作为计价依据。在2019年4月1日之后，必须按照（不含增值税的人工费+不含增值税的材料费+不含增值税的施工机具使用费+不含增值税的企业管理费+不含增值税的规费+利润）×（1+9%）作为计价依据。

4. "甲供工程"简易计税方法的工程计价规则

在国家层面而言，对于"甲供工程"简易计税方法的工程计价规则没有明确的文件规定，只是《住房城乡建设部办公厅关于做好建筑业营改增建设工程计价依据调整准备工作的通知》（建办标〔2016〕4号）第三条规定："**有关地区和部门可根据计价依据管理的实际情况，采取满足增值税下工程计价要求的其他调整方法。**"即在国家层面而言，允许各省根据实际情况制定各省行政区域范围内适应的工程计价调整规定。例如，河南省、广东省、山西省、江苏省、浙江省和山东省都有"营改增"后的工程计价文件规定，这些省的工程计价调整文件中都相同的一条规定："**选择简易计税方法的建筑工程老项目（符合财税〔2016〕36号文件规定的老项目标准）、甲供工程业务、清包工工程业务的工程计价参照营改增前的计价规则规定，但是城建税、教育附加及地方教育附加列为管理费用。**"

因此,"甲供工程"简易计税方法的工程计价规则是参照营改增前的计价规则,即建筑安装工程税前造价由各项组成费用包含可抵扣增值进项税额,即人工、材料、机械单价及各项费用中"含增值税税金"的含税金额计算,税金以营业的纳税额(工程造价×税率)及附加税费计算的计价规则。用公式表述如下:

营业税下的工程计价或"甲供工程"简易计税方法的工程计价=(含增值税的人工费+含增值税的材料费+含增值税的施工机具使用费+含增值税的企业管理费+含增值税的规费+利润)×(1+3%)

5. 分析结论

通过以上涉税政策分析,根据税法的规定,在"甲供材"的情况下,建筑企业可以依法选择一般计税方法计征增值税(2019年4月1日之后选择9%计征增值税),也可以选择简易计税方法计征增值税(按照3%计征增值税)。当建筑企业选择简易计税方法计征增值税时,施工企业是不可以抵扣增值税进项税额的。因此,审计部门在工程审计中,绝对不能凭建筑企业选择简易计税方法向甲方开具3%的增值税发票,就认为建筑企业出现漏增值税的结论,而以(不含增值税的人工费+不含增值税的材料费+不含增值税的施工机具使用费+不含增值税的企业管理费+不含增值税的规费+利润)×(1+3%)作为终审价,向施工企业支付工程款。应以(含增值税的人工费+含增值税的材料费+含增值税的施工机具使用费+含增值税的企业管理费+含增值税的规费+利润)×(1+3%)作为审计价给施工企业支付工程款。

(四)招投标环节中的两种"甲供材"现象的法律分析

根据"甲供材"金额是否从工程造价中剥离再进行对外招投标进行分类,在招投标环节,存在以下两种"甲供材"现象:

1. 第一种招投标"甲供材"现象及应用范围

(1)第一种招投标"甲供材"现象的内涵。第一种招投标"甲供材"现象是指发包方将"甲供材"从工程造价中进行剥离,然后将不含"甲供材"金额的工资造价对外进行公开招标的现象。例如,一项工程的工程造价是1000万元(含增值税),假设"甲供材"金额为200万元(含增值税),如果将200万元"甲供材"从工程造价1000万元(含增值税)剥离,以800万元(含增值税)对外招投标,就是第一种招投标"甲供材"现象。

(2)第一种招投标"甲供材"现象的应用范围。《中华人民共和国招标投标法》第三条规定,在中华人民共和国境内进行下列工程建设项目包括项目的勘察、设计、施工、监理以及与工程建设有关的重要设备、材料等的采购，必须进行招标：

（一）大型基础设施、公用事业等关系社会公共利益、公众安全的项目。

（二）全部或者部分使用国有资金投资或者国家融资的项目。

（三）使用国际组织或者外国政府贷款、援助资金的项目。

《必须招标的工程项目规定》（中华人民共和国国家发展和改革委员会令第16号）规定："第二条，全部或者部分使用国有资金投资或者国家融资的项目包括：（一）使用预算资金200万元人民币以上，并且该资金占投资额10%以上的项目；（二）使用国有企业事业单位资金，并且该资金占控股或者主导地位的项目。第三条，使用国际组织或者外国政府贷款、援助资金的项目包括：（一）使用世界银行、亚洲开发银行等国际组织贷款、援助资金的项目；（二）使用外国政府及其机构贷款、援助资金的项目。第四条，不属于本规定第二条、第三条规定情形的大型基础设施、公用事业等关系社会公共利益、公众安全的项目，必须招标的具体范围由国务院发展改革部门会同国务院有关部门按照确有必要、严格限定的原则制订，报国务院批准。第五条，本规定第二条至第四条规定范围内的项目，其勘察、设计、施工、监理以及与工程建设有关的重要设备、材料等的采购达到下列标准之一的，必须招标：（一）施工单项合同估算价在400万元人民币以上；（二）重要设备、材料等货物的采购，单项合同估算价在200万元人民币以上；（三）勘察、设计、监理等服务的采购，单项合同估算价在100万元人民币以上。"

基于此法律规定，第一种招投标"甲供材"现象的应用范围主要存在与国家投资、国际组织或者外国政府贷款、援助资金的项目和涉及社会公共利益、公众安全的大型基础设施、公用事业项目中的重要设备、材料等货物的采购，单项合同估算价在200万元人民币以上的项目。

2. 第二种招投标"甲供材"现象的内涵及应用范围

（1）第二种招投标"甲供材"现象的内涵。第二种招投标"甲供材"现象是指发包方将"甲供材"从工程造价中进行剥离，然后将含"甲供材"金额的工资造价对外进行公开招标的现象。例如，一项工程的工程造价是1000万元（含增值税），假设"甲供材"金额为200万元（含增值税），如果不将200万元"甲供材"从工程造价1000万元（含增值税）剥离，以1000万元（含增值税）对外招投标，就是第二种招投标"甲供材"现象。

（2）第二种招投标"甲供材"现象的应用范围。第二种招投标"甲供材"现象主要存在于非国家工程建设领域中，如房地产企业、工业企业作为发包方时,往往基于多抵扣增值税进项税额的考虑,经常与施工企业签订"甲供材"的工程,房地产企业和工业企业自行采购工程建设中的材料、设备致使实现抵扣13%的增值税进项税额的目的。

(五)"甲供材"是否含在工程造价中的法律分析

根据《住房城乡建设部办公厅关于调整建设工程计价依据增值税税率的通知》(建办标〔2018〕20号)的规定:按照《财政部税务总局关于调整增值税税率的通知》(财税〔2018〕32号)要求,现将《住房城乡建设部办公厅关于做好建筑业营改增建设工程计价依据调整准备工作的通知》(建办标〔2016〕4号)规定的工程造价计价依据中增值税税率由11%调整为9%。即:建筑工程造价=税前工程造价(裸价)×(1+9%)=(不含增值税的材料设备费用+不含增值税的人工费用+不含增值税的施工机具使用费+不含增值税的管理费用+不含增值税的规费+合理利润)×(1+9%)。基于此工程计价规则文件的规定,无论发包方还是建筑承包方购买建筑材料,都不影响工程造价。因此,"甲供材"一定是甲方(发包方)购买了计入工程造价的材料、设备和动力。如果甲方购买了没有计入工程造价的材料、设备和动力,一定不属于"甲供材"现象。

二、"甲供工程"业务的税务风险管控

(一)"甲供工程"业务的增值税计税方法的选择

1. 建筑企业"甲供工程"业务增值税计税方法的税法依据

《财政部 国家税务总局关于全面推开营业税改征增值税试点的通知》(财税〔2016〕36号)附件2《营业税改征增值税试点有关事项的规定》第一条第(七)款"建筑服务"第2项规定:"**一般纳税人为甲供工程提供的建筑服务,可以选择适用简易计税方法计税。**"在该条文件规定中有两个特别重要的词"可以",具体的内涵是,只要发生"甲供材"现象,建筑施工企业在增值税计税方法上,具有一定的选择性,既可以选择增值税一般计税方法(建筑企业向发包方开具11%的增值税发票),也可以选择增值税简易计税方法(建筑企业向发包方开具3%的增值税发票)。另外,简计税方法是一种税收优惠政策,根据国税发〔2008〕30号文件的规定,企业必须在当地税务机关先备案后才能享受税收优惠政策。即企业享受税收优惠政策实行

的是备案制而不是审批制，企业只要将有关依法享受税收优惠政策的资料交到当地机构所在地的税务机关进行备案即可。

《财政部　国家税务总局关于建筑服务等营改增试点政策的通知》（财税〔2017〕58号）第一条规定：“**建筑工程总承包单位为房屋建筑的地基与基础、主体结构提供工程服务，建设单位自行采购全部或部分钢材、混凝土、砌体材料、预制构件的，适用简易计税方法计税。**”基于此规定，有关“房屋建筑的地基与基础、主体结构建筑服务，只要建设单位采用‘甲供材’方式，建筑企业必须选择简易计税方法计计征增值税”，而不能再选择“一般计税方法计征增值税”，必须满足以下条件：

（1）享受简易计税方法计税的主体：建筑工程总承包单位。

（2）享受简易计税方法计税的建筑服务客体：房屋建筑的地基与基础、主体结构建筑服务。

（3）甲供材的材料对象：甲供只限于甲方自购钢材、混凝土、砌体材料、预制构件四种。

2. 分析结论

根据《财政部　国家税务总局关于全面推开营业税改征增值税试点的通知》（财税〔2016〕36号）附件2《营业税改征增值税试点有关事项的规定》第一条第（七）款“建筑服务”第2项的税收法律规定，关于建筑企业“甲供工程”业务增值税计税方法选择问题，得出以下结论：

第一，建筑企业在发生“甲供材或甲供工程”业务时，在符合税法规定的情况下，决定建筑企业选择一般计税方法还是选择简易计税方法计征增值税的决定权在于发包方而不是地方税务机关。

第二，如果招标文件允许甲方提供“甲供材”，且建筑企业与业主或发包方签订“甲供工程”业务合同的情况下，则增值税计税方法的选择如下：一是如果招标文件中约定：建筑企业选择一般计税方法计征增值税，则建筑企业就选择一般计税方法计征增值税；二是如果招标文件中约定：建筑企业选择简易计税方法计征增值税，则建筑企业就选择简易计税方法计征增值税。

第三，为房屋建筑的地基与基础、主体结构提供工程服务，在甲供材的情况下，建筑工程总承包单位必须选择简易计税方法，而不能选择一般计税方法计征增值税。

（二）“甲供工程”一般计税和简易计税方法选择的临界点

《财政部　国家税务总局关于全面推开营业税改征增值税试点的通知》

（财税〔2016〕36号）附件2《营业税改征增值税试点有关事项的规定》第一条第（七）款"建筑服务"第2项规定："**一般纳税人为甲供工程提供的建筑服务，可以选择适用简易计税方法计税。**"在该条文件规定中有两个特别重要的词"可以"，具体的内涵是，只要发生"甲供材"现象，建筑施工企业在增值税计税方法上，具有一定的选择性，既可以选择增值税一般计税方法（即建筑企业向发包方开具10%的增值税发票），也可以选择增值税简易计税方法（即建筑企业向发包方开具3%的增值税发票）。根据国家税务总局2019年公告第39号文件的规定，自2019年4月1日起，建筑企业的增值税税率改为9%，销售材料、设备和出租动产的税率改为13%，在增值税税率降低后，在总投资额不变的情况下"甲供工程"到底如何选择增值税计税方法，对于发包方和建筑方的利益相关。本书探讨在总投资额不变时"甲供工程"中建筑企业一般计税方法和简易计税方法选择的临界点。

1. "甲供工程"业务的销售额确定

《财政部　国家税务总局关于全面推开营业税改征增值税试点的通知》（财税〔2016〕36号）附件1《营业税改征增值税试点实施办法》第三十七条规定："**销售额，是指纳税人发生应税行为取得的全部价款和价外费用，财政部和国家税务总局另有规定的除外。**"同时财税〔2016〕36号附件2《营业税改征增值税试点有关事项的规定》第一条第（三）项第（9）款规定："**试点纳税人提供建筑劳务服务适用简易计税方法的，以取得的全部价款和价外费用扣除支付分包款后的余额为销售额。**"根据以上政策规定，"甲供材"中建筑企业计算增值税的销售额体现为两个方面：

（1）建筑企业选择一般计税方法计算增值税的情况下，销售额是建筑企业发生建筑应税行为向发包方或业主收取得的全部价款和价外费用。

（2）建筑企业选择简易计税方法计算增值税的情况下，销售额是建筑公司向业主收取得的全部价款和价外费用扣除支付分包款后的余额。

2. "甲供材"中建筑企业增值税计税方式的选择分析

按照财税〔2016〕36号附件1《营业税改征增值税试点实施办法》和国家税务总局2019年公告第39号文件的规定，建造服务的适用税率是9%，而设备、材料、动力的适用税率一般均是13%。据此，可以大概计算出"甲供材"中建筑企业增值税计税方式选择的临界点。

假设"甲供材"合同中约定的工程价税（工程造价是税前工程造价+税前工程造价×9%）合计（不含甲方购买的材料和设备）为A，则建筑企业选择一般计税方式和简易办法下的增值税计算如下：

（1）一般计税方式下的应缴增值税为：

应缴增值税 = A×9%÷（1+9%）－建筑企业采购材料物质的进项税额

　　　　　 = 8.3%×A－建筑企业采购材料物质的进项税额

（2）简易办法下的应缴增值税为：

应缴增值税 = A×3%÷（1+3%）= 2.91%×A

（3）两种方法下税负相同的临界点：

8.3%×A－建筑企业采购材料物质的进项税额 = 2.91%×A

推导出：

建筑企业采购材料物质的进项税额 = 5.39%×A

（4）由于机电安装、钢结构安装的建筑企业采购材料物质的适用税率一般均是13%，于是，推导出临界点：

建筑企业采购材料物质的进项税额 = 建筑企业采购材料物质价税合计×13%÷（1+13%）= 5.39%×A

（5）由此计算出临界点：

建筑企业采购材料物质价税合计 = 46.87%× A

（6）从事房建工程、路桥工程、水利工程、管道工程和装修工程的建筑企业，建筑企业自行采购材料物质中有30%左右的砂石料、砖和混凝土抵扣3%，70%左右的钢筋建筑材料抵扣13%。于是，推导出临界点：

建筑企业采购材料物质的进项税额 = 建筑企业采购材料物质价税合计×13%÷（1+13%）×70%+建筑企业采购材料物质价税合计×3%÷（1+3%）×30% = 5.39%×A

（0.0805+0.00874）×建筑企业采购材料物质价税合计 = 5.39%×A

由此计算出临界点：

建筑企业采购材料物质价税合计 = 60.6%× A

3. 分析结论

甲供材料模式下，建筑企业选择按一般计税方法或者简易计税方法的临界点参考值如下：

（1）从事房建工程、路桥工程、水利工程、管道工程和装修工程的建筑企业的临界点参考值：

建筑企业采购材料物质价税合计 = 60.6%×甲供材合同中约定的工程价税合计

具体是：

建筑企业采购材料物质价税合计>60.6%×甲供材合同中约定的工程价税

合计,则选择一般计税方法有利。

建筑企业采购材料物质价税合计<60.6%×甲供材合同中约定的工程价税合计,则选择简易计税方法有利。

(2)机电安装、钢结构安装的建筑企业的临界点参考值:

建筑企业采购材料物质价税合计=46.87%×甲供材合同中约定的工程价税合计

具体是:

建筑企业采购材料物质价税合计>46.87%×甲供材合同中约定的工程价税合计,则选择一般计税方法有利。

建筑企业采购材料物质价税合计<46.87%×甲供材合同中约定的工程价税合计,则选择简易计税方法有利。

因此,建筑企业采购材料物质占整个工程造价的多少,或者说甲供材料占整个工程造价的多少,是选择计税方式的关键。

建筑企业采购材料物质价税合计>46.87%×"甲供材"合同中约定的工程价税合计,选择一般计税方法

一、案情介绍

江苏省某企业委托一个中国京冶公司承建一主题乐园项目,工程总承包合同造价为1000万元,材料部分600万元,其中"甲供材"为200万元;安装部分400万元。中国京冶将其中100万元的机电安装工作分包给中冶建研公司。假设建筑企业购买材料均取得16%的增值税专用发票。请分析中国京冶公司如何选择增值税的计税方法。

二、涉税分析

1. 选择一般计税方式下的应缴增值税

应缴增值税=(1000-200)×9%÷(1+9%)-[(600-200)×13%÷(1+9%)+100×9%÷(1+9%)]

$$=66.06-(47.71+5.51)$$

$$=12.84（万元）$$

2. 选择简易办法下的应缴增值税

应缴增值税＝（1000-200-100）×3%÷（1+3%）＝20.38（万元）

3. 分析结论

建筑企业采购材料物质价税合计 414.68 万元［400÷（1+9%）×（1+13%）］＞46.87%×"甲供材"合同中约定的工程价税合计 800 万元＝374.96 万元，选择一般计税方法计算增值税，比选择简易计税方法计算增值税更省 7.54 万元（20.38-12.84）增值税。

建筑企业采购材料物质价税合计＜46.87%×"甲供材"合同中约定的工程价税合计，选择简易计税方法

一、案情介绍

江苏省某企业委托一个中国京冶公司承建一主题乐园项目，工程总承包合同造价为 1000 万元，材料为 600 万元，其中含甲供材为 500 万元；安装造价为 400 万元。中国京冶将其中 100 万元的机电安装工作分包给中冶建研公司。假设购买材料均取得 16% 的增值税专用发票。请分析中国京冶公司如何选择增值税的计税方法。

二、涉税分析

（1）选择一般计税方式下的应缴增值税为：

应缴增值税＝（1000-500）×9%÷（1+9%）-［（600-500）×13%÷（1+9%）+100×9%÷（1+9%）］＝42.45-（11.92+8.26）＝22.27（万元）

（2）选择简易办法下的应缴增值税为：

应缴增值税＝（1000-500-100）×3%÷（1+3%）＝11.65（万元）

三、分析结论

当建筑企业采购材料物质价税合计 103.67 万元［100÷（1+9%）×（1+13%）］＜46.87%×"甲供材"合同中约定的工程价税合计 500 万元＝

234.35 万元，选择简易计税方法计算增值税，比选择一般计税方法计算增值税省 10.62 万元（22.27-11.65）增值税。

（三）"甲供材"在合同签订环节中的涉税问题处理

"甲供材"在合同签订环节主要涉及以下税收问题的处理：一是签订合同时，"甲供材"要不要含在合同价里，如果含在合同价里，是按不含增值税价签订合同还是按含增值税价签订合同？二是"甲供材"合同中注明承包方选择一般计税方法还是简易计税方法计征增值税？具体分析如下：

1. "甲供材"金额是否含在合同价里签订合同

《中华人民共和国招标投标法实施条例》第五十七条规定："**招标人和中标人应当依照招标投标法和本条例的规定签订书面合同，合同的标的、价款、质量、履行期限等主要条款应当与招标文件和中标人的投标文件的内容一致。招标人和中标人不得再行订立背离合同实质性内容的其他协议。**"基于此规定，在实践中存在两种"甲供材"的合同签订方法：一是建筑合同中的合同价含有"甲供材"的金额；二是建筑合同中的合同价中不含有"甲供材"金额：发包方将"甲供材"部分在招投标时剔除出去，直接将不含"甲供材"的工程对外进行招标，发包方在与施工企业签订建筑合同时，"合同价款"合同价中不含有"甲供材"金额。

2. 合同价款条款的节税签订方法

关于印花税额计算，应以合同约定的金额为依据，如果合同中单独约定了增值税，则应以不含税金额为纳税依据，如果合同中没有约定增值税，则以含税金额为纳税依据；如应税合同为非固定金额合同，应先定额贴花，然后再以实际发生金额计算应纳税额，进项税或销项税是否纳入计税金额，应以合同条款是否明确增值税而定。因此，"甲供材"合同中"合同价款"条款的签订规范格式范本为：合同价为×××元（含增值税），其中不含增值税合同额为×××元，增值税金额为×××元。这样签订合同价的好处是，在计算印花税时是以不含增值税合同额作为计税依据的。

3. "甲供材"业务规避税收风险的两种合同签订方法

（1）第一种招投标"甲供材"现象的涉税分析及合同签订要点。

第一种招投标"甲供材"现象是指建筑合同中"合同价款"不含有"甲供材"金额，其涉税分析及合同签订技巧如下：

1）建筑合同中"合同价款"不含有"甲供材"金额的涉税分析：符合

"甲供材"销售额的差额法。

如果发包方将"甲供材"部分在招投标时剔除出去，直接将不含"甲供材"的工程对外进行招标，则发包方在与施工企业签订建筑合同时，"合同价款"中自然不含有"甲供材"金额。这种合同签订方法的实质是"甲供材"金额没有计入建筑企业的销售额或产值中，建筑企业向甲方开具的增值税发票中不含有"甲供材"金额，符合前面分析的"甲供材"销售额差额法的特点。

2）建筑合同中"合同价款"不含"甲供材"金额的合同签订要点。

第一步，在建筑企业与甲方签订的建筑合同中，对"合同价条款"约定：×××元（含增值税，且不含甲方提供的材料和设备金额）。

第二步，在建筑企业与甲方签订的建筑合同中，对"材料和设备条款"约定：甲方提供乙方在工程施工中所用的主要材料和设备，具体的材料和设备详见附件：材料和设备清单。

第三步，在建筑合同中对"发票开具条款"约定：建筑企业选择简易计税方法计征增值税，向甲方开具税率为3%的增值税发票。建筑企业按照扣除甲供材部分后的工程结算金额向甲方开具增值税发票。

（2）第二种招投标"甲供材"现象节税的合同签订技巧：差额法签订合同的四步法。

第一步，在建筑企业与甲方签订的建筑合同中，对"合同价条款"约定：×××元（含增值税，且含甲方提供的材料和设备金额，具体的金额以建筑企业领用甲方提供的材料和设备后，甲乙双方结算金额为准），其中不含增值税合同金额为×××元，增值税金额为×××元。

第二步，在建筑企业与甲方签订的建筑合同中对"工程结算和支付条款"约定：甲供材部分不计入乙方工程结算价，甲方按照扣除甲供材部分后的工程结算金额向乙方支付工程款。

第三步，在建筑企业与甲方签订的建筑合同中对"发票开具条款"约定：建筑企业选择简易计税方法计征增值税，向甲方开具税率为3%的增值税发票。建筑企业按照扣除甲供材部分后的工程结算金额向甲方开具增值税发票。

第四步，在建筑企业与甲方签订的建筑合同中，对"材料和设备条款"约定：甲方提供乙方在工程施工中所用的主要材料和设备，具体的材料和设备详见附件：材料和设备清单。

三、"甲供工程"业务的财务风险管控

(一) 招标环节中的两种"甲供工程"现象及其工程结算方法的选择

1. 招标环节中的两种"甲供工程"现象

将"甲供材"金额是否含在招投标价中一起对外招标，招标环节中存在两种"甲供工程"现象：一是将"甲供材"金额从工程造价中剥离出来，直接将不含"甲供材"金额的招投标价对外进行公开招标或协议招标。例如，一个工程造价 1000 万元的项目，假设"甲供材"金额为 200 万元，则发包方或业主直接将不含 200 万元"甲供材"金额的 800 万元对外进行招标。二是将含"甲供材"金额的招投标价对外进行公开招标或协议招标。例如，工程造价 1000 万元的项目，假设"甲供材"金额为 200 万元，则发包方或业主直接将含 200 万元"甲供材"金额的 1000 万元对外进行招标。

2. "甲供工程" 的工程结算法

在以上两种"甲供工程"现象中，第一种"甲供工程"现象只存在国家重大建设工程领域中。第二种"甲供工程"现象是普遍存在的。这两种"甲供工程"现象在工程结算环节中，由于第一种"甲供工程"现象中的施工企业与发包方或甲方进行工程结算时，采用的"差额结算法"，即结算价中不含"甲供材"金额，施工企业按照不含"甲供材"金额向发包方开具发票，向发包方收取不含"甲供材"金额的工程款计入收入。发包方和施工企业双方不存在税收风险。但是第二种"甲供工程"现象在工程结算环节，根据"甲供材"业务中的"甲供材"金额是否计入工程结算价中，存在两种结算法："总额结算法"和"差额结算法"。

3. 第二种"甲供工程" 现象的"总额结算法"和"差额结算法" 的涉税分析

所谓的"总额结算法"是指发包方将"甲供材"金额计入工程结算价中的一种结算方法；所谓的"差额结算法"是指发包方将"甲供材"金额不计入工程结算法中的一种结算方法。两者的涉税分析如下：

（1）"总额结算法"的税收风险。在总额结算法下，对于发包方和施工方都存在一定的税收风险。

1）对于发包方的税收风险。第二种"甲供工程"现象的"总额结算法"有以下特征：一是发包方发出"甲供材"给施工企业使用时，财务上

在"预付账款"科目核算；而施工企业领用"甲供材"时，财务上在"预收账款"科目核算。二是甲方或发包方购买的"甲供材"计入施工企业的销售额（或产值）或结算价。三是根据结算价必须等于发票价（发票上的不含增值税销售额和增值税销项税额的总和）的原理，建筑企业必须按照含"甲供材"金额的结算额向发包方开具增税发票。

基于以上特征，在第二种"甲供材"现象的"总额结算法"下，施工企业开给发包方的增值税发票中含有的"甲供材"金额，发包方享受了9%（一般计税项目）或3%（简易计税项目）的增值税进项税额。同时，由于"甲供材"是发包方自行向供应商采购的材料而从供应商获得了13%的增值税专用发票，又享受了13%的增值税进项税额抵扣。换句话说，发包方就"甲供材"成本享受两次抵扣增值税进项税和两次抵扣企业所得税（如发包方式房地产企业，则房地产企业就"甲供材"成本含享受两次抵扣土地增值税）。这显然是重复计算成本，骗取国家税款的行为。发包方肯定要转出多抵扣的增值税进项税额，补交企业所得税并接受罚款和滞纳金的行政处罚。

如果发包方要规避以上分析的税收风险，则必须就"甲供材"向施工企业开具增值税发票，而且发包方不可以按照平价进来平价出，必须按照"甲供材"采购价×（1+10%）的计征增值税的依据向施工企业开具增值税发票。但是在实践操作过程中，由于发包方没有销售材料的经营范围，根本开不出销售材料的增值税发票给施工企业。也就是说，在实际操作过程中，发包方将"甲供材"视同销售，向施工企业开具增值税发票是行不通的，即使行得通，发包方采购进来的"甲供材"享受抵扣的增值税进项税额，被视同销售产生的增值税销项税额抵消了，没有实际意义。

2）对于施工企业的税收风险。基于第二种"甲供材"现象的"总额结算法"的特征，施工企业没有"甲供材"的成本发票（因"甲供材"成本发票在发包方进行成本核算进了成本），从而施工企业就"甲供材"无法抵扣增值税进项税额，纯粹要申报缴纳9%（一般计税项目）或3%（简易计税项目）的增值税销项税额。同时，由于无"甲供材"的成本发票，只有"甲供材"的领料清单，在企业所得税前能否抵扣？依据《中华人民共和国企业所得税法》第八条的规定，"甲供材"是施工企业实际发生的与施工企业收入直接相关的成本支出，是完全可以在企业所得税前扣除的。

但是不少地方税务执法人员依据"唯发票论"，没有发票就不可以在企业所得税前进行扣除，由于施工企业与税务执法人员沟通成本的问题从而不少施工企业凭"甲供材"的领料清单没有享受在企业所得税前扣除的税收政策红利。因此，第二种"甲供材"现象的工程结算绝对不能采用"总额结算法"。

（2）差额结算法的涉税分析。第二种"甲供工程"现象的差额结算法具有以下特征：

1）差额结算法是指甲方或发包方购买的"甲供材"部分不计入施工企业的销售额（或产值）和结算价。

2）施工企业按照不含"甲供材"的工程结算额向甲方开具增值税发票。

3）甲方发出材料给施工企业使用时，财务上在"在建工程"（发包方为非房地产企业）科目核算或"开发成本——材料费用"（发包方为房地产企业）科目核算，如果发包方是PPP模式中的SPV公司，则财务上在"长期应收款——某PPP项目成本"（政府付费项目或使用者付费加政府可行性缺口补助项目）或"无形资产——特许经营收费权"（使用者付费项目）。而施工企业领用甲供材时，财务上不进行账务处理。

基于以上特征，发包方没有多抵扣税金，施工方也没有多缴纳税金的风险。

（3）分析结论：第二种"甲供工程"现象的工程结算必须采用"差额结算法"。综合以上两种工程结算方法的涉税分析，第二种"甲供工程"现象的工程结算绝对不能采用"总额结算法"，应采用"差额结算法"。

（二）"甲供材"业务的会计核算

无论是第一种招投标"甲供材"业务还是第二种招投标"甲供材"现象，"甲供材"的会计核算都一样，必须遵循一个原则："甲供材"的成本在甲方入账，不在乙方入账。具体如下：

1. 甲方的会计核算

第一步，当甲方采购"甲供材"时的会计核算：

借：原材料

应交税费——应交增值税（待认证进项税额）

    贷：银行存款/应付账款/应付票据

第二步，当甲方将未认证的购买"甲供材"增值税专用发票进行认证时的会计核算：

借：应交税费——应交增值税（进项税额）

    贷：应交税费——应交增值税（待认证进项税额）

第三步，甲方将"甲供材"发送给施工企业领用或工地项目部时的会计核算：

借：在建工程（工业企业）/开发成本（房地产企业）

贷：原材料

2. 乙方（施工企业）的会计核算

通过上文甲供材在合同签订环节中的涉税问题处理的分析可知，在第二种招投标"甲供材"现象中，必须按照差额法签订"甲供材"合同。在差额法签订合同的情况下，由于"甲供材"不计入建筑企业的产值或销售额，"甲供材"在甲方入账进成本。因此，基于"甲供材"不可以在甲乙双方重复进成本的考虑，施工企业收到甲方发送的"甲供材"，只做领料的相关登记手续备查，不进行账务处理。

<h1 style="text-align:center">第 七 节</h1>

<h2 style="text-align:center">土地增值税缴纳和清算中的税务风险管控</h2>

通过实践调研发现，在土地增值税清算实务中，房地产企业存在以下典型的少缴纳土地增值税的风险：房地产企业"甲供工程"业务重复扣除"甲供材料"成本少缴纳土地增值税。多个开发项目共同发生的拆迁补偿（安置）房成本，没有按照开发项目正确分摊，从而导致先开发的项目少缴纳土地增值税，后开发的项目多缴纳土地增值税，没有按照土地增值税的纳税义务时间缴纳税款。未将拆迁补偿房进行"视同销售"处理，从而少缴纳土地增值税；同时以拆迁补偿房的建筑成本确认拆迁补偿房置换被拆迁人土地建筑物的交换成本致使房地产企业土地增值税清算时少扣除成本，从而多缴纳土地增值税。土地增值税清算时，没有将平常会计核算计入"房地产开发成本——开发间接费用——利息费用"的利息支出调整至财务费用中扣除，从而少缴纳土地增值税。扩大"开发间接费用"的扣除范围从而导致房地产企业少缴纳土地增值税。以房抵工程款的协议折让价"明显偏低且不合理"，导致房地产企业少缴纳土地增值税。房地产企业以不合法有效的土地成本凭证作为土地增值税清算时的土地扣除成本，从而导致少缴纳土地增值税。"营改增"税收政策衔接运用中，适用税收政策不准确，从而导致少缴

纳土地增值税。下面采用理论联系实际和举例论证的方法，对以上税收风险进行详细分析。

一、成本扣除项目中的漏税风险点

成本扣除是计算房地产企业缴纳多少土地增值税的关键因素，对成本扣除的正确把握是房地产企业是否漏税，是否足额或延期缴纳土地增值税的重要判断因素。综观土地增值税的缴纳和清算实践，成本扣除项目中常见的涉税风险概况如下：

（一）成本扣除项目中的漏税风险点一

房地产企业"甲供工程"业务重复扣除"甲供材料"成本少缴纳土地增值税。

根据《财政部 国家税务总局关于全面推开营业税改征增值税试点的通知》（财税〔2016〕36号）附件2《营业税改征增值税试点有关事项的规定》第（七）项第2条的规定，甲供工程，是指全部或部分设备、材料、动力由工程发包方自行采购的建筑工程。实践中，许多房地产企业与建筑施工企业都会签订"甲供材"合同，具体的操作流程如下：

第一步，房地产企业与建筑施工企业签订建筑总承包合同时，在合同中的"合同价款"条款中，按照含"甲供材"金额签订合同。

第二步，在工程决算时，房地产企业要求与建筑企业按照含"甲供材"金额进行决算，即在最后的工程决算价中含有"甲供材"金额。

第三步，建筑企业按照含"甲供材"金额向房地产企业开具增值税专用发票（建筑企业选择一般计税方法计征增值税的情况下）。

第四步，房地产企业收到建筑施工企业开具的含"甲供材"金额的增值税发票入"开发成本"科目。

第五步，房地产企业向材料供应商购买的"甲供材"，获得材料供应商开具的增值税发票入"开发成本"科目。

第六步，房地产企业就"甲供材"金额的成本发票，享受两次抵扣增值税进项税额，两次抵扣企业所得税，两次抵扣土地增值税并加计30%扣除。

通过以上六个步骤，房地产企业"甲供材"在清算土地增值税时，多扣除开发成本"甲供材"成本×（1+30%），致使房地产企业少缴纳土地增值税。

某房地产企业"甲供工程"业务重复扣除"甲供材料"成本少缴纳土地增值税

一、案情介绍

甲房地产企业 2017 年与乙施工企业签订一份"甲供材"建筑施工合同，合同中的"合同价款"条款约定：不含增值税的合同金额为 1000 万元（含甲房地产企业购买提供给乙施工企业领用的材料，具体领用的材料以双方最后签字确认的结算金额为准），增值税金额为 110 万元。合同约定：乙施工企业选择一般计税方法计征增值税，向房地产企业开具 11% 的增值税发票。2018 年，工程竣工，甲乙双方签字确认的"甲供材"金额为 200 万元，甲房地产企业与乙施工企业决算价为 1110 万元，乙施工企业向甲房地产企业开具增值税税率为 11%，不含增值税金额为 1000 万元，增值税金额为 110 万元的增值税专用发票。甲房地产企业向乙施工企业支付工程结算款 1110 万元整。另外，甲房地产企业向丙材料供应商采购材料 200 万元（不含增值税），材料供应商给甲房地产企业开具 17% 的增值税进项发票，甲房地产企业财务上进"开发成本"科目的成本金额是 1200 万元（不含增值税）。请分析甲房地产土地增值税清算中的税收风险及应对策略。

二、含"甲供材"金额签合同工程结算的涉税风险分析

1. 含"甲供材"金额签订合同的工程结算方法：总额法和差额法

根据"甲供材"业务中的"甲供材"金额是否计入工程结算价中，存在两种结算法："总额结算法"和"差额结算法"。所谓的"总额结算法"是指发包方将"甲供材"金额计入工程结算价中的一种结算方法；所谓的"差额结算法"是指发包方将"甲供材"金额不计入工程结算价中的一种结算方法。实践结算中，基于规避税收风险的考虑，应选择差额结算法，不能采用总额结算法。但是，工程结算实践中，房地产企业都选择"总额结算法"。

2. 选择总额结算法的税收风险分析

第一，发包方房地产企业存在的税收风险。

选择"总额结算法"有以下特征：一是发包方发出"甲供材"给施工

企业使用时，财务上在"预付账款"科目核算，而施工企业领用"甲供材"时，财务上在"预收账款"科目核算。二是甲方或发包方购买的"甲供材"计入施工企业的销售额（或产值）或结算价。三是根据结算价必须等于发票价（发票上的不含增值税销售额和增值税销项税额的总和）的原理，建筑企业必须按照含"甲供材"金额的结算额向发包方开具增税发票。

基于以上特征，在"总额结算法"下，本案例中的施工企业开给房地产企业的增值税发票1000万元（不含增值税）中含有的"甲供材"200万元（不含增值税）金额，房地产企业享受了抵扣11%（一般计税项目）的增值税进项税额。同时由于"甲供材"是房地产企业自行向供应商采购的材料而从供应商获得了17%的增值税专用发票200万元（不含增值税），又享受了抵扣17%的增值税进项税额抵扣。换句话税，房地产企业就"甲供材"成本200万元，享受了两次抵扣增值税进项税、两次抵扣企业所得税、两次抵扣土地增值税并加计30%的扣除。这显然是重复计算成本，骗取国家税款的行为。

如果房地产企业要规避以上分析的税收风险，则必须就"甲供材"向施工企业开具增值税发票，而且发包方不可以按照平价进来平价出，必须按照"甲供材"不含增值税金额的采购价200万元×（1+10%），作为计征增值税的依据向施工企业开具17%的增值税专用发票。但是在实践操作中，由于房地产企业没有销售材料的经营范围，根本开不出销售材料的增值税发票给施工企业。也就是说，在实际操作中，房地产企业将"甲供材"视同销售，向施工企业开具增值税发票是行不通的，即使行得通，房地产企业采购进来的"甲供材"享受抵扣的增值税进项税额，被视同销售产生的增值税销项税额抵消了，没有实际意义。

第二，施工企业存在的税收风险。

在"总额结算法"下，本案例中的施工企业乙没有"甲供材"200万元（不含增值税）的成本发票（因"甲供材"成本发票200万元在房地产企业进行成本核算进了"开发成本"），从而施工企业乙就"甲供材"无法抵扣增值税进项税额，纯粹要申报缴纳11%（一般计税项目）的增值税销项税额。同时，由于无"甲供材"200万元（不含增值税）的成本发票，只有"甲供材"的领料清单，在企业所得税前能否抵扣呢？依据《中华人民共和国企业所得税法》第八条的规定，"甲供材"是施工企业实际发生的与施工企业收入直接相关的成本支出，是完全可以在企业所得税前扣除的。

但是不少地方税务执法人员依据"唯发票论"，没有发票就不可以在企业所得税前进行扣除，由于施工企业与税务执法人员沟通成本的问题从而导致不少施工企业凭"甲供材"的领料清单不能享受在企业所得税前扣除的税收政策红利。

3. 含"甲供材"金额签合同无税收风险的工程结算法："差额结算法"

按照含"甲供材"金额签合同的"甲供工程"现象的"差额结算法"具有以下特征：

第一，甲房地产企业购买的"甲供材"200万元（不含增值税）不计入施工企业的销售额（或产值）和结算价。

第二，施工企业乙按照不含"甲供材"的工程结算额800万元（不含增值税）向甲房地产企业开具增值税发票。

第三，甲房地产企业发出材料给施工企业使用时，财务上在"开发成本——材料费用"，而施工企业领用甲供材时，财务上不进行账务处理。

基于以上特征，房地产企业凭借施工企业开具的800万元增值税发票（不含增值税）和材料供应商开具的200万元增值税发票（不含增值税）计算"开发成本"，分包享受抵扣11%和17%的增值税进项税额，没有多抵扣税金，施工方也没有多缴纳税金的风险。

4. 分析结论

通过本案例分析，在含"甲供材"金额签订合同的情况下，施工企业与房地产企业在工程结算时绝对不能采用"总额结算法"，应该采用"差额结算法"。税务机关在税务稽查过程中要重点稽查房地产企业"甲供材"业务中重复扣除"甲供材"成本少缴纳增值税、企业所得税和土地增值税问题。

（二）成本扣除项目中的漏税风险点二

多个开发项目共同发生的拆迁补偿（安置）房成本，没有按照开发项目正确分摊，从而导致先开发的项目少缴纳土地增值税，后开发的项目多缴纳土地增值税，没有按照土地增值税的纳税义务时间缴纳税款。

多个开发项目共同发生的拆迁补偿（安置）房成本，在各个开发项目清算土地增值税时的分摊依据是《国家税务总局关于房地产开发企业土地增值税清算管理有关问题的通知》（国税发〔2006〕187号）第四条第（五）项规定："属于多个房地产项目共同的成本费用，应按清算项目可售建筑面积占多个项目可售总建筑面积的比例或其他合理的方法，计算确定清算项目的扣除金额。"国税发〔2006〕187号第一条规定："土地增值税以国家有关部门审批的房地产开发项目为单位进行清算，对于分期开发的项目，以分期项目为单位清算。开发项目中同时包含普通住宅和非普通住宅的，应分别计算增值额。"

基于以上税收政策规定，土地增值税是以开发项目为清算单位的，不同清算单位发生的成本费用不得相互抵减，因此，对于属于多个清算单位发生的共同成本费用，要在各清算单位之间按一定标准进行合理分配或分摊。分摊方法通常有如下三种：一是占地面积法。按转让土地使用权面积占可转让土地总面积的比例计算分摊。二是建筑面积法。按照转让的建筑面积占总建筑面积的比例来计算分摊。三是按税务机关确认的其他方式计算分摊。因此，拆迁补偿成本还应当在同一个开发项目中的已销售商品房与未销售商品房之间进行分摊或分配。在土地增值税清算时，本次允许扣除项目金额可以采用已售面积百分比法或单位成本法计算。

可售面积百分比法：

本次允许扣除项目金额=允许扣除项目总金额×（已售建筑面积÷可售总建筑面积）

单位成本法：

本次允许扣除项目金额=已售建筑面积×（允许扣除项目总金额÷可售总建筑面积）

某房地产企业多个项目共同发生的拆迁补偿（安置）房成本，没有在各个开发项目分摊的涉税处理

一、案情介绍

某市 A 房地产开发公司于 2017 年一次性征地 100000 平方米，计划在该宗土地上分五期开发商品房 20 栋，所开发商品房总建筑面积为 5000000 平方米。其中一期开发工程占地面积为 10000 平方米，开发的商品房总建筑面积为 200000 平方米，已销售 190000 平方米，其中 30 套商品房用于补偿被拆迁户，市场价值 600 万元。该公司在土地增值税清算时，将以实物方式支付的拆迁补偿费全部在第一期开发项目中扣除，请分析该房地产企业土地增值

税清算中扣除的拆迁补偿房的成本是否正确？

二、涉税风险分析

本案例中的房地产公司将价值600万元的30套用于拆迁补偿给被拆迁户的商品房在第一期的开发项目中一次性扣除显然是不符合土地增值税规定的。理由如下：

第一，根据国税发〔2006〕187号第四条第（五）项的规定，600万元的30套用于拆迁补偿给被拆迁户的商品房，是该宗土地上分五期开发的商品房20栋发生的共同拆迁成本。应按五期清算项目的各期可售建筑面积占五期项目可售总建筑面积的比例或其他合理的方法，计算确定各期清算项目的拆迁成本扣除金额。

第二，根据国税发〔2006〕187号第一条的规定，该宗土地五期开发项目必须分五期确定土地增值税清算单位。

因此，本案例中第一期开发项目分摊拆迁成本的正确计算方法如下：

第一，确定应分摊的清算单位，因该宗土地分五期开发，所以，应当是五个清算单位。

第二，确定总建筑面积。五期开发项目的总建筑面积为5000000平方米。

第三，确定第一期开发项目应分摊的实物还建成本为：

$600 \div 5000000 \times 200000 = 24$（万元）

通过以上共同拆迁成本分摊分析，该房地产开发公司第一期开发项目提前多扣除了576万元（600-24）拆迁成本，使第一期开发项目少缴纳土地增值税。

（三）成本扣除项目中的漏税风险点三

未将拆迁补偿房进行"视同销售"处理，从而少缴纳土地增值税；同时以拆迁补偿房的建筑成本确认拆迁补偿房置换被拆迁人土地建筑物的交换成本致使房地产企业土地增值税清算时少扣除成本，从而多缴纳土地增值税。

由于没有取得现金收入，所以一部分房地产纳税人在土地增值税清算申报时，没有把实物还建的房产确认为土地增值税的应税收入；有的房地产开发企业对还建房没有视同销售缴纳增值税，直接抵减拆迁补偿费，从而少缴纳了土地增值税。相关税收法律分析如下：

国税发〔2006〕187号第三条第（一）项规定："**房地产开发企业将开发产品用于职工福利、奖励、对外投资、分配给股东或投资人、抵偿债务、换取其他单位和个人的非货币性资产等，发生所有权转移时应视同销售房地产，其收入按下列方法和顺序确认：（一）按本企业在同一地区、同一年度销售的同类房地产的平均价格确定；（二）由主管税务机关参照当地当年、同类房地产的市场价格或评估价值确定。**"

在对实物还建房产收入的确定上，《国家税务总局关于印发〈土地增值税清算鉴证业务准则〉的通知》（国税发〔2007〕132号）第二十三条规定："**纳税人将开发的房地产用于职工福利、奖励、对外投资、分配给股东或投资人、抵偿债务、换取其他单位和个人的非货币性资产等，发生所有权转移时应视同销售房地产，其视同销售收入按下列方法和顺序审核确认：（一）按本企业当月销售的同类房地产的平均价格核定。（二）按本企业在同一地区、同一年度销售的同类房地产的平均价格确认。（三）参照当地当年、同类房地产的市场价格或评估价值确认。**"因此，基于以上税收政策规定，房地产企业实物还建的房产应"视同销售"，应按照市场公允价值或评估价值确认为销售不动产收入，并入土地增值税收入依法缴纳土地增值税。

关于拆迁补偿房的价值，或者说，拆迁补偿房置换被拆迁人土地建筑物的交换成本如何确定？有人认为，房地产开发公司付出的代价是建筑成本，所以，实物还建的补偿价值应以房地产开发公司所置换的商品房的建筑造价来确认。笔者认为，房地产开发公司以房产换取被拆迁方的房产或土地，用于安置的房产与换取被拆迁方的房产或土地属于对价关系，因此开发商用于安置被拆迁户的开发新房的市场价值才是房地产开发商为获取被拆迁房的房产或土地而付出的代价。新房的市场价值显然不是房屋的建筑造价。如果以拆迁补偿房（开发的新房）的建造成本作为房地产公司置换被拆迁人的房产或土地的价值，则房地产企业计算土地增值税时的扣除"开发成本——土地征用及拆迁补偿费"的成本小，从而致使房地产企业多缴纳土地增值税。但开发商用于实物还建房产的公允价值如何取得？

《国家税务总局关于土地增值税清算有关问题的通知》（国税函〔2010〕220）第六条"关于拆迁安置土地增值税计算问题"规定如下：

（一）房地产企业用建造的本项目房地产安置回迁户的，安置用房视同销售处理，按《国家税务总局关于房地产开发企业土地增值税清算管理有关问题的通知》（国税发〔2006〕187号）第三条第（一）款规定确认收入，同时将此确认为房地产开发项目的拆迁补偿费。房地产开发企业支付给回迁户的补差价款，计入拆迁补偿费；回迁户支付给房地产开发企业的补差价款，应抵减本项目拆迁补偿费。

（二）开发企业采取异地安置，异地安置的房屋属于自行开发建造的，房屋价值按国税发〔2006〕187号第三条第（一）款的规定计算，计入本项目的拆迁补偿费；异地安置的房屋属于购入的，以实际支付的购房支出计入拆迁补偿费。

（三）货币安置拆迁的，房地产开发企业凭合法有效凭据计入拆迁补偿费。《国家税务总局关于营改增后土地增值税若干征管规定的公告》（国家税务总局公告2016年第70号）第二条纳税人将开发产品用于职工福利、奖励、对外投资、分配给股东或投资人、抵偿债务、换取其他单位和个人的非货币性资产等，发生所有权转移时应视同销售房地产，其收入应按照《国家税务总局关于房地产开发企业土地增值税清算管理有关问题的通知》（国税发〔2006〕187号）第三条规定执行。纳税人安置回迁户，其拆迁安置用房应税收入和扣除项目的确认，应按照《国家税务总局关于土地增值税清算有关问题的通知》（国税函〔2010〕220号）第六条规定执行。

基于以上税收政策规定，房地产公司用于换取被拆迁人房产和土地的实物还建房产的公允价值，会计上计入"开发成本——土地征用及拆迁补偿费"科目的成本，该开发成本在房地产企业计算土地增值税时扣除。其确认技巧如下：

第一，房地产企业用建造的本项目房地产安置回迁户的，安置用房视同销售处理，按《国家税务总局关于房地产开发企业土地增值税清算管理有关问题的通知》（国税发〔2006〕187号）第三条第（一）款规定确认收入，同时将此视同销售收入确认为房地产开发项目的拆迁补偿费。

第二，开发企业采取异地安置，异地安置的房屋属于自行开发建造的，房屋价值按国税发〔2006〕187号第三条第（一）款规定计算，计入本项目的拆迁补偿费；异地安置的房屋属于购入的，以实际支付的购房支出计入拆迁补偿费。

（四）成本扣除项目中的漏税风险点四

土地增值税清算时，没有将平常会计核算计入"房地产开发成本——开发间接费用——利息费用"的利息支出调整至财务费用中计算扣除，从而少缴纳土地增值税。

《国家税务总局关于土地增值税清算有关问题的通知》（国税函〔2010〕220）第三条第（四）项规定："**土地增值税清算时，已经计入房地产开发成本的利息支出，应调整至财务费用中计算扣除。**"《土地增值税见证业务规则》（国税发〔2007〕132 号）第三十五条第八款规定："**在计算加计扣除项目基数时，审核是否剔除了已计入开发成本的借款费用。在计算加计扣除项目基数时，要审核是否剔除了已计入开发成本的借款费用。**"基于以上两个税收政策文件规定，房地产企业计入开发成本的借款费用或利息支出，在进行土地增值税清算时，需要剔除，应调整至财务费用中计算扣除。

《会计准则——利息费用》中关于借款费用资本化的原则不适用于土地增值税清算，对于已经计入房地产开发成本的利息支出，土地增值税清算时应调整至财务费用中计算扣除。土地增值税中利息支出处理原则与会计核算、企业所得税处理有很大区别。

根据《国家税务总局关于印发〈房地产开发经营业务企业所得税处理办法〉的通知》（国税发〔2009〕31 号），企业为建造开发产品借入资金而发生的符合税收规定的借款费用，可按企业会计准则的规定进行归集和分配，其中属于财务费用性质的借款费用，可直接在税前扣除。账务方面，会计科目设置一般将项目开发资本化利息计入"开发成本——开发间接费用"核算。而在土地增值税清算计算房地产开发费用时，应先调减开发成本中的资本化利息，而后与财务费用中的利息支出加总，再适用国税函〔2010〕220文件规定的计算方法进行税务处理。

根据以上税收政策文件的规定，房地产企业在计算土地增值税时扣除的利息费用与其他开发费用的扣除结合起来分析，具体分以下两种情况处理：

（1）凡能够按转让房地产项目计算分摊并提供金融机构证明的，允许据实扣除，但最高不能超过按商业银行同类同期贷款利率计算的金额。其他房地产开发费用，按照（取得土地使用权所支付的金额+房地产开发成本）×5%计算扣除。

（2）凡不能按转让房地产项目计算分摊利息支出或不能提供金融机构证明的，房地产开发费用（财务费用+销售费用+管理费用）按（取得土地使用权所支付的金额+房地产开发成本）×10%计算扣除。

由于上述两种税务处理中的公式中的"房地产开发成本"含有平常会计核算中发生的"房地产开发成本——开发间接费用——利息费用"金额。如果房地产企业在计算土地增值税时，没有将平常会计核算中计入"房地产开发成本——开发间接费用——利息费用"的金额调整至财务费用中计算扣除，则房地产企业重复扣除利息费用，导致少缴纳土地增值税。

某房地产重复扣除利息费用少缴纳土地增值税的处理

一、案情介绍

某房地产企业某项目取得土地使用权成本为 5000 万元，房地产开发成本为 3000 万元，其中"开发成本——开发间接费用"中利息支出 50 万元，"财务费用——利息支出"20 万元，假设发生的利息费用能够按转让房地产项目计算分摊并提供金融机构证明，则该房地产企业在土地增值税清算时，扣除的利息费用和其他开发费用为：（50+20）+（5000+3000）×5%＝470（万元）。假设凡不能按转让房地产项目计算分摊利息支出或不能提供金融机构证明的，则该房地产企业在土地增值税清算时，扣除的利息费用和其他开发费用为：（5000+3000）×10%＝800（万元），请分析该房地产企业以上有关利息和其他开发费用的税务处理正确与否。

二、涉税分析

根据《国家税务总局关于土地增值税清算有关问题的通知》（国税函〔2010〕220）第三条第（四）项规定："**土地增值税清算时，已经计入房地产开发成本的利息支出，应调整至财务费用中计算扣除。**"基于此规定，该房地产公司计入土地增值税扣除项目的房地产开发成本为：3000-50＝2950（万元）。

凡能够按转让房地产项目计算分摊并提供金融机构证明的，按照第一种方式计算可扣除的房地产开发费用为：（50+20）+（5000+3000-50）×5%＝467.5（万元）。因此，本案例中的房地产企业多扣除利息和其他开发费用成本 3.5 万元，从而可以少缴纳土地增值税。

凡不能按转让房地产项目计算分摊利息支出或不能提供金融机构证明的，按照第二种方式计算可扣除房地产开发费用为：（5000+3000-50）×10%＝795（万元）。因此，本案例中的房地产企业多扣除利息和其他开发费用成本 5 万元，从而少缴纳土地增值税。

（五）成本扣除项目中的漏税风险点五

扩大"开发间接费用"的扣除范围从而导致房地产企业少缴纳土地增值税。

由于计入"开发成本"核算的"开发间接费用"在计算土地增值税时，可以作为加计20%扣除的基数，从而达到增加土地增值税的扣除成本、少缴纳土地增值税的目的。因此，在房地产企业土地增值税清算时，依照税法规定，允许扣除的"开发间接费用"有一定的范围界定。房地产企业在会计核算中的"开发间接费用"的范围比土地增值税清算中允许扣除的"开发间接费用"的范围更广。如果房地产企业按照会计核算中的"开发间接费用"在土地增值税清算中进行扣除，显然是多扣除成本，致使房地产企业少缴纳土地增值税。因此，税务征管部门要审查房地产企业在进行土地增值税清算时，是否存在多扣除"间接开发费用"问题。

1. 房地产企业土地增值税清算中允许扣除的"开发间接费用"范围

《中华人民共和国土地增值税暂行条例实施细则》（财法字〔1995〕第006号）第九条规定：**"开发间接费用，是指直接组织、管理开发项目发生的费用，包括工资、职工福利费、折旧费、修理费、办公费、水电费、劳动保护费、周转房摊销等。"**基于此规定，房地产企业的开发间接费用是为直接组织、管理开发项目所发生的八项费用：工资、职工福利费、折旧费、修理费、办公费、水电费、劳动保护费、周转房摊销。如果不是该八项费用，但是与直接组织和管理项目有关所发生的其他费用，例如，与项目相关的其他费用如职工教育经费、通讯费、交通差旅费、租赁费、管理服务费、样板间支出、利息支出、保安费用等，在进行土地增值税清算时，能否扣除呢？要视具体情况而定。

2. 房地产企业会计核算"开发间接费用"的企业会计制度规定

房地产企业在会计核算时，通常把《中华人民共和国土地增值税暂行条例实施细则》（财法字〔1995〕第6号）所规定的八项费用和与开发项目相关的其他费用如职工教育经费、通讯费、交通差旅费、租赁费、管理服务费、样板间支出、利息支出、保安费用等，都在"开发间接费用"科目核算。因此，房地产企业在会计核算中的"开发间接费用"的范围比土地增值税清算中允许扣除的"开发间接费用"的范围更广。

3. 税务征管部门重点审查以下8项费用在土地增值税清算中的处理

（1）样板间支出的处理：具体情况而定。

第一，租用房屋装修为样板间，其装修支出应在"销售费用"科目核算，不能在土地增值税前扣除。

第二，将开发商品装修为样板间，并在以后年度销售的情况下，其装修费支出与销售精装修商品房核算一致，应在"开发成本"科目核算，在销售时，在土地增值税前扣除。

第三，将开发商品装修为样板间，在以后年度不销售作为固定资产入账的情况下，则相关的装修费应计入固定资产价值，其折旧作为期间费用入账，不能在土地增值税前扣除。

综合以上分析，样板间支出只有在销售完成后，才能确定是否可以扣除。

（2）周转房摊销的处理：可以在土地增值税前扣除。

周转房摊销是指将开发商品或自有房屋用于安置拆迁户的摊销费或折旧费，实践中的房地产企业租用房屋安置拆迁户所支付的房屋租金，租用房屋根据拆迁户的要求进行装修、工程改造、布线等所发生的支出，应计入"开发成本——开发间接费用——周转房摊销"科目，在土地增值税前扣除。

（3）项目管理人员工资及福利费：可以在土地增值税前扣除。

给直接组织、管理项目的人员支付的工资及福利费，在提供项目管理人员名单及劳务合同的情况下，可以在土地增值税前扣除。但列支规划部、采购部、预算部、保安部等部门人员的工资及福利费，一般是不可以作为间接开发费扣除的。

（4）通讯费：具体情况而定。

项目工程部安装电话，发生的电话费可以作为其他开发间接费列支，但项目管理人员报销的手机费难以与项目直接相关，不能列支在开发间接费，在土地增值税前扣除。

（5）交通差旅费支出：具体情况而定。

项目管理人员直接坐出租车发生的交通费可以列支开发间接费，但报销的私车加油费，难以区分是否与项目直接相关，不能列支在开发间接费，在土地增值税前扣除。

（6）保安服务费：具体情况而定。

项目公司与保安公司签订的保安服务费，主要判断是否直接与项目管理有关，如有关可以作为开发间接费入账，不相关不能计入开发间接费。

（7）模型制作费：不可以在土地增值税前扣除。

一般模型是为销售而制作的，属于销售费用，不能计入开发间接费。不可以在土地增值税前扣除。

（8）职工教育经费和业务招待费：不可以在土地增值税前扣除。

按会计制度相关规定，职工教育经费、业务招待费，不能直接归集于开发产品的成本，作为期间费用核算，其原理与印花税税收处理一致，不可以在土地增值税前扣除。

（六）成本扣除项目中的漏税风险点六

房地产企业以不合法有效的土地成本凭证作为土地增值税清算时的土地扣除成本，从而导致少缴纳土地增值税。

1. 房地产企业不合法有效的土地成本凭证的类型

实践调研中发现，房地产企业在计算土地增值税时，提供不合法有效的土地成本凭证主要体现为三类：一是土地评估价值报告；二是母公司中标土地，成立子公司开发，提供母公司抬头的土地出让收据；三是自然人中标土地，成立公司开发，提供自然人（往往是后成立的开发公司的股东或老板）抬头的土地出让收据。

2. 扣除土地价款的相关法律依据

根据《中华人民共和国土地增值税暂行条例实施细则》（财法字〔1995〕6号）第七条第（一）项的规定，房地产企业在计算土地增值税允许扣除的"取得土地使用权所支付的金额"是指纳税人为取得土地使用权所支付的地价款和按国家统一规定交纳的有关费用。同时，根据《房地产开发企业销售自行开发的房地产项目增值税征收管理暂行办法》（国家税务总局公告2016年第18号）第五条第四款、第六条和国税发〔2006〕187号第四条第（一）项的规定："支付的土地价款，是指向政府、土地管理部门或受政府委托收取土地价款的单位直接支付的土地价款，扣除取得土地使用权所支付的金额须提供合法有效凭证，不能提供合法有效凭证的，不得在土地增值税前进行扣除，而支付的土地价款应当取得省级以上（含省级）财政部门监（印）制的财政票据。"

3. 房地产企业计算土地增值税允许扣除的土地成本的税务要求

根据以上税收法律依据的规定，房地产企业在计算土地增值税时，允许在土地增值税前扣除土地成本的税务要求：必须是取得省级以上（含省级）财政部门监（印）制的财政票据。因此，为了少缴纳土地增值税，不少房地产企业通过对土地进行评估，以土地评估价值计入"开成发本——土地成本"科目；或者母公司中标土地，成立子公司开发，提供母公司抬头的土地出让收据，在子公司土地增值税清算时进行扣除；或者是自然人中标土地，成立公司开发，提供自然人（往往是后成立的开发公司的股东或老板）抬头的土地出让收据，在开发公司土地增值税清算时进行扣除。这三种不合法有效的土地成本扣除依据，在土地增值税清算时进行扣除，显然不符合以上税法所规定的土地成本扣除依据，增加了土地扣除金额，使房地产企业少缴纳土地增值税。

（七）成本扣除项目中的漏税风险点七

将装修成本中的软装成本计入"开发成本"从而少缴纳土地增值税。

实践中，不少房地产企业为了节约土地增值税，房地产企业的老板通过注册一个装修公司，房地产企业开发精装房销售，装修公司与房地产企业签订装修合同，不仅提供硬装修业务而且提供软装修业务，装修公司将硬装修和软装修成本统一开发票给房地产公司计入"开发成本——建安成本"。房地产公司在计算土地增值税时，将不能在土地增值税前扣除的"软装修成本"进行了扣除，实现了少缴纳土地增值税的目的。该种做法是一种漏税的行为，是与现行税法的规定相悖。具体分析原因如下：

1. 税法只规定土地增值税前可以扣除"装修费用"而没有规定可以扣除"装饰费用"

《关于房地产开发企业土地增值税清算管理有关问题的通知》（国税发〔2006〕187号）第四条第（四）项规定：**"房地产开发企业销售已装修的房屋，其装修费用可以计入房地产开发成本。"** 基于此税法规定，房地产企业在土地增值税前扣除的开发成本中，明确指出可以扣除"装修费用"，但没有明确指出允许扣除"装饰费用"。"装修费用"和"装饰费用"是完全不同的概念。"装饰费用"主要体现为"软装费用"，软装的构成元素如下：

（1）家具。包括支撑类家具、储藏类家具、装饰类家具。如沙发、茶几、床、餐桌、餐椅、书柜、衣柜、电视柜等。

（2）饰品。一般为摆件和挂件，包括工艺品摆件、陶瓷摆件、铜制摆件、铁艺摆件、挂画、插画、照片墙、相框、漆画、壁画、装饰画、油画等。

（3）灯饰。包括吊灯、立灯、台灯、壁灯、射灯。灯饰不仅起到照明的作用，同时还兼顾渲染环境气氛和提升室内情调。

（4）布艺织物。包括窗帘、床上用品、地毯、桌布、桌旗、靠垫等。好的布艺设计不仅能提高室内的档次，使室内更趋于温暖，更能体现一个人的生活品味。

（5）花艺及绿化造景。包括装饰花艺、鲜花、干花、花盆、艺术插花、绿化植物、盆景园艺、水景等。

我国税法上没有关于装修的定义，只有对装饰有定义，根据《财政部、国家税务总局关于全面推开营业税改增值税试点的通知》（财税〔2016〕36号）的附件——《销售服务、无形资产、不动产注释》的规定，装饰服务，是指对建筑物、构筑物进行修饰装修，使之美观或者具有特定用途的工程作业。基于此规定，装饰对建筑物与构筑物进行装饰和美化的工程作业，适用装饰业务的显然有一个前提——存在独立完全的建筑物或者构筑物。

我国建筑法对装修有严格的定义。根据《中华人民共和国建筑法释义》对第二条释义：建筑装修活动，如果是建筑过程中的装修，则属于建造活动的组成部分，适用本法规定，不必单独列出。对已建成的建筑进行装修，如果涉及建筑物的主体或承重结构变动的，则应按照本法第四十九条的规定执行；不涉及主体或承重结构变动的装修，不属于本法调整范围。此外，对不包括建筑装修内容的建筑装饰活动，因其不涉及建筑物的安全性和基本使用功能，完全可以因使用者的爱好和审美情趣的不同而各有不同，不需要以法律强制规范，因此本法的调整范围不包括建筑装饰活动。《住宅室内装饰装修管理办法》（建设部令〔2002〕110号）规定，本办法所称住宅室内装饰装修，是指住宅竣工验收合格后，业主或者住宅使用人（以下简称装修人）对住宅室内进行装饰装修的建筑活动。

基于以上法律规定，建筑法规上将"装修"分成了三部分：

（1）与建造活动一起进行的初装修，这类工程属于建筑法调整范围。属于建筑安装工程的组成部分。也就是满足建筑物基本使用或者交付状态的初始装修，即建筑工程的装饰装修分项工程。

（2）涉及主体或承重结构变动的装修，这类工程属于建筑法调整范围。属于建筑安装工程的组成部分。也就是《企业所得税法》中所称的"改建支出"。

（3）竣工验收合格后住宅室内的装修。这类工程不属于建筑法调整范围。也不属于建筑安装工程的组成部分。也就是以业主或使用人进行的第二次装饰装修。实质上这种"装修"工程不属于《建筑法》的"建筑工程"的范围，属于"建设工程"的范围。

依据《中华人民共和国建筑法释义》第四十九条和《中华人民共和国土地增值税暂行条例实施细则》（财法字〔1995〕6号）规定："**建筑安装工程费，是指以出包方式支付给承包单位的建筑安装工程费，以自营方式发生的建筑安装工程费。**"国税发〔2006〕187号第四条第四款规定："**房地产开发企业销售已装修的房屋，其装修费用可以计入房地产开发成本。**"只是特指属于建筑安装工程的"组成部分与建造活动一起进行的初装修和涉及主体或承重结构变动"装修工程费用，并不包括竣工验收合格后住宅室内的装修工程费用和不能构成附属设施和附着物的动产设施费用。

2. 装修工程中含有的动产设施不可以作为建筑装修成本在土地增值税前扣除

根据《商品住宅装修一次到位实施导则》的通知（建住房〔2002〕190号）规定，住宅装修工程中不含不能构成不动产附属设施和附着物的家具、电器等动产设施。根据《关于固定资产进项税额抵扣问题的通知》（财税〔2009〕113号）的规定，附属设备和配套设施是指给排水、采暖、卫生、通风、照明、通讯、煤气、消防、中央空调、电梯、电气、智能化楼宇设备和配套设施。关于印发《建筑安装工程费用项目组成》的通知（建标〔2003〕206号）规定，建筑安装工程费由直接费、间接费、利润和税金组成。直接费由直接工程费和措施费组成。直接工程费是指施工过程中耗费的构成工程实体的各项费用，包括人工费、材料费、施工机械使用费。材料费是指施工过程中耗费的构成工程实体的原材料、辅助材料、构配件、零件、半成品的费用。根据建标〔2003〕206号规定，只有构成工程实体的材料费才构成建筑安装工程费的内容。而精装修所用家电、家具不构成工程实体，不符合土地增值税扣除项目的内容，因此不能作为成本项目扣除。

3. 分析结论

通过以上分析，房地产开发公司为了扩大开发成本土地增值税加计扣除的基数，往往委托装饰公司装修同时购买家具家电，将购买家具家电的价款，由装饰公司开具建筑装饰业发票，作为房地产开发公司装饰成本计入开发成本中，并在土地增值税计算中作为加计扣除的基数，通过"装饰"手段达到减少缴纳税收的目的，显然是扩大成本少缴纳土地增值税的漏税行为。

（八）成本扣除项目中的漏税风险点八

将不属于土地增值税扣除的成本范围纳入扣除从而少缴纳土地增值税。

在土地增值税清算时，税法对于土地增值税税前扣除的成本范围与企业所得税税前扣除的成本范围有严格的界定。而实践中的房地产企业或税务执法人员在判断土地增税和企业所得税税前扣除的成本范围时，往往出现两者的界限界定不清，将不属于土地增值税扣除的成本范围纳入扣除从而少缴纳土地增值税。

1. 土地增值税税前扣除的成本扣除范围界定

《中华人民共和国土地增值税暂行条例》（中华人民共和国国务院令第138号）第六条规定："计算增值额的扣除项目：（一）取得土地使用权所支付的金额；（二）开发土地的成本、费用；（三）新建房及配套设施的成本、费用，或者旧房及建筑物的评估价格；（四）与转让房地产有关的税金；（五）财政部规定的其他扣除项目。"国家税务总局公告2016年第70号第三条规定，"与转让房地产有关的税金"不包括增值税。根据财税〔2016〕43号文件第三条第二款的规定："**《中华人民共和国土地增值税暂行条例》等规定的土地增值税扣除项目涉及的增值税进项税额，允许在销项税额中计算抵扣的，不计入扣除项目，不允许在销项税额中计算抵扣的，可以计入扣除项目。**"根据《中华人民共和国土地增值税暂行条例实施细则》第七条第（六）项的规定，"财政部规定的其他扣除项目"是指从事房地产开发的纳税人可按（取得土地使用权所支付的金额+开发土地和新建房及配套设施成本或房地产开发成本）（1+20%）扣除。

2. 企业所得税税前扣除的成本扣除范围界定

《中华人民共和国企业所得税法》（中华人民共和国主席令2007年第63号）第八条规定，企业实际发生的与取得收入有关的、合理的支出，包括成本、费用、税金、损失和其他支出，准予在计算应纳税所得额时扣除。《中华人民共和国企业所得税法实施条例》（国务院令第512号）第二十七条规定，有关的支出，《企业所得税法》第八条所称有关的支出，是指与取得收入直接相关的支出。企业所得税法第八条所称合理的支出，是指符合生产经营活动常规，应当计入当期损益或者有关资产成本的必要和正常的支出。

基于《中华人民共和国企业所得税法》和《中华人民共和国企业所得税法实施条例》的规定，只要与企业取得收入直接相关和应当计入当期损益或者有关资产成本的必要和正常的支出，都是企业所得税税前扣除的成本范围，当然除了国家另有规定的除外。例如，房地产企业销售开发产品未按照规定的时间交房而给予购房者的违约金、赔偿金支出；房地产企业支付给建筑承包商的违约金和赔偿金支出；房地产企业支付给材料供应商的违约金和赔偿金支出。这些支出虽然是与房地产企业的开发经营有关的合理支出，但是不属于土地增值税税前扣除的成本范围，不可以在土地增值税税前扣除。

3. 土地闲置费属于企业所得税成本扣除范围，但不属于土地增值税成本扣除范围

《国家税务总局关于印发〈房地产开发经营业务企业所得税处理办法〉的通知》（国税发〔2009〕31号）第二十七条规定，开发产品计税成本支出的内容如下：土地征用费及拆迁补偿费指为取得土地开发使用权（或开发权）而发生的各项费用，主要包括土地买价或出让金、大市政配套费、契税、耕地占用税、土地使用费、土地闲置费、土地变更用途和超面积补交的地价及相关税费、拆迁补偿支出、安置及动迁支出、回迁房建造支出、农作物补偿费、危房补偿费等。

《国家税务总局关于土地增值税清算有关问题的通知》（国税函〔2010〕220号）第四条规定，房地产开发企业逾期开发缴纳的土地闲置费不得扣除。

根据上述规定，土地闲置费可以作为开发成本在企业所得税前据实扣除，但不能在土地增值税前扣除。

根据以上成本扣除范围的分析，在土地增值税清算时，如果房地产企业将不属于土地增值税扣除的成本范围进行扣除，则是多扣除成本从而少缴纳土地增值税。

（九）成本扣除项目中的漏税风险点九

将20年以内使用无产权车库的建设成本从土地增值税税前扣除从而少缴纳土地增值税。

1. 相关法律依据分析

《中华人民共和国人民防空法》第一章第五条：国家对人民防空设施建设按照有关规定给予优惠。国家鼓励、支持企业事业组织、社会团体和个人，通过多种途径，投资进行人民防空工程建设；人民防空工程平时由投资者使用管理，收益归投资者所有。同时根据《中华人民共和国物权法》（中华人民共和国主席令第62号）第五十二条的规定，国防资产属国家所有。基于以上法律规定，地下人防设施权属应为国家所有。因此，不少房地产企业将地下人防设施改造成车库，产权归国家所有，收益归房地产企业所有。

《中华人民共和国合同法》第二百一十四条规定，租赁期限不得超过20年。超过20年的，超过部分无效。租赁期限届满，当事人可以续订租赁合同，但约定的租赁期限自续订之日起不得超过20年。基于此法律规定，法律只能保护无产权车库拥有 20 年的租赁使用权，超过 20 年的，法律不予保护。

根据《财政部、国家税务总局关于全面推开营业税改增值税试点的通知》（财税〔2016〕36 号）附件：《销售服务、无形资产、不动产注释》的规定，转让建筑物有限产权或者永久使用权，视同销售缴纳土地增值税。

2. 房地产企业收取购买者 20 年以内非人防设施改造的无产权车库使用费的车库成本不可以在土地增值税税前进行扣除

《中华人民共和国土地增值税暂行条例》（中华人民共和国国务院令第 138 号）第二条规定，转让国有土地使用权、地上的建筑物及其附着物（以下简称转让房地产）并取得收入的单位和个人，为土地增值税的纳税义务人（以下简称纳税人），应当依照本条例缴纳土地增值税。基于此规定，缴纳土地增值税的前提条件是发生转让国有土地使用权、地上的建筑物及其附着物并取得收入，而对于无产权的地下人防设施改造的车库，向购房者收取 20 年以内的车库使用费，实质上是房地产企业将无产权的车库出租给购房者使用，其收取的车库使用费实质上是一次性收取购房者的 20 年以内的租金，而不是转让无产权车库的销售收入。因此，房地产企业收取购买者 20 年以内无产权车库使用费的经济行为是租赁行为，不是销售行为，不符合征收土地增值税的征收条件。

根据《国家税务总局关于房地产开发企业土地增值税清算管理有关问题的通知》（国税发〔2006〕187 号）第四条第（三）的规定，房地产开发企业开发建造的与清算项目配套停车场（库）按以下原则处理：

（1）建成后无偿移交给政府、公用事业单位用于非营利性社会公共事业的，其成本、费用可以扣除。

（2）建成后有偿转让的，应计算收入，并准予扣除成本、费用。

《国家税务总局关于房地产开发企业土地增值税清算管理有关问题的通知》（国税发〔2006〕187 号）第三条第（二）项规定："**房地产开发企业将开发的部分房地产转为企业自用或用于出租等商业用途时，如果产权未发生转移，不征收土地增值税，在税款清算时不列收入，不扣除相应的成本和费用。**"

根据以上税法规定，对于无产权车库的成本是否可以在土地增值税税前扣除，分以下两种情况处理：

第一种情况：如果房地产企业将人防设施改造成无产权的车库，向购房者收取 20 年以内的车库使用费，则基于人防设施产权是国家所有的规定，房地产企业将人防设施无偿移交给国防委员会，房地产企业建设人防设施的建设成本在土地增值税税前扣除，但是将人防设施改造成车库的改造成本不可以在土地增值税税前扣除。

第二种情况：如果房地产企业将非人防设施改造成无产权的车库，向购房者收取 20 年以内的车库使用费，则房地产企业将改造无产权车库的建设成本不可以在土地增值税税前扣除。

3. 分析结论

基于以上分析，房地产企业将人防设施改造成车库的改造成本和非人防设施改造成无产权车库的建设成本在土地增值税税前扣除，是一种扩大开发成本、少缴纳土地增值税的行为，是一种漏税行为。

（十）成本扣除项目中的漏税风险点十

运用"营改增"税收政策不准确，从而导致少缴纳土地增值税。

1. 相关税收法律依据

《财政部 国家税务总局关于营改增后契税 房产税 土地增值税 个人所得税计税依据问题的通知》（财税〔2016〕43 号）文件第三条第二款规定：《中华人民共和国土地增值税暂行条例》等规定的土地增值税扣除项目涉及的增值税进项税额，允许在销项税额中计算抵扣的，不计入扣除项目，不允许在销项税额中计算抵扣的，可以计入扣除项目。

国家税务总局公告〔2016 年〕第 70 号第三条规定如下：

（1）首先明确计算土地增值税的扣除项目中"与转让房地产有关的税金"不包括增值税。

（2）"营改增"后，城建税、教育费附加的扣除：凡能够按清算项目准确计算的，允许据实扣除；凡不能按清算项目准确计算的，则按该清算项目预缴增值税时实际缴纳的城建税、教育费附加扣除。

根据以上营改增的税收政策规定，应注意以下几个成本扣除问题：

第一，针对"营改增"后开发的项目在土地增值税清算时，允许扣除的"与转让房地产有关的税金"不包括增值税。

第二，如果房地产开发项目是老项目，且选择简易计税方法依照 5% 计算增值税的情况下，则各类开发成本中含有的增值税进项税额，不允许在增值税销项税额中抵扣，没有享受在增值税销项税额中抵扣的增值税进项税额必须在土地增值税清算中进行扣除。

第三，如果房地产开发项目是"营改增"后开发的新项目，且选择一般计税方法，依照 11%（2016 年 5 月 1 日至 2018 年 4 月 31 日）、10%（2018 年 5 月 1 日至 2019 年 3 月 31 日）、9%（2019 年 4 月 1 日之后）计算增值税的情况下，则各类开发成本中含有的增值税进项税额，允许在增值税销项税额中抵扣，享受在增值税销项税额中抵扣的增值税进项税额不可以在土地增值税清算中进行扣除。

第四，"营改增"后发生的城建税、教育费附加的扣除。凡能够按清算项目准确计算的，允许据实扣除；凡不能按清算项目准确计算的，按该清算项目预缴增值税时实际缴纳的城建税、教育费附加扣除。

2. 房地产企业运用"营改增"税收政策不准确而存在的漏税风险

通过以上税收法律政策分析发现，有的房地产企业在计算土地增值税扣除的新老项目时，存在的多扣除成本少缴纳土地增值税的税收风险如下：

第一，"营改增"后开发的新项目，或选择一般计税计征增值税的老项目，在计算土地增值税时，将缴纳的增值税作为"与转让房地产有关的税金"进行了扣除。

第二，"营改增"后开发的新项目，或选择一般计税计征增值税的老项目，将在增值税销项税额中抵扣的增值税进项税额，在土地增值税清算时进行了扣除。

第三，"营改增"后，将不能按清算项目准确计算的城建税、教育费附加进行了据实扣除，没有按该清算项目预缴增值税时实际缴纳的城建税、教育费附加扣除。

以上三种行为导致土地增值税清算时，多扣除了成本，从而导致房地产企业少缴纳土地增值税。

(十一) 成本扣除项目中的漏税风险点十一

通过多开材料票和建筑服务发票入成本少缴纳土地增值税。

为实现少缴纳土地增值税、企业所得税的目的，不少房地产企业往往通过"甲供材"业务要求材料供应商多开材料发票以及要求建筑施工企业多开建筑服务发票入成本，从而增加开发成本少缴纳土地增值税。实践调研显示，房地产企业通过多开材料发票和建筑服务发票的操作步骤如下：

1. 多开材料发票的操作思路

第一步，房地产企业与建筑企业签订建筑施工补偿协议，协议中约定：房地产企业提供工程中的某些材料给施工企业。

第二步，房地产企业与材料供应商签订材料采购的假合同，合同中约定：购买材料的品种、型号规格和技术标准以及材料的价格单价、数量。同时合同中约定：货物由材料供应商负责运输到房地产企业指定的建筑工地上，价格含运输费用。

第三步，房地产企业通过公对公支付形式，向材料供应商支付材料采购款。

第四步，材料供应商给房地产企业开具增值税发票。

第五步，材料供应商收取房地产的材料款后，扣除开具发票的税费和一定的管理费用后，通过材料供应商的某自然人的私人银行卡汇入房地产企业的某自然人私人银行卡。

第六步，材料供应商向房地产企业编制一份材料出库单、发货单，房地产企业与材料供应商双方在一式两份的材料验收确定单上签字。

2. 多开建筑服务业发票的操作思路

第一步，房地产企业与建筑企业签订一份假的建筑施工增量工程或建筑施工合同，合同中约定工程概况、工程期限、合同价款。

第二步，房地产企业与建筑企业双方在工程结算单上签字确认。

第三步，房地产企业通过公对公支付形式，向建筑企业支付工程劳务款。

第四步，建筑企业给房地产企业开具增值税发票。

第五步，建筑企业收取房地产的材料款后，扣除开具发票的税费和一定的管理费用后，通过建筑企业的某自然人的私人银行卡汇入房地产企业的某自然人的私人银行卡。

3. 法律依据分析

《增值税发票开具指南》第二章第一节第八条规定，任何单位和个人不得有下列虚开发票行为：

（1）为他人、为自己开具与实际经营业务情况不符的发票。

（2）让他人为自己开具与实际经营业务情况不符的发票。

（3）介绍他人开具与实际经营业务情况不符的发票。

根据《国家税务总局关于印发〈土地增值税清算管理规程〉的通知》（国税发〔2009〕91号）第二十一条规定，在土地增值税清算中，计算扣除项目金额时，其实际发生的支出应当取得但未取得合法凭据的不得扣除。扣除项目金额中所归集的各项成本和费用必须是在清算项目开发中直接发生的。

因此，在土地增值税清算中，扣除项目金额中所归集的各项成本和费用，必须是实际发生的才能扣除。通过虚构业务开具发票是虚开发票的行为，虚开的发票不是实际发生的业务，不可以在土地增值税前扣除。

二、土地增值税收入项目确认中的漏税风险点

《中华人民共和国土地增值税暂行条例》（中华人民共和国国务院令第138号）第二条：转让国有土地使用权、地上的建筑物及其附着物（以下简称转让房地产）并取得收入的单位和个人，为土地增值税的纳税义务人（以下简称纳税人），应当依照本条例缴纳土地增值税。《中华人民共和国土地增值税暂行条例实施细则》第二条：《条例》第二条所称的转让国有土地使用权、地上的建筑物及其附着物取得收入，是指以出售或者其他方式有偿转让房地产的行为。不包括以继承、赠与方式无偿转让房地产的行为。基于此税法规定，必须依法缴纳土地增值税的收入项目是以出售或者其他方式有偿转让国有土地使用权、地上的建筑物及其附着物取得的收入。有些收入必须缴纳企业所得税，但不缴纳土地增值税。准确判断土地增值税收入项目是土地增值税清算工作中的重要任务。

（一）土地增值税收入项目确认中的漏税风险点一

以房抵工程款的协议折让价"明显偏低且不合理"，导致房地产企业少缴纳土地增值税。

1. 以房抵工程款必须视同销售依法缴纳土地增值税、增值税和企业所得税

根据（财税〔2016〕36号）附件1《营业税改征增值税试点实施办法》的规定，销售服务、无形资产或者不动产，是指有偿提供服务、有偿转让无形资产或者不动产。有偿是指取得货币、货物或者其他经济利益。以房抵债属于取得其他经济利益的销售，需要缴纳增值税。《中华人民共和国企业所得税法实施条例》第二十五条规定，企业发生非货币性资产交换，以及将货物、财产、劳务用于捐赠、偿债、赞助、集资、广告、样品、职工福利或者利润分配等用途的，应当视同销售货物、转让财产或者提供劳务，但国务院财政、税务主管部门另有规定的除外。基于以上税收政策的规定，房地产企业与建筑企业签订的以房抵工程款的协议，该协议工程折价的实质是房地产企业通过协议工程折价销售其建筑工程抵偿建筑企业的工程款，房地产企业要视同销售缴纳增值税、土地增值税和企业所得税。房地产企业与建筑企业达成的协议工程折价的价格往往偏低又无正当理由，导致视同销售收入减

少，最终的结果使房地产企业少缴纳土地增值税。

2. 税务机关对交易价款偏低且不合理给予纳税调整的法律依据

《中华人民共和国税收征管法》第三十五条第六款规定："纳税人申报的计税依据明显偏低，又无正当理由的，税务机关有权核定其应纳税额。"

根据《中华人民共和国增值税暂行条例》第七条及《中华人民共和国增值税暂行条例实施细则》第十六条规定，纳税人销售货物或者应税劳务的价格明显偏低并无正当理由的，由主管税务机关按下列顺序确定销售额：

（1）按纳税人最近时期同类货物的平均销售价格确定。

（2）按其他纳税人最近时期同类货物的平均销售价格确定。

（3）按组成计税价格确定。组成计税价格的公式为：

组成计税价格=成本×（1+成本利润率）

属于应征消费税的货物，其组成计税价格中应加计消费税额。

式中的成本是指销售自产货物的为实际生产成本，销售外购货物的为实际采购成本。公式中的成本利润率由国家税务总局确定。

（财税〔2016〕36号）附件1《营业税改征增值税试点实施办法》第四十四条：纳税人发生应税行为价格明显偏低或者偏高且不具有合理商业目的的，或者发生本办法第十四条所列行为而无销售额的，主管税务机关有权按照下列顺序确定销售额：

（1）按照纳税人最近时期销售同类服务、无形资产或者不动产的平均价格确定。

（2）按照其他纳税人最近时期销售同类服务、无形资产或者不动产的平均价格确定。

（3）按照组成计税价格确定。组成计税价格的公式为：

组成计税价格=成本×（1+成本利润率）

成本利润率由国家税务总局确定。

不具有合理商业目的，是指以谋取税收利益为主要目的，通过人为安排，减少、免除、推迟缴纳增值税税款，或者增加退还增值税税款。

3. "价款明显偏低且不合理"的司法界定

最高人民法院关于适用《中华人民共和国合同法》若干问题的解释（二）（法释〔2009〕5号）第十九条："对于《合同法》第七十四条规定的'明显不合理的低价'，人民法院应当以交易当地一般经营者的判断，并参考交易当时交易地的物价部门指导价或者市场交易价，结合其他相关因素综合考虑予以确认。转让价格达不到交易时交易地的指导价或者市场交易价70%

的，一般可以视为明显不合理的低价。基于此司法解释，发包方与承包方就工程进行协议折价时，务必将价格定在不低于交易地的指导价或者市场交易价70%。"

4. 税务机关对"价款明显偏低且不合理"的价格进行纳税调整的尺度

根据以上法律税收政策分析，如果房地产企业与建筑企业发生"以房抵工程款"的情况下，一定要掌握和审查房地产企业以房抵建筑企业工程款的金额不得低于房地产企业用于抵建筑企业工程款的开发成品的市场价格的70%。

例如，房地产企业拖欠建筑企业工程款1000万元，房地产企业抵建筑企业工程款的开发成品的市场交易价为2000万元，则1000万元小于1400万元（2000万元×70%），该交易行为"价款明显偏低且不合理"，该房地产企业必须依照1400万元申报缴纳土地增值税。

（二）土地增值税收入项目确认中的漏税风险点二

只按照开具发票金额确认收入从而少缴纳土地增值税。

1. 税法依据分析

《国家税务总局关于土地增值税清算有关问题的通知》（国税函〔2010〕220号）第一条规定："**土地增值税清算时，已全额开具商品房销售发票的，按照发票所载金额确认收入；未开具发票或未全额开具发票的，以交易双方签订的销售合同所载的售房金额及其他收益确认收入。销售合同所载商品房面积与有关部门实际测量面积不一致，在清算前已发生补、退房款的，应在计算土地增值税时予以调整。**"《国家税务总局关于房地产开发企业土地增值税清算管理有关问题的通知》（国税发〔2006〕187号）第三条第（一）项规定：房地产开发企业将开发产品用于职工福利、奖励、对外投资、分配给股东或投资人、抵偿债务、换取其他单位和个人的非货币性资产等，发生所有权转移时应视同销售房地产，其收入按下列方法和顺序确认：

（1）按本企业在同一地区、同一年度销售的同类房地产的平均价格确定。

（2）由主管税务机关参照当地当年、同类房地产的市场价格或评估价值确定。

根据以上税法规定，房地产企业土地增值税收入确认的标准如下：

第一，全额开具商品房销售发票的收入确定方法：按照发票所载金额确认收入。如业主购买了一套商品房，合同总金额120万元，发票开具也是

120 万元，那么在进行土地增值税清算时，就按照 120 万元确认收入申报缴纳土地增值税收入。

第二，未开具发票或未全额开具发票但签订销售合同的收入确定方法：以交易双方签订的销售合同所载的售房金额及其他收益确认收入。例如，业主购买了一套商品房，合同总金额 120 万元，已付款 120 万元，但销售发票只开具了 110 万元，还有 10 万元挂在"其他应付款"，那么在进行土地增值税清算时仍然应当按照 120 万元确认商品房销售收入。所以，对税务机关来说，在审查房地产企业的土地增值税清算时，必须将发票金额与合同金额进行比对，并按照合同金额进行调整，以避免直接按照发票金额确认收入而少缴纳土地增值税的风险。

第三，未开具发票，未签订销售合同但实际已投入使用的收入确定方法：按本企业在同一地区、同一年度销售的同类房地产的平均价格确定。

第四，未开具发票，未签订销售合同但实际未投入使用的收入确定方法：不确认收入。

2. 收入确认中的漏税风险：只按照开具发票的金额确认收入从而少缴纳土地增值税

实际中，不少房地产企业发生销售开发产品，签订销售合同但未开具发票或未全额开具发票，或以开发产品用于捐赠、赞助、职工福利、奖励、对外投资、分配给股东或投资人、抵偿债务、换取其他企事业单位和个人的非货币性资产等行为，未开具发票，未签订销售合同但实际已投入使用。当房地产企业发生以上经营交易行为时，只按照开具发票金额确认土地增值收入，从而少确认土地增值收入，从而少申报缴纳土地增值税，出现漏税行为。

(三) 土地增值税收入项目确认中的漏税风险点三

转让价格明显偏低且无正当理由从而少缴纳土地增值税。

1. 转让价格明显偏低且无正当理由的土地增值税收入确定方法

在房地产企业销售开发产品的实践中，往往存在以下现象：拿出一些特价房促销吸引购房者、尾房折价销售、面对房地产企业内部高管人员等特殊人群低价销售、低价抵债销售。以上销售行为中的销售价格往往偏低且无正当理由，变相压低销售收入，从而少缴纳土地增值税。

《土地增值税暂行条例实施细则》第十四条第三款规定，转让房地产的成交价格低于房地产评估价格，又无正当理由的，是指纳税人申报的转让房地产的实际成交价格低于房地产评估机构评定的交易价，纳税人又不能提供凭据或无正当理由的行为。第四款规定，隐瞒、虚报房地产成交价格，应由评估机构参照同类房地产的市场交易价格进行评估。税务机关根据评估价格确定转让房地产的收入。第六款规定，转让房地产的成交价格低于房地产评估价格，又无正当理由的，由税务机关参照房地产评估价格确定转让房地产的收入。根据此规定，转让价格明显偏低又无正当理由的土地增值税收入的确定方法是：房地产评估价格确定转让房地产的收入。

2. 转让价格明显偏低且不合理的司法界定标准

最高人民法院关于适用《中华人民共和国合同法》若干问题的解释（二）（法释〔2009〕5号）第十九条对于合同法第七十四条规定的"明显不合理的低价"，人民法院应当以交易当地一般经营者的判断，并参考交易当时交易地的物价部门指导价或者市场交易价，结合其他相关因素综合考虑予以确认。转让价格达不到交易时交易地的指导价或者市场交易价70%的，一般可以视为明显不合理的低价。基于此司法解释，房地产企业转让价格明显偏低且合理的，务必将价格定在不低于交易地的指导价或者市场交易价70%。

3. 转让价格明显偏低且合理，但"无正当理由"的判断标准缺失，导致没有统一的税务执法标准，加大了税务机关的执法风险

《土地增值税暂行条例实施细则》第十四条第三款只规定了房地产企业转让价格偏低，又无正当理由的情况下，税务机关按照房地产评估机构评定的交易价确定土地增值税收入，但没有对"无正当理由"规定具体的判断标准。因此，全国各地的判断标准不一，例如，《江苏省地方税务局关于土地增值税有关业务问题的公告》规定："**房地产转让价格明显偏低的收入确定：对纳税人申报的房地产转让价格低于同期同类房地产平均销售价格10%的，税务机关可委托房地产评估机构对其评估。对以下情形的房地产转让价格，即使明显偏低，可视为有正当理由：①法院判定或裁定的转让价格；②以公开拍卖方式转让房地产的价格；③政府物价部门确定的转让价格；④经主管税务机关认定的其他合理情形。**"在"无正当理由"的判断标准缺失，导致没有统一的税务执法标准，加大了税务机关的执法风险：人为地认为转让价格偏低且有正当理由，或人情执法，致使国家税收流失。

5

建筑房地产企业用工关系
中的"财税法"风险管控

企业的用工关系分为劳动关系和劳务关系。劳动关系是用人单位与劳动者是雇佣与被雇佣的法律关系，劳动者必须接受用人单位的劳动规章制度的约束，用人单位必须给劳动者购买基本社会保险。劳务关系是用人单位与劳动者不具备雇佣与被雇佣的法律关系，而是合作关系，劳动者不接受用人单位的劳动规章制度，用人单位不承担购买劳动者的基本社保费用。在建筑房地产企业的用工关系中，基于规避劳资纠纷，合法用工，减少用人成本，必须加强财税法风险管控。本章主要分析以下业务的财税法风险管控：企业不缴纳社保的关键是与劳动者建立劳务关系；劳务报酬的增值税、个人所得税处理；企业用工关系与社保的协同管理；提前退休和内部退养获取一次性补贴的财税法管控；解除劳动合同获得一次性补贴收入的财税法管控。

第 一 节

企业不缴纳社保的关键是与劳动者
建立劳务关系

《深化党和国家机构改革方案》第四十六项规定："**为提高社会保险资金征管效率，将基本养老保险费、基本医疗保险费、失业保险费等各项社会保险费交由税务部门统一征收。**"《国税地税征管体制改革方案》规定："**2019 年 1 月 1 日起，基本养老保险费、基本医疗保险费、失业保险费、工伤保险费、生育保险费等各项社会保险费将由税务部门统一征收。**"基于此规定，社会保险费用的征收将更透明，这将增加企业的用人成本，许多企业期望降低企业的社保费用成本。笔者特别提醒全国广大用人单位不缴纳社保费用的关键是：必须与劳动者建立劳务关系而不是建立劳动关系。即如果用人单位与劳动者建立劳务关系，则用人单位不缴纳基本养老保险、基本医疗保险、失业保险费；如果用人单位与劳动者建立劳动关系，则用人单位必须缴纳基本养老保险、基本医疗保险、失业保险费。

一、劳动关系的确立和判断标准

《中华人民共和国劳动合同法》第二条规定："**在中华人民共和国境内的企业、个体经济组织（以下统称用人单位）和与之形成劳动关系的劳动者，适用本法。**"基于此规定，与用人单位签订劳动合同的劳动者与用人单位构成劳动关系。

《劳动和社会保障部关于确立劳动关系有关事项的通知》（劳社部发〔2005〕12号）第一条规定，用人单位招用劳动者未订立书面劳动合同，但同时具备下列情形的，劳动关系成立。

（1）用人单位和劳动者符合法律、法规规定的主体资格。

（2）用人单位依法制定的各项劳动规章制度适用于劳动者，劳动者受用人单位的劳动管理，从事用人单位安排的有报酬的劳动。

（3）劳动者提供的劳动是用人单位业务的组成部分。

《劳动和社会保障部关于确立劳动关系有关事项的通知》（劳社部发〔2005〕12号）第二条规定，用人单位未与劳动者签订劳动合同，认定双方存在劳动关系时可参照下列凭证：

（1）工资支付凭证或记录（职工工资发放花名册）、缴纳各项社会保险费的记录。

（2）用人单位向劳动者发放的"工作证""服务证"等能够证明身份的证件。

（3）劳动者填写的用人单位招工招聘"登记表""报名表"等招用记录。

（4）考勤记录。

（5）其他劳动者的证言等。

其中，第（1）、（3）、（4）项的有关凭证由用人单位负举证责任。

基于以上法律政策规定，劳动关系是指用人单位与劳动者之间，依法所确立劳动过程中的权利义务关系。劳动关系的判断标准如下：

第一，用人单位与劳动者或职工签订劳动合同。

第二，无论用人单位与劳动者是否签订劳动合同，只要符合以下标准就是劳动关系，受《中华人民共和国劳动法》管辖。这些判断标准是：用人单位和劳动者符合法律、法规规定的主体资格；用人单位依法制定的各项劳动规章制度适用于劳动者，劳动者受用人单位的劳动管理，从事用人单位安排的有报酬的劳动；劳动者提供的劳动是用人单位业务的组成部分。

二、劳务关系的确立和判断标准

劳务关系是平等主体之间就劳务的提供与报酬的给付所达成的协议。从主体上看，双方是平等主体之间的自然人、法人、合伙等其他组织，双方地位平等，在人身关系上不具有隶属关系。从法律关系上看，双方的法律关系基于民事法律规范成立，并受民事法律规范的调整和保护。双方的权利义务基于合同的约定产生。劳务关系适用《中华人民共和国民法通则》《中华人民共和国合同法》，并不适用《中华人民共和国劳动合同法》的相关规定。

劳务关系的判断标准是：劳务关系的双方不存在隶属关系，没有管理与被管理、支配与被支配的权利和义务，提供劳务的一方在工作过程中虽然也要接受用人单位指挥、监督，但并不受用人单位内部各项规章制度的约束，双方的地位处在同一个平台上。

三、劳务关系、劳动关系和社保费用缴纳之间的联系

《中华人民共和国劳动法》（中华人民共和国主席令第二十八号）第七十二条规定，用人单位和劳动者必须依法参加社会保险，缴纳社会保险费。第一百条规定，用人单位无故不缴纳社会保险费的，由劳动行政部门责令其限期缴纳，逾期不缴的，可以加收滞纳金。《中华人民共和国社会保险法》第十条、第二十三条、第四十四条、第五十三条、第五十七条规定，参加基本养老保险、基本医疗保险、失业保险、工伤保险、生育保险的主体是职工。基于此规定，只有用人单位的职工或劳动者才构成参与购买以上"五险"的主体。基于此规定，依法缴纳社保费用的主体是用人单位的劳动者或职工。劳务关系、劳动关系和社保费用缴纳之间的联系如下：

第一，用人单位与劳动者签订劳动合同的，则用人单位与劳动者构成劳动关系，用人单位和劳动者构成依法缴纳社保费用的义务人，个人的社保费用由用人单位代扣代缴。

第二，用人单位与劳动者签订劳务协议，则用人单位与劳动者构成劳务关系，不是社保费用的缴纳义务人，用人单位与劳动者不缴纳社保费用。

因此，用人单位与劳动者签订劳动合同是缴纳社保费用的前提条件，签订劳务合同是不缴纳社保费用的前提条件，但是更准确地说，用人单位与劳动者建立劳动关系必须缴纳社保费用；建立劳务关系就不缴纳社保费用。

基于劳务关系和劳动关系判断是否缴纳社保费用的处理

一、案情介绍

2017年6月，甲应聘A公司业务员岗位，双方签订《劳务协议》，期限1年，其中试用期1个月，公司每月5日支付甲上月劳务报酬4000元。2017年10月由于甲没有完成当月销售业绩，公司拒绝向甲支付当月劳务报酬，并以效益不好为由将甲辞退，未支付任何补偿。甲就此提起仲裁，认为双方应为劳动关系，要求公司支付当月工资、缴纳社保保险费用，以及违法解除劳动关系的赔偿金。仲裁对其申请不予受理。甲诉至法院，公司主张双方为劳务关系，并辩称依据双方签订的《劳务协议》约定：公司依据甲完成业绩的情况有权调整劳务报酬等事项，甲应当服从公司的安排，且双方有权随时解除劳务协议，互不承担违约责任。因甲当月未完成销售业绩，A公司拒绝支付劳动者甲的劳务报酬，要求公司支付解除劳动关系的赔偿金并为其补交社保保险费用。最后法院经审理支持了甲的诉讼请求。请从法理上分析A公司与甲之间是劳动关系还是劳务关系，A公司是否给甲履行缴纳社保费用的义务及法院的审理意见是否正确？

二、法理解析

本案争议的焦点在于甲与公司之间建立的是劳动关系还是劳务关系。分析如下：

劳动关系是指用人单位与劳动者之间，依法所确立劳动过程中的权利义务关系。根据《劳动和社会保障部关于确立劳动关系有关事项的通知》规定，用人单位和劳动者符合法律、法规规定的主体资格；用人单位依法制定的各项劳动规章制度适用于劳动者，劳动者受用人单位的劳动管理，从事用人单位安排的有报酬的劳动；劳动者提供的劳动是用人单位业务的组成部分的劳动关系成立。

劳务关系是平等主体之间就劳务的提供与报酬的给付所达成的协议。从主体上看，双方是平等主体之间的自然人、法人、合伙等其他组织，双方地位平等，在人身关系上不具有隶属关系。从法律关系上看，双方的法律关系基于民事法律规范成立，并受民事法律规范的调整和保护。双方的权利义务基于合同的约定产生。

从劳动关系的主体上看，一方是符合法律规定的机关、企事业单位、社会团体、个体经济组织或其他组织，另一方是符合劳动年龄并具有与履行劳动合同义务相适应能力的自然人。从用工关系上看，劳动法律关系建立后，劳动关系中的劳动者与用人单位具有隶属关系，劳动者应接受用人单位的管理，服从用人单位的安排。从法律关系上看，双方的权利义务受劳动法律规范调整。从而衍生出用人单位应为劳动者缴纳社会保险、解除劳动关系时的补偿、赔偿金等法定义务。而在本案中，甲与公司虽然签订的是《劳务协议》，但协议中约定了甲的工作时间、工作内容，要求甲入职 A 公司后受公司员工守则的约束，公司按月定期支付工资，双方存在管理与被管理的情形，这些都符合劳动关系的特点，具备关于劳动关系成立的条件。因此，甲与 A 公司虽然签订是劳务协议，但实质上是劳动关系，根据《中华人民共和国社会保险法》的规定，A 公司必须履行依法缴纳社保费用的义务。

基于以上分析，A 公司拒绝向甲支付工资及解除劳动关系的行为显然违反《劳动法》相关规定，因此法院支持了甲的诉求是正确的。

四、用人单位与劳动者建立劳务关系的实践操作要点

（1）建筑企业总承包方或建筑专业分包方必须与劳务公司签订劳务分包合同，建筑总承包方或建筑专业分包方与劳务公司之间是劳务分包关系而不是劳动关系，建筑企业不缴纳社保费用。

（2）劳务公司与农民工之间签订非全日制劳动合同，即一周工作时间不超过 24 小时，一个月不超过 96 小时的用工合同，劳务公司不缴纳社保费用。例如，建筑企业工程项目部的钢筋工、模板工、砼工、砌筑工、抹灰工、架子工、防水工、水电暖安装工、油漆工、外墙保温工等都是按照小时计算劳动报酬的。因此，建筑企业或劳务公司可以与以上劳动者签订非全日制用工协议书，协议中约定：每小时的劳动报酬、每周工作时间不超过 24 小时。注意：非全日制用工合同，用人单位与劳动者之间是劳动关系而不是劳务关系，用人单位必须给非全日制劳动者代扣代缴个人所得税。

（3）建筑企业或劳务公司与个体工商户签订劳务专业作业分包合同，每月控制给农民工劳务结算款在 20000 元以内，按照国家税务总局 2018 年 28 号

文件的规定，小额零星支出的税前扣除凭证是内部收款凭证：劳务结算单。

第 二 节

企业用工关系与社保的协同管理

根据企业与劳动者之间用工关系的性质，企业的用工关系可以分为劳动关系和劳务关系。该两种用工关系涉及企业是否需要缴纳社保费用：如果企业与劳动者之间建立劳务关系，则企业和劳动者都不需要缴纳社会保险费用；如果企业与劳动者之间建立劳动关系，则企业与劳动者是否要缴纳社保费用，要从两方面分析：一方面，如果企业与劳动者签订非全日制用工劳动合同，则企业与劳动者不需要缴纳社保费用；另一方面，如果企业与劳动者签订全日制用工劳动合同，则企业与劳动者必须依法缴纳社保费用，劳动者依法缴纳的社保费用由企业或用人单位代扣代缴。企业的两种用工关系与社保的协同管理问题，分析如下：

一、企业用工关系的分类及其个税的处理

（一）企业用工关系的分类及其内涵

从企业用工的实践来看，企业用工关系分为两种：劳动关系、劳务关系。两者的内涵如下：

劳动关系是指用人单位与劳动者之间，依法所确立劳动过程中的权利义务关系。根据《劳动和社会保障部关于确立劳动关系有关事项的通知》的规定，用人单位和劳动者符合法律、法规规定的主体资格；用人单位依法制定的各项劳动规章制度适用于劳动者，劳动者受用人单位的劳动管理，从事用人单位安排的有报酬的劳动；劳动者提供的劳动是用人单位业务的组成部分的劳动关系成立。

劳务关系是平等主体之间就劳务的提供与报酬的给付所达成的协议。从主体上看，双方是平等主体之间的自然人、法人、合伙等其他组织，双方地

位平等，在人身关系上不具有隶属关系。从法律关系上看，双方的法律关系基于民事法律规范成立，并受民事法律规范的调整和保护。双方的权利义务基于合同的约定产生。

（二）劳务关系的特征及其个税的处理

根据相关法律法规的规定，用人单位与劳动者建立的劳务关系具有以下特征：

（1）劳务关系中的劳动者与用人单位是平等的民事法律主体，不是雇佣与被雇佣的关系，而是监督与被监督、指导与被指导的关系。

（2）劳务关系中的劳动者不受用人单位劳动管理制度的约束，因此劳动者不打考勤上班，在建筑领域不以"工资表和工时考勤表"作为成本核算的依据，而以"劳务结算单和劳务工程计量确认单"作为成本核算的依据。

（3）劳务关系中劳动者收到用人单位的劳动报酬要不要到当地税务部门代开发票给用人单位？其个人所得税如何处理？这两个问题的税务处理具体分析如下：

第一，劳动报酬按次支付在500元以下的个税处理。

如果劳动者的劳动报酬按次支付在500元以下时，根据国家税务总局2018年公告第28号第九条第二款的规定，用人单位按次支付500元以下的金额是小额零星业务支出，获得劳动报酬的劳动者不用去税务局代开发票给用人单位作为成本核算依据，而是以零星小额业务支出收款收据作为成本核算依据。同时，根据新修改的《中华人民共和国个人所得税法》的规定，劳务报酬按次支付在800元以下时，不征个人所得税。因此，用人单位不代扣代缴个人所得税。

第二，劳动报酬按月支付在20000元以下的个税处理。

如果劳动者每月提供相同的劳务，用人单位每月发放劳动者的劳动报酬在20000元以下时，则根据国家税务总局2018年公告第28号第九条第二款的规定，用人单位按月支付20000元以下的金额是小额零星业务支出，按月获得劳动报酬的劳动者不用去税务局代开发票给用人单位作为成本核算依据，而是以小额零星业务收款收据作为成本核算依据。根据《个人所得税扣缴申报管理办法（试行）》第十条的规定，劳务报酬所得的扣缴义务人向居民个人支付劳务报酬，应当按以下方法按次预扣预缴个人所得税：

首先，劳务报酬所得以每次收入减除费用后的余额为收入额，以每次收入额为预扣预缴应纳税所得额，计算应预扣预缴税额。

其次，在预扣预缴环节，劳务报酬所得每次收入不超过 4000 元的，费用按 800 元计算；每次收入 4000 元以上的，费用按 20% 计算。

再次，劳务报酬所得应预扣预缴税额＝预扣预缴应纳税所得额×预扣率－速算扣除数。劳务报酬所得适用个人所得税预扣率表二。

个人所得税预扣率表二

（居民个人劳务报酬所得预扣预缴适用）

级数	预扣预缴应纳税所得额	预扣率（%）	速算扣除数
1	不超过 20000 元	20	0
2	超过 20000 元至 50000 元的部分	30	2000
3	超过 50000 元的部分	40	7000

最后，居民个人办理年度综合所得汇算清缴时，应当依法计算劳务报酬所得、稿酬所得、特许权使用费所得的收入额，并入年度综合所得计算应纳税款，税款多退少补。

特别提醒：

如果劳务报酬的获得者到税务局代开发票给支付劳务报酬的单位做成本时，一般由税务局核定代征了个人所得税，则用人单位不再为获得劳动报酬的劳动者代扣代缴个人所得税。

第三，劳务报酬按次支付超过 500 元和按月支付超过 20000 元的个税处理。

如果用人单位给劳动者的劳动报酬按次支付超过了 500 元、按月支付超过 20000 元（即超过增值税起增点），则劳动者必须到税务局代开发票给用人单位作为成本核算依据。由于个人所得税在税务局代开发票时，一般由税务局代征了个人所得税，因此，用人单位不再为获得劳动报酬的劳动者代扣代缴个人所得税。

第四，劳务关系中的劳动者与用人单位没有构成法律上雇佣与被雇佣的法律关系，则用人单位和劳动者都不缴纳社会保险费用。

第五，劳务关系中的劳务合同中不能约定"试用期、试用期的工资和转正后的工资"，而只能约定"完成劳务的工期、劳务款的支付标准、劳务款的支付时间、劳务成果完成验收的技术标准"。

(三) 劳动关系的特征及其个税的处理

1. 劳动关系的特征

第一，成本核算凭证 。

劳动关系中的劳动者必须遵守用人单位的劳动规章管理制度，因此，在会计上必须以"工资表和工时考勤表"作为成本核算依据。在建筑领域必须以"民工工资表和民工工时考勤表"作为成本核算的依据，劳务者获得的劳动报酬不要到税务局代开发票给用人单位作为成本核算依据。

第二，劳动合同分类及非全日制用工的社保费用的缴纳。

劳动合同分为全日制用工劳动合同和非全日制劳动用工合同，其中非全日制用工劳动合同中的劳动者和用人单位签订的劳动合同，根据《劳动保障部关于非全日制用工若干问题的意见》（劳社部发〔2003〕12号）第三条"关于非全日制用工的社会保险"第12项规定和《中华人民共和国社会保险法》（中华人民共和国主席令第35号）第五十八条第二款和第六十条第二款以及《中华人民共和国社会保险法》（中华人民共和国主席令第35号）第十条第二款和第二十三条第二款的规定，对于非全日制用工形式，用工单位必须依法缴纳工伤保险，不缴纳基本养老和基本医疗保险费用，由非全日制用工劳动者本人直接向社会保险费征收机构缴纳社会保险费。

第三，全日制用工合同的签订策略。

全日制用工合同中必须约定"试用期、试用期工资及转正后的工资"，其中依据《中华人民共和国劳动合同法》第十九条规定："**试用期的期限规定如下：劳动合同期限三个月以上不满一年的，试用期不得超过一个月；劳动合同期限一年以上不满三年的，试用期不得超过二个月；三年以上固定期限和无固定期限的劳动合同，试用期不得超过六个月。**"同时根据《中华人民共和国劳动合同法》第二十条的规定，劳动者在试用期的工资不得低于本单位同岗位最低档工资或者劳动合同约定工资的80%，并不得低于用人单位所在地的最低工资标准。

2. 劳动关系下的个税处理

用人单位与劳动者签订劳动合同，构成劳动关系的情况下，用人单位给予劳动者的劳动报酬，按照"工资薪金综合所得"，实施"累计预扣法"，按月预扣预缴个人所得税。《个人所得税扣缴申报管理办法（试行）》第八条规定，（工资薪金所得的预扣预缴）扣缴义务人向居民个人支付工资薪金所得时，应当按照累计预扣法预扣预缴税款，并按月办理全员全额扣缴申报，具体操作要点如下：

第一，计算累计应预扣预缴税额。

用人单位以纳税人（劳动者）截至当前月份累计工资薪金所得收入额减除纳税人申报的累计基本减除费用、专项扣除、专项附加扣除和依法确定的其他扣除后的余额为累计预缴应纳税所得额，适用工资薪金所得预扣预缴税率表，计算累计应预扣预缴税额，再减除已预扣预缴税额，余额作为本期应预扣预缴税额。余额为负值时，暂不退税。纳税年度终了后余额仍为负值时，可通过年度汇算清缴、多退少补。

个人所得税预扣预缴率表一

（居民个人工资、薪金所得预扣预缴适用）

级数	累计预扣预缴应纳税所得额	预扣率（%）	速算扣除数
1	不超过 36000 元	3	0
2	超过 36000 元至 144000 元的部分	10	2520
3	超过 144000 元至 300000 元的部分	20	16920
4	超过 300000 元至 420000 元的部分	25	31920
5	超过 420000 元至 660000 元的部分	30	52920
6	超过 660000 元至 960000 元的部分	35	85920
7	超过 960000 元的部分	45	181920

具体计算公式如下：

本期应预扣预缴税额 =（累计预扣预缴应纳税所得额×预扣率−速算扣除数）−累计减免税额−累计已预扣预缴税额

累计预扣预缴应纳税所得额 = 累计收入−累计免税收入−累计基本减除费用−累计专项扣除−累计专项附加扣除−累计依法确定的其他扣除

其中，累计基本减除费用，按照 5000 元/月乘以当前月份数计算。

第二，扣除劳动者的专项附加扣除。

《个人所得税专项附加扣除操作办法（试行）》第十一条规定，扣缴义务人办理工资薪金所得预扣预缴税款时，应当根据纳税人报送的《个人所得税专项附加扣除信息表》为纳税人办理专项附加扣除。

扣缴义务人应当按规定向纳税人提供其专项附加扣除内容及金额等信息。

某建筑企业预扣预缴劳动者工资薪金综合所得个税处理

一、案情介绍

（1）2020年1月8日，甲建筑企业应向杨女士支付工资13500元，杨女士在该月除由任职单位扣缴"三险一金"2560元外，还通过单位缴付企业年金540元，自行支付税优商业健康保险费200元。

（2）杨女士已于2020年1月支付了女儿学前教育2020年上学期（2019年1月至2020年8月）的学费7000元，大儿子正在上小学，现已与丈夫约定由杨女士按子女教育专项附加扣除标准的100%扣除。

（3）杨女士本人是在职博士研究生在读。

（4）杨女士2019年使用商业银行个人住房贷款（或住房公积金贷款）购买了首套住房，现处于偿还贷款期间，每月需支付贷款利息1300元，已与丈夫约定由杨女士进行住房贷款利息专项附加扣除。

（5）因杨女士所购住房距离小孩上学的学校很远，以每月租金1200元在（本市）孩子学校附近租住了一套房屋。

（6）杨女士的父母均已满60岁（每月均领取养老保险金），杨女士与姐姐和弟弟签订书面分摊协议，约定由杨女士分摊赡养老人专项附加扣除800元。

（7）2020年2月2日，甲建筑公司应支付杨女士工资13500元，同时发放国庆节的过节福利费4500元，合计18000元。单位扣缴"三险一金"，杨女士缴付企业年金、支付税优商业健康保险费和杨女士可享受的各类专项附加扣除等金额，每月都相同。请分析杨女士1月和2月预扣预缴个人所得税是多少？

二、计算杨女士2020年1月个人所得税时可扣除的金额

（1）基本扣除费用5000元。

（2）专项扣除"三险一金"2560元。

（3）专项附加扣除4200元。

1）子女教育专项附加扣除2000元（女儿和儿子各1000元）。

2）继续教育专项附加扣除400元。

3）住房贷款利息专项附加扣除1000元。

4）赡养老人专项附加扣除800元。

（4）依法确定的其他扣除740元（企业年金540元，支付税优商业健康保险费200元）。

三、杨女士2020年1月应纳税所得额

杨女士2020年1月应纳税所得额=13500-5000-2560-4200-740
=1000（元）

四、杨女士应在1月预扣预缴个人所得税

杨女士1月预扣预缴个人所得税=1000×3%=30（元）

五、计算杨女士2020年2月个人所得税时可扣除：

（1）基本扣除费用5000元。

（2）专项扣除"三险一金"2560元。

（3）专项附加扣除4200元。

1）子女教育专项附加扣除2000元（女儿和儿子各1000元）。

2）继续教育专项附加扣除400元。

3）住房贷款利息专项附加扣除1000元。

4）赡养老人专项附加扣除800元。

（4）依法确定的其他扣除740元（企业年金540元，支付税优商业健康保险费200元）。

六、按"累计预扣法"方式预扣预缴税款

在1月已预扣预缴杨女士个人所得税30元。

（1）杨女士2月累计应税收入
=13500+13500+4500=31500（元）

（2）杨女士2月累计扣除额
=5000×2+2560×2+4200×2+740×2

=25000（元）

（3）杨女士2月累计预扣预缴应纳税所得额

=31500−25000=6500（元）

（4）2月累计应预扣预缴杨女士个人所得税

=6500×3%=195（元）

（5）2月当月应预扣预缴杨女士个人所得税

=195−30=165（元）

二、企业用工关系与社保的协同管理

（一）劳务关系与社保的协同管理

（1）劳务关系对应的是劳务合同，根据《中华人民共和国劳动法》和《中华人民共和国社会保险法》的规定，劳务合同中的用人单位与劳动者不缴纳社保费用，如果劳动者要缴纳社保，劳动者本人回其户口所在地依法自行缴纳社保费用（包括国家统筹部分和个人部分的社保费用）。

（2）建筑企业与劳务公司或班组长签订劳务分包合同，建筑企业不缴纳社保费用，但是劳务公司与农民工签订全日制用工劳动合同，则劳务公司必须给农民工缴纳社保费用。因此，劳务公司必须做好农民工的社保筹划。具体的筹划方案如下：

第一，劳务公司与以小时计酬为主的农民工签订非全日制用工合同，劳务公司和农民工不缴纳社保费用，但劳务公司必须缴纳工伤保险。

第二，劳务公司让长期与其合作又不符合签订非全日制用工合同的农民工去单独注册一个无雇工的个体工商户，无雇工个体工商户不需要到注册所在地的税务部门购买税控机和税控盘。在没有实施农民工工资专用账户管理的建筑项目，劳务公司与无雇工的个体工商户签订劳务专业作业分包协议，将劳务报酬控制在月收入20000以内，按小额零星业务支出的税收政策规定处理，无雇工的个体工商户不需要到税局代开发票给劳务公司作为成本核算依据。无雇工的个体工商户的个人所得税，在全国各省税务局都规定免个人所得税。因此，劳务公司与无雇工的个体工商户签订劳务分包合同或劳务承包合同，建筑企业与无雇工的个体工商户不缴纳社保费用。

第三，劳务公司与班组长签订劳务承包合同、劳务分包合同，班组长去税务局代开劳务发票给劳务公司入账。根据《中华人民共和国社会保险法》的规定，依法社保登记必须是劳动者与用人单位建立劳动关系，而班组长是个人不是公司，也不是用人单位，无法保证其管辖的每一个农民工都进行社保登记，因此，班组长不为所管辖的农民工缴纳社保，而由农民工本人回其户口所在地自行缴纳社保费用。班组长和其管辖的农民工的个税应根据当地税务局的规定，依照"经营所得"税目，按代开发票金额（不含增值税）的一定比例代征个人所得税。

第四，劳务公司与在户口所在地的社保所已经缴纳了农村社保（农村医疗保险和农村养老保险）的农民工签订全日制的劳动合同，然后让农民工到其缴纳农村社保的社保局开出一份已缴纳社保的证明单，将该已缴纳社保证明单交到劳务公司办公室存档备查。则农民工回到城市务工不需要缴纳城镇职工社保费用，劳务公司也不需要为农民工缴纳社保费用。当然，劳务公司可以与农民工签订全日制劳动合同时，在"社保费用"条款中约定：劳务公司承担报销农民工在其户口所在的社保所缴纳的社保费用（含国家统筹和个人承担的社保费用），农民工在其户口所在地缴纳的社保费用凭证必须交给劳务公司作为财务核算的凭证。

（二）劳动关系与社保的协同管理

（1）如果用人单位与劳动者签订非全日制用工合同，则劳动者与用人单位依法不缴纳基本养老和基本医疗保险费用，但用人单位必须缴纳工伤保险费用。如果劳动者要缴纳基本养老和基本医疗保险费用，则劳动者回其户口所在地自行缴纳基本养老和基本医疗保险费（含国家统筹部分和个人缴纳部分）。具体操作如下：

1）一个劳动者只能与一个单位签订一份非全日制用工合同，绝对不能跟一个单位签订两份以上的非全日制用工合同。

2）一个劳动者可以与两个以上的法人单位分别签订非全日制用工合同。《中华人民共和国劳动合同法》第六十九条第二款规定："**从事非全日制用工的劳动者可以与一个或者一个以上用人单位订立劳动合同；但是，后订立的劳动合同不得影响先订立的劳动合同的履行。**"基于此规定，非全日制劳动者可以建立双重劳动关系甚至是多重劳动关系，即劳动者可以在A企业、B企业甚至C企业同时做几份小时工。

（2）全日制用工合同分为新招聘员工全日制用工合同和老员工劳动合同未到期的全日制用工合同。其中，新招聘的全日制用工合同节约社保费用的

策略如下:

首先,在劳动合同中的"试用期工资"必须定在当地政府规定的最低工资标准水平。

其次,劳动合同中的"转正后的工资"必须定在试用期工资除以80%。

最后,为了激励新招聘员工接受以上合同约定的适用期工资和转正后工资水平,应该在公司的福利费制度中约定:提高新招聘员工收入水平的职工福利费制度项目:防暑降温、冬季取暖、出差补助、职工食堂支出、职工工作服支出、工作服洗补费、探亲路费、员工公司租用公寓楼或宿舍解决住房的支出等。

(3)老员工未到期的全日制用工合同的节约社保费用策略。

第一,基本原则。在保持老员工工资水平不下降的情况下,重新构建工资薪金和福利费制度,将一部分工资收入转入依法不缴纳社保费用的职工福利费用、职工教育经费和公司费中。

第二,根据劳社中心险〔2006〕60号文件的规定,必须依法缴纳社会保险费用的职工福利费包括:交通补贴费、手机通信补贴、房租补贴、餐费补贴、过节费。

第三,依法不交社保费用的职工福利费和其他收入项目包括:防暑降温、冬季取暖(不要发票发现金)、探亲路费(凭发票报销)、工作服洗补费(不要发票发现金)、婴幼儿补贴费(不要发票发现金)、职工孝顺父母基金,公司建立食堂的各项支出、公司统一租用公寓楼或宿舍楼专门用于解决高管和职工住宿问题的支出、工作服支出、出差补助(交个税)、误餐补助、出差津贴(免个税)和自带工具用于企业生产经营用的工具补偿费用。

(三) 工资发放单位与社保缴纳单位不是同一单位的工资与社保协同管理

(1)建筑行业中存在的建筑企业给挂证人缴纳社保,而在另一单位上班发放工资的工资与社保协同管理。

首先,建筑企业与挂证人签订非全日制用工合同,挂证的建筑企业给挂证人承担最低档的社保费用,并支付的挂证费用作为小时计酬的工资,依法为挂证人预扣预缴申报个人所得税。

其次,挂证人与发放工资的另一单位签订全日制用工合同,发放工资的单位将其发放的工资按月预扣预缴个人所得税,将专项附加扣除在发放工资的另一单位扣除。根据《中华人民共和国个人所得税法实施条例》第三十三条的规定,在两处或者两处以上取得综合所得,且综合所得年收入额减去专项扣除（三险一金）的余额超过六万元，应当在取得所得的次年三月一日至六月三十日内办理个人所得税汇算清缴。

最后，挂证人在挂证的建筑企业给挂证人到税务部门（2019 年 1 月 1 日之后）开出一份已经缴纳社保的证明单，存放到发放工资单位的财务部门进行备查。

（2）建筑企业总公司（母公司）招标，分公司（子公司）施工存在的项目部管理人员和技术人员的工资发放单位在分公司（子公司），社保费用在总公司（母公司）缴纳的协同管理。

首先，总公司（母公司）的人事部门向分公司（子公司）开出一份人事派遣函，派遣函上明确些写明：总公司（母公司）向分公司（子公司）派遣的管理人员和技术人员的社保费在总公司（母公司）缴纳，工资在分公司（子公司）发放。

其次，总公司（母公司）向分公司（子公司）派遣的管理人员和技术人员在总公司（母公司）缴纳的社保费用，到税务部门开出一份已缴纳社保的证明单，转交到分公司（子公司）的财务部门存档备查。

最后，分公司（子公司）将总公司（母公司）向分公司（子公司）派遣的管理人员和技术人员在分公司（子公司）发放的工资记录和申报个税记录，打印一份盖上分公司（子公司）的财务专用章存放在总公司（母公司）的财务部门存档备查。

第 三 节

劳务报酬的增值税、个人所得税处理

《中华人民共和国个人所得税法实施条例》（中华人民共和国国务院令第 707 号）第六条第（二）项规定：劳务报酬所得，是指个人从事劳务取得的所得，包括从事设计、装潢、安装、制图、化验、测试、医疗、法律、会计、咨询、讲学、翻译、审稿、书画、雕刻、影视、录音、录像、演出、表演、广告、展览、技术服务、介绍服务、经纪服务、代办服务以及其他劳务取得的所得。基于此规定，劳务报酬所得一定是针对自然人或个人（注意：

个体工商户不是个人）从事以上税法规定的劳务所取得的所得。劳务报酬所得针对支付劳务报酬的单位而言，要不要索取劳务报酬获得者开具的发票呢？获得劳务报酬所得的自然人如何申报个人所得税？支付劳务报酬的单位要不要扣缴劳务报酬获得者的个人所得税？如何要扣缴又如何预扣缴个人所得税？针对这些问题，详细分析如下：

一、劳务报酬的法理分析

（一）劳务关系的内涵

劳务关系，是平等主体之间就劳务的提供与报酬的给付所达成的协议。从主体上看，双方是平等主体之间的自然人、法人、合伙等其他组织，双方地位平等，在人身关系上不具有隶属关系。从法律关系上看，双方的法律关系基于民事法律规范成立，并受民事法律规范的调整和保护。双方的权利义务基于合同的约定产生。劳务关系适用《中华人民共和国民法通则》《中华人民共和国合同法》，并不适用《中华人民共和国劳动合同法》的相关规定。

（二）劳务关系的判断标准

劳务关系的判断标准是：劳务关系的双方不存在隶属关系，没有管理与被管理、支配与被支配的权利和义务，提供劳务的一方在工作过程中虽然也要接受用人单位指挥、监督，但并不受用人单位内部各项规章制度的约束，双方的地位处在同一个平台上。

（三）劳务关系的特征

根据相关法律法规的规定，用人单位与劳动者建立的劳务关系具有以下特征：

（1）劳务关系中的劳动者与用人单位是平等的民事法律主体，不是雇佣与被雇佣的关系，而是监督与被监督、指导与被指导的关系。

（2）劳务关系中的劳动者不受用人单位劳动管理制度的约束，因此劳动者不打考勤上班，在建筑领域不以"工资表和工时考勤表"作为成本核算的依据，而以"劳务结算单和劳务工程计量确认单"作为成本核算的依据。

（3）劳务关系中的劳动者与用人单位没有构成法律上雇佣与被雇佣的法

律关系，则用人单位和劳动者都不缴纳社会保险费用。

（4）劳务关系中的劳务合同中不能约定"试用期、试用期的工资和转正后的工资"，而只能约定"完成劳务的工期、劳务款的支付标准、劳务款的支付时间、劳务成果完成验收的技术标准"。

二、劳务报酬的增值税处理

劳务报酬的增值税处理主要涉及劳务关系中劳动者收到用人单位的劳动报酬要不要到当地税务部门代开发票给用人单位，具体分析如下：

（一）小额零星业务支出的税前扣除凭证的法律依据

小额零星经营业务支出的法律依据是国家税务总局 2018 年公告第 28 号文件第九条和《税务登记管理办法》（国家税务总局令第 36 号）。国家税务总局 2018 年公告第 28 号文件第九条规定，企业在境内发生的支出项目属于增值税应税项目（以下简称应税项目）的，对方为已办理税务登记的增值税纳税人，其支出以发票（包括按照规定由税务机关代开的发票）作为税前扣除凭证；对方为依法无需办理税务登记的单位或者从事小额零星经营业务的个人，其支出以税务机关代开的发票或者收款凭证及内部凭证作为税前扣除凭证，收款凭证应载明收款单位名称、个人姓名及身份证号、支出项目、收款金额等相关信息。小额零星经营业务的判断标准是个人从事应税项目经营业务的销售额不超过增值税相关政策规定的起征点。

根据《财政部关于修改〈中华人民共和国增值税暂行条例实施细则〉和〈中华人民共和国营业税暂行条例实施细则〉的决定》（财政部令第 65 号）第一条规定，将《中华人民共和国增值税暂行条例实施细则》第三十七条第二款将增值税起征点的幅度规定如下：

（1）销售货物的，为月销售额 5000~20000 元。

（2）销售应税劳务的，为月销售额 5000~20000 元。

（3）按次纳税的，为每次（日）销售额 300~500 元。

根据《财政部　国家税务总局关于全面推开营业税改征增值税试点的通知》（财税〔2016〕36 号）文件附件 1《营业税改征增值税试点实施办法》第五十条规定，增值税起征点幅度如下：

（1）按期纳税的，为月销售额 5000~20000 元（含本数）。

（2）按次纳税的，为每次（日）销售额 300~500 元（含本数）。

《税务登记管理办法》（国家税务总局令第 36 号）第二条规定："**企业，企业在外地设立的分支机构和从事生产、经营的场所，个体工商户和从事生产、经营的事业单位；除国家机关、个人和无固定生产、经营场所的流动性农村小商贩以外的其他纳税人，均应当按规定办理税务登记。**"即国家机关、个人和无固定生产、经营场所的流动性农村小商贩依法无需办理税务登记。

（二）不属于应税项目支出的税前扣除凭证的处理

国家税务总局关于发布《企业所得税税前扣除凭证管理办法》的公告（国家税务总局 2018 年公告第 28 号）第十条规定，企业在境内发生的支出项目不属于应税项目的，对方为单位的，以对方开具的发票以外的其他外部凭证作为税前扣除凭证；对方为个人的，以内部凭证作为税前扣除凭证。基于此规定，不属于应税项目的支出的税前扣除凭证处理：

1. 对方为单位

对方为单位的，以对方开具的发票以外的其他外部凭证作为税前扣除凭证。即不属于应税项目，对方不开发票，开收款收据之类的即可。

2. 对方为个人

对方为个人的，以内部凭证作为税前扣除凭证。即不属于应税项目，对方开收款收据。

（1）可以免税的费用支出。例如，建筑工地上的拆迁补偿费、扰民噪音费、青苗补偿费、工地赔偿费，不属于应税项目的支出，按照以下内部凭证作为税前扣除凭证。①建筑企业与被拆迁者签订补偿协议，协议中明确约定补偿或赔偿金额。②建筑企业必须收集被补偿者的身份证复印件。③要求编制赔偿支付清单，领款者必须在清单上签字按手印。

（2）可以免税的成本支出。企业发生以下成本支出是属于不征增值税项目支出，凭借内部收款凭证或收款收据作为企业所得税税前扣除的凭证。①采购方从销售方收到的违约金和罚款。②建设单位或业主从建筑企业总承包方工程款中扣留的罚款和违约金。③建筑企业总承包方从建筑企业专业分包方或劳务公司工程进度款或劳务款中扣留的罚款和违约金。④股权转让方收到股权购买方支付的股权转让款。⑤房地产企业支付给被拆迁人的政策性拆迁补偿款。⑥销售方为鼓励采购方提前或及时支付销售款而给予的销售折扣，在财务上体现的财务费用。⑦建筑企业为发包方提前或及时支付工程款而给予的销售折扣，在财务上体现的财务费用。

(三) 小额零星经营业务支出的税前扣除凭证

国家税务总局 2018 年公告第 28 号文件第九条第二款规定："**企业在境内发生的支出项目属于增值税应税项目（以下简称"应税项目"）的，对方为依法无需办理税务登记的单位或者从事小额零星经营业务的个人，其支出以税务机关代开的发票或者收款凭证及内部凭证作为税前扣除凭证，收款凭证应载明收款单位名称、个人姓名及身份证号、支出项目、收款金额等相关信息。**"基于此规定，发生增值税应税项目的小额零星经营业务支出的税前扣除凭证有以下两种：其一，以税务机关代开的发票作为税前扣除凭证；其二，以收款凭证及内部凭证（或小额零星业务支出收款收据，具体如下附件所示）作为税前扣除凭证，收款凭证应载明收款单位名称、个人姓名及身份证号、支出项目、收款金额等相关信息。

小额零星业务支出收款收据附件如下表所示：

小额零星经营业务收款收据　　　　付款日期：

付款单位名称			
纳税人识别号			
支出项目	金额	代扣代缴	实收金额
收款人名称			
纳税人识别号			

收款人（签章）

收款日期

温馨提示：

（1）由于个人发生的小额零星业务支出分两种情况：一是按期纳税的，则按照月销售金额在 20000 元以下（含 20000 元）；二是按次或按日 500 元以下（含 500 元）。在税收征管实践中，有不少地方税务主管部门，对自然人个人发生应税项目的小额零星业务，按次或按日 500 元（含 500 元）以下的，不用去当地税务主管部门代开发票。

（2）根据国家税务总局公告 2018 年第 28 号文件第九条的规定，从事小额零星经营业务的个人，其支出以收款凭证及内部凭证作为税前扣除凭证，收款凭证应载明收款单位名称、个人姓名及身份证号、支出项目、收款金额等相关信息。其中，"小额零星经营业务的判断标准"是个人从事应税项目经营业务的销售额不超过增值税相关政策规定的起征点。根据《中华人民共和国增值税暂行条例实施细则》第八条的规定，《中华人民共和国增值税暂行条例》中的第一条所称个人，是指个体经营者及其他个人。

根据《财政部 国家税务总局关于全面推开营业税改征增值税试点的通知》（财税〔2016〕36 号）文件附件 1《营业税改征增值税试点实施办法》第五十条规定，增值税起征点幅度如下：

（一）按期纳税的，为月销售额 5000~20000 元（含本数）。

（二）按次纳税的，为每次（日）销售额 300~500 元（含本数）。

该文件中的"按期"实指办理了税务登记或临时税务登记的纳税人，"按次"是指自然人个人。

因此，办理税务登记的无雇工的个体工商户是属于个体经营者，按月销售额 20000 元以下符合小额零星业务支出，不要到当地税务主管部门代开具发票。

（四）劳务报酬按次支付 500 元以下的增值税处理

如果劳动者的劳动报酬按次支付在 500 元（含 500 元）以下时，则根据国家税务总局 2018 年公告第 28 号第九条第二款的规定，用人单位按次支付 500 元以下的金额是小额零星业务支出，获得劳动报酬的劳动者不要去税务局代开发票给用人单位作为成本核算依据，而是以小额零星业务支出收款收据作为成本核算依据。

（五）按期纳税的个体工商户按月 20000 元（含 20000 元）销售额以下的增值税处理

如果按期纳税的个体工商户每月提供相同的劳务，用人单位每月发放个体工商户的劳动报酬在 20000 元以下时，则根据国家税务总局 2018 年公告第 28 号第九条第二款的规定，用人单位按月支付 20000 元以下的金额是小额零星业务支出，按月获得劳动报酬的个体工商户不要去税务局代开发票给用人单位作为成本核算依据，而是以小额零星业务收款收据作为成本核算依据。

（六）劳务报酬按次 500 元（不含 500 元）以上和按月 20000 元
（不含 20000 元）以上的增值税处理

如果用人单位给劳动者的劳动报酬按次支付超过了 500 元、按月支付给
个体工商户超过 20000 元（即超过增值税起增点），则劳动者和个体工商户
必须到税务局代开劳务发票给用人单位作为成本核算依据。

三、劳务报酬的个人所得税处理

（一）劳务报酬个人所得税的扣缴义务人：支付劳务报酬的单位或个人

《中华人民共和国个人所得税法》（中华人民共和国主席令第 9 号）第
九条规定："个人所得税以所得人为纳税人，以支付所得的单位或者个人为
扣缴义务人。纳税人有中国公民身份号码的，以中国公民身份号码为纳税人
识别号；纳税人没有中国公民身份号码的，由税务机关赋予其纳税人识别
号。扣缴义务人扣缴税款时，纳税人应当向扣缴义务人提供纳税人识别号。"
基于此规定，支付个人劳务报酬的单位或个人为个人所得税的扣缴义务人。

（二）劳务报酬的个人所得税的扣缴办法：按次或按月预扣预缴个
人所得税

《个人所得税扣缴申报管理办法（试行）》（国家税务总局公告 2018 年
第 61 号）第八条规定，扣缴义务人向居民个人支付劳务报酬所得、稿酬所
得、特许权使用费所得时，应当按照以下方法按次或者按月预扣预缴税款。
其中，国家税务总局公告 2018 年第 61 号第十一条的规定，劳务报酬所得属
于一次性收入的，以取得该项收入为一次；属于同一项目连续性收入的，以
一个月内取得的收入为一次。

劳务报酬预扣预缴个人所得税的具体操作要点如下：

首先，劳务报酬所得以每次收入减除费用后的余额为收入额，以每次收
入额为预扣预缴应纳税所得额，计算应预扣预缴税额。

其次，在预扣预缴环节，劳务报酬所得每次收入不超过 4000 元的，费
用按 800 元计算；每次收入 4000 元以上的，费用按 20% 计算。

再次，劳务报酬所得应预扣预缴税额＝预扣预缴应纳税所得额×预扣率－
速算扣除数。劳务报酬所得适用个人所得税预扣率表二如下表所示：

个人所得税预扣率表二

（居民个人劳务报酬所得预扣预缴适用）

级数	预扣预缴应纳税所得额	预扣率（%）	速算扣除数
1	不超过 20000 元	20	0
2	超过 20000 元至 50000 元的部分	30	2000
3	超过 50000 元的部分	40	7000

最后，居民个人办理年度综合所得汇算清缴时，应当依法计算劳务报酬所得、稿酬所得、特许权使用费所得的收入额，并入年度综合所得计算应纳税款，税款多退少补。

特别提醒：

如果劳务报酬的获得者到税务局代开发票给支付劳务报酬的单位做成本时，一般由税务局核定代征了个人所得税，则用人单位不再为获得劳动报酬的劳动者代扣代缴个人所得税。

（三）劳务报酬的个人所得税汇算清缴的处理

1. 取得劳务报酬综合所得的居民纳税人必须进行个人所得税汇算清缴的两种情况

（1）在一处取得"劳务报酬"，在另一处取得"工资薪金"所得的居民纳税人，且一年中的"劳务报酬""工资薪金"综合所得年收入额减除专项扣除后的余额超过 6 万元；必须进行年度的个人所得税汇算清缴。

根据《中华人民共和国个人所得税法实施条例》（中华人民共和国国务院令第 707 号）第二十五条和《国家税务总局关于个人所得税自行纳税申报有关问题的公告》（国家税务总局公告 2018 年第 62 号）的规定，从"两处以上取得综合所得，且综合所得年收入额减除专项扣除后的余额超过 6 万元"的个人必须进行个人所得税汇算清缴。

例如，一位居民在一个用人单位取得工资薪金综合所得（该居民与用人单位签订全日制劳动合同），利用周六周日的时间到另外一个单位提供讲学、咨询、监理、设计以及其他劳务从而取得劳务报酬综合所得。

（2）取得劳务报酬所得、稿酬所得、特许权使用费所得中"一项或者多项所得，且综合所得年收入额减除专项扣除的余额超过6万元"。

根据《中华人民共和国个人所得税法实施条例》（中华人民共和国国务院令第707号）第二十五条和《国家税务总局关于个人所得税自行纳税申报有关问题的公告》（国家税务总局公告2018年第62号）的规定，取得劳务报酬所得、稿酬所得、特许权使用费所得中"一项或者多项所得，且综合所得年收入额减除专项扣除的余额超过6万元"的必须进行个人所得税汇算清缴。

例如，一位居民收入不稳定，没有与任何单位签订全日制用工劳动合同从而没有工资薪金综合所得，只有在一年当中（每年的1月1日至12月31日）只取得"劳务报酬所得、稿酬所得、特许权使用费所得"等三项综合所得中的一项所得或多项所得，并且年收入额减除居民个人承担的"三险一金"的余额超过6万元，必须要进行个人所得税的年度汇算清缴。

2. 劳务报酬综合所得进行个人所得税汇算清缴的时间

根据《国家税务总局关于个人所得税自行纳税申报有关问题的公告》（国家税务总局公告2018年第62号）第一条的规定，劳务报酬综合所得的居民纳税人，应当在取得所得的次年3月1日至6月30日内，办理个人所得税汇算清缴。

3. 劳务报酬综合所得的专项附加扣除费用的扣除时间

《中华人民共和国个人所得税法实施条例》（中华人民共和国国务院令第707号）第二十八条规定，居民个人取得劳务报酬所得、稿酬所得、特许权使用费所得，应当在汇算清缴时向税务机关提供有关信息，减除专项附加扣除。《个人所得税专项附加扣除操作办法（试行）》（国家税务总局公告2018年第60号）第六条规定，纳税人未取得工资、薪金所得，仅取得劳务报酬所得、稿酬所得、特许权使用费所得需要享受专项附加扣除的，应当在次年3月1日至6月30日内，自行向汇缴地主管税务机关报送《扣除信息表》，并在办理汇算清缴申报时扣除。基于以上税收政策规定，纳税人未取得工资、薪金所得，仅取得劳务报酬所得的居民自然人纳税人的专项附加扣除时间只能在次年3月1日至6月30日内，办理个人所得税汇算清缴时进行扣除。

4. 居民纳税人取得"劳务报酬综合所得"办理汇算清缴的有关资料提交要求

根据国家税务总局公告2018年第62号第一条的规定，居民纳税人取得"劳务报酬综合所得"，在办理汇算清缴时，需要提供以下资料：

（1）向主管税务机关报送《个人所得税年度自行纳税申报表》。

（2）纳税人办理综合所得汇算清缴，应当准备与收入、专项扣除、专项附加扣除、依法确定的其他扣除、捐赠、享受税收优惠等相关的资料，并按规定留存备查或报送。

5. 居民纳税人取得"劳务报酬综合所得"办理汇算清缴的年度纳税申报地点

《国家税务总局关于个人所得税自行纳税申报有关问题的公告》（国家税务总局公告2018年第62号）第一条规定，居民纳税人取得"劳务报酬综合所得"办理汇算清缴的年度纳税申报地点如下：

（1）如果劳务报酬获得者在一处有固定的"工资薪金所得"，则年度纳税申报地点：居民纳税人只有一处任职、受雇单位的，将"劳务报酬"和"工资薪金所得"合并，向其任职、受雇单位所在地主管税务机关办理个人所得税的年度汇算清缴的纳税申报。

（2）如果劳务报酬获得者是自由职业者，没有在任何单位受雇，即未取得工资、薪金所得，仅取得劳务报酬所得的情况下，则直接将年度的"劳务报酬"综合所得，向户籍所在地或经常居住地主管税务机关办理个人所得税的年度汇算清缴的纳税申报。

6. 劳务报酬所得汇算清缴的年应纳税所得额的计算

根据《中华人民共和国个人所得税法》（中华人民共和国主席令第9号）第六条第（一）项规定：居民个人的综合所得，以每一纳税年度的收入额减除费用六万元以及专项扣除、专项附加扣除和依法确定的其他扣除后的余额，为应纳税所得额。基于此税法的规定，居民个人年综合所得的计税公式如下：

居民个人的综合所得＝一纳税年度的收入额－费用6万元－专项扣除（三险一金：基本养老保险、基本医疗保险、失业保险和住房公积金）－专项附加扣除（子女教育、继续教育、大病医疗、住房贷款利息或者住房租金、赡养老人支出）－依法确定的其他扣除

由于劳务报酬所得是综合所得之一，根据《个人所得税扣缴申报管理办法（试行）》（国家税务总局公告2018年第61号）第八条第四款的规定，居民个人办理年度综合所得汇算清缴时，应当依法计算劳务报酬所得、稿酬所得、特许权使用费所得的收入额，并入年度综合所得计算应纳税款，税款多退少补。因此，劳务报酬所得汇算清缴的年应纳税所得额的计算分为两种情况，具体如下：

（1）如果劳务报酬的获得者在一处有固定的"工资薪金所得"，则该劳务报酬所得的居民纳税人的年综合所得计算公式如下：

居民个人的综合所得＝一纳税年度的"劳务报酬所得+工资薪金所得"收入额-费用6万元-专项扣除（三险一金：基本养老保险、基本医疗保险、失业保险和住房公积金）-专项附加扣除（子女教育、继续教育、大病医疗、住房贷款利息或者住房租金、赡养老人支出）-依法确定的其他扣除

同时取得工资薪金和劳务报酬所得的个税汇算清缴退税处理

一、案情介绍

张华在A公司就职，每月的工资薪金5000元，同时在B公司每月取得劳务报酬10000元。张华在A公司每月发生的个人承担部分的"三险一金"1000元，每月专项附加扣除费用4000元。在汇算清缴时，张华如何进行个税处理？

二、张华个税处理分析

1. 张华在B公司劳务报酬的个税处理

（1）张华在B公司获得劳务报酬的应纳税所得额的计算。

根据《个人所得税扣缴申报管理办法（试行）》（国家税务总局公告2018年第61号）第八条的规定，在预扣预缴环节，劳务报酬所得每次收入不超过4000元的，费用按800元计算；每次收入4000元以上的，费用按20%计算。因此，张华在B公司的应纳税所得额计算如下：

张华在B公司的应纳税所得额＝10000×80%＝8000（元）

（2）张华在B公司获得的劳务报酬预扣预缴个税的计算。

依据个人所得税预扣率表二预扣预缴个税。

个人所得税预扣率表二

（居民个人劳务报酬所得预扣预缴适用）

级数	预扣预缴应纳税所得额	预扣率（%）	速算扣除数
1	不超过20000元	20	0
2	超过20000元至50000元的部分	30	2000
3	超过50000元的部分	40	7000

张华在 B 公司获得的劳务报酬预扣预缴个税＝8000×20%×12＝19200（元）

2. 张华个人所得税汇算清缴的处理

（1）张华在个税汇算清缴时，将在 B 公司获得劳务报酬所得并入 A 公司工资薪金综合所得，合并计算个人所得税。

张华一年的收入总额＝5000×12+10000（1−20%）×12＝156000（元）

（2）张华一年的应纳税所得额的计算。

张华一年的应纳税所得额＝收入额−减除费用（6万）−专项扣除−专项附加扣除−其他扣除＝156000−60000−12000−48000＝36000（元）

（3）计算张华一年合并收入的应纳个人所得税的税额。

根据综合所得的累进税率表：个人所得税税率表一（综合所得适用），计算张华一年合并收入的个人所得税税额。

个人所得税税率表一（综合所得适用）

级数	全年应纳税所得额	税率（%）
1	不超过 36000 元的	3
2	超过 36000 元至 144000 元的部分	10
3	超过 144000 元至 300000 元的部分	20
4	超过 300000 元至 420000 元的部分	25
5	超过 420000 元至 660000 元的部分	30
6	超过 660000 元至 960000 元的部分	35
7	超过 960000 元的部分	45

张华一年合并收入的个人所得税税额＝36000×3%＝1080（元）

（4）张华申请退税。

通过以上全年汇算清缴计算，张华申请退税 18120（元）（19200−1080）。

（2）如果劳务报酬获得者是自由职业者，没有在任何单位受雇，即未取得工资、薪金所得，仅取得劳务报酬所得的情况下，则根据《国家税务总局关于修订个人所得税申报表的公告》（国家税务总局公告 2019 年第 7 号）关于《个人所得税年度自行纳税申报表》填表说明，该劳务报酬所得的居民纳税人的年综合所得计算公式如下：

居民个人的综合所得＝一纳税年度的"劳务报酬所得"收入额−费用

6万元-专项扣除（三险一金：基本养老保险、基本医疗保险、失业保险和住房公积金）-专项附加扣除（子女教育、继续教育、大病医疗、住房贷款利息或者住房租金、赡养老人支出）-依法确定的其他扣除

其中，"劳务报酬所得"收入额＝一年中的劳务报酬收入总额（1-20%），如果劳务报酬所得的居民纳税人没有自己购买缴纳社保费用，则专项扣除按零计算。

> **特别提醒：**
>
> 由于劳务报酬的专项附加扣除费用和每年6万元费用（在只有劳务报酬，没有工资薪金所得的情况下）只能在汇算清缴时才能扣除，因此，在汇算清缴时，会出现退税现象。

只取得劳务报酬所得且年收入扣除专项扣除超过6万元的个税处理

一、案情介绍

张华在B公司每月取得劳务报酬10000元。张华在其户口所在地社保所自行缴纳社保费用，其中张华一年中存入个人账户部分的"三险一金"12000元，一年的专项附加扣除费用48000元。在汇算清缴时，张华如何进行个税处理？

二、张华劳务报酬个税的处理分析

1. 张华在B公司获得劳务报酬的应纳税所得额的计算

根据《个人所得税扣缴申报管理办法（试行）》（国家税务总局公告2018年第61号）第八条的规定，在预扣预缴环节，劳务报酬所得每次收入不超过4000元的，费用按800元计算；每次收入4000元以上的，费用按20%计算。因此，张华在B公司的应纳税所得额计算如下：

张华在B公司的应纳税所得额＝10000×80%＝8000（元）

2. 张华在 B 公司获得的劳务报酬预扣预缴个税的计算

依据个人所得税预扣率表二预扣预缴个税。

个人所得税预扣率表二

（居民个人劳务报酬所得预扣预缴适用）

级数	预扣预缴应纳税所得额	预扣率（%）	速算扣除数
1	不超过 20000 元	20	0
2	超过 20000 元至 50000 元的部分	30	2000
3	超过 50000 元的部分	40	7000

张华在 B 公司获得的劳务报酬预扣预缴个税＝8000×20%×12＝19200（元）

3. 张华个人所得税汇算清缴的处理

（1）汇算清缴的条件判断。

张华一年的劳务报酬综合所得收入额－12000＝10000（1－20%）×12－12000＝136000（元）＞60000（元），符合汇算清缴的条件。因此，张华必须在此年的 3 月 1 日至 6 月 30 日之前进行个人所得税的汇算清缴。

（2）张华一年的应纳税所得额的计算。

张华一年的应纳税所得额＝收入额－减除费用（6 万）－专项扣除－专项附加扣除－其他扣除＝10000（1－20%）×12－60000－12000－48000＝－24000（元）

因此，张华一年的劳务报酬收入不缴纳个人所得税。

（3）张华申请退税。通过以上全年汇算清缴计算，张华申请退税19200 元。

第四节

解除劳动合同取得一次性补贴收入的财税法管控

根据《中华人民共和国劳动合同法》的规定，解除劳动合同时，企业或用工单位必须给予劳动者一次性的补贴收入，对劳动者因解除劳动合同取得的一次性补贴收入应如何计算个人所得税？企业支付的一次性经济补偿金是否可以在企业所得税前扣除？获得一次性补贴收入或经济补偿金要不要到当地税务部门给用人单位代开发票？详细分析如下：

一、解除劳动合同获取一次性经济补偿金的法务管控

《中华人民共和国劳动合同法》第四十七条规定："**经济补偿按劳动者在本单位工作的年限，每满一年支付一个月工资的标准向劳动者支付。六个月以上不满一年的，按一年计算；不满六个月的，向劳动者支付半个月工资的经济补偿。劳动者月工资高于用人单位所在直辖市、设区的市级人民政府公布的本地区上年度职工月平均工资三倍的，向其支付经济补偿的标准按职工月平均工资三倍的数额支付，向其支付经济补偿的年限最高不超过十二年。本条所称月工资是指劳动者在劳动合同解除或者终止前十二个月的平均工资。**"

基于以上法律规定，用人单位解除劳动合同给予劳动者支付的经济补偿金的相关法务处理如下：

（一）经济补偿金的计算

根据《中华人民共和国劳动合同法》第四十七条的规定，在劳动合同解除或者终止，用人单位依法支付经济补偿金的计算公式：

工作年限×每工作一年应得的经济补偿

温馨提示：在计算经济补偿金时，确定要注意以下几点：

1. 工资年限的确定

（1）计算工作年限的起点：劳动者向用人单位提供劳动之日起计算。

劳动者在单位工作的年限，应从劳动者向该用人单位提供劳动之日起计算。如果由于各种原因，用人单位与劳动者未及时签订劳动合同的，不影响工作年限的计算。如果劳动者连续为同一用人单位提供劳动，但先后签订了几份劳动合同的，工作年限应从劳动者提供劳动之日起连续计算。因此，《中华人民共和国劳动合同法》第四十七条的"在本单位工作的年限"的规定，不能理解为连续几个合同的最后一个合同期限，原则上应连续计算。

（2）如果工资年限在六个月以上不满一年的，则按一年计算。

（3）如果工作年限不满六个月的，则按半年计算。

2. 经济补偿金的支付标准

（1）如果工作年限每满一年，则按照一个月的工资向劳动者支付经济补偿金。

（2）如果工资年限在六个月以上不满一年的，则按照一个月的工资向劳动者支付经济补偿金。

（3）如果工作年限不满六个月的，则按照半个月的工资向劳动者支付经济补偿金。

3. 支付经济补偿金的"月工资"的界定

根据《中华人民共和国劳动合同法》第四十七条第三款的规定，"月工资"是指劳动者在劳动合同解除或者终止前十二个月的平均工资。

（二）对高收入者支付经济补偿金的工作年限和月工资基数的封顶规定

劳动者月工资高于用人单位所在直辖市、设区的市级人民政府公布的本地区上年度职工月平均工资三倍的，向其支付经济补偿的标准按职工月平均工资三倍的数额支付，向其支付经济补偿的年限最高不超过十二年。

二、解除劳动合同获取一次性经济补偿金的财务管控

（一）解除劳动合同获取一次性经济补偿金的法律实质：职工薪酬中的辞退福利

《企业会计准则第9号——职工薪酬》第二条规定，职工薪酬，是指企业为获得职工提供的服务或解除劳动关系而给予的各种形式的报酬或补偿。职工薪酬包括短期薪酬、离职后福利、辞退福利和其他长期职工福利。企业提供给职工配偶、子女、受赡养人、已故员工遗属及其他受益人等的福利，也属于职工薪酬。其中，辞退福利是指企业在职工劳动合同到期之前解除与职工的劳动关系，或者为鼓励职工自愿接受裁减而给予职工的补偿。基于此会计政策的规定，用人单位解除劳动者而给予劳动者支付的一次性补贴，包括生活费补贴、医疗费用和经济补偿金，实质上是职工薪酬中的辞退福利。

（二）解除劳动合同获取一次性经济补偿金的会计核算

《企业会计准则第9号——职工薪酬》第二十条规定，企业向职工提供辞退福利的，应当在下列两者孰早确认辞退福利产生的职工薪酬负债，并计入当期损益：

（一）企业不能单方面撤回因解除劳动关系计划或裁减建议所提供的辞退福利时。

（二）企业确认与涉及支付辞退福利的重组相关的成本或费用时。

《企业会计准则第9号——职工薪酬》第二十一条规定，企业应当按照辞退计划条款的规定，合理预计并确认辞退福利产生的应付职工薪酬。辞退福利预期在其确认的年度报告期结束后十二个月内完全支付的，应当适用短期薪酬的相关规定；辞退福利预期在年度报告期结束后十二个月内不能完全支付的，应当适用本准则关于其他长期职工福利的有关规定。

因此，基于以上《企业会计准则第9号——职工薪酬》第二十条的规定，解除劳动合同的经济补偿金计入"管理费用—职工薪酬—辞退福利"和"应付职工薪酬—解除职工劳动关系补偿"会计科目。

三、解除劳动合同获取一次性经济补偿金的税务管控

（一）增值税的处理：解除劳动合同获取一次性经济补偿金的劳动者不要到税务主管部门向用人单位代开发票

国家税务总局2018年公告第28号第十条规定，企业在境内发生的支出项目不属于应税项目的，对方为单位的，以对方开具的发票以外的其他外部凭证作为税前扣除凭证；对方为个人的，以内部凭证作为税前扣除凭证。基于此规定，不属于应税项目的支出的税前扣除凭证处理：

（1）对方为单位的，以对方开具的发票以外的其他外部凭证作为税前扣除凭证。即不属于应税项目，对方不开发票，开收款收据之类的即可。

（2）对方为个人的，以内部凭证作为税前扣除凭证。即不属于应税项目，对方开收款收据。

基于以上税收政策规定，解除劳动合同获取一次性经济补偿金的劳动者，用人单位支出一次性经济补偿金不属于应税项目（即获得经济补偿金的劳动者没有发生增值税纳税义务）。因此，解除劳动合同获取一次性经济补偿金的劳动者不要到税务主管部门向用人单位代开发票，直接以劳动者签字并按手印的收款收据、该劳动者的身份证复印件和与用人单位签订的劳动合同书等内部凭证作为税前扣除凭证。

（二）企业所得税的处理

《中华人民共和国企业所得税法》（中华人民共和国主席令第63号）第

八条规定："企业实际发生的与取得收入有关的、合理的支出，包括成本、费用、税金、损失和其他支出，准予在计算应纳税所得额时扣除。"《中华人民共和国企业所得税法实施条例》（国务院令第512号）第二十七条规定："《企业所得税法》第八条所称有关的支出，是指与取得收入直接相关的支出。《企业所得税法》第八条所称合理的支出，是指符合生产经营活动常规，应当计入当期损益或者有关资产成本的必要和正常的支出。"

因此，基于以上税法的规定，解除合同一次性支付的补偿金，属于企业为服从生产经营活动管理需要发生的合理支出，可以按规定申报税前扣除。

（三）社保费用的处理

根据《关于规范社会保险缴费基数有关问题的通知》（劳社险中心函〔2006〕60号）的规定："劳动合同制职工解除劳动合同时由企业支付的医疗补助费、生活补助费以及一次性支付给职工的经济补偿金，根据国家统计局的规定，不计入工资总额，在计算缴费基数时应予剔除。"

（四）个人所得税的处理

《财政部关于个人所得税法修改后有关优惠政策衔接问题的通知》（财税〔2018〕164号）第五条第（一）项规定："个人与用人单位解除劳动关系取得一次性补偿收入（包括用人单位发放的经济补偿金、生活补助费和其他补助费），在当地上年职工平均工资3倍数额以内的部分，免征个人所得税；超过3倍数额的部分，不并入当年综合所得，单独适用综合所得税率表，计算纳税。"其中，综合所得税率表是《中华人民共和国个人所得税法》（中华人民共和国主席令第9号）中的"个人所得税税率表一（综合所得适用）"如下所示：

个人所得税税率表一（综合所得适用）

级数	全年应纳税所得额	税率（%）
1	不超过36000元的	3
2	超过36000元至144000元的部分	10
3	超过144000元至300000元的部分	20
4	超过300000元至420000元的部分	25
5	超过420000元至660000元的部分	30

续表

级数	全年应纳税所得额	税率（%）
6	超过 660000 元至 960000 元的部分	35
7	超过 960000 元的部分	45

《财政部、国家税务总局关于个人与用人单位解除劳动关系取得的一次性补偿收入征免个人所得税问题的通知》（财税〔2001〕157 号）第二条规定：**"个人领取一次性补偿收入时按照国家和地方政府规定的比例实际缴纳的住房公积金、医疗保险费、基本养老保险费、失业保险费，可以在计征其一次性补偿收入的个人所得税时予以扣除。"**

某企业高管人员解除劳动合同给予经济补偿金的个人所得税处理

一、案情介绍

北京鸿图建筑公司的高管肖先生，在公司任职 16 年，2019 年 11 月依法与公司解除劳动关系，获得公司一次性补偿收入（包括用人单位发放的经济补偿金、生活补助费和其他补助费）48 万元，肖先生离职前 12 个月的月平均工资为 30000 元，当地 2018 年度职工年平均工资 60000 元。请分析计算肖先生获得解除劳动合同的经济补偿金应纳多少个人所得税。

二、解除劳动合同获得一次性经济补偿金的个人所得税处理

1. 法律依据

根据《中华人民共和国劳动合同法》的规定，劳动者月工资高于用人单位所在直辖市、设区的市级人民政府公布的本地区上年度职工月平均工资三倍的，向其支付经济补偿的标准按职工月平均工资三倍的数额支付，向其支付经济补偿的年限最高不超过十二年。其中，月工资是指劳动者在劳动合同解除或者终止前十二个月的平均工资。

2. 肖先生获得的经济补偿标准

由于肖先生在劳动合同解除或者终止前十二个月的平均工资为 30000

元，当地政府规定的上年度职工月平均工资为 60000/12×3＝15000（元）。因此，肖先生与公司解除劳动关系应获得的经济补偿金标准为当地上年职工的月平均工资 3 倍，即为 60000/12×3＝15000（元）。

3. 肖先生获得的经济补偿总金额

根据以上分析，肖先生应按 15000 元的补偿金标准计算经济补偿总金额，由于肖先生工作年限超过 12 年，则按照工作年限 12 年计算支付经济补偿金。因此，肖先生获得的经济补偿总金额为 60000/12×3×12＝15000×12＝180000（元）。

4. 肖先生获得的一次性补偿总金额的个人所得税

《财政部关于个人所得税法修改后有关优惠政策衔接问题的通知》（财税〔2018〕164 号）第五条第（一）项规定，肖先生因解除劳动合同而获得的一次性补偿收入（包括用人单位发放的经济补偿金、生活补助费和其他补助费）480000 元当中，在当地上年职工平均工资 3 倍数额以内的部分，免征个人所得税。即在计算个人所得税时，可税前扣除的经济补偿金（免个人所得税的应纳税所得额）＝60000×3＝180000（元）。

应纳税所得额＝480000－180000＝300000（元）

对照年综合所得税率表，肖先生因解除劳动合同获得的一次性补偿收入，应纳个人所得税＝36000×3%＋（144000－36000）×10%＋（300000－144000）×20%＝1080＋10800＋31200＝43080（元）。

第 五 节

提前退休和内部退养获取一次性
补贴的财税法管控

"提前退休"和"内部退养"的职工，用人单位都会给予提前退休和内部退养的职工支付一次性补贴，该补贴的相关法律界定和涉税处理分析如下：

一、提前退休和内部退养的法务管控

（一）提前退休的法律界定

根据《劳动和社会保障部办公厅关于企业职工"法定退休年龄"涵义的复函》（劳社厅函〔2001〕125 号）的规定，国家法定的企业职工退休年龄，是指国家法律规定的正常退休年龄，即男年满 60 周岁，女工人年满 50 周岁，女干部年满 55 周岁。因此，所谓的"提前退休"是指没有到法定退休年龄的机关、企事业单位职工，可以办理正式退休手续的一种终止劳动关系的用工现象。

（二）内部退养的法律界定

根据《关于开展劳动保障政策咨询活动的通知》（劳社部函〔2001〕45 号）中对第 65 个问题的解释，"内部退养"是指按照有关规定，对距法定退休年龄不足 5 年，实现再就业有困难的下岗职工，可以实行企业内部退养，由企业发给基本生活费，并按规定继续为其缴纳社会保险费，达到退休年龄时正式办理退休手续的一种用工现象。

（三）提前退休和内部退养的主要区别

内部退养与提前退休是不一样的，内部退养是内退后还会取得用工企业给予的基本生活费，而提前退休取得一次性补偿收入后就不能再从该企业取得收入了。

（四）提前退休的条件

根据中组部、人事部《关于印发〈关于事业单位参照公务员法管理工作有关问题的意见〉的通知》（组通字〔2006〕27 号）的规定，法律法规授权、具有公共事务管理职能、使用事业编制、由国家财政负担工资福利的事业单位，列入参照《公务员法》管理范围。而按照《公务员法》规定，公务员符合下列条件之一的，本人自愿提出申请，经任免机关批准，可以提前退休：

（1）工作年限满 30 年的。

（2）距国家规定的退休年龄不足 5 年，且工作年限满 20 年的。

（3）符合国家规定的可以提前退休的其他情形的。

（五）提前退休适用的范围

提前退休要注意以下三个适用范围：

（1）适用的单位范围。根据国家税务总局公告 2011 年第 6 号第一条的规定，提前退休适用于全部机关和企事业单位，即对于单位而言是没有限制的；

（2）适用的个人范围。《关于个人提前退休取得补贴收入个人所得税问题的公告》根据（国家税务总局公告 2011 年第 6 号）和《关于个人所得税法修改后有关优惠政策衔接问题的通知》（财税〔2018〕164 号）规定，提前退休仅适用于未达到法定退休年龄但却正式办理提前退休手续的个人。个人在未达到法定退休年龄办理内部退养手续而不是退休手续的，以及国有企业买断工龄的职工不适用（国家税务总局公告 2011 年第 6 号）和（财税〔2018〕164 号）规定。

（3）适用的收入范围。仅适用于机关、企事业单位按照统一标准向提前退休工作人员支付一次性补贴收入，对于其他收入则不适用。

二、提前退休和内部退养获取一次性补贴的税务管控

（一）增值税的处理：提前退休和内部退养的职工从用人单位获取一次性补贴不要到税务主管部门向用人单位代开发票

《关于雇主为雇员承担全年一次性奖金部分税款有关个人所得税计算方法问题》（国家税务总局 2018 年公告第 28 号）第十条规定，企业在境内发生的支出项目不属于应税项目（应缴纳增值税的项目）的，对方为单位的，以对方开具的发票以外的其他外部凭证作为税前扣除凭证；对方为个人的，以内部凭证作为税前扣除凭证。基于此规定，不属于应税项目的支出的税前扣除凭证处理：

（1）对方为单位的，以对方开具的发票以外的其他外部凭证作为税前扣除凭证。即不属于应税项目，对方不开发票，开收款收据之类的即可。

（2）对方为个人的，以内部凭证作为税前扣除凭证。即不属于应税项目，对方开收款收据。

基于以上税收政策规定，用人单位向"提前退休"和"内部退养"的劳动者支付的一次性补贴，不属于应税项目（即获得一次性补贴的"提前退

休"和"内部退养"的劳动者没有发生增值税纳税义务）。因此，提前退休和内部退养的职工从用人单位获取的一次性补贴收入不要到税务主管部门向用人单位代开发票，直接以劳动者签字并按手印的收款收据、该劳动者的身份证复印件和与用人单位签订的劳动合同书等内部凭证作为税前扣除凭证。

（二）企业所得税的处理

《中华人民共和国企业所得税法》（中华人民共和国主席令第 63 号）第八条规定："企业实际发生的与取得收入有关的、合理的支出，包括成本、费用、税金、损失和其他支出，准予在计算应纳税所得额时扣除。"《中华人民共和国企业所得税法实施条例》（国务院令第 512 号）第二十七条规定："《企业所得税法》第八条所称有关的支出，是指与取得收入直接相关的支出。《企业所得税法》第八条所称合理的支出，是指符合生产经营活动常规，应当计入当期损益或者有关资产成本的必要和正常的支出。"

因此，提前退休和内部退养的职工从用人单位获取的一次性补贴属于用人单位为服从生产经营活动管理需要发生的合理支出，可以按规定申报税前扣除。

（三）社保费用的处理

根据《关于规范社会保险缴费基数有关问题的通知》（劳社险中心函〔2006〕60 号）有关"不列入社保费用的缴费基数"的规定："有关离休、退休、退职人员待遇的各项支出，不计入工资总额，在计算缴费基数时应予剔除。"基于此规定，提前退休和内部退养的职工从用人单位获取的一次性补贴属于"退职"人员的待遇支出，不作为用人单位和提前退休和内部退养的职工缴纳社保费用的基数。

（四）个人所得税的处理

1. 提前退休取得的一次性补贴收入的个人所得税处理

根据《中华人民共和国个人所得税法》（中华人民共和国主席令第 9 号）第四条第（七）项的规定，按照国家统一规定发给干部、职工的安家费、退职费、基本养老金或者退休费、离休费、离休生活补助费免个人所得税。《国家税务总局关于个人提前退休取得补贴收入个人所得税问题的公告》（国家税务总局公告 2011 年第 6 号）第一条规定："机关、企事业单位对未达到法定退休年龄、正式办理提前退休手续的个人，按照统一标准向提前退休工作人员支付一次性补贴，不属于免税的离退休工资收入，应按照'工资、薪金所得'项目征收个人所得税。"《财政部关于个人所得税法修改后有关优惠政策衔接问题的通知》（财税〔2018〕164号）第五条第（二）规定：个人办理提前退休手续而取得的一次性补贴收入，应按照办理提前退休手续至法定离退休年龄之间实际年度数平均分摊，确定适用税率和速算扣除数，单独适用综合所得税率表，计算纳税。计算公式如下：

提前退休获得的一次性补贴收入的应纳税额＝｛[（一次性补贴收入÷办理提前退休手续至法定退休年龄的实际年度数）－费用扣除标准]×适用税率－速算扣除数｝×办理提前退休手续至法定退休年龄的实际年度数

其中，综合所得税率表是《中华人民共和国个人所得税法》（中华人民共和国主席令第9号）中的"个人所得税税率表一（综合所得适用）"如下所示：

个人所得税税率表一（综合所得适用）

级数	全年应纳税所得额	税率（%）
1	不超过36000元的	3
2	超过36000元至144000元的部分	10
3	超过144000元至300000元的部分	20
4	超过300000元至420000元的部分	25
5	超过420000元至660000元的部分	30
6	超过660000元至960000元的部分	35
7	超过960000元的部分	45

案例分析39

某企业员工提前退休获得一次性补贴的个人所得税处理

一、案情介绍

某单位员工老王，因身体方面的原因，其所在单位在2019年11月按照程序批准其提前退休，并按照"统一规定"一次性给予其补贴210000元（其办理提前退休时57岁，至法定离退休年龄还差3年）；老王当月领取工资、薪金8000元，其中包括法定应当扣缴的住房公积金695元、养老保险和医疗保险505元；单位发放过年费（包括购物券、现金及实物）价值5000元。请分析老王的个人所得税如何计算。

二、个人所得税的计算分析

第一步，应当将5000元过年费与工资、薪金合并，根据《个人所得税扣缴申报管理办法（试行）》（国家税务总局公告2018年第61号）的规定，由用人单位按月，依照累计预扣法，预扣预缴老王的个人所得税。

第二步，确定一次性补贴收入210000元适用税率和速算扣除系数。

适用税率，即［210000÷3（其至法定离退休年龄的3年）-60000］＝10000（元），依据工资薪金所得预扣预缴税率表确定适用税率和速算扣除系数分别为：3%和0。

工资薪金所得预扣预缴税率表

级数	累计预缴应纳税所得额	税率（%）	速算扣除数
1	不超过36000元的	3	0
2	超过36000元至144000元的部分	10	2520
3	超过144000元至300000元的部分	20	16920
4	超过300000元至420000元的部分	25	31920
5	超过420000元至660000元的部分	30	52920
6	超过660000元至960000元的部分	35	85920
7	超过960000的部分	45	181920

第三步，单独适用综合所得税率表，计算老王获得一次性补贴收入210000元的个人所得税。

老王提前退休获得的一次性补贴收入的应纳税额＝｛［（一次性补贴收入÷办理提前退休手续至法定退休年龄的实际年度数）-费用扣除标准］×适用税率-速算扣除数｝×办理提前退休手续至法定退休年龄的实际年度数＝［（210000÷3-60000）×3%-0］×3＝0.09（万元）

2. 内部退养取得的一次性补贴收入的个人所得税处理

根据《中华人民共和国个人所得税法》（中华人民共和国主席令第9号）第四条第（七）项的规定，按照国家统一规定发给干部、职工的安家费、退职费、基本养老金或者退休费、离休费、离休生活补助费免个人所得税。但个人因内部退养取得的一次性补贴已有明文规定，不能免税。《财政部关于个人所得税法修改后有关优惠政策衔接问题的通知》（财税〔2018〕164号）第五条第（三）项规定：个人办理内部退养手续而取得的一次性补贴收入，按照《国家税务总局关于个人所得税有关政策问题的通知》（国税发〔1999〕58号）规定计算纳税。

《国家税务总局关于个人所得税有关政策问题的通知》（国税发〔1999〕58号）规定："实行内部退养的个人在其办理内部退养手续后至法定离退休年龄之间从原任职单位取得的工资、薪金，不属于离退休工资，应按'工资、薪金所得'项目计征个人所得税。"国税发〔1999〕58号文件明确规定："个人在办理内部退养手续后从原任职单位取得的一次性收入，应按办理内部退养手续后至法定离退休年龄之间的所属月份进行平均，并与领取当月的'工资、薪金'所得合并后减除当月费用扣除标准，以余额为基数确定实用税率，再将当月工资、薪金加上取得的一次性收入，减除费用扣除标准，按适用税率计征个人所得税。个人在办理内部退养手续后至法定离退休年龄之间重新就业取得的'工资、薪金'所得，应与其从原任职单位取得的同月的'工资、薪金'所得合并，并依法自行向主管税务机关申报缴纳个人所得税。"

例如，某单位职工老李2019年11月办理了内部退养手续，领取一次性收入100000元，退养工资4000元（其至法定离退休年龄还有4年零2个月）。根据国税发〔1999〕58号文件规定，老李取得上述所得不属于离退休工资，应按"工资、薪金所得"项目计征个人所得税。在计算时先确定适用税率，即100000÷50＝2000（元），（2000+4000-5000）=1000（元），其适用税率为3%，速算扣除数为0，则老李2019年11月应纳个人所得税为（100000+2000-5000）×3%-0=2910（元）。